여성의정 인물사 시리즈 ❻

여성정치 대전환의 여정

여성의정 인물사 시리즈 ❻

여성정치 대전환의 여정

한국여성의정 엮음

제18대 여성국회의원

강명순	김을동	배은희	이정선	정미경
곽정숙	김 정	손숙미	이애주	정영희
김금래	김혜성	이두아	이영애	정옥임
김옥이	박선영	이영애	전혜숙	최영희
김유정	박영아			

여성의정

발간사

대전환의 여정,
그 선두에 선 이들

(사)한국여성의정
상임대표 이혜훈

여성의 정치는 언제나 한국 민주주의의 진화를 가늠하는 중요한 척도였습니다. (사)한국여성의정이 기획·발간해 온 〈인물사 시리즈〉는 그러한 여성 정치의 궤적을 시대별로 조망하고 기록하는 귀중한 작업입니다. 1권부터 5권까지, 제1대 제헌국회에서 제17대 국회까지를 망라한 여성 정치인의 삶과 활동을 조명하며, 우리는 한국 정치의 틀 속에서 여성들이 어떤 방식으로 자리를 넓혀 왔는지를 생생히 확인할 수 있습니다.

이번에 발간하는 『여성정치 대전환의 여정』은 이러한 흐름의 연장선이자, 동시에 새로운 전환점을 조명합니다. 이 책에는 2008년부터 2012년까지 활동한 제18대 여성 국회의원 46명 중 22명의 생애와 의정활동, 그리고 이후 사회활동 등이 세세히 담겨 있습니다. 집필 대상이 절반에 미치지 못한 것은 이미 이전 시리즈에 등장한 다선의원, 현재에도 활발히 활동하는 의원 등이 많았기 때문입니다. 아쉬운 대목이지만, 그러한 이유로 더욱 앞으로 기획될 〈인물사 시리즈〉가 기대되기도 합니다.

'대전환'이라는 제목은 17대 국회의원들의 인물사인 5권에서 처음 사용되었습니다. 그것은 '비례대표 50% 할당제'가 도입되어 처음으로 여성 국회의원이 전체의 10%를 초과하는 '대전환'이 시작되었기 때문입니다. 18대 국회에서도 여성의원들은 이러한 '대전환'을 계속 이어가기 위해 각고의 노력을 기울여야 했습니다. 18대 국회는 여성 정치의 '현장'이 본격적으로 변화하기 시작한 시기였습니다. 여성 국회의원들이 국회 각 상임위는 물론 법안소위, 예결소위 등 실질적인 정책 결정과 입법 심의의 장에 깊숙이 참여하며 존재감을 드러내기 시작했습니다. 그중에는 교육, 과학기술, 복지, 환경, 법조 등 각자의 전문분야에서 입법활동을 통해 제도 개선을 이룬 의원도 있으며, 초선임에도 불구하고 당 대변인, 위원장, 원내부대표 등의 중책을 맡은 의원도 있습니다. 그들은 단순히 여성이라는 상징을 넘어, 각자 전문성과 현장 경험을 바탕으로 실질적 의정활동을 수행해내며, 여성 정치의 저력을 보여주었습니다.

또한 이 시기는 여성 이슈가 다채롭고 구체적으로 의제화되기 시작한 시기이기도 했습니다. '경력단절 여성의 사회 복귀 지원', '성인지감수성 확대 방안 논의', '장애여성 인권 보호', '성폭력·가정폭력 피해자 지원', '청소년·아동 대상 성범죄 처벌 강화', '성별영향평가제도 도입' 등 다양한 여성 문제들이 국회에서 논의되었습니다. 뿐만 아니라 '병영생활 개선', '외교-안보의 강화', '벤처기업 등 중소기업 육성', '교육환경 개선' 등 각자의 전문성과 가치관, 지역의 요구를 바탕으로 여성의원들은 성별을 초월한 입법의 성과를 남겼고, 또 어떤 이슈는 여성 정치인의 연대로 함께 이뤄냈습니다.

이러한 다양하고 활발한 의정활동과 연대를 기반으로 18대 국회 여성 정치인들은 당내 의사결정 구조에서 더 큰 역할을 하게 되었습니다. 정치와 젠더의 관계를 새롭게 조망하고, 정책의 수요자와 피해자 관점에서 법제도를 설계하려는 시도가 이 시기에 본격화되었으며, 이는 이후 여성의정의 확대와 질적 전환을 위한 기반이 되었습니다.

〈인물사 시리즈〉 제6권의 또 다른 특징은 단순한 재임기 내 활동 기록에 그치지 않고, 국회 이후의 활동과 여정을 함께 조명했다는 점입니다. 국회 이후에도 시민사회, 공공기관, 교육 현장, 언론과 법조계 등 다양한 영역에서 영향력을 발휘해온 이들의 삶은 '정치'의 의미를 한층 확장해줍니다. 이는 한 사람의 의원이 가진 공적 역량이 단절되지 않고, 사회적 리더십으로 확장·순환되는 여성 정치의 새로운 문화라 할 수 있습니다.

우리는 이 책을 통해 여성 정치인 한 명, 한 명의 목소리와 발자취를 만날 수 있습니다. 그들은 제각기 다른 배경과 문제의식을 지녔지만, 더 나은 사회와 정의로운 정치에 대한 열망으로 국회의 문을 두드렸고, 짧든 길든 그곳에서 '정치란 무엇인가'에 대한 답을 찾아 나섰습니다.

〈인물사 시리즈〉는 단지 과거를 돌아보는 기록 작업이 아닙니다. 〈인물사 시리즈〉는 새로운 여성 정치인의 등장을 가능하게 할 '정치의 유산'이자, 더 많은 여성들이 공공의 영역에서 리더십을 갖도록 이끄는 '정치의 미래'입니다. 여성의정은 앞으로도 〈인물사 시리즈〉를 통해,

다양한 시대의 여성 정치인들의 이야기를 충실히 발굴하고 전할 것입니다.

아쉽게도, 이 『여성정치 대전환의 여정』을 함께한 22명의 여성의원 중 강명순, 곽정숙, 김혜성, 배은희 등 네 분의 의원님들은 이 책의 발간을 함께하지 못합니다. 그들의 아름다운 삶을 시샘한 듯, 하늘이 서둘러 그들을 데려갔기 때문입니다. 그러나 늘 소외된 약자들을 보듬기 위해, 우리 사회에 꼭 필요한 정책을 마련하기 위해, 여성정치의 발전을 위해 헌신했던 그들의 이야기는 이 책을 통해 여전히 우리 곁에서 살아 있는 역사로 이어질 것입니다.

끝으로 이번 책이 발간될 수 있도록 처음 기획회의부터 애써주신 이영순 편찬위원장님, 홍미영 편찬위원님, 전순옥 편찬위원님, 서혜란 편찬위원님, 강정숙 편찬위원님의 노고에 감사를 드립니다. 또한 없는 자료를 찾아 동분서주하며 객관적이고도 입체적인 글을 쓰기 위해 인터뷰도 마다하지 않은 12명의 집필진에게도 감사를 드립니다. 그리고 기꺼이 생애의 한 조각을 기록으로 남겨 주신 18대 여성 국회의원 여러분께 깊이 감사드립니다. 이 책이 여성 정치의 확장과 성숙에 기여하는 밑거름이 되기를 바랍니다.

2025년 9월

차례

004   발간사

011   18대 국회의원 강명순(姜命順)
빈곤아동 돌봄에 평생을 바치다

039   18대 국회의원 곽정숙(郭貞淑)
인권복지·보편적 복지로
평등세상의 큰 꿈을 꿨던 작은 거인

065   18대 국회의원 김금래(金錦來)
여성문제 해결의 '제도화'에 앞장선 정치인

093   18대 국회의원 김옥이(金玉伊)
국가의 안전보장과 국군 장병 사기진작에 헌신한
여군 최초 보병 대령 출신 여성정치인

119   18대 국회의원 김유정(金裕貞)
국민의 심금을 울린 민주당 대변인

149   18, 19대 국회의원 김을동(金乙東)
독립군 할아버지의 애국심을 본받아
의정활동에 매진한 국회의원

171   18대 국회의원 김정(金情)
모성으로 교육환경과 병영환경 개선에 앞장서다

195 18대 국회의원 김혜성(金惠聖)
우리 안의 국경을 뛰어넘은 따뜻한 리더

225 18대 국회의원 박선영(朴宣映)
외유내강의 최장수 대변인,
역사의 조난자들과 함께한 정치인

249 18대 국회의원 박영아(朴英娥)
행동하는 과학자, 연구하는 정치인

271 18대 국회의원 배은희(裵恩姫)
새로운 정치를 꿈꾼
벤처기업가 출신 여성 국회의원

299 18대 국회의원 손숙미(孫淑美)
최초의 영양 전문가 국회의원,
국민의 건강과 복지를 위해 헌신하다

331 18대 국회의원 이두아(李枓娥)
대한민국사를 긍정하는 70년대생 여성 법조인의 정치

359 18대 국회의원 이영애(李榮愛)
8개월 의정활동에
30년 정당 경력을 녹여낸 여성 정치인

385 18대 국회의원 이정선(李貞善)
장애인 인권 증진에 앞장서 온 정치인

413 18대 국회의원 이애주(李愛珠)
여성·보건복지 발전을 위해 노력한
의료 전문인 출신 국회의원

441 18대 국회의원 이영애(李玲愛)
생명존중과 생명윤리에 앞장선,
최초 여성 부장판사 출신 국회의원

465 18, 20, 21대 국회의원 전혜숙(全惠淑)
국민건강지킴이, 약사 출신 보건의료전문 정치인

489 18, 19대 국회의원 정미경(鄭美京)
보수의 가치를 지켜나가는 정치인

515 18대 국회의원 정영희(丁英姬)
화합하고 품위 있는 국회를 만들기 위해 애쓴
여성정치인

541 18대 국회의원 정옥임(鄭玉任)
국내외 정세를 쉽게 풀이해주는 국민 해설사

565 18대 국회의원 최영희(崔英姬)
호랑이의 기상과 뚝심으로 노동현장에서 국회까지

제18대 국회의원

강명순 姜命順

빈곤아동 돌봄에
평생을 바치다

1952	경남 함안 출생
1974	이화여자대학교 사범대학 시청각교육과 졸업
1996	감리교신학대학원 신학 석사
2000	강남대 사회복지대학원 사회복지학 석사
2007	기비국제대학원 사회복지학 박사
1986	부스러기선교회 총무 (~2000)
1996	빈민여성교육선교원 원장 (~2000)
2000	신나는 조합 이사장 (~2006)
2008	제18대 국회의원 (~2012)
2008	국회 빈곤퇴치연구포럼 공동대표 (~2012)
2012	(사)세계빈곤퇴치회 이사장 (~2015)
2014	부스러기사랑나눔회 이사장 (~2020)
2015	감리교 사회복지협의회 훈련원장 (~2018)

공납금을 내지 못해 창고에 갇히다[1]

강명순은 1952년 3월 29일 경남 함안에서 5남 3녀 중 둘째 딸로 태어났다. 위로 두 명의 언니가 어린 시절 병으로 죽게 되자, 부모들이 '순탄하고 건강하게 살라'는 소망을 담아 "명순(命順)"이라고 이름을 지었다. 강명순은 훗날 예수를 믿게 되면서 자신의 이름을 '하나님의 명령을 따르며 순종하라'는 뜻으로 다시 해석했다. 그는 가난한 사람들과 함께 하는 것이 하나님의 명령에 순종하는 길이라고 여겼다.[2]

강명순에게 '가난'은 어린 시절부터 늘 함께 있었던 익숙함이었다. 부산에서 건축업을 하시던 아버지가 간경화로 오랜 투병생활을 하시면서 가세가 기울기 시작했다. 중학교 2학년에 다닐 무렵이었다. 그 당시 눈이 몹시 나빠져서 안경을 맞춰야 했다. 동시에 수학여행도 가고 싶었다. 그때 아버지는 "안경을 맞추든지, 수학여행을 가든지 둘 중 하나를 택하라."고 하셨다. 명순은 안경을 택했다. 그는 수학여행과 맞바꾼 안경 값 1,460원을 평생 잊지 못했다.

부산여중 시절 공납금도 제때 내지 못했다. 한번은 공납금이 밀려 수업 중에 서무과 직원의 호출을 받아 서무실에서 50여 명의 학생들과 함께 벌을 받았다. 서무과장이 학생들을 한 명씩 책상 앞으로 불러서 공납금 납부 일자를 확인했다. 학생들은 하나같이 부모님께 말씀드려 얼른 납부하겠다고 약속을 하고 교실로 돌아갔다. 그러나 강명순은 어떤 약속도 하지 못했다. 아버지가 몹시 위독한 상태라 학교를 중퇴할지도 모르는 상황이었다. 아무 대답도 하지 못한 강명순은 그날 3명의 친구들과 함께 서무실 창고에 갇히게 되었다.

강명순의 청소년기는 늘 고단했다. 공부에 전념해야 할 시기에 그는 온갖 아르바이트를 전전하며 용돈을 벌어야 했다. 친구들이 있는 교실을 돌며 영자신문을 팔았고, 우유배달, 신문배달 등 돈이 되는 일은 닥치는 대로 해야만 했다. 그런 와중에 공납금을 내지 못해 중학교 서무실 창고에 갇혀야 했던 사건은 그를 더욱 우울하게 만들었고 열등감까지 낳았다. 그 어두운 터널을 벗어나는 길은 공부밖에 없었다.

강명순은 경남여고 시절 지독하게 공부에 몰두했다. 새벽 5시에 집을 나와 전차를 타고 학교에 가서 어머니가 싸준 도시락 두 개로 버티면서 밤 10시가 넘어 교문을 나섰다. 집으로 가는 막차를 타고 집 근처 정류장에 내리면 자정이 훌쩍 넘어갔다. 집까지 가는 길은 무덤과 대나무 숲이 우거져 있어서 웬만한 강심장을 가지지 않고서는 갈 수 없는 길이었다. 그런데도 강명순은 집으로 가는 동안 영어단어를 중얼거리며 무서움을 이겨냈다.

강명순의 꿈은 학교 선생님이 되는 것이었다. 비록 힘든 학창시절을 보냈지만, 더 나은 교육환경을 만들어 다음 세대를 올바르게 교육하는 데 헌신하는 선생님이 되고 싶었다. 이런 강명순의 꿈이 정식 학교에서 실현되지는 못했지만 훗날 산동네 개척교회에서 세운 희망유치원에서 가난한 아이들에게 글을 가르치고 희망을 심어주는 좋은 교사가 됨으로써 이루어졌다.

"너는 이 시대의 청량제"[3]

강명순은 부산 경남여고를 졸업하고, 담임선생님의 권유를 좇아 이화여대 사범대학 시청각교육학과에 입학했다. 그러나 대학에 입학한 지 한 달 만에 잘못된 선택이었다는 것을 깨달았다. 그 당시 이화여대 주변은 화려했다. 풍요로운 환경에서 자란 친구들 틈바구니에서 그는 다시 열등감에 시달려야 했다. 심지어 경상도 사투리 때문에 의사소통이 되지 않아 스스로 왕따가 되었다. 기숙사 생활은 그의 가난을 더 극심하게 드러냈다.[4]

부산 고향 집에서 보내주는 향토장학금은 들쭉날쭉해서 학비를 감당하기 어려웠다. 그는 대학에 입학해서도 닥치는 대로 아르바이트를 하며 학비를 벌었다. 교수님 연구논문 설문지 발송 봉투에 주소를 적는 일부터 시작해 모 기업 상품의 고객 반응을 살피는 설문조사원, 경제활동인구 조사원, 교수식당 서빙, 그리고 입주 가정교사까지 안 해본 일이 없을 정도였다.

1972년부터 학교는 정상수업을 거의 하지 못했다. 학교는 군부독재 시절 학생들의 집회와 시위를 막기 위해 휴교를 남발했다. 유신 방학, 계엄령 방학, 위수령 방학 등으로 대학은 거의 공황 상태였다. 비싼 등록금을 내고 일 년 동안 온전하게 공부를 한 적이 없어 강명순의 속은 시꺼멓게 타들어 갔다. 그맘때 강명순은 등록금을 벌기 위해 입주 가정교사 아르바이트를 하고 있었다. 그때 주인집 할머니는 "밤늦게까지 불 켜놓지 말고 빨리 끄라."고 매일 잔소리를 했다. 주인집 할머니의 야박함은 가난한 고학생이었던 강명순에게 삶을 포기하고 싶을 정도

강명순은 이화여대 사범대학 학생회장을 맡아 총학생회 임원으로 활동했다.

로 큰 상처를 남겼다.

그 무렵 이화여대 기독교학과 서광선 교수님의 편지가 집으로 배달되었다. 강명순이 보낸 편지에 대한 답장이었다. 강명순은 사범대학 학생이었으나 문리대학의 서광선 교수님과 나라를 걱정하기도 하고, 삶의 자리에서 올바른 그리스도인의 사랑을 실천하는 방법에 대해, 민중 신학에 대해 많은 이야기를 나누었다. 서광선 교수는 그가 가장 존경하는 스승이었다.

교수님의 답장은 삶을 포기하고 싶었던 강명순을 다시 일으켜 세운 생명수였다. 꼬물꼬물 지렁이 기어가듯 예쁜 글씨로 쓴 교수님의 편지를 읽는 순간 강명순은 스승에게 사랑받고 있음을 확인했다. 세상을 다 얻은 것처럼 힘이 솟구쳤다. "너는 이 시대의 청량제처럼 용기 있게 살아가는 사람이다."라는 놀라운 칭찬이 담긴 그 편지는 강명순에게 다시 살아갈 수 있다는 용기와 자신감을 불어넣었다.

빈민활동에서 남편을 만나다

대학생 강명순은 경제성장이라는 명분 아래 대다수 국민을 빈곤층으로 전락시키는 독재정부에 강한 반감을 갖고 있었다. 언제부터인지 그의 분노는 독재정부를 향하고 있었다. 그는 당시 학내 서클인 '새얼'에서 활동했고, 사범대학 학생회장을 하면서 대정부 투쟁에 나서기 시작했다. 강명순은 1972년 11월 28일 이화여대 학생과 임직원 4천 명이 모인 철야 기도회의 주동자였다. 대강당에서 유신에 맞서 김옥길 총장을 비롯해 교수들과 함께 철야농성을 주도하고 성명서를 읽어 내려가던 투쟁가였다.[5]

강명순은 학내뿐만 아니라 외부활동에도 열심히 참여했다. 기독교대학 학생들의 연합써클인 '기독학생회총연맹(KSCF)'에서 활동했다. 그 당시 위수령, 계엄령 등으로 학내 학생회 활동이 매우 위축되어 있었다. 그때 외부 연합동아리였던 KSCF는 정부로부터 직접 통제를 피할 수 있어 학생운동을 할 수 있는 여력이 있었다. KSCF에는 도시빈민 봉사활동 조직으로 학생사회개발단이 있었다. 일명 학사단이라고 불렀는데, 상당수의 기독교대학 학생들이 이 학사단에서 주관한 빈민지역 봉사활동에 참여했다. 강명순도 대학 4학년 때 서울 창동 빈민지역으로 봉사활동을 나갔다. 그곳에서 감리교신학대 학생이던 정명기를 처음 만났다. 강명순은 정명기와의 첫 만남을 "몸집 큰 남자가 걸레를 꼬득꼬득 짜서 마루를 닦는 모습이 보기 좋았다"고 회상했다.[6]

정명기는 당시 KSCF 부회장으로 학생사회개발단을 이끄는 리더였다. 그때 작은 체구에 밝은 표정으로 봉사활동을 하던 강명순의 모습

강명순은 1975년 3월 사당3동 개척교회가 세운 희망유치원에서 첫 졸업생을 배출했다. 오른쪽 첫 번째가 강명순, 왼쪽 첫 번째가 남편 정명기 전도사.

이 정명기의 마음을 끌어당겼다. 정명기는 그 뒤 이런저런 핑곗거리를 만들어 강명순과의 만남을 이어갔다.[7]

강명순은 서울 창동 판자촌에서 운명처럼 그의 반쪽을 만나 사랑을 키웠다. 그런데 그것이 특별한 고생의 시작이었다. 정명기는 1974년 민청학련 사건으로 구속되었다. 1975년 2월 석방되었지만, 대학원으로 복귀는 어려웠고, 목사가 되어야 군종장교로 입대할 수 있는데 군대도 갈 수가 없었다. 그때 마침 정명기 부친이 흑석동에서 목회를 하고 있었는데, 근처 사당동 산동네가 눈에 들어왔다. 정명기는 신학교에 다닐 때 빈민지역 봉사 경험을 살려 사당3동에 '희망교회'라는 개척교회를 세우고 빈민사역을 시작하였다.

그러던 어느 날 KSCF 선배가 강명순을 찾아왔다. 지금 희망교회 유치원에 선생님이 급하게 필요한 상황이라고 했다. 게다가 정명기 전도사가 그 산동네에서 물지게를 지고 혼자 밥을 해 먹는 처지이니 속히 결단을 내려 현장으로 가라고 강권했다. 강명순은 인간 정명기를 사랑하지만 목회자 정명기는 감당해낼 자신이 없었다. 그는 며칠 동안 잠을 이루지 못했다. 어느 날 정명기 전도사가 초췌한 모습으로 강명순을 찾아왔다.

"산동네에서 같이 일합시다. 그리고 다시는 싸움 같은 것은 하지 맙시다."

정명기 전도사는 활짝 웃는 얼굴로 손을 내밀었다. 끊임없이 도망칠 궁리를 하고 있었던 강명순은 해맑은 표정으로 다가오는 정명기를 밀쳐낼 수 없었다.

판자촌에서 빈민사역에 나서다.[8]

강명순은 정명기 전도사와 1976년 11월 1일 결혼식을 올렸다. 두 사람에게 결혼은 가난한 민중과의 연대를 지속해 나갈 수 있었던 유일한 선택이었다. 종로에 있던 태화관에서 결혼식을 올린 두 사람은 설악산으로 신혼여행을 갔는데, 비싼 호텔비가 아까워 다음날 서울로 올라왔다. 곧바로 정명기 전도사가 마련해 둔 사당3동 신혼집으로 들어갔다. 17만5천 원짜리 다섯 평 규모의 자가(自家) 판잣집이었다. 비가 새고 연탄가스가 스멀스멀 올라오는 판잣집을 산동네 주민들이 나서서 지붕을 고치고 도배까지 새로 해주었다.

제대로 된 급수시설이 없어 하루에도 몇 번씩 물지게를 지고 산동네를 오르내렸다. 하루하루가 고단함의 연속이었다. 그럼에도 정명기 전도사는 희망교회에서 하나님의 말씀을 전하며, 강명순은 희망유치원에서 코 흘리는 아이들에게 글을 가르치고, 행복한 시간을 보냈다. 그러나 신혼의 단꿈은 6개월 만에 무너졌다.

1977년 4월 남편 정명기 전도사가 감리교신학대학교 시위사건의 배후로 지목되어 서대문경찰서로 연행되었다. 강명순은 결혼한 지 반년도 지나지 않아 남편의 옥바라지를 하게 될 줄은 몰랐다. 죄수번호 4113. 남편이 부여받은 이름이었다. 강명순은 어느 날, 책이며 옷가지를 챙겨가서 면회를 신청했더니, 홀수 날짜에 오라며 문전박대를 당했다. 그날 강명순은 남편의 얼굴조차 볼 수 없는 처지를 한탄하며 구치소 담장 안에 곧게 자란 버드나무에 대한 부러움을 일기에 적었다.

> 하얀 돌담 높은 벽돌 경계 너머에
> 우리들의 양심과 자유가 매어있다.
> 우울한 바람이 불어와
> 오래된 버드나무 가지를 흔든다.
> 나는 담밖에 서 있다.
> 나무야 너는 참 좋겠구나.
> 한 많은 넋두리들 다 지켜보고서
> 말 한마디 글 한 줄 쓸 줄 모르니
> 너는 긴급조치법에도 위배되지 않고
> 바람이 가지고 온 소식도 전해 듣고
> 비둘기들이 가져온 소식도 전해 듣고

나무야 나도 죽어
서울 구치소 담 안에 있는 네가 되고 싶다.

비둘기 두 쌍이 후드득 날아가고,
하루라도 한 시간이라도
회색빛 철문 높은 담벼락이 허물어지고 깨져서
죄 없는 형제들을 풀어주소서![9]

강명순은 남편이 감옥에 가 있던 1년 2개월 동안 혼자서도 씩씩하게 희망교회 살림을 꾸려나갔다. 그해 여름성경학교를 성공적으로 치러냈다. 성경학교 프로그램 중의 하나였던 '우리동네 그림그리기'는 크게 인기를 끌었다. 밤과 낮이 공존하는 그림, 똥이 넘친 동네라고 똥칠만 해놓는 아이, 펌프와 우물 사이에 새는 물 초롱이를 그려 물이 반만 남아있는 그림 등. 강명순은 이런 그림을 보면서 아이들의 관찰력과 창의력에 감탄했다.

천 원짜리 계좌로 부스러기 사랑을 시작하다

해가 바뀌어 1979년 5월 15일 강명순은 첫딸을 낳았다. 첫딸은 산동네에서 잉태한 아이였다. 첫딸이 백일이 지날 무렵, 기독교대한감리회 도시산업선교회에서 부평공단에 세운 '광야교회'를 복원해야 할 책임자 겸 실무자로 남편 정명기 전도사가 파송되었다. 그때 도시산업선교가 탄압받던 시기였기 때문에 지인들은 정명기 강명순 부부가 부평 공단으로 파송간다는 소식을 듣고 "휘발유를 안고 불구덩이에 뛰어드는 격"이라고 걱정이 많았다. 남편 정명기 전도사는 탄압받던 광야교회에서 예배를 다시 복원시키고, 무료 진료소와 급식소를 운영했다. 강명순은 거기서도 무료 유치원을 운영하면서 가난한 아이들을 품어내는 데 정성을 다했다.

부스러기사랑나눔회 씨앗도 이때 뿌려졌다. 남편 정명기 목사가 감리교 본부에서 도시빈민구제 활동을 맡아서 하고 있었다. 남편이 영국으로 잠시 공부하러 간 사이 그 일을 강명순이 대신하게 되었다. 도움을 요청하는 손길은 늘어가는데 교단 재정으로는 감당하기 어려웠다. 그때 마침 영국에 가 있던 남편이 독일 교회에서 한국의 빈민사역을 위해 써달라며 모아준 수천 마르크에 달하는 헌금을 보내왔다. 독일에서 날아온 그 헌금이 도시빈민들에게 큰 힘이 되었다. 그때 강명순은 도시빈민선교를 하고 있던 목사님 사모들과 함께 우리도 모금을 해보자고 제안했다. 천원짜리 후원계좌를 만들어 빈민구제기금을 모으기 시작했다. 그것이 부스러기사랑나눔회의 시작이었다.[10]

'부스러기사랑나눔회'는 복지 사각지대에 놓인 아동들을 돕기 위해 1986년 설립되었다. 강명순은 아이들이 곧 우리나라의 미래라고 생각했다. 우리 사회 곳곳에서 빈곤과 결식으로 고통받고 있는 아이들을 보듬어 그 아이들에게 미래가 있는 삶을 안겨주고 싶었다.

부스러기는 잘게 부스러져 버려지는 빵 조각을 의미한다. 그러나 강명순에게 부스러기는 '나눔과 사랑'으로 재탄생하였다. 그에게 '부스러기 사랑'은 먹고 남은 것을 나누는 시혜적 차원의 복지가 아니라, 처

강명순은 부스러기사랑나눔회를 통해 장학사업을 추진했다. 사진은 2007년 2월 27일 서울랜드에서 개최된 장학생 어울마당 행사

음부터 빵 조각을 빈곤 아동과 함께 나누는 마음이었다.

부스러기사랑나눔회는 크게 3가지 사업에 주력하였다.[11]

첫 번째가 장학사업이었다. 부스러기장학금은 여느 장학회처럼 장학금만 지원하는 방식이 아니었다. 빈곤아동이 스스로 일어서는 데 필요한 장학금을 지원했다. 영양부족, 빈곤결식 등으로 고통받는 아이들에게는 건강하게 자라기를 기원하는 "튼튼장학금", 피아노와 같은 악기, 운동 등을 배우고 싶은 아이에게는 그들의 꿈을 응원하는 "재능장학금", 교통비가 없어 학교까지 먼 길을 걸어가야 하는 아이들에게는 "용돈장학금" 등 생활밀착형 장학금을 지원했다. 이렇게 벼랑 끝에서 누군가가 내민 따뜻한 손을 잡고 성장한 아이들은 어른이 되어 부스러기 사랑을 나누는 봉사자가 되었다.

두 번째 사업은 문화향유의 기회가 적은 빈곤 아동들에게 '글잔치

그림잔치'를 열어 문화체험의 기회를 제공했다. 매년 한 가지 주제를 정해서 아이들과 함께 글로, 그림으로 내면의 감정을 표현하다 보면 상처받고 억압된 감정들이 발산되어 건강한 성장을 돕는 치유사업이다. 2014년부터는 쓰레기, 재활용품을 활용해서 공동 창작활동을 시작했다. 캔 뚜껑을 모아 인어공주 꼬리를 만들고, 양파망으로 어망을 표현했다. 이러한 창작활동으로 아이들의 창의성은 자존감, 자신감과 함께 쑥쑥 자랐다. 이런 프로그램은 대학에서 시청각교육을 전공했던 강명순의 제안으로 시작되었다.

세 번째는 아이들의 꿈을 키우는 기부문화를 확산하고자 운영 중인 '드림풀'사업이다. 부스러기 사랑이 기부금으로 쌓여 수많은 빈곤 가정에 긴급위기지원금으로 쓰였다. 파출부 일을 하면서 생계를 꾸리는 아주머니가 매달 보내주시는 후원금, 미국에 있는 자식들에게 받는 용돈을 5달러, 10달러씩 모아 보내주시는 할아버지의 용돈 기부금, 자녀교육보험금을 해지하여 기부한 양계장 아저씨의 따뜻한 사랑이 '드림풀'이 되어 빈곤가정에게 살만한 세상을 만들어 주었다.

신나는 조합, 가난 없는 세상을 향한 꿈[12]

강명순은 1986년 부스러기선교회를 창립하면서 단돈 1천원으로 우체국 구좌를 열어 가난한 여성, 어린이, 청소년들을 후원하고 돌보는 일을 하고 있었다. 그러다 1999년 우연히 방글라데시 그라민은행과 연결되면서 무담보 소액대출사업을 시작하게 되었다.

그라민은행은 세계 최빈국 중의 하나인 방글라데시의 경제학 교수였던 무하마드 유누스가 쓴 《가난한 사람들을 위한 은행가》라는 책을 통해 알려졌다. 그라민은행은 시중은행과 달리 가난한 이들에게 담보 없이 소액의 돈을 빌려주었다. 이런 소액융자방식으로 방글라데시 인구의 10%가 넘는 240만 가구의 운명을 바꾸었고, 미국, 캐나다, 프랑스 등 60여 개국에 지부가 설립되었다. 우리나라에서도 2000년 부스러기사랑나눔회가 그라민은행의 한국지부를 맡게 되었다.

그라민은행과 강명순의 만남은 우연하게 이루어졌다. 1998년 IMF 사태 이후 그라민은행의 소액융자를 후원하는 씨티은행이 한국에서도 이 사업을 해야 할 필요성을 인식하고 적임자를 찾고 있었다. 때마침 1999년 강명순이 빈민여성에 대한 교육활동의 공로를 인정받아 여성단체에서 수여하는 '올해의 여성상'을 수상했다. 라디오 방송국에서 수상 인터뷰를 했는데, 그 시간 우연히 차 안에서 인터뷰를 들은 씨티은행의 담당자가 강명순을 찾아왔다. 그라민은행과 씨티은행은 자신들의 프로그램을 운영할 적임자를 찾았고, 강명순은 빈민가정의 자활을 도울 수 있는 재원을 마련할 수 있는 절호의 기회를 얻었다.

그해 강명순은 부스러기사랑나눔회 실무자 4명과 함께 방글라데시를 방문했다. 그곳에서 그라민은행의 소액융자방식에 대한 교육을 받고 돌아와 준비과정을 거쳐 2000년 '신나는 조합'을 출범시켰다. 신나게 빌리고 신나게 빌려주고 신나게 일하고 신나게 갚자는 취지에서 '신나는 조합'으로 명명했다. 조합의 종잣돈은 씨티은행이 그라민은행에 제공한 자금 중 5만 달러를 통해 마련되었다. 신나는 조합은 10년간 48명에게 5,683만 원을 대출했고, 100% 상환이 완료되었다.

신나는 조합의 대출 조건은 땅이나 재산이 없는 가난한 사람으로 농촌의 경우 평균 경작면적 3천 평 이하, 도시의 경우 자산 3천만 원, 월수입 1백만 원 이하에 해당하는 사람이어야 한다. 이런 자격을 가진 5명이 하나의 소모임을 만들어 서로를 보증하고 사업계획서를 제출하면 1인당 최고 2백만 원까지 연리 4%의 대출이 가능하다. 대출금은 매주 이자와 원금 상환을 통해 1~2년 내에 갚도록 했다.

신나는 조합의 성공비결은 무엇이었을까? 2011년 강명순은 〈가난 없는 세상을 꿈꾼다〉는 칼럼에서 "우리의 빈민 자활 프로그램은 대부분 그냥 돈을 지원했는데, 그러다 보니 돈은 돈대로 허비되고 정작 빈민들의 자활에는 실질적으로 도움이 되지 않았다. 신나는 조합은 빌린 돈을 자신이 벌어 꼭 갚도록 했고, 이로써 빈민들의 자활 의지를 도와 지속적으로 자신의 삶을 계획하고 꾸려나갈 수 있도록 하는 게 목표였다"고 밝혔다. 신나는 조합은 조합원들이 서로를 응원하며 자립할 수 있다는 자신감 회복이 가장 큰 자산이었다.

무하마드 유누스 교수는 《가난한 사람들을 위한 은행가》라는 그의 책 서문에서 "인간이 달에까지 가는 세상에 어째서 가난은 사라지지 않는가?"라고 물었다. 그리고 그는 그라민은행의 소액신용금융으로 그 꿈의 가능성을 보여주었다.

강명순도 무하마드 유누스 교수가 만든 그라민은행이 가난 없는 세상을 만들 수 있는 원천이 될 수 있을 것이라고 믿고 있었다.

평등한 부부 목회가 시작되었다[13]

강명순은 1994년 불혹의 나이에 감리교신학대학교 신학대학원에 입학했다. 어느 기독교 신문사 인터뷰 기사에 따르면, 남편 정명기 목사의 권유로 강명순이 늦깎이 신학도가 되었다고 했다. 사실이 아니었다. 정명기 목사는 아내 강명순과 그 자녀들에게도 신학을 강권한 적이 없었다. 모두가 스스로 선택하여 목회자의 길을 걸었다. 강명순은 부스러기선교회 총무로 일하면서 인근 교회를 찾아가 빈곤아동을 위한 사랑의 손길을 요청할 때가 많았다. 그때마다 가난한 이웃을 돌보라는 하나님의 명령을 따르려면 신학 공부를 해야겠다고 다짐했다.

강명순 정명기 부부는 1995년 1월 정무제2장관실이 주최한 제1회 평등부부상을 수상했다. 이들이 처음부터 평등부부였던 건 아니었다. 강명순은 보수적인 경상도 집안에서 자랐다. 그래서인지 결혼한 후 몇 년간은 칫솔에 치약을 묻혀 남편에게 대령할 정도로 가부장에게 극진했다. 그런데 이들 부부는 빈민사역을 하면서 모든 생활 방식이 달라졌다. 남편과 아내의 역할 구분이 없어졌다. 가사노동은 당연히 필요한 사람이 하는 게 원칙이 되었다. 이들 부부는 "각자 할 수 있는 만큼 하면서 각자의 재능이 발휘될 수 있도록 돕는 관계"를 '평등부부, 평등가정'으로 규정했다.

1995년 6월 정명기 목사는 안산 원곡동에 위치한 안산제일감리교회에 부임하게 되어 한동안 서울에 있는 가족과 떨어져 지내야만 했다. 신학대학원을 졸업할 무렵 강명순도 남편이 있는 안산에서 목회를 하고 싶었다. 그러나 감리교는 단독목회를 해야만 목사 안수를 받을 수 있었다. 그때 안산 원곡동 개척교회인 예은교회에서 목회자를 찾고 있었고, 그곳에서 강명순 전도사의 목회가 시작되었다.

강명순 정명기 부부가 안산에서 부부목회를 시작할 때도 평등한 목회를 유지하려고 노력했다. 정명기 목사는 처음 목회를 시작하는 아내 강명순 전도사를 위해 1부는 안산제일교회에서 2부는 예은교회에서 예배를 보면서 부부목회를 해보자고 제안했다. 이렇게 매달 셋째 주일에 강단 교환을 하면서 평등부부의 목회가 시작되었다. 그 뒤 정명기 목사는 부부 공동사역을 위해 강명순에게 안산제일감리교회 부목사로 와 줄 것을 제안했다. 처음에는 제일교회 교인들 사이에서 불만이 터져 나왔다. 교회에 가부장적 문화가 강해서 여성 목회자에 대한 거부감이 강했기 때문이다.

그러나 강명순 정명기 부부가 펼치는 빈민사역의 은혜로움에 갈등과 불만은 금세 사그라들었다. 정명기 목사는 교회에서 안산시로부터 위탁받아 무료 경로식당을 열었다. 안산시에 거주하는 65세 이상의 노인 130여 명에게 매일 점심식사를 제공했고, 몸이 불편해 경로식당에 오지 못하는 어르신들에게는 자원봉사자들이 음식을 배달해주었다. 강명순은 교회에서 가정문제상담소와 여성학교, 쉼터를 개소하여 안산 원곡동 주민들 속으로 들어갔다.

강명순은 목사안수를 받고 나서, 교회가 사회복지사업에 적극 나서야 한다는 사명감을 갖게 되었다. 그는 빈민지역에서의 선교는 궁극적으로 탄탄한 지역복지체계를 구축하는 것이라고 믿었다. 강명순은 이런 신념을 바탕으로 강남대 사회복지전문대학원에서 사회복지학 석사과정을 밟았다. 그리고 부성래 교수를 만나 2007년 일본 기비국제대학교(吉備国際大学) 사회복지대학원에서 박사학위를 받았다. 목사에 이어 사회복지학 박사가 된 강명순은 나라님도 막지 못한다는 빈곤 문제의 최고 전문가로 2008년 18대 국회에 입성하였다.

빈곤전문가로 18대 국회의원이 되다[14]

빈곤아동과 청소년을 위해 40년간 헌신한 강명순이 민주당이 아닌 한나라당 비례대표 1번 국회의원이 되었다는 사실은 기독교계는 물론 민주화운동 출신의 정치인들에게는 큰 충격이었다.

2008년 2월 25일, 이명박 정부 출범식을 보면서 강명순 정명기 부부는 "빈민복지는 이제 끝났다."고 절망했다. 그들은 미국행 비행기 탑승을 기다리며 김포공항에서 이명박 대통령 취임식을 지켜봤다. 미국 감리교회가 주최하는 세미나에 참석하고 라스베이거스에서 한 달 정도 머물다가 귀국했다. 당시 강명순은 2005년부터 2020년까지 '빈곤·결식 아동이 한 명도 없는 나라 만들기 운동(이하 빈나2020 운동)'을 전개하고 있었다. '빈나2020 운동'을 시작했지만 아이들은 계속 죽어갔고, 강명순의 고민은 깊어 갔다. 바로 그때 한나라당에서 2008년 3월경 18대 총선을 앞두고 대한민국에서 가장 가난하게 사는 빈곤 전문가로 강명순을 찾는다는 이야기가 들려왔다.

당시 안산에서 빈민사역을 하고 있던 강명순 정명기 부부 목사는 민주당 안산 지역구 국회의원에게 수차례 [아동빈곤법] 입법과 마이크로크레딧 등 [자립지원법] 제정을 제안했다. 그러나 당시 민주당은 당내 갈등으로 인해 입법 여력이 없었다. 그러던 차에 한나라당에서 강명순에게 [아동빈곤법] 등을 직접 수행하라는 제안을 해온 것이다. 강명순 정명기 부부는 이런 제안에 대해 민주당 몇몇 국회의원들에게 의견을 구했는데, 모두가 싸늘한 반응을 보였다.[15]

강명순은 비례대표 공천은커녕 정치 자체에 아무런 관심이 없었다. 강명순의 대답은 "나는 정치는 몰라요. 아동 청소년들만 알아요."라며 거절의 뜻을 밝혔다. 그런데 남편 정명기 목사가 강명순의 마음을 돌려놓았다. 정명기 목사는 "민주당 국회의원들이 우리가 필요로 하는 법을 만들 여력이 없으니 당신이 4년 동안 필요한 입법을 추진하는 게 어떻겠냐"고 설득했다. 정명기 목사는 비례대표 국회의원이 끝이 아니라 안산 지역구까지 진출하도록 권했지만, 강명순은 18대 국회의원 4년 임기를 마친 뒤 "국회는 내 자리가 아니다. 현장으로 가야겠다."며 다시 가난한 이웃이 있는 현장으로 돌아왔다.[16]

빈곤 없는 나라 만들기 프로젝트[17]

강명순은 국회의원 4년의 임기 동안 '빈곤 없는 나라 만들기'에 총력을 기울였다. 그는 2008년 5월, 한나라당에서 〈119 민생 경제 기동대〉를 조직하여 '빈곤 없는 나라 만들기 10대 프로젝트' 작업에 참여했다. 18대 국회가 개원하기도 전에 그의 의정활동은 시작되었다.

한나라당의 '빈곤 없는 나라 만들기 10대 프로젝트' 사업의 절반 이상이 강명순 의원이 제안한 정책으로 채워졌다. 지역아동센터 지원 대

| 2008년 7월 국회빈곤퇴치연구포럼 창립총회에서 강명순 공동대표가 인사말을 하고 있다.

폭 확충, 빈곤층 자녀교육 기회 및 사회 진출 지원, 희망복지 129센터 운영, 빈곤가정 생활비 지원, 신용카드·휴대전화·항공사 등의 각종 마일리지를 저소득층에 기부할 수 있는 '해피 투게더' 카드 발급, 빈곤아동 기금 설립과 세제혜택 제공, 드림스타트 프로그램, 소액 서민금융재단(마이크로크레딧) 활성화를 통한 영세 서민의 생활안정, 금융 채무 불이행자가 국민연금 담보 대부금으로 금융회사 채무를 상환할 수 있도록 하는 '뉴 스타트 운동' 등을 제안했다. 강명순이 40년간 빈민운동을 하면서 가장 절실하게 필요로 했던 정책을 모두 담아냈다.

강명순은 2008년 7월 23일 국회의원 연구단체로 여야 국회의원 44명으로 구성된 '빈곤퇴치연구포럼' 창립을 주도했다. 연구포럼은 빈곤아동청소년, 비수급 빈곤층, 의료 빈곤층 등 우리 사회의 빈곤 취약계층이 건강한 사회일원으로 살아갈 수 있는 시스템을 마련하기 위해 간담회, 정책토론회, 연구용역 등에 집중했다. 그 결과 2008년, 2010년에 우수연구단체로 선정되었다. 또한 이 연구포럼을 통해 여야 국회의원들과 횡적 교류를 넓히는 계기가 되었다. 물론 입법과정에도 큰 도움을 받았다.

그는 2005년부터 시작한 '빈나2020 운동'을 실천할 조직으로 2009년 7월 '빈곤 없는 나라 만드는 특별위원회(이하 빈나특위)'를 한나라당에 만들었다. 한나라당 국회의원 100여 명이 함께 참여한 '빈나특위'는 빈곤 아동·청소년팀, 여성 가장 문제 해결팀, 마이크로크레디트 자활자립팀, 청년대학생 실업문제 해결팀 등 12개 분야로 나누어 현장을 탐방하고 그 자리에서 간담회, 세미나를 통해 입법 및 정책과제를 찾아냈다. 빈나특위는 창립 이후 총 86회 도시 빈곤 현장, 농어촌 현장을 방문하여 정책간담회를 개최했다. 현장에 참여한 인원도 역대급 수준이었다. 연인원 국회의원 566명, 현장관계자 4,269명, 국회의원 보좌진 741명이 함께 현장의 목소리를 듣고 정책과 법안으로 담아냈다. 2011년 한해 동안 빈나특위에서 빈곤 관련 예산으로 7,009억 원을 확보하는 기염을 토했다.[18]

강명순의 의정활동은 복지 사각지대에 놓여있는 빈곤층의 복지향상에 집중되었다. 그는 빈나특위 위원장으로 활동하며 소속 당 국회의원 100여 명과 함께 지역아동센터와 노숙자 쉼터, 판자촌 등 복지사각지대 현장을 방문하여 입법 의제를 직접 찾아냈다. 그 결과 2011년 4월과 6월에 [노숙인 자립지원법안], [아동빈곤법안]이 국회 본회의를 통과했다. 이때도 한나라당 빈나특위 소속 국회의원 100여 명이 공동발의에 동참했다.

[아동빈곤법] 제정은 강명순이 국회에 들어온 가장 큰 이유였다. 그런데 이 제정법안은 2010년 5월 10일 발의되어 2011년 6월 23일 국회 본회의를 통과했다. 1년 넘게 국회 법사위에 발목이 잡혀 있었다. 강명순 의원은 2011년 4월 22일 국회 브리핑룸에서 기자회견을 열었다. 그리고 국회 법제사법위원회를 향해 '아동빈곤법안' 통과를 눈물로 호소했다. 그는 이날 기자회견에서 "민주당 정책위원회에서 4.27 재보선에 영향을 미치는 법안으로 [아동빈곤법]과 [노숙인법]을 지정해 법사위 상정에 반대하기로 하면서 누락되었다. 이것이 서민민생정당이라고 자칭하는 민주당이 할 일이냐"며 민주당을 강하게 질타했다.[19]

[아동빈곤법]은 국가와 지방자치단체가 복지와 교육, 문화 등 빈곤아동정책의 수행에 필요한 법적, 제도적 장치를 마련하고 업무수행에 필요한 재원을 안정적으로 확보하도록 하며, 종합적인 빈곤아동정책 수립을 목적으로 '아동빈곤예방위원회'를 설치하는 내용을 담고 있었다.

나는 '빈곤당 아동계' 의원이다.[20]

강명순은 정당에 대한 호불호가 없었다. 그가 한나라당 비례대표 1번을 수락한 이유는 분명했다. 그에게 국회의원은 가난한 아이들을 위한 정책과 입법을 추진하기 위한 수단이었다. 그래서 빈곤아동 입법을 방해하거나 일부러 지연시키는 이들을 향해서는 거침없이 쓴소리를 냈다.

강명순은 2011년 2월 9일 한나라당 개헌 의원총회에서 당시 박근혜 의원을 향해 "나는 개발 독재 시대에 소외된 사람들을 위해 35년을 '죽을 똥'을 싸면서 판자촌에서 일했다."며 "우리가 고생할 때 박근혜 전 대표는 청와대에서 호의호식하지 않았느냐. 아동복지와 빈곤 문제 등 기본권에 대한 헌법 개정이 필요한데 웅크리지 말고 빈곤아동에 대한 빚을 갚으라."고 직격탄을 날렸다. 당을 장악한 친박(親朴·친박근혜)계가 빈곤아동에 대한 획기적인 복지정책을 내놓으라는 것이었다.

유력한 차기 권력 앞에 친박은 물론 친이(親李·친이명박)계도 눈치만 볼 때, 그는 "난 어떤 계파를 대변하는 것이 아니라 '빈곤당 아동계'에 속한다. 하나님 눈치만 본다."고 말했다. 정치성향에 따라 친박계, 친이계로 구분 짓는 편가르기에 쐐기를 박았다.

강명순은 평생 빈민운동을 했지만, 정치적 표를 얻기 위한 수단으로 복지를 이용하는 것에 작심하고 쓴소리를 쏟아냈다. 당시 민주당이 '무상급식'을 앞세우고 각종 선거에서 돌풍을 일으키자, 강명순은 "무상급식은 '밥만 먹으면 아이가 자란다'는 천박한 교육관"이라며 "아이들에겐 마음껏 공부할 수 있는 환경이 더 중요하다. 빈곤층에 대한 복지의 질을 높여야 한다."고 주장했다. 그는 똑같은 잣대를 본인이 몸담고 있는 정당에도 들이댔다. 무상급식에 밀린 한나라당이 '반값 등록금' 정책을 내놓고 민주당과 복지 경쟁을 벌이자, "한나라당이 미쳐 돌아가고 있다."며 "돈 없어 급식 예산을 지원받는 청소년이 137만 명인데, 표를 갖고 있는 대학생만 보이냐?"고 쏘아붙였다.

강명순은 18대 국회에서 누구나 인정하는 복지전문가였다. 그는 예산만 주는 정책이 아니라 복지의 큰 틀을 정하고 로드맵을 만들어 대상별 맞춤형 복지를 제공해야 한다고 주장했다. 강명순은 이 같은 체계적인 복지시스템이 현실에서 적용될 때 빈곤의 대물림이 사라지는 복지국가, '빈곤 없는 나라'를 만들 수 있다고 생각했다.

재활용품에 생명을 불어넣는 생명사다리운동[21]

강명순은 18대 국회의원 임기를 마치고 곧바로 빈민운동 현장으로 돌아갔다. 2012년 6월 사단법인 세계빈곤퇴치회를 창립하여 자살예방과 생명사다리운동에 집중했다. 그는 [아동빈곤법]을 성안하는 과정에서 청소년들이 학교성적을 비관해 스스로 목숨을 끊는 경우보다 가정 형편 스트레스로 인한 자살시도가 3.2배 더 많다는 연구 결과를 접하게 되었다. 그래서 시작한 새로운 사역이 생명사다리사업과 자살예방운동이었다.

강명순은 국회의원 임기가 끝난 뒤 2013년 4월 국회도서관 로비에서 〈생명사다리 작품전시회〉를 가졌다. 그해 5월 서울 사당동에 있는 세계빈곤퇴치회 사무실에서도 〈강명순 77 작품전시회〉를 열었다. 전시된 작품들의 특징은 곧 버려질 것들을 소재로 삼았다는 점이다. 못 쓰는 종이상자와 바나나 껍질, 귤껍질과 같은 것들을 작품 소재로 활용함으로써 생명의 의미와 가치를 부여했다. 버림받고 죽어가는 쓸모없는 쓰레기가 생명의 말과 몸짓이 되어 업싸이클링아트(Up Cycling Art)로 다시 태어났다. 업싸이클링아트는 우울증을 겪고 있는 많은 사람들에게 치유 프로그램으로 활용되었다. 늘 자살하고 싶다고 말하던 여고생과 그 엄마, 20대 교사와 30대 직장인 등 자살 시도자들이 이런 작품을 통해 자살충

강명순은 2012년 국회의원 퇴직 후 세계빈곤퇴치회를 창립하여 자살예방을 위한 생명사다리운동을 펼쳤다.

동에서 벗어나기도 했다. 쓰레기가 사람을 살린 것이다. 버려진 과일 껍질이 누군가에게는 자신의 삶을 뒤돌아보는 작품이 되었다.

강명순은 대학에서 전공한 시청각교육을 빈민사역운동을 하면서 여러 곳에서 아주 쓸모있게 활용하였다. 강명순은 빈민지역 봉사활동을 나갔을 때 산동네 빈곤층의 삶을 촬영하여 만든 슬라이드를 채플 시간에 상영한 적이 있었다. '한 서울, 두 세상'이란 제목의 슬라이드 쇼를 본 학생들의 반응은 기대 이상이었다. 많은 학생들이 눈물을 흘리면서 슬라이드 영상을 지켜봤다. 당시 이화여대 기독교학과장이었던 서광선 교수가 채플 시간에 그 영상물을 상영하도록 허락해주었다. 서광선 교수는 "사범대학 학생회장 강명순이 만든 그 작품은 급격한 경제성장 과정에서 드러난 빈부격차 문제를 여과 없이 보여주었다."고 극찬을 아끼지 않았다.

강명순은 생명사다리운동에도 업싸이클링아트를 활용해 자살예방 교육자료를 만들었다. 강명순의 아이디어로 만들어진 시청각 교육

자료는 자살 고위험군에 속해 있던 많은 사람들을 살려내는 귀한 소재가 되었다.

산동네 아이들의 엄마로 기억되기를

강명순은 2021년 소천하기 5년 전부터 치매로 인해 건강과 기억력을 차츰차츰 잃어갔다. 남편 정명기 목사는 아내가 기억이 온전할 때 모든 공적 활동을 정리할 수 있도록 도왔다. 강명순 목사는 2020년 5월 21일 기독교 대한감리회 경기연회에서 남편 정명기 목사와 함께 은퇴예배를 드렸다. 그 뒤 부스러기사랑나눔회 등 빈민공동체의 모든 활동을 순차적으로 내려놓았다. 2021년 12월 29일 부스러기사랑나눔회 임시이사회에서 건강상의 이유로 이사장을 사임했다. 또한 자신의 통장에 남아있던 돈을 인출하여 '포항, 부산, 광주, 대전, 원주, 안산'에서 활동하는 실무자를 직접 찾아가서 빈곤아동장학금으로 전달했다. 강명순은 이렇게 빈곤아동과 함께 했던 부스러기사랑나눔회를 정리한 뒤 32일만에 소천하였다.

강명순의 삶을 18대 국회의원으로 한정하기엔 서운한 사람들이 많았다. 강명순은 가난한 산동네 아이들의 엄마로서, 그리고 기독교 목사로서, 복지사각지대에서 참된 복지를 전달하려고 노력했던 선한 이웃이자 사회복지사로 오랫동안 기억되기를 바라고 있지 않을까 싶다.[22]

| 집필: 황훈영 |

| 미주 |

1) 김홍신, 『내 삶을 바꾼 칭찬 한마디』 21세기북스, "예쁜 지렁이 글씨"
2) 강명순, 『생명사다리』 (고 강명순 유고집), p.264
3) 김홍신, 『내 삶을 바꾼 칭찬 한마디』 21세기북스, "예쁜 지렁이 글씨"
4) 강명순, 『생명사다리』 (고 강명순 유고집), pp.229~230
5) <인물과 사상사>, 2000, "낮은 곳에 핀 부스러기 사랑"
6) <조선일보>, 2003.6.24., "판자촌에서 싹튼 이웃사랑"
7) '정명기 목사 인터뷰', 2024.12.6.
8) 강명순, 『돌짝 아래 물줄기』 (고 강명순 1주기 유고집), p.10
9) 강명순, 『돌짝 아래 물줄기』 (고 강명순 1주기 유고집), p.80
10) '정명기 목사 인터뷰', 2024.12.6.
11) <주간인물>, 송년특집호, 2015년 12월 28일,972호 "부스러기 꽃을 피울 때까지"
12) 강명순, 『생명사다리』 (고 강명순 유고집), p.141
13) '정명기 목사 인터뷰', 2024.12.6.
14) 강명순, 『생명사다리』 (고 강명순 유고집), pp.164-168
15) '정명기 목사 인터뷰', 2024.12.6.
16) '정명기 목사 인터뷰', 2024.12.6.
17) 여성의정, 『18대 국회의원 강명순_대한민국에서 가장 가난한 빈곤 전문가를 찾아라』 2016.12.30.
18) 여성의정, 『18대 국회의원 강명순_대한민국에서 가장 가난한 빈곤 전문가를 찾아라』 2016.12.30.
19) <연합뉴스>, 2011.4.22., "강명순, '아동빈곤법' 통과 눈물로 호소"
20) <조선일보>, 2021.3.30., "그리운 '빈곤당 아동계' 의원"
21) <국회보>, 통권 559호, 2013.6., "당신은 나의 생명 사다리"
22) '정명기 목사 인터뷰', 2024.12.6.

제18대 국회의원
곽정숙 郭貞淑

인권복지·보편적 복지로
평등세상의 큰 꿈을 꿨던 작은 거인

1960	전남 나주 출생
	광주대학교 사회복지전문대학원 사회복지학 석사과정 수료
2005	장애인차별금지법제정추진연대 상임공동대표 (~2007)
2005	한국여성장애인연합 상임대표 (~2007)
2008	제18대 국회의원
2010	민주노동당 원내부대표
2011	국회 예산결산특별위원회 위원
2012	제18대 국회 장애인에 대한 성폭력 등 인권침해 방지대책 특별위원회
2008	제18대 국회 저출산고령화대책특별위원회
2011	제18대 국회 예산결산특별위원회
2008	제18대 국회 보건복지위원회
2008	제18대 국회 여성위원회

제비꽃도 피고, 민들레도 피었구나

"벌써 제비꽃도 피고 민들레도 피었구나. 네 곁에서 여전히 볼 수 있다니 감동이구나"

곽정숙이 이 세상에 남긴 마지막 글이다. 직접 찍은 작고 고운 제비꽃, 민들레 사진과 함께 본인 소셜미디어 계정에 올렸다. 2016년 3월 16일, 햇살이 부드러운 날이었다. 그리고 5일 후, 3월 21일 곽정숙은 전남 화순군 전남대병원에서 소천했다. 향년 56세였다.

곽정숙은 1960년 전라남도 나주에서 태어났다. 유독 눈이 크고 예뻐 아버지의 사랑을 듬뿍 받았다. 경제적으로도 안정적인 가정이었다. 하지만 곽정숙이 다섯 살 때 결핵성 척추염을 앓으면서 집안은 어려움을 겪게 된다. 건강보험도 없던 시절 부모님은 집을 포함하여 가진 재산을 다 처분하면서까지 딸의 치료를 위해 노력했다. 고생은 고생대로 하고 돈은 돈대로 들여서 척추 대수술까지 했지만, 곽정숙은 결국 척수장애인이 되었다.

곽정숙은 고향 영산포와 아버지를 '하나의 그림'으로 기억한다. 1960~1970년대의 영산강은 맑고 깨끗해서 주민들은 강에서 멱을 감고, 조개도 잡았다고 한다. 직업군인이었던 아버지는 엄하신 편이었지만, 주말이나 휴일이면 어린 곽정숙과 함께 영산강에 가서 물놀이를 하며 놀아주었다. 그 재미에 집 앞 다리 위로 차가 지나가면 아버지가 오는 차인가 설레며 기다렸다. 1981년 영산강 하구언(河口堰)을 만들면서 뱃길이 막혔고 영산포는 과거와 달라졌지만, 기억은 선명하여 곽정숙의 그림 속 영산강에는 어릴 적 풍경이 담기곤 했다. 아버지가 돌아가신 후 곽정숙은 아버지의 유품인 대학노트 120쪽 분량의 육필 자서전을 소중하게 간직했다. 〈국회보〉가 소개한 '나의 애장품'에도 일화를 남겼다. 이 노트는 아버지가 당신의 일평생을 기록으로 남긴 것인데, 가족 연보와 함께 3남 3녀 자식들의 출생과 그로 인한 희로애락이 사진, 그림과 함께 기록되어 있다. 곽정숙이 받은 넘치는 사랑도 여기 남겨져 있다.[1]

전교에서 장애가 있는 학생은 단 한 명이었고, "공부 잘하는 아이"로 불렸다는 곽정숙은 초등학교를 졸업하고 중학교에 진학했지만, 건강이 안 좋아졌다. 샛노란 얼굴로 자주 교실에서 쓰러졌다. 운동장에서 뛰노는 친구들이 부러웠다. 체육 시간에는 교실을 지키고, 소풍날엔 집에서 쉬는 것이 당연했다.[2] 책가방조차 들고 다니기 어려워지자 결국 2학년을 마치고 휴학했다. 일 년 동안 집에서 쉬었는데 학교에 너무 가고 싶어 부모님께 다시 학교에 다니게 해달라고 매달렸다. 부모님은 건강이 우선이라며 말렸지만, 곽정숙의 결심을 막을 수 없었다. 그토록 원해서 다시 학교로 돌아갔지만, 마음과 달리 건강은 따라주지 않았다. 중학교는 겨우 마쳤지만, 고등학교에 진학하지 못했다. 너무도 공부가 하고 싶었다. 혼자 이리저리 알아보던 중 집에서 통신으로 공부하는 방법이 있다는 것을 알게 되었다. 전남여고 부설 통신고등학교에 들어갔다. 공부의 목마름은 채울 수 있었지만, 친구들과 함께 하는 즐거움은 누릴 수가 없었다.

당시는 가족 중에 장애인이 있으면 공부는커녕 집밖에 내보이지 않고 숨길 정도로 장애에 대한 인식 수준이 낮았던 시절이다. 사회적 상황이 열악하다 보니 곽정숙은 자신의 장애가 더 크게 느껴졌다. 하고 싶은 공부도 할 수 없었고, 친구도 사귀기 어려웠다. 남들은 세상에 유익한 역할을 하는데, 자신은 세상에 불필요한 존재라는 생각이 점점 커졌다. 살아갈 희망도 보이지 않았다. 인생이 너무 슬퍼 밤새 울었다. 학창 시절은 돌아보면 슬픔만이 가득했다.[3]

너는 아름답고 소중하다

어느 날 여성회관에서 여러 가지 교육을 한다는 이야기를 들었다. 그곳에서 자수를 배우고, 자수 병풍을 만드는 일을 하게 되었다. 일하고 돈을 벌면서 보람차게 지냈는데 한동안 괜찮았던 건강이 다시 안 좋아졌다. 일 년에 두세 차례 수혈을 받아야 했다. 처음에는 악성빈혈 진단을 받았는데 나중에 검사를 해보니 다행히 악성은 아니었다. 문제는 위출혈이었다. 위출혈이 잡히지 않아 큰 어려움을 겪었다. 그때 가족들은 마음의 준비를 했다고 한다. 곽정숙은 살면서 위험한 고비를 몇 번이나 넘겼다. 그 과정에서 신과 더 가까워질 수 있었다.

곽정숙은 정치인 이전에 종교인이다. 종교를 빼고 곽정숙의 인생을 말할 수 없다. 슬픔과 절망 가운데 살던 곽정숙이 세상 밖으로 나온 것은 스무 살 때였다. 큰 거울 앞에 알몸으로 섰다. 처음엔 자신의 모습이 볼품없게 보여 고개를 흔들었다. '하나님, 부끄럽고 민망합니다.' 가만히 속삭였다. 그때 '너는 아름답고 소중하다.'는 목소리가 들렸다. 그때부터였다. 자신의 몸이 멋있게 보였다. 더 이상 부끄럽지 않았다. 뜬

눈으로 밤을 새운 뒤 생애 처음으로 대중목욕탕에 갔다. 스스로 가뒀던 장애의 굴레를 벗어버리자 "나의 장애 이외에는 아무것도 보이지 않던 내 눈에 다른 사람들, 특히 장애 때문에 아파하고 절망하는 장애인들이 보이기 시작했다."[4] 곽정숙은 종교를 통해 세상을 다시 바라보게 되었고 삶의 목적을 찾았다. 종교가 있었기에 삶을 굳건히 붙잡을 수 있었다.[5]

그러던 중 '실로암선교회'를 만나게 된다. 우연한 일이었다. 많은 사람들이 라디오를 통해 세상과 만나던 시절이라 곽정숙 역시 집에서 늘 라디오를 들으며 간혹 엽서도 써서 보냈다. 엽서를 보내기만 했지 받을 것이라고는 생각지도 못했는데, 어느 날 곽정숙 앞으로 엽서가 왔다. '장애인 수련회'에 오라는 초대장이었다. 누가 보낸 것인지 알 수 없었다. 엽서에 적혀 있는 번호로 전화를 했다. 그곳이 바로 실로암선교회였다. 실로암선교회에서는 곽정숙이 라디오 프로그램에 보낸 사연을 듣고, 그 프로그램에 연락해 주소를 물어 초대장을 보냈다고 한다. 기적 같은 인연으로 곽정숙은 광주 무등산에서 열린 3박 4일 장애인 수련회에 참여하게 된다. 세상 밖으로 힘찬 한 걸음을 내디딘 그 날, 하늘과 땅이 새롭게 열렸다.

수련회에는 백여 명이 넘는 장애인들이 참여하고 있었다. 중증장애인도 많았다. 자원봉사자들을 보고도 놀랐다. 그때까지 곽정숙은 자신만이 장애로 어려움을 겪는 줄 알았다. 많은 장애인 동료들과 처음으로 함께했고, 함께하는 사람이 많다는 것이 얼마나 큰 힘인지 그때 알았다. 그 뒤 곽정숙은 실로암선교회에서 운영하는 여성장애인 생활 시설의 지도교사를 맡게 되었고, 재활원 원장, 실로암선교회 회장이 되었

광주에서 여성장애인 조직을
만들기 위해 활동하던 시절

다. 회장 자격으로 광주 지역 장애인단체연합회 회의에도 참석했다. 수십 개의 단체가 모였는데 그중 여성 대표는 곽정숙이 유일했다. 실로암 선교회 안에서 활동할 때는 잘 느끼지 못했는데, 다른 단체와 일하면서 여성으로서 시각을 갖게 되었다. 여성장애인의 일상은 차별로 점철되어 있었다. 여성 인권, 장애인 인권 문제를 자각하게 되면서 여성장애인들의 조직이 필요하다는 생각이 점점 더 강해졌다. 전국적인 여성장애인 단체를 만들기 위해 백방으로 노력했다. 1998년에 준비위원회를 결성하고, 1999년 4월 17일 마침내 한국여성장애인연합 창립총회를 개최했다. 여성장애인들의 전국적 독립 조직이 만들어진 것이다. 곽정숙은 광주여성장애인연합 초대 대표가 되었다. 그 뒤 한국여성장애인연합 상임대표(제2대·제3대 공동대표, 2002년~2007년)를 맡았다. 광주장애인단체총연합회 이사, 한국여성단체연합 이사를 역임하고, 장애인차별금지법제정추진연대 상임공동대표로 [장애인차별금지법] 제정에 기여하는 등 소외계층을 위한 활동가로 살았다.[6]

사람을 존중하는 것이 인권복지

여성장애인을 대표하는 곽정숙은 2008년 민주노동당 비례대표 1번으로 국회의원이 되었다. 임기를 시작하며 "진보정당의 의원으로서, 여성·장애인의 대표성 의원으로서, 성평등과 장애인 인권 등 인권 측면의 의원으로서 (중략) 열정을 가지고 최선을 다해 사회적 약자를 위해 일하겠다."고 포부를 밝혔다.[7]

곽정숙의 국회 본회의 첫 발언은 신상에 관한 것이었다. 기자회견장 발언대의 단상을 높이 조절이 가능한 것으로 교체해 달라는 요청이었다. 곽정숙은 "국회 기자회견장에서 발언하려고 섰는데 발언대(단상)가 내 키와 비슷해 얼굴이 보이지 않았다. 옆에 있던 보좌진이 급히 종이상자(A4용지가 들어있는 상자)를 가져다 놓아주어 그 위에 불안한 채로 올라서서 발언했다. 임기가 시작되면 확실히 문제를 제기해야겠다고 마음먹었다."라고 상황을 설명했다.[8] 김형오 국회의장에게 "의장은 장애 의원이 의정활동을 하는 데 필요한 모든 편의시설을 제공할 의무가 있다."고 주장했다. 김형오 의장은 본회의장에서 바로 죄송하다고 사과했고, 가장 이른 시일 안에 개선하겠다고 답변했다. 기자회견장 발언대가 높이 조절이 가능한 단상으로 교체되는 데는 1년이 걸렸다. 곽정숙은 반문했다. "장애 국회의원의 상황이 이럴진대, 일반 장애인들은 어떻겠어요?"[9] 곽정숙은 당사자 입장에서 의정활동을 하려고 노력했다. "당사자는 당당하게 요구할 수 있다. 당사자가 아니라서 정확히 모르면 내 일로 요구가 안 되고, 남의 일 도와주는 데 그치게 된다. 도와주는 건 조금 하다 안 되면 포기하지만, 내 일이라고 생각하면 죽기 살기로 하게 된다. 그게 사람이다. 만약 당사자가 아니라면, 당사자만큼 이해하도록 노력해야 하고, 당사자 입장을 고려하여 의정활동을 해야 한다. 당사자보다 더한 노력이 필요하다."고 했다.[10]

곽정숙의 신장은 130cm, 앉은키는 60cm다. 서 있는 키는 물론, 앉은키도 비장애인보다 매우 작다. 척추가 굽어 등과 가슴이 혹처럼 나와 있다. 가슴 폭은 넓고 허리는 가늘어 기대지 않고 오랫동안 서 있기 힘들다. 서 있을 때도 불편하지만 앉아 있을 때 훨씬 더 불편하다. 의자에 앉는 것도 편치 않은데 탁자가 높아 책을 읽을 때, 글을 쓸 때, 음식을 먹을 때 모두 제대로 자세를 잡을 수 없기 때문이다. 대부분의 시판 가구는 장애 특성이 전혀 고려되지 않았고, 국회의 의자와 책상도 마찬가지였다. 맨바닥도 문제다. 오래 앉아 있으면 혈액순환이 되지 않아 다리에 마비가 온다. 한 자세로 장시간 있기 어렵다. 그래서 특별주문으로 제작한 방석을 항상 사용해야 했다. 식탁 의자엔 20cm 방석, 운전석에는 15cm 방석을 항시 깔아놓고, 거실에는 10cm와 20cm 방석을 두고 사용했다. 집 밖으로 나갈 때는 의료기구인 10cm 높이의 공기방석을 가지고 다녔다. 의정활동을 할 때도 방석을 챙기는 것은 보좌진들의 중요한 업무 중 하나였다. 회의 시간이 길어지면 앉아 있는 게 고역이었다. 장애 특성에 맞는 생활환경은 비장애인이 생각하는 것보다 훨씬 더 중요하다. 곽정숙은 자신이 추구한 복지 정책을 일컬어 사람을 존중하는 복지라는 의미를 담아, '인권복지'라고 표현했다.[11] 인권복지의 핵심은 당사자 인권 감수성이었다. 곽정숙은 반인권적, 반복지적 불평등한 법을 찾아 바꾸겠다는 목표로 의정활동을 시작했다.[12]

곽정숙이 속했던 민주노동당은 국회의원이 5명뿐인 초미니 정당이었다. 그런데 의정활동의 성과는 의석 기준에 갇히지 않았다. 곽정숙은 임기 4년 동안 총 82건의 법안 제·개정안을 대표 발의하였으며, 그중 27건이 반영되었다. 총 32.9%라는 높은 통과율을 기록했다. 방귀희가 발표한 「한국 장애인 의회정치 문화의 변화와 발전 방향」 논문에 따르면, 15대 국회에서 21대 국회까지 27년간 12명의 장애인 비례대표 국회의원들이 발의한 법률 건수는 7,223건, 가결 건수는 540건으로 가결률은 7.5%였다. 가결된 법률 가운데 장애인법률 건수는 28건(5.2%)이었고, 장애인법률 가결률이 가장 높은 의원은 곽정숙인 것으로 나타났다.[13]

강자에겐 강하고, 약자에겐 한없이 약했던 사람

곽정숙이 대표 발의한 법안 중 제정된 법은 [장애인·고령자 등 주거약자를 위한 지원법], [사회서비스 이용 및 이용권 관리에 관한 법률], [사회복지사 등의 처우 및 지위향상을 위한 법률], [노숙인 등의 복지 및 자립지원에 관한 법률] 등 4건이다. 비록 통과되지는 않았으나 [장애여성지원법]을 발의하여 여성장애인 지원의 필요성을 공론화한 것도 성과라고 할 수 있다. 또, 중증장애인 근로지원제도 법제화, 외국인 장애인등록 허용, 정신장애인의 직업 활동 보장, 사회복지시설 투명성 확보와 인권보장을 강화하는 데 기여했다.

2009년 11월 25일 대표 발의한 [장애인주거지원법안]은 주거약자에 대한 실태조사, 국가 및 지자체가 건설하는 임대주택의 일정 비율을 주거약자용으로 건설하도록 하는 내용이다.[14] 이 법은 2006년부터 장애계가 전국을 순회하며 장애인 당사자들의 의견을 담아 작성한 것으로 '장애인주거지원법 제정을 위한 추진연대'를 결성하여 법 제정에 힘을 실었다.[15] 곽정숙은 장애인들이 지역사회에서 동등한 권리를 누리며 평범한 시민으로 자립하여 살아가는 사회를 꿈꾸었다. 특히 시설에서 거주하던 장애인이 지역에서 자립생활을 하기 위해서는 주거공간이 반드시 필요하지만, 지원은 미비했다. 인권유린이나 폭행에도 시설에서 벗어나지 못하는 것은 주거권이 보장되지 않기 때문이기도 했다. 장애계가 바라는 '탈시설'을 위해서도 주거문제 해결을 위한 구체적 대안이 필요했다. 곽정숙은 '집이 필요하다.'는 절실한 마음으로 장애인의 주거안정과 주거수준 향상을 위한 법안을 발의했다.[16] 장애인의 주거실태를 정확히 파악하고, 장애인의 주거안정을 위하여 임대주택을 공급하고, 주택개조에 필요한 비용을 지원하도록 하는 내용이다. 이 법안은 다른 법안과 병합 심의하여 2011년 12월 30일 국회 본회의에서 [장애인·고령자 등 주거약자 지원에 관한 법률]로 대안 통과되었다.[17] 그렇게 한 걸음씩 앞으로 나아갔다.

  2009년 11월 25일 대표 발의한 [사회복지서비스 이용 및 이용권 관리에 관한 법률안]은 2011년 6월 29일 정부안과 병합하여 [사회서비스 이용 및 이용권 관리에 관한 법률]로 대안 통과되었다. 2007년부터 본격적으로 시행된 사회서비스는 중증장애인활동보조, 노인돌보미, 산모신생아돌보미, 지역사회서비스혁신사업(사업명은 당시 기준) 등을 시작으로, 가사간병방문서비스 장애아동재활치료 등으로 확장되고 있었다. 사회서비스 전자 바우처(이용권) 사업은 점차 늘어나고 있었지만, 이용권 관리에 관한 법적 근거가 없는 상황이었다. 사회서비스는 이용자가 선택할 수 있다는 것이 최대 장점이다. 하지만 민간에 맡겨져 있어 품질관리가 제대로 되지 않고 있었다. 또, 제공 기관의 수가 불충분하고 그 규모가 영세하며 제공 인력의 고용이 불안정하고 전문성이 부족하다는 문제점도 제기되었다.[18] 곽정숙은 서비스를 받는 사람의 권익을 보호하기 위해서도, 서비스를 제공하는 노동자를 위해서도 법이 필요하다고 여겼다. 이에 이용자의 권익을 보호하고, 제공 기관 및 종사자를 지원하고, 사회복지서비스 기반을 조성하는 등 사회복지서비스 이용에 관한 사항을 체계적으로 정립하도록 하는 법안을 발의한다.[19] 진보정당 의원이었던 곽정숙은 약자의 입장에서 행정부 정책의 문제점을 지적하는 경우가 많았지만, 이 법은 정부와 협력하여 제정했다. 반대를 위한 반대가 아니라 '무엇이 최선인가'를 끊임없이 고민한 결과라고 할 수 있다.

2010년 10월 21일 대표 발의한 [사회복지사 처우 향상을 위한 특별법안]은 사회복지사들의 숙원이었다. '사회복지사 두 명이 결혼하면 기초생활 수급자를 못 면한다.'는 농담이 '현실'이라는 게 더 무서운 일이었다. 소규모 센터에 근무하는 사회복지사의 경우 한 달에 20~30만 원의 차비만 받는 일도 흔했다. 곽정숙은 사회복지사의 처우가 개선되지 않은 상황에서 복지국가로 나아갈 수 없다고 여겼다. 법안을 발의하던 2010년 7월 기준, 등록된 사회복지사는 39만 6,430명에 이르고 있으며 2012년에는 50만 명을 초과할 것으로 예상되었다.(2024년 150만 명을 넘어섬) 사회복지사는 양적으로는 팽창하고 있으나 처우 수준은 전체 산업노동자 월평균 임금의 61.4%에 머물고 있었다. 게다가 2005년 사회복지업무가 지방자치단체로 이양되면서 급여와 처우에 있어서 지역별 격차가 발생했다. 열악한 근로환경, 낮은 임금수준, 잦은 이직 등은 사회복지서비스 제공의 지속성과 전문성을 위협했고, 사회복지사들의 처우 향상을 위한 법이 필요하다는 의견이 대두되었다.[20] 곽정숙이 발의한 법안은 2011년 3월 11일 다른 법안과 병합하여 [사회복지사 등의 처우 및 지위 향상을 위한 법률]로 통과되었다. 정부는 사회복지사 등의 처우개선, 복지증진, 지위 향상을 위해 적극적으로 노력해야 하며 사회복지공제회를 설립할 수 있게 되었다. 곽정숙은 "첫발을 내디딘 것이고 시작이 반"이라며 "사회복지사와 사회복지종사자의 처우와 지위 향상을 위한 법이 처음 제정된 것을 환영한다."고 입장을 밝혔다.[21)22)]

2011년 3월 16일 발의한 [홈리스 인권보장 및 지원에 관한 법률안]은 특별한 의미가 있다. '홈리스'는 노숙인 등 거리에서 생활하는 사람들과 함께 거리에 내몰릴 우려가 있는 주거가 불안정한 사람들까지 포괄하는 의미를 지닌 용어다. 당시 홈리스 정책의 유일한 법적 근거는 [사회복지사업법]이었는데 시설 설치 및 운영에 관한 규정만 두고 있어 홈리스의 인권을 보호하고 자립을 지원하는 데 한계가 있었다. 또, 이미 발생한 홈리스에 대한 대응만 할 뿐 예방 차원의 정책은 없었고, 홈리스 지원에 대한 다양한 경험을 축적하고 있는 민간의 활동도 포함하지 못하는 실정이었다. 곽정숙은 안정된 주거 제공, 고용 지원, 건강진단 및 치료와 민간단체와의 협력 등에 관한 국가와 지방자치단체의 책무를 명시하고, 홈리스 인권보장 및 자립을 통한 원활한 사회생활을 도모하도록 하는 법안을 발의하였다. 이 법은 2011년 4월 29일 [노숙인 등의 복지 및 자립 지원에 관한 법률]로 대안 통과된다.

이 법의 의미가 특별한 것은 법 제정 과정에서 홈리스 당사자들과 함께했기 때문이다. 2011년 2월 22일 정승문 외 1,531인은 곽정숙 소개

보건복지위원회 회의장에서
발언하는 모습

로 홈리스법 제정을 청원한다. 1,531인이 바로 홈리스 당사자들이다. 당사자들이 자신들의 문제를 스스로 해결하겠다고 나서 홈리스법을 제정하여 주길 요구하는 청원을 제출한 것이다. 홈리스행동 등 관련 단체를 주축으로 직접 서명을 받고, 국회 앞에서 청원인 대회도 열고, 국회에서 기자회견을 진행했다. 이들은 자신들이 행려자, 부랑인, 노숙인 등으로 달리 불리면서 정책적으로도 각각 다른 대상이 되었다고 지적했다. 더욱이 2004년 [사회복지사업법]과 [지방분권특별법] 개정으로 부랑인 보호 사업은 중앙정부로, 노숙인 보호 사업은 지방정부로 책임소재가 나뉘면서 문제가 더욱 커졌다는 점도 짚었다. 사회에서 가장 소외된 이들, 약자 중의 약자였던 홈리스들이 법 제정을 요구하는 청원을 제출했다.[23] 곽정숙은 이들과 발걸음을 맞춰 걸으며 홈리스를 위한 법이 필요하다고 동료의원들과 정부를 설득했고, 결국 법 제정에 이르렀다. 이 법은 '정의 앞에서는 어떤 것도 용납하지 않는 엄격한 분이었지만 한없이 따뜻했고, 강자한테는 강하지만 약자한테는 한없이 약했던'[24] 곽정숙을 상징하는 법안이라고 할 수 있으며 홈리스들과 함께 만든 법이라는 점에서 다른 법보다 의미가 크다고 할 수 있다.

부당한 차별 없는 평등한 세상을 위해

의정활동의 가장 큰 성과 중 하나는 곽정숙이 2011년 10월 31일 대표 발의한 [사회복지사업법] 개정안이 같은 해 12월 29일 본회의에서 투표 참여 163명 중 162명의 절대적 지지를 얻어 통과된 것이다. 사회복지법인의 이사 중 일부를 외부에서 추천하여 선임하도록 해 전문성을 높이고, 이사회의 회의록을 공개하고, 사회복지시설에서 아동 성범죄와 같은 중대한 인권침해가 발생하지 않도록 예방하기 위해 성범죄 경력이 있는 사람은 근무를 제한하는 조치를 취하도록 하는 내용이다.[25] 이 법안은 사실 오랜 역사가 있다. 2007년 8월 23일 참여정부 시절, 정부도 비슷한 내용의 개정안을 제출했다. 17대 국회에서 의원들이 발의한 개정안도 있었다. 하지만 사회복지시설의 극심한 반대에 부딪혀 통과되지 못하고 임기만료 폐기되었다. 이후 논의는 소강상태였다. 그런데 사회복지시설 내의 인권문제를 다룬 영화 〈도가니〉가 개봉하면서 이 문제에 대한 사회적 관심이 뜨거워진 것이다. 이 영화는 청각장애인 학교에서 실제 일어난 심각한 인권침해 사건을 배경으로 한다. 일부 사회복지법인과 시설 대표자의 전횡, 인권침해, 사적 이익 추구 등이 사회문제가 되었고, 특히 인권침해를 막아야 한다는 공감대가 형성되었다.[26] 곽정숙이 발의한 [사회복지사업법] 개정안이 통과된 것은 피해

당사자와 이들과 연대하여 싸워온 사람들의 통곡이 담긴 사회복지 역사에 남을 커다란 진전이었다.

곽정숙은 장애 정책에 있어서 자신의 전문성을 확실히 보여주었다. [장애인 고용촉진 및 직업재활법] 개정으로 중증장애인이 일터에서 마음 놓고 일할 수 있도록 지원하는 근로지원제도의 법적 근거를 마련했고, [교통약자의 이동편의증진법]을 개정하여 특별교통수단 도입과 확충을 지원할 수 있게 되었으며 이를 통해 특별교통수단의 지역적 편차를 해소하고, 교통약자의 이동권 보장도 강화할 수 있도록 했다. 또, 곽정숙의 끈질긴 노력으로 63년 만에 공무원 채용 신체검사 기준이 완화되어 백혈병 환자들이 공무원 시험에서 차별받지 않게 되었다. 국회 내 장애인 편의시설을 개선하도록 한 것은 물론, 정부 기관 업무보고 자료에 여성·장애인 고용 비율을 필수적으로 표기하도록 하는 등 일상의 변화를 위한 노력도 기울였다.

여성 정책도 소홀히 하지 않았다. 곽정숙은 광주에서 만난 시민들에게 동네에 무차별적으로 배포되는 성매매 전단에 대한 이야기를 들었다. 성매매와 성범죄를 유인·알선·광고하는 행위가 해를 거듭할수록 변종을 거듭하여 주택가와 아파트단지 등 주거지역까지 급속도로 전파되고 있다는 것이다. 이른바 '딱지'라고 하는 명함 형태의 홍보물을 아이들이 주워서 집에 가지고 오는 경우도 있다고 했다. 곽정숙은 이런 이야기를 그냥 넘기지 않고, 법안에 담았다. 성매매·성폭력을 조장하는 각종 전단 등의 제작·부착·배포 행위를 처벌하고, 이를 신고한 사람에게 포상금을 지급하도록 하는 [아동·청소년의 성보호에 관한 법률] 개정안을 발의했고, 법안이 통과되어 신고포상금 제도가 도입되었다. 또, 성폭력

| 장애인 차별 철폐를 위해 장애인 동료들과 함께

범죄 처벌을 강화하기 위한 법안도 개정했다. 당시 [성폭력 범죄의 처벌 및 피해자 보호 등에 관한 법률]에서 정한 친족 관계 범위는 2촌 이내의 인척으로만 되어 있어 성범죄 비율이 높은 4촌 이내 성폭력에 대한 처벌규정이 미비한 상황이었다. 4촌 이내까지 범위를 넓히는 개정안이 통과되어 장애인, 아동, 여성 등 피해자를 사전에 보호하고, 친족 간 성범죄를 보다 효과적으로 예방할 수 있게 되었다.[27]

모두 만족스러웠던 것은 아니다. 곽정숙은 의정활동에 있어서 아쉬운 점도 짚었다. 비례대표 후보 시절부터 공약했던 [장애여성지원법]은 꼭 제정하고 싶었지만 통과시키지 못했다. 곽정숙은 비례대표 후보 시절부터 "여성장애인은 태어나서부터 성인이 되어서까지 교육, 취업, 결혼, 자녀 양육, 건강 등 모든 분야에서 권리를 보장받지 못하고 있다"

며 "생애주기별 지원정책을 수립하고 시행하도록 할 것"이라고 하는 등 [장애여성지원법] 제정에 대한 강력한 의지를 보였다.[28] 여성장애인은 임신 및 출산이 위험한 경우가 많아 의료비용이 비장애인 임산부보다 많이 발생한다. 출산 시에도 더 넓은 공간, 특수한 환경이 제공되어야 하는 경우가 많다. 휠체어 장애인의 경우는 입원실이나 산후조리를 하는 공간도 비장애인보다 넓어야 하고, 장애 유형에 맞는 편의시설이 갖추어져야 한다. 산후조리에 추가 인력이 필요한 것은 물론이고, 자녀 양육 시기에도 인력이 지원되어야 한다. 모성보호 외에도 교육, 노동, 의료 영역 모두 특별한 지원이 필요하다. 하지만 이 법안은 결국 통과하지 못하고 임기만료 폐기되었다. 곽정숙은 "여성장애인 당사자 의원이 직접 말해도 설득이 쉽지 않았는데 여성장애인 의원도 없는 지금은 더 어렵지 않을까 걱정된다. 내가 있을 때 통과시켰어야 했던 법이다."라고 깊은 아쉬움을 토로했다.[29]

가장 왼쪽에 있었던 국회의원

곽정숙은 모 언론사의 조사에서 전체 국회의원 중 가장 진보적 의원으로 선정된 적이 있다. 법안 투표성향을 바탕으로 18대 국회의원들의 '이념 지도'를 만들었는데, 이중 가장 진보적 투표성향을 보인 의원은 곽정숙으로 나타났다.[30] 같은 민주노동당 소속으로 '강성'으로 분류되었던 강기갑, 권영길 의원보다도 좌측에 위치했다는 점에서 주목을 받았다. 곽정숙은 "놀라긴 했지만, 기분이 나쁘지는 않았다"고 한다. 모든 국회의원 중 가장 진보적인 국회의원으로 선정된 것은 '의료영리화 반대' 때문일 것이라고 추측했다.

법안 제·개정이나 예산 확보와는 다르지만, 의료영리화 저지나 한미 FTA로 인한 보건의료 피해를 이슈화한 것도 곽정숙의 의정활동 성과에 포함해야 한다. 곽정숙은 의료영리화를 막기 위해 가장 앞에서 누구보다 열심히 활동했다. 앞장서게 된 동기에 대해 "교육과 의료는 가장 기본적인 것이다. 그런데 국가가 최소한 의무적으로 보장해줘야 할 책임을 놔버리고 너희들끼리 경쟁해서 알아서 하라고 하는 것은 문제가 있다. 제도적으로 보장받아야 할 것을 약육강식 논리에 맡길 수 없다. '약자 편에 서 있을 것이냐 아니면 자율경쟁을 통해 의료를 산업화해서 돈을 벌려는 사람들 편에 서 있을 것인가?' 하는 문제다. 나는 오랫동안 환자로 살아왔고 국민 상당수가 환자로 살아가는 상황에서 약한 이들을 보호하고 싶다. 내가 그런 입장에서 다른 의원님들보다 생각이 조금 강한 것 같다"고 말했다.

곽정숙은 "의료영리화는 타협의 여지가 없는 정책이었다. 돌아보면 통과시켜야 할 것도 많았지만 막아야 할 것도 참 많았다. 원격의료도 정부가 너무도 하고 싶어 하던 것인데 잘 버텼다. 원격의료가 도입되면 장점보다 문제점이 많다. "의료체계 근간을 흔드는 제도였다."[31]고 말했다. "원격 진료의 경우 진료를 허용하고 있을 뿐 실제 필요한 인프라, 즉 화상 장비나 환자 상태를 측정하는 장치들에 대한 언급이 없다. 필요한 장비들은 사실상 환자가 다 구입해야 한다. 장애인이나 컴퓨터 활용 능력이 떨어지는 노인들에 대한 배려도 없다"[32]는 점을 지적했다. 의료영리화 반대는 환자 입장에서, 약자 입장에서, 가난한 사람의 입장에서

의료영리화 반대, 영리병원도입
중단을 촉구하는 집회에서

해온 일관된 의정활동이었다.

곽정숙이 말하는 정치의 본질은 사랑이다. 곽정숙은 사랑이 없는 정치는 정치가 아니라고 했다. 어렵고 힘겨운 사람들, 약하고 소외된 사람들을 사랑하는 마음으로 일하는 게 가장 중요하다고 강조했다. 곽정숙은 힘의 원천을 현장에서 찾았다. 정책을 잘하려면 '현장'을 알아야 한다고 강조했다. 약자들의 목소리를 듣기 위해, 소외계층의 고통과 아픔을 함께 나누기 위해서 끊임없이 현장을 찾았다.[33] 장애인의 벗으로, 약자들의 언니, 누나, 엄마로 전사처럼 현장을 누볐다.[34]

곽정숙은 실천하는 정치가이기도 했다. 이명박 정부를 향해 '강압통치 중단'과 '민주주의 회복'을 요구하며 2009년 6월 7일부터 6월 23일까지 17일 동안 서울 대한문 일대에서 삼보일배를 진행하기도 했다. 국정 기조를 전면 전환해야 한다는 간절한 바람을 담은 평화적 행동이었다. 곽정숙은 이때의 심정을 "작은 몸짓이지만 국민의 뜻에 함께하고파 삼보일배에 나섰다. 오늘 9일째, 첫날은 많이 울었다. 죽음에 놓여있는 우리 국민이 너무나 긍휼히 여겨졌기 때문이다.(중략) 처음 해보는 삼보일배, 걷다가 휠체어 타기를 병행하지만, 허리통증으로 힘겹다.(중략) 국민의 소리와 행보에 불소통과 강압 통치로 대응하는 이명박 대통령의 모습에 숨통이 막힌다. 그렇지만 국민적 요구는 포기할 수 없는 것이기에 오늘도 희망을 갖고 삼보일배에 임한다."라고 심경을 남겼다.[35]

거짓말 안 하는 정치인, 실천하는 정치가

자신을 내려놓고, 시민에 대한 애정으로, 약자에 대한 헌신으로 정치를 했던 곽정숙은 2009년, 2010년에 이어 2011년에도 국회에서 입법 성과를 종합하여 시상하는 국회 입법 우수의원에 선정됐다. 장애인, 여성, 아동에 대한 인권향상에 크게 기여한 것으로 평가받았다. 곽정숙은 "국회의원의 책무인 입법 활동에 최선을 다한다는 자세로 일해 온 것이 유종의 미를 거두게 된 것 같다."며 "남은 임기 동안에도 사회 약자를 위한 다양한 활동에 최선을 다하겠다."고 수상 소감을 말했다.[36]

곽정숙은 가난하고 소외된 이들을 위해 의정활동을 펼친 의원에게 시상하는 〈공동선 의정활동상〉의 첫 번째 수상자이기도 하다. 사회정의시민행동은 의정활동평가위원회를 구성하여 사회적 약자와 소외된 자를 위해 성실한 의정활동을 한 의원들을 수상자로 선정했다고 밝혔다. 선정기준은 ①사회적 약자와 소외된 자를 위한 입법 활동 평가

②사회적 약자와 소외된 자를 위한 아젠다 세팅 평가 ③지역구 혹은 전국을 대상으로 소외된 자를 위한 활동 평가였다.[37] 영광스러운 상이었다.

또, 2011년 4월 1일 만우절을 맞아 발표한 〈거짓말 안 하는 정치인 베스트 5〉에 선정되기도 했다. 신라대학교 국제관계학과 학생들은 297명의 국회의원에 대한 사전조사 후 1차, 2차 선정기준에 따라 후보를 압축한 뒤 최종적으로 5인을 선정했다고 밝혔다. 곽정숙은 민주노동당 원내부대표, 보건복지위 위원으로 활동하면서 사회적 약자를 위한 제도적 장치 마련과 불평등한 차별과 편견을 넘어서는 활발한 입법활동을 한 점, 이를 통해 의로운 정치, 생활 정치를 실천해온 점 등이 높은 평가를 받았다. 곽정숙은 "민의를 대표하는 국회의원이 의정활동에 충실하고, 거짓말을 안 하는 것은 당연한 일인데 이를 이유로 상을 받는다는 것이 서글프기도 하지만, 바른 정치를 염원하는 청년 학생들의 상을 받게 되어 기쁘기도 하다."며 소감을 밝혔다.[38] 〈대한민국 반부패청렴 대상〉 수상자로 선정되기도 했다. 한국반부패정책학회가 재산 규모 및 형성과정, 정치자금 지출내역 중 정책연구비 부문, 사회봉사 활동, 반부패 입법활동 부문, 전과 및 비윤리적 행위 부문 등 5개 부문에 대한 정량적·정성적 평가를 통해 선정한 상이다.[39] 이밖에도 외국인 장애인 등록 정책을 추진한 공로로 주한 대만대사관에서 감사패를 받는 등 다수의 상을 받았다.

곽정숙은 "우리 사회 소외계층의 복지를 위해 당사자 인권 감수성을 가지고 국회 생활을 하고자 애썼다."며 "지난 4년간의 의정활동을 되돌아보니 '참 수고했어'라고 스스로를 격려해주고 싶다."고 소회를 말했다.[40] 모든 상이 소중하지만, 자신에게 주는 격려야말로 진심을 다해 정치를 했다는 증명이 아닐까.

슬퍼하지 마세요, 삶은 감동입니다

이처럼 4년을 한결같은 마음으로 의정활동에 매진하면서 건강을 제대로 돌보지 못했다. 국회의원 임기 중 발병한 간염이 임기 후 간경화로 진행되었고, 결국 간암으로 이어져 폐와 전신으로 전이 되었다. 말기 암 상태에서 찾았던 주치의는 그녀가 '늘 맑은 미소와 담대한 음성으로' 진료실에 왔다고 기억한다. 만물이 생동하는 따스한 봄날, 병실을 찾아 만난 것이 마지막이 될 줄은 몰랐다는 그에게, 곽정숙은 좋은 정치인이 되어달라고 부탁했다. 그 주치의는 21대 국회의원에 당선된 이용빈이다.[41] 그는 2022년 7월 6일 곽정숙의 이름을 붙인 법안을 발의한다. 무장애 인증을 받은 지역이나 시설, 장애인전용주차구역 등을 지도에 의무적으로 표기하는 [공간정보의 구축 및 관리 등에 관한 법률] 개정안인데, 이를 [곽정숙법][42]이라고 명명했다.[43] 곽정숙의 정치는 다음 정치인들에 의해 그 뜻이 이어지고 있다.

2017년 8월에는 광주여성장애인연대 주도로 '곽정숙기념사업회'도 설립되었다. 평생 장애인과 연약한 이들의 인권과 복지향상을 위해 헌신 봉사하며 차별 없는 평등세상·행복세상을 꿈꾸며 실천한 곽정숙의 유지를 이어가겠다는 목적으로 활동하고 있다. 기념사업회는 〈곽정숙인권상〉을 제정하여 장애인의 인권향상과 복지증진을 위한 활동에

18대 국회의원 시절,
국회 잔디밭에서 활짝 웃는 곽정숙

공로가 큰 개인 및 단체를 대상으로 시상하고 있다.[44)]

    곽정숙은 미리 써놓은 유언장에 "슬퍼하지 말라"는 말을 남겼다. 종교인답게 성경의 '항상 기뻐하라'를 언급하며 어렵고 힘들 때도 '기쁘다'고 할 수 있어야 한다고 했다. 아플 때도 이 말씀을 떠올리며 웃음을 지었다고 한다. 곧 죽는다는 말을 들어도 '괜찮아, 감사해'라고 생각했다. 국회의원이 되기 전에도, 임기를 마친 후에도 인생을 되돌리고 싶은 생각이 없다고 말했다. 스스로 인생을 돌아봤을 때 잘 살아왔으며 삶 자체가 감동이었기 때문이란다. 죽음을 앞둔 곽정숙은 담담했다. "누구나 가는 인생 과정이다. 죽음이란 것은, 여기서 멈추느냐 조금 더 가느냐의 차이다. 결국, 모두가 가는 길이다. 나는 오히려 죽음을 준비하면서 살아갈 수 있다는 것이 감사하다."고 했다.[45)]

곽정숙은 꿈을 꾸며 흘러가는 강이었다. 강물은 낮은 곳으로 흘러 아픔과 상처를 감싸고 생명을 소생시킨다. 깊고 넓은 강물은 실패와 좌절을 모두 품어 안고 희망과 환희로 가득 찬 영혼이 창공을 날아오를 수 있게 한다. '꿈꾸는 강'은 곽정숙 의원이 직접 그린 그림의 제목이자 개인전 타이틀이기도 하다.[46] 아픔을 통해 참 자유를 누리던 사람, 죽음을 먼저 알아 준비할 수 있어 좋다던 사람, 한 사람의 영혼을 소중히 여겼던 약자들의 벗. 인권복지, 보편적 복지로 평등 세상을 만들겠다는 찬란한 꿈을 꾸었던 정치인. 여행과 사진 찍기를 좋아하고 기타 연주를 즐기며 '아침이슬', '사랑으로' 등의 대중가요와 복음성가를 즐겨 부르던[47] 행복한 전도사 곽정숙은 자신이 꾸었던 꿈을 남기고 머나먼 길을 떠났다. 곽정숙의 꿈은 오늘도 차별 없는 평등한 세상, 인권이 보장되는 사회를 만들기 위해 노력하는 사람들을 통해 이어지고 있다. 곽정숙이 그린 '진짜 멋진 세상'을 우리가 함께 만들어 가길 바란다.

> "진짜 멋진 세상은 가장 연약한 사람이 행복할 때입니다. 그때서야 비로소 모두가 행복할 것이기 때문입니다. 그렇기에 그런 세상을 위해 저는 가장 연약한 자의 편에 설 것입니다. 그편을 해하는 잘못된 것을 제거하고 좋은 것을 창조해 나갈 것입니다."
> – 곽정숙의 노트에서[48]

| 집필: 박선민 |

| 미주 |

1) <국회보>, 2010.07.08., "곽정숙 의원의 '나의 애장품'"
2) <곽정숙 블로그>, https://blog.naver.com/jwithmin
3) <오마이뉴스>, 2015.07.29., "곽정숙 전 의원 인터뷰① - '삶과 죽음 사이...여성장애인 리더에서 정치인으로'"
4) <경향신문>, 2010.04.19., "나는 멋지고 아름답다"
5) <오마이뉴스>, 2015.07.29., "곽정숙 전 의원 인터뷰① - '삶과 죽음 사이...여성장애인 리더에서 정치인으로'"
6) <오마이뉴스>, 2008.08.20., "'사람이 희망, 약자 위해 일하겠다' - 소수자 권익 대변 앞장선 곽정숙 민노당 의원"
7) <오마이뉴스>, 2008.08.20., "'사람이 희망, 약자 위해 일하겠다' - 소수자 권익 대변 앞장선 곽정숙 민노당 의원"
8) <오마이뉴스>, 2015.07.30., "곽정숙 전 의원 인터뷰② - '장애여성인권운동가에서 민주노동당 비례대표로'"
9) <여성신문>, 2012.02.17., "'130㎝의 '작은 거인' 곽정숙 통합진보당 의원의 여의도 이야기"
10) <오마이뉴스>, 2015.07.30., "곽정숙 전 의원 인터뷰② - '장애여성인권운동가에서 민주노동당 비례대표로'"
11) <오마이뉴스>, 2015.07.30., "곽정숙 전 의원 인터뷰② - '장애여성인권운동가에서 민주노동당 비례대표로'"
12) 곽정숙, <18대 국회 종합의정보고서>, 국회도서관
13) <웰페어뉴스>, 2023.11.08.
14) <시사위크>, 2020.08.13., "장애, 국회벽 넘다② - '장애인 국회의원의 성과와 오점'"
15) <에이블뉴스>, 2009.11.30. "[성명] 장애인주거지원법 제정을 위한 추진연대(준)"
16) 국회의안정보시스템(https://likms.assembly.go.kr/bill/billDetail.do?billId=PRC_O0D9P1N1G2Q5G1I7T5Y1U2V2N9T3L9)
17) 국회의안정보시스템(https://likms.assembly.go.kr/bill/billDetail.do?billId=PRC_O1P1D1Y2W2B5H1Q7H1J0N5P2J9J5I4)
18) <보건복지가족위원회 전문위원 검토보고서>, 2010.02
19) 국회의안정보시스템(https://likms.assembly.go.kr/bill/billDetail.do?billId=PRC_C0A9J1H1M2E5D1I7H5X3D1J9S5Y4N5)
20) 국회의안정보시스템(https://likms.assembly.go.kr/bill/billDetail.do?billId=PRC_P1V0Q1Q0C2L1G1V7Y3H3P2N4K5D4I1)
21) <국회보>, 2012.01.01., "사회복지사에게 복지를 주는 법"
22) <에이블뉴스>, 2011.03.11., "'사회복지사 처우 향상 법' 본회의 통과"
23) 국회의안정보시스템(https://likms.assembly.go.kr/bill/billDetail.do?billId=PRC_E1B1F0M2C2T2W1U1J3G7S2D8S4L5Y0)
24) <무등일보>, 2017.11.14., "조덕진의 어떤 스케치- 곽정숙, 사람의 그림자"
25) 국회의안정보시스템(https://likms.assembly.go.kr/bill/billDetail.do?billId=PRC_B1M1R1Y2K2D7G0A8W4P4P2I8E5C2H2)
26) 국회의안정보시스템(https://likms.assembly.go.kr/bill/billDetail.do?billId=PRC_T1Q1V1Y0G3J1Y1S5L4T6Z3G6O1A9M1)
27) 곽정숙, <18대 국회 종합의정보고서>, 국회도서관
28) <오마이뉴스>, 2008.04.02., "'500만 장애인 권리, 100% 찾아드립니다' - 민주노동당 비례대표 1번 곽정숙 후보"

29) <오마이뉴스>, 2015.07.30., "곽정숙 전 의원 인터뷰② - '장애여성인권운동가에서 민주노동당 비례대표로'"
30) <피디저널>, 2010.01.19., "동아, 국회의원 '이념 성향' 분석"
31) <오마이뉴스>, 2015.07.30., "곽정숙 전 의원 인터뷰② - '장애여성인권운동가에서 민주노동당 비례대표로'"
32) <오마이뉴스>, 2010.04.23., "인터뷰 - '의료법 개정반대 앞장선 곽정숙 민주노동당 의원'"
33) <오마이뉴스>, 2008.08.20., "'사람이 희망, 약자 위해 일하겠다' - 소수자 권익 대변 앞장선 곽정숙 민노당 의원"
34) <무등일보>, 2017.11.14., "조덕진의 어떤 스케치 - 곽정숙, 사람의 그림자"
35) 곽정숙, 『평등 세상 이야기』 2011.03., 시와사람, p.55
36) <에이블뉴스>, 2011.12.28., "곽정숙 의원, 3년 연속 국회입법 우수의원"
37) <여성신문>, 2010.08.27., "소외계층 위한 의정활동에 역주해주길"
38) <약업신문>, 2011.04.22., "곽정숙 의원 '거짓말 안 하는 정치인' 선정"
39) 곽정숙, <18대 국회 종합의정보고서>, 국회도서관
40) <여성신문>, 2012.02.17., "130㎝의 '작은 거인' 곽정숙 통합진보당 의원의 여의도 이야기"
41) <전남일보>, 2017.09.29., "시민정치인 고 곽정숙 의원을 기억하며"
42) <광주CBS>, 2022.12.01. "이용빈 의원, '무장애 인지 예산제' - 무장애 5법 발의"
43) 국회의안정보시스템(https://likms.assembly.go.kr/bill/billDetail.do?billId=PRC_Q2W2H0X7G0R4W1N8H2E8O3D6Z3C6W2)
44) <에이블뉴스>, 2018.03.14., "곽정숙기념사업회, 심사위원 만장일치로 선정"
45) <오마이뉴스>, 2015.08.01., "곽정숙 전 의원 인터뷰③ - '말기암과 싸우는 그가 남긴 유언장'"
46) "물이 참 좋습니다. (중략) 어느 날 이 친구의 꿈을 알았습니다. 시들시들 죽어가는 이들의 목마름을 채우고 먼지와 흙탕물로 더럽혀진 이들을 씻어주고 상처나 아픈 이들을 감싸고 낮은 곳으로 흐르고 흘러 뭇 생명과 함께 큰 힘으로 노래하는 꿈, 브라보! 브라보! 알고 보니 이 친구의 꿈은 그를 지은 창조주의 꿈이었습니다. 지치고 상하여 꿈 잃고 절망하는 영혼들을 십자가의 보혈로 씻기어 환희의 창공을 날게 하고픔이었습니다." (곽정숙, 2015.10.2. 개인전 초대장)
47) <오마이뉴스>, 2008.08.20., "'사람이 희망, 약자 위해 일하겠다' - 소수자 권익 대변 앞장선 곽정숙 민노당 의원"
48) <곽정숙 블로그>, https://blog.naver.com/jwithmin

제18대 국회의원

김금래 金錦來

여성문제 해결의 '제도화'에 앞장선 정치인

- 1952 강원도 강릉 출생
- 1975 이화여자대학교 사회학과 졸업
- 1997 숙명여자대학교 정책대학원 졸업 (여성정책 전공)
- 1988 한국여성단체협의회 사무총장 (~1997)
- 2001 한나라당 여성국장 (~2004)
- 2006 재단법인 서울여성 상임이사 (~2007)
- 2008 제18대 국회의원 (~2011)
- 2008 한나라당 중앙여성위원장 (~2009)
- 2008 국회 여성가족위원회 위원 (~2011)
- 2011 여성가족부 장관 (~2013)
- 2014 (사)역사·여성·미래 이사장 (~2016)
- 2015 대한민국헌정회 고문 (~2017)

엄청난 독서가 삶과 자아에 대한 깊은 고민으로 빠져들게 하다.

김금래는 3남 4녀의 장녀로 경북 영주에서 태어났으며 3살 이후로는 부산으로 이주해 유년시절을 보냈다. 그 이후 은행원인 아버지가 서울로 전근하여 중고등학교 시절부터는 서울에서 지냈다. 오빠 둘이 있었으나 첫딸로 태어난 김금래는 어릴 때부터 아버지의 각별한 총애를 받았다. 아버지는 늘 "네가 최고야"라는 칭찬과 격려를 아끼지 않았고 이는 김금래가 살아가는 데 큰 힘이 되었고 자존심이 되었다.

김금래는 어릴 적부터 책을 좋아해 다방면의 책을 많이 읽었는데 문학서적뿐 아니라 탐정 추리물, 여학생들이 별로 읽지 않는 무협지나 삼국지, 수호지 또는 도쿠카와 이에야스와 같은 역사적 인물에 대한 전기물들도 재미있게 읽었다. 그러다 보니 자연스레 국어를 잘하고 국사도 좋아했다.

이렇게 다방면의 독서를 해온 김금래는 자연스럽게 청소년 시절부터 인생에 대해 많은 생각을 하게 되었다. "나는 왜 태어났으며 어디서 와서 어디로 가는가? 무엇이 될까?" 깊이 고민하였으나 해답을 찾지 못했다. 다만 그 과정에서 "이왕 이 세상에 왔으니 나로 인하여 이 세상이 조금 더 나은 세상이 되고 주변 사람이 조금이라도 행복해지면 좋겠다."는 생각을 했고, "무엇이 되기보다는 어떤 사람이 되어야겠다."는 다짐을 했다. 이는 이후 김금래가 여성운동을 하는 데 있어 뿌리 깊은 동기가 된다.

부모님은 국문과에 진학하여 작가가 되길 원하셨으나 김금래는 대학 전공 오리엔테이션 강의를 듣고는 사회학과에 가기로 마음을 굳혔다. 사회 전반을 구조적으로 이해하고 객관적으로 볼 수 있는 안목을 가지면 좋겠다는 생각을 하였기 때문이다.

'청여회'를 조직하여 여성문제 대중화를 이끌다.

김금래가 이화여대 사회학과에 입학했던 1971년에는 사회·정치적 상황이 극도로 혼란스러웠다. 1971년도를 기점으로 대학생들의 민주화 시위가 격화되자 당시 박정희 정부는 서울시 일원에 계엄령과 비슷한 위수령을 발동하였다. 서울시 내 10개 대학이 강제휴교 당하고, 무장군인이 학교에 주둔하고, 주요 시위 가담자들이 체포당하는 등의 정치적 갈등들이 1979년까지 내내 이어졌다. 그러다 보니 많은 대학에서 상당 기간 아예 수업을 못하는 경우마저 종종 있었고, 김금래 역시 졸업논문도 쓰지 못한 채 졸업하게 되었다.

사회에 나갈 준비가 안 된 채 졸업한 김금래는 처음으로 막막함을 느꼈다. 그 당시 사회 분위기는 교사, 간호사 등 극히 일부 직종을 제외하고는 여대생들은 졸업 후 2~3년 일하다가 결혼하여 주부가 되는 게 보편적이었다. 기업들은 채용공고를 할 때 '군필 남성에 한함'이라는 차별적 조건을 내걸기 일쑤였고, 여성들은 응시 기회를 얻기 위해 사력을 다해야 했다. 이때 김금래는 사회학 수업에서 들은 내용이 본인의 얘기로 와닿았다.

"여성은 가정에서부터 여자로 사회화되고 길러진다."

그 순간, 김금래는 자신이 한 사람의 성인으로 세상을 살아갈 아무런 준비도 되어있지 않고, 학교도 그런 교육을 제공하지 않았으며, 사회도 자신을 받아줄 의사가 없음을 분명히 깨달았다. 이는 김금래 혼자만이 아닌 여성 모두의 문제였고, 이러한 자각이 이후 여성운동에 본격적으로 뛰어들게 된 결정적 동기가 되었다.

1975년 대학 졸업 이후 잠시 방황하던 김금래는 비슷한 생각을 가진 친구들과 함께 '청여회'라는 이름으로 모여 실험적인 여성운동을 시작하였다. 〈여성신문〉을 창간하고 사장을 오래 지낸 이계경(제17대 국회의원) 선배가 리더였고, 〈여성영화제〉를 만든 이혜경 위원장, 박현경 서울여성플라자 대표, 서명선 한국여성정책연구원 원장, 신경숙 전문직여성클럽 회장, 한혜경 호남대학교 사회복지학과 교수 등이 당시에 청여회 멤버로 열심히 참여하였다. 이들은 초기에 역사, 경제, 정치, 사회, 노동, 여성 분야에 대한 강의를 듣고 토론하며 의식화 운동에 집중하였다. 강사들은 대학을 갓 졸업한 여성들이 직장을 마치고 모인데다가 이런 문제들에 관심을 갖고 공부하는 것을 기특하게 생각하여, 강의 후에 뒤풀이를 하며 추가 토론을 하곤 했다. 그런 탓에 귀가 시간이 늦은 밤 12시에 임박하곤 했는데, 통행금지가 있던 그 시절에 과년한 딸이 밤늦게 들어오는 것에 화가 나신 아버지가 "이렇게 계속 늦게 들어 올 거면 집을 나가라."고 꾸중하시면, 가출하려고 울면서 짐을 꾸리다가 유야무야 끝난 일도 여러 번이었다. 그러나 아버지의 걱정에도 여성운동에 대한 김금래의 열정은 더 뜨거워지기만 했다.

이때의 청여회 멤버들이 후배들을 모아 의식화 교육을 하고, 〈아내란 직업을 가진 여인〉, 〈부부연습〉 등 여성주의 연극을 무대에 올려 여성문제에 대한 대중화를 도모하였다. 또한 김금래를 비롯한 청여회 멤버들은 기금을 마련하기 위해 레코드 가게를 운영하기도 했다. 한편, 이런 활동과 별도로, 김금래는 낮에는 '서울대 인구 및 발전 문제 연구소'에서 일하고 밤에는 여성문제 인식의 대중화 관련 일을 하면서 바쁜 나날들을 보냈다.

김금래는 결혼 후 임신과 출산으로 직장을 그만두었으나 '청여회' 활동만큼은 계속하였다. 멤버들이 십시일반 돈을 모아 백색전화 2대를 사서 매 맞는 여성들을 위한 hot line인 '여성의 전화'를 개설하였다. 김금래는 임신한 중에도 '크리스천 아카데미'에서 상담원 교육을 받고, 출산 후 서울 중구청 근처 애플다방이 있는 4층 가(假)건물 한 귀퉁이에 마련된 사무실에서 상담업무를 시작하였다. 초기에는 '우리나라에서 매 맞는 여성이 과연 신고를 할까?'하는 우려가 더 컸지만, 기대 이상으로 많은 가정폭력 신고가 들어왔고, 언론에서도 이 문제를 크게 다루어주어 우리 사회에 만연해 있는 가정폭력이 엄연한 범죄라는 사실을 사회적으로 부각시킬 수 있었다.

그러나 이러한 보람되고 성과 있는 활동에도 불구하고, 김금래 개인으로서는 여러 고민이 계속되었다. 즉, 그녀의 어린 두 딸을 가사도우미에게 맡기고 '여성의 전화'에서 하루 종일 일해야 했지만, 그곳에서 수입은 전혀 없었다. 여성운동을 계속하려면 최소한 가사도우미 비용을 해결해야만 했다. 결국, 김금래는 일정한 보수가 보장되어 보다 안정적인 '한국여성단체협의회'(이하 여협)로 자리를 옮기게 되었다. 그리고

'여성의 전화'도 더 좋은 환경의 합정동 뽀빠이 사무실로 이전할 수 있도록 김금래가 정보를 제공했다.

조직화된 여성운동의 힘으로 사회구조적 여성차별 문제를 개선하다.

김금래 본인이 여성학 이론을 공부하고 성인지적 감성이 민감한 상태에서 노골적인 성차별이 난무하던 그 시대에 조직과 힘이 있는 단체인 여협에서 일하니 많은 것을 변화시킬 수 있었다고 한다.

가장 기억에 남는 활동의 하나는 1984년에 시작한 매스컴 모니터링 사업이다. 이 사업은 한국 최초의 조직적인 모니터링 사업이었는데, 매스컴이야말로 여성에 대한 차별과 고정관념을 확대 재생산하는 대표적인 사회적 기제였기 때문이다. 이 사업은 매우 정교하게 단계별로 기획되어 운영되었다. 모니터 요원들을 모집하여 교육하고 매주 모여 모니터한 내용을 토론, 정리하여 각 방송국에 보냈다. 예컨대 방송 MC들의 남녀 발언시간 분량과 내용, 드라마에서 여성비하 발언의 횟수 등을 모니터링하여 매스컴 관계자들은 경각심을 가질 수밖에 없었다. 처음 하는 일이라 교육 내용부터 모니터방법론까지 고심도 많이 했지만, 방송이 눈에 띄게 변화하는 데다, KBS에 '시청자 상담실'을 만드는 큰 성과를 거두기도 했다. 여성 상품화가 심각했던 영화 포스터나 광고 등에 대한 모니터링도 병행했다.

그밖에도 근로여성 관련 사업 역시 빼놓을 수 없는 중요한 사업이

매스컴 모니터 교육에서
강의하는 김금래. 1989.5.31

었다. 상담창구를 개설하고 여기서 채용, 승진, 정년 등에 있어서의 성차별 사례들이 수집되면, 그중 대표적인 성차별 사례들을 뽑아서 시정해 나갔다. 일례로, '남자에 한함'이라는 채용공고가 신문에 나오면 항의 공문을 보내고 해당 기관을 찾아가고 불매운동까지 벌이곤 했다. 그 결과, 당시 금녀의 영역이었던 전기검침원, 지하철 역무원 등의 업무도 여성에게 문호를 개방하게 만들었다.

또 다른 일화도 있다. 1996년 고입 연합고사에서 남녀 간 합격점수가 크게 차이가 발생했다. 서울시의 경우 200점 만점에 남학생의 커트라인은 117점이고 여학생은 138점으로 21점이나 벌어졌고, 일부 지역에서는 최대 40점 가까이 여학생의 합격점수가 높았다. 즉, 여학생은 남학생보다 높은 점수를 받고도 실업계 고등학교에 진학해야 하는 초유의 사태가 일어난 것이었다. 당시 남학생보다 높은 점수를 받고도 인문계에 진학할 수 없는 여학생의 규모는 서울시에서만 5천2백여 명, 전국적으로는 만여 명에 달했다.[1] 그런데, 이 사태가 일어나게 된 단초는 실업계 학교 비율을 여학교를 늘려 채우면서 시작되었다. 김금래는 '여협'과 함께 교육부를 비롯한 관계기관을 찾아 해결책을 모색했고, 어려운 협상 끝에 남학생 커트라인보다 높은 점수를 받은 여학생 만여 명을 전부 인문계 학교로 재배치하도록 하였다. 이와 같은 협상 결과에 당사자들인 여학생과 학부모가 감사의 인사를 보내주었다.

김금래는 이러한 경험들을 통해, 정책을 시행함에 있어 성별영향평가가 중요하다는 것을 깨닫게 되었다.

가족법 개정을 둘러싼 기나긴 싸움, 정치의 중요성을 깨닫다.

김금래는 1983년부터 1997년도까지 약 14년에 걸쳐 '여협'에서 일하면서 자연히 '가족법 개정 운동'에도 참여하였다.

1984년 7월에는 '여협' 주관으로 41개 여성단체 대표들이 모여 '가족법 개정을 위한 여성단체연합'(회장 이태영)을 결성하고, 가족법 개정 촉진대회를 개최하였다. 또한 이후 서명운동 및 계몽운동을 계속하였다. 특히 1983년 5월, 정부가 서명한 [유엔여성차별철폐협약](Convention on the Elimination of All Forms of Discrimination against Women)의 국회 비준을 앞두고 있었기에, 본 협약을 위반하는 성차별적 가족법 규정의 개정을 요구하기에 좋은 여건이 마련되었다. 그러나 1985년 이후부터 가족법 개정을 둘러싼 정치권과의 줄다리기는 해를 거듭하여 가도 끝이 보이지 않았다. 여성단체들은 국회의원들을 만나고 설득하는 일에 지쳐 적극적으로 도와주지 않는 남성들에게 부탁하느니 차라리 여성들이 직접 국회에 많이 들어가 가족법 개정을 하는 게 더 빠르겠다는 뼈있는 농담을 하기도 하였다. 그로부터 20여 년이 지난 2005년 2월 2일, 헌법재판소가 호주제의 핵심 조문인 민법 제778조, 제781조 제1항, 제826조 제3항에 대한 헌법 불합치 결정을 내림으로써 가족법은 개정되었다. 그리고 이는 여성의 정치세력화가 중요하다는 인식을 심어주었다.

한편, 남편의 해외 근무로 1997년 4월 '여협'을 떠나 영국에 체류하던 김금래는 2000년 3월경 귀국한 후 2001년 한나라당 여성국장으로 영입되어 여성 관련 일을 계속하였다. 김금래는 여성의 정치세력화를 제도적으로 뒷받침하기 위해 '비례대표 여성 할당제'를 강화할 필요가 있다고 역설했다. 보수 정당에서, 25명의 남성국장들 사이에서 홀로 여성의 입장을 대변하는 여성국장으로서는 가히 혁신적인 주장이었다. 김금래는 여성계와 협력하여 16대 총선에서 30%에 그쳤던 '비례대표 여성할당제'를 50%까지 올려야 한다고 주요 정당에 강력하게 요청하였다. 이러한 눈물겨운 노력 끝에, 2002년 [정당법] 개정을 이끌어 내고, '비례대표 50% 여성할당제'가 제도화되었다. 이러한 법제화가 가능했던 것은, 무엇보다 강력한 추진력을 가진 전직 국회의원이었던 김정숙 의원[2]의 끈질긴 노력이 있었기 때문이었다. 또한 김금래와 여성계의 하나된 목소리가 주요한 원동력이 되었다.

김금래는 비례대표 50% 공천 법제화가 실무적으로 가능하도록 돕는 한편, 여성국장으로서 여성들에게 정치 의식화 교육을 하고, 선거 때는 여성 후보를 한 명이라도 더 공천하기 위하여 적임자를 찾고 지원하는 일에도 게으르지 않았다. 비록 여러 개인적인 사정으로 잠시 당을 떠나기도 했지만, 결국 김금래는 서울시 여성재단 상임이사를 거쳐 2018년 5월 한나라당 비례대표로 18대 국회의원이 되었다.

> "여성문제를 제도적으로 해결하는 데 앞장서고 싶다."

김금래는 본인이 국회의원이 된 것은 과소대표되는 여성의 입장을 반영하기 위하여 비례대표 50%를 여성에게로 할당[3]한 덕분이라고 생각했다. 그러므로 여성의 시각으로 정책을 보고 여성의 입장을 대변하는 것이 본인의 책무라고 생각하였다. 그리하여 대정부 질문 모두를 여성문제에 할애하였다. 또한 국정감사 때마다 관계 기관 고위직 여성 비율, 관련 위원회 여성비율 등을 질의하였다. 이렇게 함으로써 국정감사 대상 기관장들이 여성문제에 대한 관심을 가져주길 촉구하기 위함이었다.

통계자료 비교에 근거한 국정감사 질의로 정부의 정책을 유도하다

김금래는 18대 국회 전반기에 문화체육관광방송통신위원회에 배정되었다. 한편 국회 여성가족위원회의 간사도 겸직하게 되었다. 국회의원의 주요한 의정활동으로는 입법활동과 국정감사 등이 있는데, 김금래는 누구보다 열정적으로 이 두 가지 활동에 임했다.

김금래가 18대 국회 임기동안 대표발의한 법안은 [자본시장과 금융투자업에 관한 법률 일부개정안] 등 총 18건이고, 공동발의한 법안은 [국민건강보험법 일부개정 법률안]을 비롯한 총 211개이다. 비록 대표 발의한 법안과 공동 발의한 법안 중 가결되어 법률로 공포된 법안은 총 2개에 그치고, 나머지 227개 법안은 18대 국회가 종료됨과 동시에 자동 폐기되었지만, 211개의 법안에 참여한 것은 김금래가 얼마나 열정적으로 입법활동에 참여했는지를 잘 보여주는 대목이라 할 수 있다.

원안 가결된 [전기통신기본법 개정법률](제9481호)의 개정 목적은 통신재난관리위원회 및 정보통신정책심의위원회를 폐지하는 대신 행정 부처가 중심이 되는 책임행정체제를 구축하고, 이를 통해 의사결정이 신속하고 일관성 있게 이루어지도록 개선하는 것이었다. 이는 통신재난관리위원회에서 재난관리 관련 정책을 결정하고, 정보통신정책심의위원회에서 정보통신 관련 정책을 결정하다 보니, 두 위원회의 정책 결정이 서로 다른 경우 실무를 담당하는 행정부처에서 혼선을 빚는 일이 자주 발생했기 때문이다.

한편, 비교적 단순한 개정 목적과 달리 이 법률의 개정 배경은 당시 인터넷상의 표현의 자유라는 복잡다단한 사회적 담론과 깊이 연결되어 있다. 이 법의 개정과 직접적인 연관이 된 사건은 2009년 1월 7일, 포털사이트 다음(Daum) 아고라 경제토론방에 글을 올리던 인터넷 논객 '미네르바'가 긴급체포되고 2009년 1월 10일 구속된 사건이다.[4] '미네르바'는 2008년 7월부터 다음의 아고라 경제토론방에 글쓰기를 시작하여 9월 중순에는 리먼브라더스의 부실과 환율 폭등 등 대한민국 경제의 변동 추이를 정확히 예견했다고 알려지면서 세간의 주목을 받기 시작하였다. 이처럼 경제적 현실에 기반하여 정확한 예측을 쏟아내는 그의 해박한 식견이 인테넷 상에서 주목받으면서 '미네르바 신드롬' 현상이 일어나기도 했다. 그러던 중 12월 29일 미네르바는 정부가 주요 7대 금융기관과 수출입 관련 주요 기업에 달러 매수를 금지할 것이라는 긴급 공문을 전송했다는 글을 게시했고, 기획재정부는 사실무근인 내용이라는 보도자료를 배포하였다. 한편 검찰은 미네르바의 게시글에 대해 허위사실유포 혐의로 신원확인 수사를 착수하였다.[5] 그러면서 [전기통신기본법]의 제47조1항이 쟁점으로 부각이 되었다. 그 조항은, "공익을 해할 목적으로 전기통신설비에 의하여 공연히 허위의 통신을 발한 자는 5년 이하의 징역 또는 5천만 원 이하의 벌금에 처한다."라고 명시되어 있다. 이 조항에서 논란이 되었던 이슈는 인터넷상의 표현의 자유와 범위, 그 한계, 그리고 허위사실의 유포라는 개념이 너무 넓게 해석되면서 일어났던 무분별한 공권력 행사 등과의 충돌이었다. 그래서 그러한 논란을 해소하는 하나의 방법으로 [전기통신기본법] 개정 필요성이 제기되었던 것이다. 그리고 이와 더불어 동법 개정을 통해 인터넷상의 표현의 자유의 한계를 명확히 하면서 그에 대한 행정주체 역시 보다 확실하게 정립하고자 함이 동법의 개정 취지였다.

한편 [금융실명거래 및 비밀보장에 관한 법률 일부개정안](제9324호)의 경우, 기존 법은 법인의 대표자, 법인 또는 개인의 대리인, 사용인, 그 밖에 종업원이 그 법인 또는 개인의 업무에 관하여 동법률을 위반할 경우, 그 위반행위자 외에 사용자인 해당 법인 또는 개인에 대해서도 처벌하는 양벌규정을 두고 있다. 그러나 개정안은 사용자가 책임이 있는 경우에는 양벌규정이 적용되도록 하는 한편, 사용자가 상당한 주의와 감독을 게을리하지 않았을 때에는 처벌을 받지 않도록 하는 취지를 담고 있다(제8조 단서 신설).

김금래는 상임위 국정감사에서 그녀의 전문성과 실력을 유감없이 드러냈다. 그는 18대 국회에 입성하면서 "여성문제를 제도적으로 해결하는 데에 가장 주안점을 두겠다."[6]는 포부를 밝혔는데, 국정감사 때마다 그 약속을 지키기 위해 오롯이 노력했다. 김금래는 2008년과 2009년에 연이어 문화체육관광부를 대상으로 질의했는데, 그 내용을 비교해보면 그가 얼마만큼 치밀하게 국정감사를 준비했었는지가 고스란히 드러난다.

2008년 10월 6일, 문체부 대상 국정감사에 나선 김금래는 문화 분야에서 여성들의 참여율이 높지만 여성의 권리는 지켜지지 않는다고 질타했다.

"첫째, 문화 분야의 여성 참여율이 41.3%입니다. 그러나 문화계는 인맥이나 도제식 관행 등으로 여성이 임금격차나 경력단절 등 여러 가지 애로점을 겪고 있습니다. 이렇게 여성이 40%가 넘게 참여하는 문화 분야에서는 문화정책 결정 과정에 여성의 참여가 굉장히 저조하고 각종 산하 기관에서도 승진에 있어서는 불이익을 안고 있는데, 이를 알고 있습니까? 둘째, 이런 차원에서 다방면의 문화정책 관련을 조율하는 여성위원 참여율도 지금 25.3%로 굉장히 낮게 나타나고 있습니다. 이와 관련하여 관심을 가져주시기 바랍니다."

이러한 김금래의 질의에 대하여 문체부 장관은 "위원 선정 및 인사 문제는 소홀하였습니다. 앞으로 20%의 여성 인력 확보의 원칙을 지키도록 노력하겠습니다."라는 형식적인 답변에 그치고 말았다. 그런데 문체부가 간과한 것은 질의자가 김금래라는 사실이었다.

정확히 1년 뒤, 2009년도 국정감사에 나선 김금래는 차분하고 담담한 어조로, 그러나 날카롭고 단호하게 지난해 국정감사 내용을 점검했다.

"첫째, 지난 번 국정감사 때 문화계 전반에 여성의 참여가 활발하고 또 문화수용자는 여성이 많음에도 불구하고 문화정책 의사결정에 있어서 여성들의 참여가 저조함을 지적한 바가 있습니다. 그런데 지금 문체부 소속 고위 공무원 중 여성 공무원과 소속 공공기관 여성 임원 현황을 보면, 지난해 문체부 소속 고위 공무원단 46명 중 4명만 여성이었는데, 올해는 한 명으로 줄었습니다. 문체부 소속 28개 공공기관 중 여성 상임임원은 단 한 명도 없고, 여성 비상임이사도 한 명도 없는 기관이 10개에 이르고 있습니다. 둘째, 또한 문체부 <여성 공무원 인사관리지침>에 의거해 4급 이상 관리직 여성임용비율 목표로 10%로 잡았으나, 작년 8.16%에서 올해 5.8%로 감소하였습니다. 이러한 현상이 벌어진 이유를 무엇으로 설명하시겠습니까?"

김금래는 문체부가 약속한 '20% 여성 인력 확보의 원칙'이 지켜지지 않고 있다는 것과 정책 및 의사 결정에 참여하는 여성의 비율이

2008년에 비해 오히려 퇴보했다는 사실을 구체적인 통계치에 근거하여 질의했다. 이에 대해 문체부 장관을 비롯한 관계자들이 적절한 답변을 찾지 못해 '재차 확인하고 시정할 것'을 반복했다.

2008년도에는 여성문제를 포괄적으로 제시하면서 해당 관청의 인식 제고를 목적으로 질의했다면, 2009년도에는 실제적이고 구체적인 통계 수치를 제시함으로써 해당 기관으로부터 구태의연한 답변을 지양하고 필요한 정책을 마련하여 실시하겠다는 약속을 이끌어 냈다.

여성정책의 골격, 성별영향평가와 성인지통계생산제도 운영의 미비점들을 안타까워하다

2009년 10월 28일, 여성정책의 담당부처인 여성부를 대상으로 국정감사에 나선 김금래의 질의는 매우 전문적이고 날카로웠다.

우선, 성별영향평가제도에 대한 여성계의 전반적인 국정감사 논평은 "양적으로 성장했지만 정책효과는 미흡하다."[7]는 것이었다. 2002년에 동 제도가 도입되어 2008년에 이르기까지 성별영향평가를 시행한 총 기관수는 많아졌지만, 늘어난 수의 대부분은 기초자치단체이고 중앙행정기관은 오히려 한 군데가 줄었기 때문이다. 더욱이 평가제도의 대상이 되는 과제를 부처가 자율적으로 선정한다는 면에서 성별영향평가제도의 허약성이 여전하다는 것이다. 그러한 맥락에서, 김금래는 여성부에게 실질적인 제언도 제시하였다.

"성별영향평가의 필요성에 대한 인식이나 공감대 형성이 미흡하고, 과제선정이나 평가를 위한 체계도 부족하다. 과제선정부터 결과보고서 작성, 점검에 이르는 전 과정을 원스톱으로 컨설팅할 수 있도록 체계화할 필요가 있다."[8]

이런 김금래의 제언에 대해, 여성부는 "부처의 상황에 맞는 대상과 정책을 구체화하고, 교육도 실무중심으로 바꿔 나갈 것"[9]이라고 밝혔다.

한편, 김금래는 성인지통계에 대해서도 미흡하다고 생각하여 질의를 이어갔다.

"성인지예산제도와 성별영향평가 사업이 제대로 시행되기 위해서는 성별분리통계가 기초가 되어야 합니다. 성별분리통계가 중요하기에 2002년에 법적 근거를 마련하고, 2007년부터 통계법에 성별분리통계로 작성하도록 의무화되었습니다. 그럼에도 현재 e-나라 지표 등 국가분석통계에서 성별분리통계 생산 현황을 보면 10.6%로 성적이 아주 저조합니다. 국가 통계뿐만 아니고 2010년 회계연도와 성인지 예산서가 29개 기관에서 195개의 사업을 대상으로 제출되었는데, 사업수혜자의 성별통계조차도 제대로 작성되어 있지 않았습니다. 그래서 수혜의 성별 편차나 원인분석, 수혜의 성별 편차 해결을 위한 대안 등이 제대로 반영되고 있지 않습니다. 이와 같이 성별분리통계가 제대로 되고 있지 않은 것에 대해서 여성부가 성별분리통계 활성화를 위해서 어떠한 노력을 하고 있는지 답변해 주시기 바랍니다."[10]

이에 대하여 여성부는 "성별영향평가의 실효성 제고와 성인지예산제도의 성공적 정착을 위해 통계 담당자 교육을 확대해 나가겠습니다."라는 답변을 내놓았지만, 그 실효성과 성공적 정착에 대한 약속이 지켜질 것이라는 믿음을 주지는 못했다. 김금래는 성인지통계제도[11]가 실시된 지 6년이 지났음에도 여전히 정착하지 못한 것에 상당한 실망감을 내비쳤다. 그리고 국정감사를 비롯한 여러 정책 세미나 등을 통해 미흡한 여성문제가 제대로 해결될 수 있도록 방안을 강구했다. 그러나 핵심 당사자인 여성부마저 인력과 예산 문제 등 가장 기본적인 환경 요건조차 해결해 내지 못한 채 지지부진한 답답한 현실을 반복하고 있다.

현장실사를 통한 국정감사 질의로 공무원들의 탁상행정을 통렬히 비판하다.

김금래의 많은 장점 중 하나는 타고난 부지런함이다. 김금래는 국정감사에 앞서서 늘 지도에 표시된 기념관이나 전시관을 직접 탐방하여 실사하는 부지런함을 보였다.

18대 국회 상반기 문체부 대상 국정감사가 있기 전, 김금래는 [관광진흥법]에 의거해 지정된 서울관광특구 네 곳 중 하나인 '명동·남대문·북창동 관광특구'를 현장실사했다. 그는 현장실사를 통해 관광지도에 표시된 대로 시설물이 있는지, 시설물의 용도가 제대로 작동하는지 등을 점검하려고 한 것이다. 그리고 김금래의 우려는 고스란히 실사 결과에서 드러났다.

"첫째, 관광지도상에 표시된 관광안내소 3곳 중 2곳은 안내소가 없었으며, 나머지 한 곳은 있으나 안내소를 가리키는 표지판이 너무 높게 달려있어 잘 보이지 않았다. 안내소 역시 주변의 상가에서 나온 짐더미로 둘러싸여 있어 찾기가 어려웠다. 둘째, 숙박 시설의 위생문제가 전혀 관리되고 있지 않았다. 셋째, 북창동 특구의 경우 인근의 음란퇴폐업소들로 인해 성매매 온상지가 될까 우려스럽다."

김금래는 현장실사에 기반하여 "문화체육관광부가 지향하는 관광특구는 음주나 퇴폐, 성매매가 없는 건강한 문화 환경을 전제로 온 가족이 함께 즐길 수 있는 곳이기에, 정반대의 모습을 보이는 작금의 현상이 우려된다."며 문화체육관광부의 마땅한 대책을 물었다. 이에 대해 문체부는 해당 시설물 및 업소 등에 대한 운영과 관리가 미흡하였음을 인정하고 앞으로 문체부가 직접 평가·심의하고 지원책들을 마련하여 확실히 개선해 나가겠다고 약속하였다.

국립중앙박물관과 국립현대미술관에 대한 국정감사 전에도, 김금래는 직접 그 현장을 탐방하여 국민이 방문하는 경우 대중교통 연결이나 보행자 편의 같은 접근성 문제가 없는지 여부를 살펴보았다. 그리고 시민의 입장에서 지도 표지판과 다른 점이나 표지판에 게재되어 있지 않은 것들을 직접 지도에 표시하여 국정감사장에서 질의하였다. 뿐만 아니라, 1년 뒤인 2009년 국정감사에서 국립중앙박물관과 국립현대박물관을 대상으로 2008년 국정감사에서 지적했던 바를 다시 상기시켰다.

"현장을 다시 찾아 2008년 국정감사에서 지적한 바대로 접근성의 문제가 어느 정도나 해소되었는지를 점검한 결과, 국립중앙박물관의 경우, 한두 가지 외에는 별로 개선된 바가 없이 여전히 그대로이다. 그나마 국립현대미술관은 그동안 많은 노력을 하여 개선된 점이 많다. 그럼에도 불구하고 여전히 개선되어야 할 곳들이 보인다."[12]

현장실사를 통해 문제점을 구체적으로 확인하고, 대상 기관의 실제적이고 실천적인 변화를 요청·감독함으로써 국민의 입장에서 개선된 문화정책을 경험하도록 이끌어 내는 김금래의 철두철미함이 돋보인다.

K-Food 대표주자인 한식의 세계화를 국정감사장에서 타진하다.

K-Food, K-Pop, K-Dance, K-Movie, K-Drama, K-Beauty는 물론 한글까지, 2023년부터 전 세계에 휘몰아치고 있는 이른바 K-Culture 돌풍과 여기에 호응하는 외국인들의 뜨거운 열정을 누군들 상상이나 했었을까? 그것도 16여 년 전 한국에서!

그런데 18대 국회에서 "한국의 식문화를 브랜드화 해보자!"라고 제안한 사람이 바로 김금래이다. 그는 2008년 10월 24일 문화체육관광방송통신위원회 대상 국정감사장에서 "한식이 영양학적으로 뿐 아니라 산업적으로도 매우 유망하다."며, 한식문화 세계화의 필요성과 중요

성을 다음과 같이 부각시켰다.[13]

"우리나라가 가진 문화유산 중에서 가장 세계적인 경쟁력을 가진 것은 음식문화이다. 과학적, 영양학적 우수성은 이미 알려져 있고, 이러한 우수성을 가진 음식문화의 세계화는 산업적 의미와 더불어 문화적 의미도 가지고 있다. 산업적 의미로는 한식의 해외 진출을 통해 식자재 산업의 발전과 수출증대로, 문화적으로는 우리 음식문화를 세계에 알림으로써 식문화적 자부심과 국가브랜드 제고에 크게 기여할 수 있다. 농림식품부는 10월 16일 '한식 세계화 선포식'에서 '한식을 세계 5대 음식으로 육성하기 위해서 노력하겠다.'고 하였다. 음식이 외국에 나가기 전 식당 인테리어나 식자재, 술, 음식, 의복, 문화 등이 자연스럽게 어우러져 국가브랜드 가치 제고에 크게 기여하는 등 문화 외교의 중요한 수단이기도 하다. 이에 일본이나 태국, 이탈리아 등은 예전부터 정부가 앞장서서 식문화의 세계화와 국가브랜드화를 추진해왔다. 이러한 세계적 추세에 발맞춰 정부가 한식 세계화를 위해 노력하는 것은 정말 잘한 것이다."[14]

이에 대하여 농림식품부 관계자는, "농림식품부가 추진하고 있는 한식 세계화 관련하여 행정부 차원의 협력을 하겠으며, 문화체육관광부도 이에 대한 관심을 집중하여 인바운드(한국에 들어오는) 관광객에 대한 홍보도 강화하겠다."고 화답하였다. 이후 범정부 차원에서 '한식세계화 추진단'이 구성되고, 한식문화 세계화에 필요한 실제적인 정책 마련 및

| 한식 세계화를 위한 사찰음식 홍보 및 체험

과제를 추진하였다.

　미래를 내다보는 김금래의 혜안은 번역정책에서도 돋보였다. 2008년 10월 6일 문체부 대상 국정감사 질의에서, 김금래는 "문체부가 번역정책에 대한 정책적 관점이 전무하여서 번역수준 관리 자체의 구조적 문제점이 산재한 것이 많다."고 지적하며, "번역물 품질관리 시스템이 구축되어야 한다."고 강조했다. 더불어 한국문학번역원도 있지만, 범정부 차원에서 번역을 전담하는 국책전담기구가 필요함을 피력하기도 하였다.[15] 이에 문체부는 해외홍보문화원과 논의하여 필요한 대안을 마련하겠다고 화답했다.

　이 외에도 김금래는 의정활동 중 다양한 분야에서 적극 활약했다. 국회의원으로서 의원외교에도 참여하였고, '보육정책 미래지향적 추진

방향과 과제' 등 굵직한 사회정책 이슈를 다룬 총 17번의 토론회도 개최하였다. 이런 적극적인 활동으로, 그는 2008년부터 2010년까지 3년 연속으로 NGO국정 모니터감시단에서 선정한 '국정감사 우수의원'이 되었고, 2010년에는 법률소비자연맹 총본부로부터 〈대한민국 헌정대상〉을 수상하기도 하였다.

여성가족부 장관으로 여성문제의 해법을 제도화하다

18대 국회 하반기가 시작되고 김금래는 보건복지위원회에 배정되었다. 그런데 보건복지위원회와 관련된 여러 현안들을 점검하고 정책 마련을 위해 고심하던 김금래는 2011년 9월 16일 여성가족부 장관에 임명되었다. 여성운동 현장에서 잔뼈가 굵은 김금래가 여성가족부 장관에 임명되자 여성계는 환영하며 큰 기대를 숨기지 않았다. 그리고 이를 반영하듯, 김금래는 장관으로서 여러 여성정책을 적극 추진한다.

우선, 성별영향분석평가제도의 근거가 된 [성별영향평가법]은 2011년 8월 24일 국회 본회의를 통과하였다. 이렇게 모법이 통과되면 법의 원활한 시행을 위해 여러 제도적 정비들을 미리 해 두는 등 시행령 제정 준비에 들어가야 한다. 이런 맥락에서, 김금래는 여성가족부 장관에 임명되자마자 동법의 시행에 따른 제반 제도와 절차의 정비 등을 우선순위로 챙겼다. 여기에는 '성별영향분석평가위원회' 설치 및 '성별영향분석평가센터' 지정 확대 등 민간전문가와 정부가 함께 참여하는 정책추진체계를 마련하고, 아울러 성별영향분석평가 결과를 정책 및 성인지예산서에 반영하도록 정책개선 활성화 기반도 조성해야 하며, 일상 속 성평등 취약 분야에 대한 특정 성별영향분석평가 실시계획도 수립하는 등의 내용도 포함되었다. 장관 취임과 동시에 시급한 과제들을 효과적으로 처리한 노력의 결과, 2012년 3월 [성별영향평가법 시행령]이 제정·통과되었고, 이에 따라 비로소 성별영향평가제도가 법적 기반 위에서 완성된 프레임을 갖추고 실시될 수 있었다. 여성계에서 성별영향분석평가제도가 최초로 거론되기 시작한 1997년~1998년 이후 실로 15년여 만에 이루어낸 성과였다.

김금래가 열정적으로 했던 또 다른 대표사업은 여성경제활동 참가 활성화를 위한 '경력단절여성 취업지원 정책'이다. 이 경력단절 여성 대상 취업지원 정책사업은 전국 새일센터(90개소) 및 광역본부(8개소) 등을 통해 적극 추진되었는데, 2011년도 전체 구직등록자 186,940명 중 62.8%가 취업하는 성과를 거두었다. 또한 취업자의 안정적 일자리 제공을 위한 노력을 병행하도록 하여 새일센터를 통한 취업자 중 상용직 비율이 2010년도 47.4%에서 2011년도 59%로 증가하였다. 이 정책사업은 그 효과성을 인정받아 국무총리실 주관 2011년도 특정평가과제 중 일자리 분야 우수과제로 선정되기도 했다. 2012년에는 새일센터 10개소, 광역본부 2개소를 신규 지원하여 경력단절 여성을 위한 취업지원 서비스의 접근성을 제고하고, 구인업체 및 구직자 간 미스매칭 해소를 위한 수요자 맞춤형 직업교육 훈련과정 확대 등 다양한 취업지원 서비스를 추진하였다.

특별히 이 과정에서 2030세대들을 위한 정책이 돋보였는데, 2030 청년여성의 취업역량을 강화하기 위하여 여대생커리어개발사업의 지

2012년 성폭력추방주간 기념행사, 2012.11.30

원 대학을 확대하고, 지원방식을 자치단체 보조방식으로 전환하여 지원 확충 기반을 마련하고, 지역연계를 강화하고자 한 것이다. 이러한 정책에 따라 신설된 프로그램 지원사업을 대폭 확대하여 지원 대학을 2011년 7개에서 2012년 32개 대학으로 늘리고, 시도별로 프로그램의 개발, 집중 운영 및 지역 확산의 거점 역할을 수행할 센터를 지원함으로써 프로그램의 지속적인 확산 및 발전의 기반을 마련하였다.

김금래는 여성가족부 장관으로서 청소년, 가족 등 다양한 분야의 사업에도 관심을 기울였다. 그중 2012년 유엔의 '공공행정상'을 수상한 바탕이 되었던 청소년정책이 있다. 바로 '학업중단숙려제'와 정서와 행동 장애의 어려움을 겪는 청소년들을 대상으로 하는 '국립중앙청소년디딤센터'의 건립이다.

여성가족부는 2012년 학업중단숙려제를 전국 확대 시행하여 청소년상담지원센터의 전문상담을 통해 경솔한 학업중단을 예방하고, 숙려제 이후 자퇴한 학생에게 검정고시, 복교지원, 진로상담 및 자립지원 서비스를 제공하여 학교와 가정의 울타리 밖에서 비행 혹은 범죄 등으로 이어짐으로써 발생하는 사회문제를 최소화하고자 하였다. 이와 더불어 장애로 여러 어려움을 겪는 청소년을 대상으로 종합적·전문적 치료 및 재활 서비스를 지원하고 관련 사업을 총괄·조정할 중앙기관으로서 '국립중앙청소년디딤센터' 건립을 추진하여 2012년 상반기에 완료하였다. 이 디딤센터는 장애 청소년들에게 좌절을 딛고 일어설 새로운 희망을 선물했다는 측면에서 긍정적인 영향을 끼쳤을 것으로 보인다.

이상에서 간략히 살펴본 것처럼, 김금래는 여성가족부 장관으로서 여성과 청소년 등 사회적 약자들을 대상으로 꼭 필요한 정책을 마련하고 실제적인 사업을 펼침으로써 우리 사회의 미래 희망을 실현 가능한 현실로 만들었다.

국립여성사박물관 건립 운동, 여성의 역사적 미래를 향해 나가는 초석

김금래는 여성가족부 장관직에서 물러난 뒤 짧은 휴식을 끝내고, 2014년 1월 '사단법인 역사·여성·미래'의 이사장으로 취임하여 2016년 3월까지 일하였다. 이 사단법인은 2013년 12월 10일 국회에서 통과된 [여성발전기본법 일부개정 법률안]에 의해 설립근거가 마련된 '국립여성사박물관'을 추진하기 위해 동년 12월 23일 결성된 법인체이다. 이 사단법인의 주요 사업은 크게 세 가지로, 첫 번째 여성사 바로 알기 사업, 두 번째 국립여성사박물관 건립 운동, 그리고 세 번째 여성사 연구 사업 등이다. 이러한 사업들은 사단법인 역사·여성·미래의 고유한 가치, 곧 "여성의 역사를 알아야 여성의 삶이 보이고, 나아가 미래가 보인다."는 미션을 반영한 것이다. 김금래는 사단법인 역사·여성·미래의 이사장으로서 여성문제를 시기별로 묶고, 각 과제별 의미 부여를 통해 보다 발전적인 여성의 역사적 미래를 만드는 데 필요한 초석을 다지는 일을 적극 추진했다. 비록 김금래의 역할은 2016년 3월 이사장직에서 퇴임하며 일단락되었지만, 그의 미래지향적 정책과 실제적인 사업들은 여전히 후배들을 통해 이어지고 있다.

| 집필: 나영희 |

| 미주 |

1) <KBS 뉴스>, 1996.01.22., "96년 고입 선발고사 탈락 여학생 구제"
2) 김정숙 의원은 민주자유당 14대, 15대, 16대 국회의원(전국구)을 역임하였으며, 정무제2장관실에서 한국 최초의 여성 차관을 지냈다. 무엇보다 김정숙 의원은 여성의 정치세력화 사안에 지대한 관심을 가졌기에 이 사안에 발벗고 나서는 경우가 많았다. 그는 국회의원 경험 때문에 여성 정치세력화에 도움이 되는 아이디어를 많이 제시하였다.
3) 이 할당비율은 한나라당에 국한된 것이다. 이는 김금래 의원이 한나라당 여성국장으로 재직할 시절, 공직선거 시 여성 공천 비율을 50%로 법제화하기 위해 노력했다.
4) 박진애, 2009, "표현의 자유 관점에서 바라본 인터넷에서의 허위사실 유포", <인터넷상 허위사실의 유포와 표현의 자유>, 2009년 국회입법조사처·한국언론법학회 공동학술대회, 국회입법조사처·(사)한국언론법학회, pp.14~59
5) Ibid
6) '김금래 인터뷰', 2024.09.02
7) 김금래, <18대 상반기 의정활동보고서>, p.275
8) 김금래, <18대 상반기 의정활동보고서>, p.276
9) 김금래, <18대 상반기 의정활동보고서>, p.277
10) 김금래, <18대 상반기 의정활동보고서>, pp.284~286
11) 성인지통계란, 사회의 여러 측면의 성별 불평등 현상을 보여주고, 이를 철폐하기 위해 만들어진 모든 측면의 통계를 의미한다. 이러한 성인지통계는 1995년 북경 세계여성대회에서 적극적인 전략으로 채택되었고, '성별영향분석평가', '성인지예산제도', '성평등지수 개발' 등 국가정책을 통한 남녀평등사회 구현과 정책평가들이 본격적으로 시행되면서 성인지 통계의 정책적 수요가 크게 증가하고 있다(한국여성정책연구원, 2025.04.06., https://www.kwdi.re.kr/research).
12) 김금래, <18대 상반기 의정활동보고서>, p.97
13) 이하는 국장감사장에서의 질의에 앞서서 언급하는 내용 중 일부에 해당한다.
14) 김금래, <18대 상반기 의정활동보고서>, pp.77~78
15) 김금래, <18대 상반기 의정활동보고서>, pp.30~32

제18대 국회의원
김옥이 金玉伊

국가의 안전보장과
국군 장병 사기진작에 헌신한
여군 최초 보병 대령 출신 여성정치인

1947	경북 대구 출생
1966	대구여고 졸업
1985	동아대학교 행정학과 졸업
2005	동국대학교 안보행정학과 졸업
1988	제15대 여군단장(육군 보병 대령)
1993	한국 퇴역여군회 회장
2002	(사)한국여성단체협의회 감사
2006	제7대 경기도의회 의원(비례대표)
2007	재향여성군인협의회 회장
2008	제18대 국회의원
2011	한나라당 중앙여성위원장
2013	제14대 한국보훈복지의료공단 이사장

유년기에 길러진 애국심으로 군인의 길을 선택하다

김옥이는 1947년 12월 경북 대구에서 태어났다. 다섯 살 때 어머니의 높은 교육열에 힘입어 막냇삼촌이 태워주는 자전거로 대구의 유일한 성심유치원을 통학하는 여유로운 유년기를 보냈다. 1954년 대구 달성초등학교에서 6년 개근상과 우등상을 받고 졸업한 건강하고 성실한 모범생으로 성장하였다. 5학년 때 〈유관순 일대기〉 영화를 관람하면서 큰 감동을 받았다. 이때부터 나라의 소중함을 알게 되었고 이것이 애국심의 근본이 되었다.

1960년 대구 명문인 대구여자중학교 재학시절 학교 대항 핸드볼, 배구 등 시합이 있는 날이면 빠짐없이 참석해 열띤 응원을 했다. 이때부터 애교심과 협동심이 남달랐는데, 이는 훗날 조직 생활에서 뛰어난 사회성과 강한 승부욕을 발휘하는 원동력이 되었다. 1963년 유치환 시인이 교장선생님으로 재직하던 대구여자고등학교에 다녔는데, 이때는 사진촬영을 즐기며 낭만적인 여고시절을 보냈다.

유년기에 길러진 애국심과 국가관을 바탕으로 나라를 지키는 여군이 되어서 대한민국의 미래를 이끌어가는 여성 리더가 되어야겠다는 생각으로 조금의 망설임도 없이 군인의 길을 선택해서 1970년 육군 소위로 임관했다. 특히 어려서부터 항상 앞장서서 친구들을 이끌어 온 리더십과 유관순 열사의 나라 사랑하는 마음에 대한 동경심 등은 여군 장교를 선택하기에 충분한 이유가 되었다. 김옥이는 여군 장교로서 부대 지휘관과 참모로 군 생활을 하면 인사, 행정, 기획, 조직관리 등 분야별로 깊이 있는 다양한 경험을 쌓으며 성장할 수 있을 것으로 확신했다.

또한 여군 장교들에게 군원(軍援)으로 미국 유학의 기회를 주는 점도 여군 장교의 길을 선택한 이유 중 한 가지였다.

육군소위 1등 임관과 최단기 진급으로
여군의 새 역사를 쓰다

김옥이는 1970년 육군보병학교를 졸업하고 소위로 임관했는데, 졸업식에서 1등 상인 '국방부장관상'을 받았다. 초임 시절 베트남전쟁에도 참전한 김옥이는 이후 육군본부와 군사령부 등에서 여군 지휘관과 참모 등 주요 보직을 두루 맡았다. 김옥이는 1988년 5월 제15대 여군단장(육군 보병 대령)으로 취임했는데, 당시로서는 이례적인 일이었다. 이유인즉, 대령 진급 대상이 되려면 중령으로서 최소 4년의 복무기간을 채워야 했기 때문이다. 그런데 김옥이는 단 한 차례 진급 누락도 없었을 뿐만 아니라, 탁월한 능력을 인정받아 중령으로서 최소 복무기간을 채우지 않고도 여군단장에 취임한 최초의 사례가 되었다.

여군 정예화와 여군인력 확대로
군대 내 남녀평등의 기반을 만들다.

군인사법상 여군단장은 여군병과장으로서 임기가 2년이다. 짧은 2년의 임기동안 김옥이 단장의 가장 큰 업적은 여군병과를 '발전적으로

| 좌 제15대 여군단장(육군 보병 대령) 우 여군병과전환식 1990. 1. 1

해체시킨 것'을 꼽을 수 있다. 기존 여군은 여군과 간호, 두 개의 병과로 구분했다. 간호병과는 간호 주특기가 명확했지만 여군병과는 주특기 구분 없이 여군병과로 통칭해 왔다. 김옥이 단장은 이 여군병과를 해체하는 대신, 보병, 정보, 병참, 의정, 부관, 경리, 전산 등 주특기를 구분한 7개 병과로 전환하면서 여군학교를 창설하였다.

여군단장으로 재임 중이던 1989년 9월 김옥이는 창군 40년 만에 대졸 이상의 고학력 여성들의 국방 분야 진출 기회를 늘리기 위해 여군장교의 선발, 교육, 보직, 진급과 같은 인사제도를 전면 개선하는 내용으로 군인사법 개정안을 마련하여 정기국회에 제출했다.

[군인사법 개정안]에 근거해 이듬해 1990년 1월 여군에서도 7개 병과가 탄생했다. 여군장교 지원 시 전공을 살려 병과 선택을 할 수 있도록 했고, 선발 인원은 4배로 확대했다. 복무기간은 2년에서 3년으로 연장했고 희망에 따라 장기복무도 가능하도록 했다. 임관 후에는 남성과 동등한 조건에서 교육, 보직, 진급의 기회가 주어지도록 한 획기적

인 변화였다. 이렇게 김옥이가 추진한 여군단의 발전적 해체를 시작으로 2015년 군종, 포병, 방공 병과가 마지막으로 문호를 개방해 여군은 육군의 모든 병과에서 활약하게 되었다.

이어 군 장교의 산실인 사관학교에서 여자 생도를 받아들였다. 1997년 공군사관학교, 1998년에는 육군사관학교, 1999년에는 해군사관학교가 연이어 여자 생도를 선발했고, 2001년부터 공군사관학교에서 첫 졸업생을 배출하여 임관하였다. 육군에서는 2002년 소위 20명이 처음으로 여군 소대장이 되었고, 2002년 1월 3일에는 양승숙 준장이 대한민국 사상 첫 여성 장군이 되었다.[1] 2003년 이후 현재까지 비약적으로 발전을 해 온 대한민국 여군은 특전사와 해병대는 물론 함정 근무와 전투기 조종사까지 육·해·공 군의 최일선에서 남성들과 동등하게 복무하고 있다. 여군 창설 60주년이 되던 2010년에는 각 대학교에 여성 학생군사교육단(ROTC)이 창설되었다. 나아가 그해 전투병과에서도 창군 60년 만에 최초의 여성 장군이 탄생하는[2] 등 여군의 위상이 눈부시게 발전하는 계기가 마련되었다.

[군인사법 개정안]은 제15대 여군단장인 김옥이의 재임기간에 이루어 낸 가장 큰 성과로써 여성 장군 진급의 밑거름이 되었고 여성의 육·해·공군 사관학교 입학과 ROTC 선발 등 획기적인 제도의 도입을 가능하게 하였다. 이로부터 국방의 모든 분야에서 남녀평등의 기반을 닦은 것으로 평가받으며, 대한민국 국군사에 기록되었다.

여성권익 신장을 위해 여성지도자로 자리매김하다

　군 생활을 마친 후 퇴역한 여군들의 친목단체인 한국퇴역여군회 회장과 대한민국 재향여성군인협의회 회장을 역임했다. 그리고 여성권익 신장을 위해 한국여성단체협의회 이사 및 감사 직을 맡아 호주제 폐지 운동 등 활발한 활동을 이어갔다. 그러던 중 선배 여군단장님의 권유로 한나라당 중앙위원회 여성분과위원회 수석 부위원장을 맡으면서 정치권에 발을 내딛게 되었다. 김옥이는 여성분과위원장과 상임전국위원의 중책을 맡으면서 본격적인 정치활동을 시작했는데 여군 대령 출신이라는 특별한 경력으로 당내에서 많은 주목을 받았다.

　2003년 재향군인회 중앙이사를 역임하면서 국가유공자와 참전용사 단체인 60여 제대군인단체와 함께 국가 안전보장 강화에 기여하며 국가보안법 수호, 전시작전권 전환 및 한미연합사 해체 연기를 위한 천만 서명운동에 주도적으로 참여했다. 훗날 제18대 국회 국방위원회 소속 위원으로서 국방 및 보훈 정책 개선 관련 의정활동을 성공적으로 수행하는 밑거름이 되었다.

　열정적으로 활동한 덕분에 2006년 제7대 경기도의회 비례대표 의원으로 당선되어서 2년 동안 도시환경위원회를 비롯한 여러 상임위원회에서 의정활동을 하면서 DMZ 자연보호 및 도민 불편 해소를 통한 삶의 질 개선, 생태환경의 체계적 보전·관리 등 함께 만드는 깨끗한 경기도와 지속 가능한 환경정책 추진과 환경관리체계 강화로 도민들의 건강한 생활환경 조성에 앞장서는 등 활발한 행보를 펼쳤다. 당시 도의회에서 남다른 열정으로 조례안 발의와 정책개발 등 다양한 의정활동을 했던 경험은 훗날 국회의원 활동에 큰 자산이 되었다.

2007년 한나라당 대선후보 경선이 치열했던 시기에 박근혜 후보 전국여성특보단장으로 활동했고, 이후 2008년 제18대 총선에서는 제15대 여군단장과 각종 여성단체장을 역임한 경력으로 비례대표 21번 공천을 받아 국회에 입성하게 되었다.

국군 장병의 대모· 대한민국 여성군인 대표 국회의원이 되다.

김옥이는 제18대 국회 국방위원회 및 여성위원회에서 활동했다. 김옥이는 당선 인터뷰에서 자신의 투철한 안보관과 애국심을 드러냈는데, "아직도 애국가를 들으면 가슴이 뭉클해진다."며 "젊은 사람들의 안보관이 다소 느슨해지는 것이 걱정스럽다."고 우려를 표하기도 했다.[3]

초대 여군단장 출신으로 제8대 국회의원이 된 김현숙 대령 이후 37년 만에 대한민국 여군을 대표해서 국회에 입성한 김옥이는 굳건한 안보를 확립하고, 장병들을 위한 복지증진은 물론 여군의 위상 강화를 위해 자신의 풍부한 군 경험과 깊이 있는 전문성을 최대한 발휘할 것이라며 다짐했다. 그리고 이를 증명하듯 '책임감 때문에 발 뻗고 잠을 자 본 적이 거의 없었을 정도였던' 여군단장 시절처럼, 막중한 책임감과 강한 의지로써 왕성하게 활동했다.

제18대 국회에서 김옥이는 안보전문가로서 철저한 실태조사와 연구에 근거한 법안을 대표 발의하는 활발한 입법 활동을 펼쳤다. 대표적

으로는 연예인, 체육인, 사회 지도층의 병역비리 근절을 위해 병무청에서 이들의 병역사항을 중점 관리할 권한을 부여하는 것을 주요 내용으로 하는 [병역법 일부개정안](2010.04.09.), 군대 내 성폭력 근절을 위한 처벌 강화를 위해 [군형법 일부개정안](2009.02.20.), 제대군인의 권익을 보호하고 지원을 강화하기 위한 [제대군인 지원에 관한 법률 일부개정안](2010.02.01.), 방위사업의 효율성을 높이기 위해 신기술의 신속한 국방 분야 적용을 위한 시범사업의 근거를 신설하고 방위사업추진위원회의 심의대상 조정을 위한 [방위사업의 시험 및 평가에 관한 법률 일부개정안](2011.08.16.) 등이 있다.

또한 여성가족위원회에서는 아동 성폭력 범죄 공소시효 정지를 위한 [성폭력 범죄의 처벌 및 피해자보호 등에 관한 법률 일부개정안](2009.03.05.)과 [아동·청소년의 성보호에 관한 법률 일부개정안](2010.12.10.), 모성보호제도 강화, 특히 여성의 일과 가정 양립을 지원하고 근로자의 권익을 보호하기 위한 [남녀고용평등과 일·가정 양립 지원에 관한 법률 일부개정안](2011.05.23.) 등의 입법정책 활동을 펼쳤다.

　　김옥이는 대정부질문에서도 여러 상임위원회를 통해 다양한 문제를 제기했다.

　　국방위원회에서는 국방예산, 장병복지, 참전용사 수당 인상, 안보정책에 관한 제언을 했고 여성가족위원회에서는 여성의 권리 증진과 가족복지 향상을 위한 법 제도 개선을 촉구했으며 사회적 약자 보호와 복지정책 및 교육환경 개선에 대한 제안을 중점적으로 했다. 그리고 여대생 ROTC 도입과 같은 신선한 정책제안으로 언론의 많은 주목을 받았으며 여군 인력 확대 및 활용에도 커다란 기여를 했다.

　　김옥이는 "2008년 전국 여대생을 대상으로 언론기관에서 여론조사를 한 결과 전체 응답자 가운데 94%가 여대생 ROTC 도입에 찬성했고, 36%는 지원 의사가 있다고 응답했을 만큼 ROTC에 대한 여대생들의 관심이 매우 높았으며 육·해·공군 사관학교에 여생도가 입교하는데 유독 ROTC 문호를 여성에게 개방 못 할 이유가 없다."고[4] 강조했다. 그리고 여대생 ROTC 도입을 위한 정책토론회를 열고 법 개정에 힘써 2011년부터 여군학군단이 설치된 숙명여대와 성신여대를 포함하여, 전국 111개 학군단에서 여대생 260명을 ROTC로 선발하는 성과를 이뤄냈다. 이로써 김옥이는 "저도 ROTC 출신 여군장교가 되고 싶어요."라는 여대생들의 꿈을 이루어 준 고마운 여군 선배가 된 것이었다.

　　이어서 여군의 역사를 제대로 기록하고 보존하기 위해 용산 소재 전쟁기념관 내 여군역사관 설치를 제안하여 2010년 개관하는 성과도 이뤄냈다. 여군역사관에는 창설 이래 막중한 임무로 활약해온 여군의 역사 기록물들이 전시되고 보존됨으로써 여군의 위상과 지위를 향상시

여군역사관 개관식.
2010.8.30.

컸고, 아울러 남군의 보조자로만 기억되던 많은 선배 여군들이 남군과 동등한 역할로 대한민국의 평화와 안정을 위해 임무를 수행했다는 정당한 평가를 받도록 함으로써 군대 내외의 인식을 크게 개선하는 효과를 거두었다.

김옥이는 군 출신 국회의원답게 쾌적한 병영생활관 개선을 위한 예산지원은 물론 사관생도 봉급 인상에도 앞장서는 등 병영생활 개선에 진심을 다했다. 이로 인해 당시 군대 일각에서는 그녀를 '병사들의 어머니' 혹은 '군인들의 대모'라고 불렀다.

2012년으로 예정되었던 전시작전권 전환을 앞두고 대한민국 재향군인회는 전시작전권 전환 반대 1천만 명 서명자 명단을 국정감사장에 비치하여, 국방부 장관에게 전직 장성들을 비롯한 국민 다수가 결사적으로 반대하고 있음을 알렸다. 그러나 정작 국회의원들의 반응이 소극적이어서 우려가 커지는 상황에서, 2010년 4월 국회 외교·통일·안보 및 경제 분야 대정부 질문에 나선 김옥이는 "전작권 전환이 예정된 2012년은 한국과 미국에서 대선, 총선이 치러지는 정치적 격변기이자 북한의 강성대국 완성의 해"라며 "북한의 핵 포기 시점까지 이를 연기해야 한다."고 강조했다.[5] 이러한 김옥이의 질의와 강력한 요청은 다른 동료 의원들을 비롯하여 정부의 반응을 이끌어냈다. 2010년 6월 27일, 이명박 대통령과 버락 오바마 미국 대통령은 대한민국 국군의 전시작전통제권 전환 시기를 2015년 12월로 연기하기로 합의하였다. 이후 재연기는 없는 것으로 했지만, 2014년 10월 23일 미국 워싱턴에서 열린 한미안보협의회의(SCM)에서 대한민국과 미국의 국방부 장관은 전작권 전환 시기를 정하지 않고 2020년대 중반에 전환 여부를 검토한다고 합의함으로써 사실상 무기한 연기하였다.[6]

한편, 제299회 국회 임시회의(2011.04.07.) 외교·통일·안보 분야 대정

제299회 국회임시회 2011.4.7

부 질문에서는 "독도에 해병대를 주둔시켜 대내외적으로 한국의 영토임을 명확히 해야 한다."며, 이는 우리 영토를 수호하겠다는 강력한 의지의 표현이기 때문에 장기적, 전략적으로 접근할 필요가 있으므로 추진할 의사가 있는지에 대해 질문을 했다. 이 질문은 평소 군인으로서 영토수호의 의지가 담긴 김옥이의 소신이 반영된 질문이었다. 당시 김황식 총리는 "상황 전개에 따라 강력한 군대가 주둔하는 방안도 검토할 가치가 있다."고 답했으나, 현재까지 국제정치적 상황으로 인해 경찰이 주둔하고 있어 다소 아쉬워하고 있다.[7]

18대 국회에서 김옥이는 국방위원회 위원으로서, 군 전문가로서, 여성문제 전문가로서 매년 국정감사를 할 때마다 탄탄한 현장 경험과 전문성, 치밀한 준비를 통해 군 무기 도입 비리 사건을 예리하게 질의하는 한편, 방산 수출과 군 보급물자 및 사관생도와 군 복무 환경까지 제반 분야에 걸쳐 많은 정책 질의와 확인을 게을리하지 않았다. 이러한 활발한 의정활동으로 김옥이는 270여 개 시민·사회 단체로 구성된 '국정감사 NGO모니터단'이 선정하는 '국정감사 우수의원'에 4년 연속 선정되었다. 안보전문가, 여성정책 전문가로서 김옥이가 보여준 최고의 정책 생산 능력이 시민단체와 언론으로부터 일 잘하는 최고의 정책전문가로 인정받은 것이다. 또한 김옥이는 2011년 6월 22일 국회의원의 의정활동에 대한 객관적 지표와 본회의 출석률, 법안 발의 현황, 상임위 출석률, 우수국감상 수상 현황 등 10개 항목을 계량화하고 종합 평가하여 대한민국 헌정상위원회에서 수여하는 〈헌정대상〉을 수상했다.

헌정대상 수상 2011.6.22

장병 한 사람의 생명도 소중히 지키는
생명존중을 실천하는 따뜻한 리더십

　매년 군에서 130여 명이 사고로, 30여 명이 질병으로 사망하고 있는 현실이지만, 국방부가 2006년과 2008년에 각각 수립한 「군 의무발전 추진계획」과 「군 의무발전 중장기종합계획」에서 도입을 추진한 '군 의무후송 전용 헬기'는 번번이 무산되었다.[8] 김옥이 의원은 2009년 2월 백령도에서 발생한 사고로 부상당한 장병 8명을 국군통합병원까지 이송하는 데 4시간 20분이 걸렸고, 그 과정에서 한 명의 병사가 사망했다는 사실을 지적하면서, "응급의학은 시간이 곧 생명"이라는 인식하에 골든아워를 놓치지 않기 위해서라도 군 의무후송용 헬기 도입이 절실하다고 주장했다. 이러한 장병 한 사람의 생명을 소중히 지키기 위한 김옥이 의원의 노력으로 노후화된 이송 헬기를 대체할 '군 의무후송용 헬기 도입'이 본격화 되었고, 이후 2020년 11월 "하늘의 응급실"이라 불리는 군 최초 의무후송 전용 헬기 8대가 도입 완료되었다. 이는 군의 첫 의무후송 전용 헬기로 심실제세동기, 산소공급장치, 의료용 흡인기, 인공호흡기, 환자 감시장치 등 첨단 응급의료장비가 장착되어 있고 후송 중에도 중증환자 2명의 응급처치가 가능했다. 그동안 군은 응급의료장비만 일부 장착된 임시 형태의 의무후송 임무를 수행했었지만, 전용 헬기로 교체되면서 군의 응급조치와 환자 후송 능력이 강화된 것이다. 아울러 의무후송 전용 헬기가 전력화됨으로써 국가재난 시 의료·재난구조 임무를 한 단계 격상시켜 국민안전 및 복지향상에 크게 기여할 것으로 기대된다.[9]

사회 지도층의 병역비리 근절과 노블리스 오블리주 풍토 조성을 위한 병역법 개정[10]

김옥이는 2008년 8월 사회 고위층과 부유층, 체육인, 연예인 등의 병역의무 이행 사항을 특별 관리하는 [병역법 개정안]을 발의했다. 개정안은 공직자와 일정 수준 이상의 고소득자, 연예인과 체육인 등 중점 관리 대상자의 병적기록부를 별도로 관리해 이들이 군 면제 판정을 받을 경우 어떤 사유가 있는지 가린다는 내용이며, 이들의 병역 이행 사항을 병무청에서 통합 관리하도록 하는 것이다. 우리나라에서는 사회 지도층의 병역비리 문제가 오랜 시간 지속되어 왔다. 김옥이 의원이 조사한 바에 의하면 "부유층 또는 공인으로 분류되는 의사, 유학생, 기업인, 연예인, 체육인 등이 적발자의 59%"를 차지한다. 투철한 애국심으로 자원 입대를 선택한 김옥이 의원의 입장에서는 간과할 수 없는 문제였다. 김옥이 의원은 사회 지도층의 도덕적 해이에 대한 경각심을 고취하는 한편 사회 지도층이 먼저 도덕적 책무를 지는 풍토를 조성하기 위한 법 제도의 개선이 필요하다고 주장했다.

그러나 이 법안은 나날이 지능화되는 병역면탈 행위 방지를 위해서 도입이 필요하다는 입장과 병역의무 이행에 문제가 있다면 병역자원에 대하여 전반적으로 관리감독을 강화해 나감으로써 해결하는 것이 바람직하지, 사생활의 비밀과 자유를 침해해서는 안 된다는 찬반 의견의 대립으로 계류되다가 같은 해 11월 정기회의에 상정되었으나 통과되지 않았고, 결국 2012년 5월 임기만료로 폐지되었다.

지금도 일부 연예인과 사회지도층 인사의 자녀 등이 질환을 가장하여 병역을 면제받거나 비교적 쉬운 사회복무조차 소홀히 하는 등의 병역비리가 끊이지 않는데, 이를 보면 김옥이 의원이 발의했던 개정 법안이 통과되었다면 병역비리 최소화에 기여했을 것이라는 아쉬움이 들기도 한다.

여성과 아동·청소년을 위한
활발한 의정활동을 펼친 여성지도자

생활정치의 시대인 오늘날에는 환경, 교육, 보건, 복지 등의 문제를 포함하여 생활문제가 정치의 관심사로 등장하게 되면서 일상적인 생활문제들을 해결하려는 정치가 요구되고 있다. 그 새로운 정치력의 가능성을 바로 여성에게 역사적으로 체화되어 온 여성성에서 찾을 수 있다고 본다.

　　김옥이 의원은 여성의 정치참여 확대를 위해 중앙여성위원장 출마 시 선출직 여성 후보 30% 공천, 여성친화적 공천심사 기준 마련, 주요 당직 여성할당제 도입, 여성정치발전기금 운용위원회 설치 및 여성정치 아카데미 정비, 사회 각 분야 정책결정직에 여성할당제 도입 등을 공약으로 내세우면서 한나라당이 전국의 20~40대 여성에게 취약한 부분을 적시하고 해결점을 찾겠다는 포부를 밝혔다. 2011년 9월 7일 한나라당 중앙여성위원장으로 선출된 김옥이 의원은 전국 17개 시·도를 순회하면서 여성정치아카데미를 부활시키고 지역별 여성위원회의 활발한 활동은 물론 여성후보 공천 할당제 의무화 실현을 위해 다방면으로 노력하면서 여성의 정치활동 참여 확대를 위해 일조했다.

　　한편, 아동 성폭행이 심각한 사회문제로 대두되는 현실에서 가해자에 대한 처벌이 미흡함에도 불구하고, 국회에서도 아동 성폭행과 관련한 입법안 마련이 소홀했다는 지적이 많았다. 이에 김옥이 의원은 2009년 3월, "피해아동이 성인이 된 후에도 가해자를 처벌할 수 있도록 성년에 이를 때까지 공소시효를 정지하는 내용의 법안"을 발의했다. 또한 아동 성폭력 범죄자가 아동·청소년 관련 시설 주변 200m 내에는 취업을 하지 못하도록 제한하는 법안을 발의해 아동 성폭력 범죄 근절을 위한 남다른 노력을 이어갔다. 김옥이 의원은 2011년 10월 일명 '도가니법'으로 불리는 [성폭력 범죄의 처벌 특례법 개정안]이 국회를 통과한 것을 보며 18대 국회 초부터 국정감사에서 아동 성폭력 범죄 공소시효 폐지를 추진하며 법안을 발의해 온 것이 결실을 맺게 되어 감회가 남달랐다고 한다.[11]

이런 노력의 결과로 아동 성폭력 범죄의 공소시효를 정지하는 법안은 2018년 9월 14일 국회 여성가족위원회에서 통과되었고,[12] 13세 미만 아동을 대상으로 한 성추행 범죄에 대해 공소시효를 적용하지 않도록 함으로써 아동 성폭력 범죄에 대한 처벌이 강화되고 피해자 보호가 더욱 철저해졌다. 나아가 이 법안은 당시 사회적으로 큰 이슈가 되었던 성범죄 사건과 몰카 성범죄에 대한 처벌을 강화하고 피해자 보호를 위한 다양한 지원책을 마련하기 위한 근간이 되었다.

김옥이는 2011년 여성신문사 주관 성평등 의식과 성인지도가 뛰어난 성평등 대변인 '젠더 마이크'로 선정되었다. 그는 국회의원 임기 동안 여성의 사회참여와 정치참여가 이제는 양적인 성장을 넘어 질적인 혁신을 할 수 있도록 대정부질문과 국정감사에서 여성들을 대변하는 목소리를 더 확실하게 내면서 여성들을 위한 정책 개발과 입법 활동에 더 앞장서서 일하겠다는 소신을 밝혔다.

18대 국회 폐원을 앞두고 평소 국가유공자를 위한 보훈정책에 지대한 관심을 가지고 있던 김옥이는 국가유공자를 위해 헌신하는 공기업에서 활동하기 위해 지역구 불출마 선언을 하였다.

한국보훈복지의료공단 최초 여성 이사장이자 최초 연임 이사장

김옥이는 2013년 11월, 한국보훈복지의료공단 설립 32년 만에 최초의 여성 이사장으로 취임하였다. 김옥이는 소통과 감성의 리더십으로 조직의 변화를 이끌었다. 그는 섬기는 리더십과 강력한 추진력으로 조직 변화에 앞장섰고, 그의 솔선수범과 따뜻한 노력은 눈부신 성과로 결실을 맺었다. 김옥이 이사장의 취임 이후 보훈공단은 양성평등 조직문화 조성으로 여성들도 일하기 좋은 기업으로 손꼽혔으며, 전체 직원 중 여성이 68%에 이를 정도로 여성인력 비율이 높은 기관이 되었다. 또한 공단은 2016년에 GPTW코리아(Great Place To Work Institute)[13]에서 주관하여 처음 시행한 〈대한민국 일하기 좋은 100대 기업〉과 〈여성이 일하기 좋은 기업〉을 동시에 수상했다. 김옥이 이사장이 보여준 사회적 책임을 다하는 경영철학과 구성원들을 섬기는 뛰어난 서번트 리더십이 직원들로부터 성과를 끌어내 큰 상을 받게 된 것이다.

국가유공자를 위한 의료서비스 확대로
전폭적인 변화 및 투명한 흑자경영 실천

김옥이는 국회의원시절부터 국가를 위해 희생하고 헌신한 국가유공자에 대해서는 국가가 끝까지 책임지는 선진국형 보훈정책을 펼쳐야 한다고 주장해 왔는데, 공단에서 마주한 현실은 부실한 의료체계와 국가유공자에 대한 처우가 상당히 미흡하다는 것이었다. 이에 김옥이는 국가유공자 중심의 의료서비스 확대를 최우선 과제로 삼아 전폭적인 변화를 이끌어냈다.

먼저 응급의료체계 개선으로 중증환자 응급실 대기시간을 전보다 3배 빠르고 신속하게 정확한 진료를 받게 했다. 5대 검사장비 점검으로

대한민국 CEO 대상 2015.09.23.

주요 검사의 대기일수를 50% 감소시켰다. '완화의료 도우미제' 실시로 국내 최고·최대 규모의 호스피스 병동을 구축하여 호스피스 전문병원을 완성시켰다. 그리고 암보다 무서운 치매를 극복하기 위한 인프라 조성을 위해 모든 환자들에게 단계별 검사를 의무화시켜 진단과 선별의 2단계 검사를 진행하는 치매 맞춤형 치료를 실시하여 공공의료기관 최초로 치매극복 선도기관으로 지정되는 업적을 이뤘다. 또한, 국가유공자의 재활에도 많은 관심을 가지고 '모두가 부러워하는 보장구 기술력으로 국가유공자에게 보답하겠다.'는 각오로 최고의 보장구 기술력과 재활치료 노하우를 보유하는 데 힘썼다. 그 결과 보훈병원이 보장구 관련 국제대회에서 동메달을 획득하고 국내 최초 실리콘 의수 특허를 취득하기도 했다. 이처럼 국가유공자의 건강한 삶을 위한 의료서비스 확대로 국가유공자분들의 만족도 향상에 크게 기여했다.

김옥이는 오랜 세월 동안 공권력도 포기한 보훈병원 장례식장을 불법 점거한 무자격 보훈단체의 위탁운영과 수익금 독식이라는 고질적인 문제 해결을 위해 공단 설립 30년 이래에 최초의 합의(2015.04.01.)를 도출하여 장례식장을 직영 체제로 전환시켰다. 이후 투명경영으로 운영 수익금 전액을 국가유공자 복지향상 위해 사용할 수 있게 되었다.

보훈병원은 2016년 5월 20일 메르스 국내 확진자 발생을 시작으로 인근 의료기관 병동이 폐쇄되는 국가적인 재난이 발생하자 메르스 선별진료소 설치, 의심환자 조기선별, 폐렴 입원 환자 전수 조사 실시 등으로 메르스 사태에 선제적으로 대응해 국가유공자를 비롯한 국민이 안전하게 진료받을 수 있는 국민안심병원으로 지정됐다.[14] 메르스 확산기(6~7월) 급격한 환자감소로 인해 49억 원의 수익 감소에도 불구하고 비상경영체계 가동 및 산하기관과의 적극적인 협동으로 2016년도 의료수익을 전년대비 5.5% 증대시키면서 역대 최대 의료사업 수익(5,086억)과. 당기순이익(204억)을 달성해냈다. 이로써 메르스 사태가 있었던 해를 포함해 이사장 재임 4년 연속 흑자경영을 이뤄냈다.

김옥이는 고졸 인재와 경력단절 여성들도 당당하게 취업의 기회를 가질 수 있도록 공단의 모든 직원들에게 공정한 기회를 제공했다. 그 결과 2년 연속 여성이 일하기 좋은 100대 기업 표창을 수상했다. 또한 공공기관의 사회적인 책임을 이행하기 위해 본인 연봉의 10%를 자진 반납하는 한편, 청년고용을 위해 정년보장형 임금피크제를 도입하는 채용 전략을 시행하여 2015년 일자리 창출 우수 기업 국무총리 표창까지 수상하게 되었다.

뿐만 아니라 간호사 지위 향상을 위해 간호조직을 상향 개편하였으며, 간호사들에게 워라벨을 만들어주기 위한 간호사 유연근무제 도입, 역량 있는 간호사 육성을 목적으로 자기개발 및 교육비 지원을 실시

도농교류활성화 대통령 기관표창
2014.12.23

했다. 그리고 모범간호사를 선발하여 〈천사상〉을 수여함으로써 간호사들이 자긍심을 가지고 업무에 임하여 국가유공자에 대한 헌신적인 봉사를 할 수 있도록 했다.

김옥이의 경영혁신으로 임기 중 국가 예산 614억 원 절감, 각종 비정상 운영의 정상화, 명예로운 보훈 실천, 여성 임원 비율 60% 확대, 공단 최초의 여성 이사 임명 및 인사, 예산부서 최초의 여성 과장 임명 등 획기적인 경영혁신을 이뤄냈고, 이로부터 2015년 기관장 경영성과 협약 이행실적 평가에서 우수등급(준정부기관장 38명 중 3명)을 받았다. 그리고 공단 최초로 기관경영평가에서 B등급을 달성하는 성과를 이뤄냈다. 또한, 농림축산식품부가 주관한 1사 1촌 자매결연 등 도농교류 활성화를 위해 강원도와 전북 등 18개 마을과 자매결연을 체결하고, 각 지역 보훈병원 및 산하기관이 연간 1억 1000만 원 규모의 급식용 농산물을 자매결연한 마을의 농산물로 구입해 농촌경제 활성화에도 기여했다. 이러한 점을 인정받아 창립이래 최초로 대통령 기관표창을 수상했다.

이로써 김옥이는 공단 최초로 기관장에 재임명되는 연임기록을 만들었고 국가유공자들의 든든한 후원자요 지지자로서 보훈의 르네상스 시대를 열었다.

후배 여성 정치인에게 해주고 싶은 조언과 희망하는 국회의 모습

김옥이 의원은 최초라는 수식어가 많이 따라다니는 여성정치인이다. 하지만 본인은 최초보다는 정착화하는 과정에 기여하는 것을 더 보람 있게 생각했다. 그래서 그 과정에 기여하고 싶었다. 또 누군가 해야 할 일이라면 내가 먼저 하고, 누군가 어렵게 끌고 가는 일은 뒤에서 밀어주며 함께 힘을 보태는 것이 보람이라고 했다.

김옥이가 희망하는 국회는 국민이 아무 때나 필요성을 느끼면 찾아오고 실질적인 도움을 얻어가는 곳이다. 상상에서만 가능한 것이 아니라 실제 현실에서 이를 체감할 수 있어야 한다고 말한다. 그리고 그러한 국회를 만드는 데, 더 나은 사회를 만드는 데 여성정치인들의 역할이 절대적으로 중요하다고 강조한다.

김옥이는 정치의 길은 결코 쉽지 않지만 여성정치인의 목소리는 매우 중요하기 때문에, 여성 정치를 희망하는 후배들을 향해 "자신의 신념을 굳게 지키면서 두려움 없이 자기 목소리를 내달라"고 주문한다. 그는 경험을 통해 "네트워킹과 멘토링을 통해 서로를 지원하고, 함께 성장하는 것"이 중요하다는 사실을 깨달았다면서, "실패를 두려워하지 말고 그것을 배움의 기회로 삼으라"고 조언한다. 후배 여성정치인들의 노력과 열정이 더 나은 세상을 만드는 데 큰 기여를 할 것이라는 김옥이의 믿음은 희망과 확신으로 가득하다.

| 집필: 권순영 |

| 미주 |

1) <영남일보>, 2019.1.3., "2002년 오늘 – '국군 첫 여성 장군 탄생, 기록으로 만나는 대한민국'", 행정안전부 국가기록원
2) <중앙일보>, 2010.12.17., "창군 60년 만에 전투병과 첫 여성 장군 탄생"
3) <매일신문>, 2008.7.14., "신고합니다 – '한나라당 비례대표 김옥이 의원'"
4) <영남일보>, 2010.02.18., "ROTC, 3사관학교 여성에도 개방해야"
5) <연합뉴스>, 2010.04.08., "대정부질문 초점 – '전작권 전환, 대북정책'"
6) <Kbs News>, 2013.10.5.
7) <조선일보>, 2011.04.05., "독도에 군 주둔 검토…김황식 총리 국회 답변"
   <동아일보>, 2011.04.08., "김황식 총리 '독도에 군 주둔 장기적으로 검토'"
   <서울신문>, 2011.04.08., "김총리 독도 군대 주둔 방안 검토할 가치 있다"
8) 국회예산정책처, 2012.11., 서호진, "군 의무사업의 문제점과 개선과제"
9) <연합뉴스>, 2020.11.09., "'하늘의 응급실'…군 최초 의무후송 전용 헬기 8대 도입 완료"
10) <SBS NEWS>, 2008.08.27., "고위공직자·부유층 병역 특별관리 추진 논란"
11) [도가니법]은 2011년 11월 17일부터 시행
12) <KBS 뉴스>, 2018.09.14., "'13세 미만 아동 대상 위력 성추행, 공소시효 폐지' 미투 법안 상임위 통과"
13) 글로벌 신뢰경영 평가기관인 Great Place to Work(GPTW·일하기 좋은 기업) Institute가 주관하고 GPTW Institute 코리아(대표 지방근)가 주최하는 '2016년 제14회 대한민국 일하기 좋은 기업' 선정 결과. GPTW Institute는 1998년부터 미국 경제전문지 포천에 매년 미국의 100대 기업을 발표하고 있으며 한국에서는 2002년부터 시작했다.
14) <뉴스1 코리아>, 2016.02.23.

| 참고자료 |

1. <국회의원 김옥이 정책토론회 자료집>, 2009.9.30., "저도 ROTC 출신 여군장교가 되고 싶어요"
2. <국회의원 김옥이 정책자료집>, 2009.4., "장병 1명의 생명도 소중히 지키는 군 응급의료체계 발전을 위한 정책자료집"
3. <국회의원 김옥이 정책자료집>, 2009.10., "병역대체복무제도의 현황과 발전방안"
4. <국회의원 김옥이 정책자료집>, 2009.10., "육·해·공군사관학교 통합교육방안"
5. <국회의원 김옥이 정책자료집>, 2010.4., "여성군인도 예비역으로 끝까지 나라를 지킨다"
6. <2010 국정감사 정책자료집>, 2010.10., " 우리나라 방공식별구역 운영현황과 개선과제"
7. <2010 국정감사 정책자료집>, 2010.10., "아동, 청소년 성범죄자 취업제한제도 개선방안"
8. <국회의원 김옥이 정책자료집>, 2011.3., "무기개발 민간이관 어떻게 할 것인가"
9. <2011 국정감사 정책자료집>, 2011.10., "여성의 정치참여 확대 관련 국내·외 정책 및 현황"
10. <국회의원 김옥이 정책자료집>, 2011.11.24., "북한여성인권 이대로 둘 것인가?"
11. <국회의원 김옥이 의정보고서>, 2009, 2010, 2011
12. 한국보훈복지의료공단. 2016.3., "2015년 15대 경영우수사례"

13. 한국보훈복지의료공단 2016., "2013~2015 기관장 핵심 경영 우수성과"
14. 한국보훈복지의료공단 2017.8., "2014~2017 경영 우수사례 보고서"
15. 행안부 국가기록원, "기록으로 만나는 대한민국-여군 1만 시대"
16. 나무위키, 김옥이 검색 자료
17. 네이버 지식백과(http://terms.naver.com)
18. 김수룡, 『한국의 여군』 2013.9.9., 형설출판사
19. <연합뉴스>, 2003.8.24., "한국여군 지위는 '세계 최고' 수준"
20. <연합뉴스>, 2005.9.6., "21세기 파워…창설 55주년 대한민국 여군(종합)"
21. <국방일보>, 2015.9.3., "세상에서 가장 아름다운 이름 '대한민국 여군'"
22. <국민일보>, 2015.9.7., "여군 1만 명 시대…여군 창설 65주년"
23. <국방일보>, 2015.12.21., "첫 '여군 비행대장' 2명 탄생"
24. <아시아경제>, 2016.1.22., "국방부 '여군 비율 빠르게 늘린다'"

제18대 국회의원

김유정 金裕貞

국민의 심금을 울린 민주당 대변인

- **1969** 광주광역시 출생
- **1987** 살레시오여고 졸업
- **1991** 이화여대 정치외교학과 졸업
- **2007** 성균관대학교 국정관리대학원 행정학 박사 수료
- **1998** 김대중 정부 청와대 행정관(~2002)
- **2007** 민주당 여성국장
- **2008** 18대 국회의원
- **2009** 18대 국회 더불어민주당 제6정조위원장
- **2008** 민주당 대변인, 원내대변인 등 (~2012)
- **2016** TV조선 시사프로그램, <이것이 정치다> 진행
- **2022** 더불어민주당 대선 국민통합위원회 수석부위원장
- **2022** KBC 광주방송 <휴먼토크 호남, 호남인> 진행
- **2023** 메디치미디어, 박지원의 식탁 시즌1 진행
- **2023** 김대중재단 이사(~현)
- **2012** 방송인(~현)

말썽 한 번 없었던 어린 시절

김유정은 1969년 1월 전남 광주에서 3남매 중 맏딸로 태어났다. 스무 살 때 서울로 대학을 오기 전까지 김유정은 그야말로 호남 토박이였다. 부모님 역시 호남사람이었다. 초등학교 교사였던 아버지는 군 제대 후 첫 부임지였던 해남에서 집배원 아저씨의 중매로 어머니를 만났다.

부모님은 1967년 겨울, 밥그릇과 수저 두 벌로 가난한 신혼살림을 차렸다. 초등학교 교장으로 정년하신 아버지는 학생들에게는 엄격한 훈장 선생님이었다. 그러나 자녀들에게는 한없이 다정다감한 아버지였다. 아버지가 치는 기타 반주에 맞춰 온 가족이 둘러앉아 노래를 불렀던 기억이 생생하다. 그런데 아버지 박봉으로 삼 남매를 바르게 키워낸 것은 오롯이 어머니의 헌신이 있었기에 가능한 일이었다.

김유정은 외모나 성격까지 어머니를 빼닮았다. 가난에 굴복하지 않고 항상 당당하고 올곧게 살아갈 수 있었던 힘은 어머니의 에너지 덕분이었다. 어린 시절 김유정이 기억하는 어머니 모습은 이러했다.

"산더미 같은 집안일을 도깨비방망이로 뚝딱 요술이라도 부린 듯 순식간에 해내곤 했다. 삼 남매에겐 엄하지만 자상하셨고, 아버지께는 최고의 아내였고, 조부모님께는 끔찍한 효부였다. 농사일에 바쁘신 조부모님 새참 시간에 맞춰 이것저것 솜씨 좋게 만들어 막걸리도 한 되 받아 시외버스를 타고 고흥까지 한걸음에 달려갔다."[1]

어머니의 부지런함은 누구도 당해낼 사람이 없었다. 아버지 월급날이면 동네 구멍가게 외상값에 할아버지 약값에 뻔한 월급을 이리저리 쪼개가며 살림을 꾸려갔다. 비 오는 날이면 커다란 고무통에 빗물을 받아 빨래와 청소를 해가며 수돗물을 아껴야 할 정도로 힘든 살림을 척척 해냈다.

그랬던 어머니가 지금은 40년을 훌쩍 넘는 경력의 문인 화가로 활동하고 있다. 남도문인화의 대가인 허백련 선생의 맥을 잇는 광주 연진 미술원 5기생이다. 국전 초대작가로 광주전남 문인화협회 상임이사가 되어 수많은 제자를 길러냈다. 그 제자들이 10년 전 어머니의 이름을 따서 '송림회'를 창립했다. 송담 김송자 선생이 김유정의 어머니다. 어머니는 지금도 송림회 창립 기념일에 해마다 제자들과 함께 전시회를 열고 있다.

김유정은 어머니가 그림에 대한 열정을 향해 한 발 한 발 내디뎠던 그 노력을 또렷이 기억하고 있다. 어머니는 김유정이 초등학생이던 그 시절에 그림에 대한 열병을 앓았다. 왕복 네 번의 버스비를 아끼느라 연진미술원까지 걸어 다니면서 그림을 배웠다. 붓 한 자루 화선지 한 장도 마음놓고 사기 어려웠던 형편이었다. 닳고 닳아 너덜너덜해진 붓대를 아버지가 철사로 동여매 주었다. 어머니의 분신 같은 그 붓이 전남 화순 어머니의 화실에 아직도 걸려있다. 김유정은 그 붓을 볼 때면 가슴 한켠이 아려오지만, 피나는 노력과 집념으로 마침내 꿈을 이룬 어머니가 정말 자랑스럽다.

어머니의 꿈에 대한 열정은 김유정에게 고스란히 옮겨졌다. 특히 밝고 긍정적이었던 삶에 대한 태도를 고스란히 물려받았다. 아버지는 공부도 잘했고 늘 반듯했던 맏딸이 지방국립대 사범대학을 나와서 교사가 되었으면 하는 기대를 갖고 있었다. 그런데 어머니는 달랐다. 맏딸을 서울로 보내고 싶어 했다.

　　김유정은 가난한 살림에 대학을 서울로 간다는 게 현실이 되리라고는 생각지도 못했다. 순전히 어머니의 못다 이룬 꿈에 대한 열정과 맏딸에 대한 기대가 현실을 만들어냈다. 어머니는 이화여대 교정을 무척 좋아했다. 김유정이 신입생 때 종종 학교에 오셨다. 캠퍼스 잔디밭에서 딸이 좋아하는 음식을 먹이고 싶다며 광주에서 새벽 고속버스를 타고 서울까지 한걸음에 달려왔다.[2]

정치학도에서 정당인이 되다.

　　김유정은 이왕 서울로 대학을 간다면 보다 큰 꿈을 가져야겠다고 생각했다. 처음에는 법대에 진학해서 판검사가 되는 것도 생각해 보았지만, 외교관이 되어 글로벌 무대에서 우리나라를 대표하는 사람이 되고 싶었다. 1987년 이화여대 정치외교학과에 입학한 김유정은 군부독재를 끝내고 민주화시대를 열어젖힌 격동의 시기에 대학을 다녔다. 어찌하여 강의실 밖으로 뛰쳐나가고 싶은 마음이 없었으랴. 그러나 김유정은 가난한 살림에도 삼남매를 반듯하게 키워낸 어머니의 노고를 생각하면 강의실을 뛰쳐나갈 엄두를 내지 못했다.

　　1987년 여름 6·10민주항쟁을 시발점으로 대한민국의 정치적 민주화 요구가 들불처럼 번져 갔다. 기말고사도 제대로 치르지 못했고, 신촌에 있는 대부분의 대학생들은 신촌로터리와 명동으로 줄지어 가두

김유정은 1991년 1월 이화여대
정치외교학과를 졸업했다.
졸업식에서 부모님과 함께

시위를 나갔다. 그때는 운동권과 비운동권의 구분도 없이 모두가 함께 "호헌철폐 독재타도"를 외쳤다. 김유정은 온 국민이 민주화를 열망하고 마침내 6·29선언을 이끌어 낸 그 역사의 현장에 잠시나마 함께 있었다는 것이 뿌듯함으로 남아있다.

  김유정은 "호헌철폐 독재타도"를 외치는 가두시위에는 빠짐없이 참석했다. 명동으로 진출하는 시위대를 가로막는 전경들과 대치하고 있을 때는 돌 깨는 일을 누구보다 열심히 해냈다. 어느 날은 학교 앞 정문조차 뚫어내질 못했다. 지금은 없어진 철길 위에 있던 이화교도 채 뚫고 나가지 못했다. 학생들이 서로의 팔로 인간사슬을 만들어 이화교를 뚫고 나가려고 하면 전경들이 소위 '지랄탄'을 쏴대서 학생들은 이화광장으로 쫓겨 들어와 흩어지곤 했다. 그 바람에 이화교에는 여학생들의 구두가 수북이 쌓였다. 운동화가 아니라, 왜 구두였을까. 전경들에게 잡힐 것에 대비해 놀러나온 것인 양 둘러대려고 스커트에 구두를 신었던 탓이다.[3]

김유정은 1991년 10월 김대중 총재에게 민주당 정치연수원 교무부장으로 임명장을 받았다.

　김유정은 외교관이 되어 글로벌 무대에 서겠다는 꿈은 대학교 1학년 때 1987년 6·10민주항쟁을 겪으면서 구름 위로 날려 보냈다. 내가 발 딛고 있는 이 땅의 민주화가 먼저이지, 독재체제가 지속되는 나라를 글로벌 무대에서 대변하는 일은 어불성설(語不成說)이라고 생각했다. 김유정은 대학원에 진학할 것을 기대했던 교수님들의 바람을 저버리고 정당으로 향했다.

　김유정은 대학을 졸업하던 1991년 3월, 평화민주당의 후신 신민주연합당의 창당발기인으로 정계에 입문했다. 같은 해 일생을 평화와 인권을 위해 헌신했던 故이우정 수석최고위원 비서로 일했다. 1991년 10월 신민당과 꼬마민주당의 합당으로 탄생한 민주당에서 정치연수원 교무부장에 임명되어 상근 당직자로 일하게 되었다. 현재 5선 국회의원인 안규백 의원도 김유정과 함께 정치연수원에서 기획부장으로 근무했다. 그때 정치연수원장이 유인태 전 국회의원이었고, 김한길 전 의원은 정치연수원 부원장이었다.

정당에서 민주주의를 배우다.

　김유정의 당직 생활은 1991년 김대중 총재의 목숨을 건 단식투쟁으로 얻어낸 지방자치제 부활과 함께 시작되었다. 그해 지방선거를 통해 당선된 지방의원들을 대상으로 지방의원 연수교육을 추진했는데, 그 일정이 어찌나 빡빡하게 짜였던지 정신이 혼미해질 정도였다.

　1991년 어느 날, 김유정에게 김대중 총재를 가까이서 모실 기회가 찾아왔다. 이우정 수석 최고위원이 그에게 김대중 총재 비서로 가지 않겠냐고 물어왔다. 당시 김대중 총재 비서라고 하면 누구나 가고 싶어 하는 자리였다. 그런데 김유정은 총재 비서로 있다가는 정치적으로 성장하지 못할 거라는 불길한 마음이 자리하고 있었다.

　"전 그냥 당직자가 될래요."

　거의 직감적으로 나온 말이었지만, 김유정은 이런 선택을 한 번도 후회하지 않았다. 김유정이 총재 비서직을 거절했다는 소식을 듣고 당시 김대중 총재 보좌관이었던 최재승 전 의원은 "총재 여비서를 하라는데 거절한 사람은 김유정이 전무후무하다."며 김유정의 당돌함을 쏘아붙였다.[4]

　김유정은 총재 곁에서 수발을 드는 일보다는 당직자로서 당무를 익히는 일이 더 값지다고 생각했다. 1997년 50년 만에 여야 간 수평적 정권교체를 이룰 때까지 수많은 보궐선거, 지방선거, 총선, 그리고 두 번의 대선을 치러냈다. 김유정은 그렇게 20대를 열정과 패기로 민주주의 현장을 경험했다. 그중에서 1992년 대통령선거는 가장 가슴 아픈 선거로 남아있다. 김유정은 아직도 김대중 총재가 대선에서 낙선하고 정계 은퇴를 선언하던 그 날을 잊지 못한다. 마포 용강동 당사 5층 종합상황실은 울음바다가 되었다.

1992년 대선 패배로 인해 민주당에서 20대 당직자로서 김유정이 느꼈던 좌절과 불안감은 상상 이상이었다. 그때 김유정이 마음을 다잡을 수 있었던 것은 다름 아닌 김대중 총재의 말씀이었다. 당직자 초년병 시절 김대중 총재는 "무슨 일이건 10년쯤은 한 우물을 파보고 결정하라."고 늘 말씀하셨다. 이 말씀을 부여잡고 다시 기운을 차릴 수 있었다.

김유정은 1990년대 초반 확성기가 설치된 당 미니버스를 타고 서울 시내 곳곳을 누비며 가두방송을 하고 다녔다. 어릴 때부터 배운 웅변 덕을 톡톡히 보았다. 쩌렁쩌렁하면서도 또박또박 정확하게 전달하는 김유정의 목소리는 대중들의 관심을 끌기에 충분했다.

> "애국시민 여러분, 존경하는 서울시민 여러분, 내일 오후 두 시! 내일 오후 두 시! 보라매공원에서 김대중 총재 연설이 있습니다. 김대중 총재 연설이 있습니다. 꼭 오셔서 들어 주시고 지지해 주십시오."

가두방송에서 가장 중요한 것은 짤막한 핵심 내용을 두 번씩 반복하는 것이다. 반복은 곧 강조가 되어 대중의 관심을 집중시키기 때문이다. 몇 시간을 마이크를 잡고 서울 시내를 돌다 보면 목은 쉬고 온몸이 녹초가 되었지만, 당을 위해 무언가를 할 수 있다는 기쁨과 자부심이 더 컸던 시절이었다.

　김유정은 야당의 당직자로 출발한 지 8년 만에, 1997년 대선에서 여야 수평적 정권교체라는 역사의 한 중심에 서 있었다. 1998년 2월 그 인연으로 김대중 대통령을 따라 청와대 비서실 행정관으로 자리를 옮겼다. 그때 김유정의 나이가 만 29살이었다. 꽤나 이른 출세였다.

일과 가정을 양립했던 슈퍼우먼

　이른 출세는 거저 얻어지는 것이 아니었다. 김유정은 민주당 당직자로 근무하면서 1994년 12월 결혼해서 1996년 8월에 첫 아이를 낳았다. 그리고 2000년 청와대 비서실에 근무하면서 둘째 아이를 낳았다. 밤낮없이 일하던 정치판에서 양육과 일을 병행하는 것은 매일 사투를 벌이는 치열함이 동반되었다.

　특히 청와대 비서실은 출근 시간이 7시 30분까지여서 아침마다 전쟁을 치러냈다. 아침 일찍 남편과 큰아이 입을 옷이며 아침 식사를 준비해놓고, 자고 있는 작은애를 깨워 옷을 입혀서 놀이방에 데려다 놓고 정신없이 출근하기 바빴다. 어느 날은 너무 지쳐 사는 게 뭔가 싶기도 했고, 퇴근 후에 아이들을 찾아서 데려오는 길에 왈칵 눈물이 쏟아지기도 했다.[5]

　김유정은 이런 전쟁 같은 날을 반복하면서도 며느리, 딸, 아내, 엄마로서의 역할에 소홀함이 없었다. 김유정은 결혼 후 지금까지 하루도 빠짐없이 남편 아침 식사를 챙겼다. 양복바지를 매일 다려 입히는 일도 지금까지 거르지 않는 일과이다.

이쯤에서 남편과의 인연을 빼놓을 수 없을 것 같다. 김유정은 대학 4학년이던 1990년 초에 이대 후문에 있었던 하숙집에서 남편을 만났다. 그 시절 컴퓨터가 흔하지 않아 하숙집 아주머니가 '하숙생 구함'이라는 손글씨를 필체가 좋았던 김유정에게 써달라고 부탁했다. 당시 군입대를 앞둔 3명의 서울대생이 전봇대에 붙은 '하숙생 구함'이라는 종이를 보고 하숙집에 오게 되었다. 그런데 서울대생이 신림동을 두고 신촌, 그것도 이대 후문에 있는 하숙집으로 오게 된 이유가 무엇이었을까?

서울대를 졸업하고 군입대를 앞두고 있었던 3명의 남자들은 군대 가기 전에 연애를 해볼 요량으로 여학생들이 많은 하숙집을 찾아 이대 후문쪽으로 향했던 것이다. 그때 김유정이 쓴 '하숙생 구함'이라는 종이를 보고 인연이 만들어진 것이었다.

1990년 그해 여름 3명의 남자들은 모두 입대했다. 남편은 대학원에 진학하려고 군입대를 미뤘었는데, 결국 대학원은 접고 1990년 7월에 군에 입대했다. 남편을 하숙집에서 처음 만난 지 6개월 만에 군대에 보내게 되었다. 남편은 입대를 앞두고 있어 사귀자는 말을 대놓고 할 수 없는 처지였다. 그해 4월 어느 날, 하숙집에서 쉬고 있는데 "심심한데, 인천 월미도에 놀러가자"는 말에 홀리듯 남편을 따라나섰다. 상대에 대한 감정을 촌스럽게 드러냈던 남편이 그때부터 좋았던 것일까? 시쳇말로 두 사람은 썸을 타고 있었다. 그런데 두 사람만 몰랐지, 하숙집 사람들은 모두가 두 사람이 '열애 중'임을 눈치채고 있었다.

남편은 제대 후 대기업 입사를 포기하고 전문직에 도전했다. 일반 기업에 있으면 정치하는 아내 뒷바라지가 여러 가지로 어렵다고 판단했던 것 같다. 제대 후 공인회계사(CPA) 시험을 준비해서 2년 만에 합격했다. 지금은 대형 로펌에서 회계사로 근무하고 있다. 김유정은 가정경제에 큰 버팀목이 되어 준 남편에게 늘 고마운 마음을 갖고 있다.

김유정은 시댁 어른들에게도 끔찍한 효부였다. 아무리 바빠도 시부모님 생신과 명절에는 한 번도 빠짐없이 원주에 내려갔다. 시아버지는 2019년 6월에 담낭암으로 돌아가셨다. 김유정은 시아버지 투병생활까지 챙기는 살뜰한 며느리였다. 시아버지 가시는 길에 마지막 이발을 직접 해드렸다.

시애틀로 온전한 외유를 떠나다.[6]

김대중 국민의 정부 말기에 김유정은 5년간 근무했던 청와대에 사표를 제출하고 가족과 함께 미국 시애틀로 떠났다. 남편이 몸담고 있던 로펌에서 국제조세 석사과정으로 유학을 보내주었다. 결혼 후 한 번도 가족과 떨어져 지내본 적이 없던지라 고민이 컸다. 국민의 정부 말기라 임기 이후 진로를 두고 고민도 많았지만, 1991년 당직자로 출발해 청와대 5년까지 쉼 없이 달려오면서 잠시나마 자유롭게 살고 싶다는 욕구도 강했다.

결국 이런 기회가 아니면 언제 가족들과 오붓하게 지낼 수 있겠냐는 가족에 대한 사랑이 사표를 내게 만들었다. 김유정은 그렇게 시애틀에서의 일 년 반을 온전한 전업주부로 꿈결 같은 시간을 보냈다. 남편은 워싱턴주립대에서 석사학위를 받았다. 아침 일찍 학교 가는 남편을 위해 다섯 시에 일어나 식사를 챙겨 보내고 한숨 돌리고 나면 다시 큰애를 챙겨 학교에 보내고, 작은애랑 종일 놀아주고 장보고 살림하면서 풀타임 가정주부로 살았다.

김유정은 일 년 반의 미국 생활을 마치고 2004년 서울로 돌아왔다. 아이들과 남편 뒷바라지에 온전히 최선을 다했기 때문에 후회는 없었다. 그러나 돌아와서는 뭔가 일을 시작해야 한다는 초조함과 강박관념으로 불안감이 엄습해왔다. 청와대에 사표를 내고 시애틀로 떠날 때 이런 불안감이 찾아올 거라고 예상은 했지만, 막상 닥치고 보니 불면증에 시달릴 정도로 마음고생이 심했다.

김유정은 당으로의 복귀 시점을 고민하고 있었다. 짧지 않은 경력이었지만 당으로 복귀할 때는 무언가 더 성장한 모습을 갖춰야겠다는 생각에 성균관대 국정관리대학원 박사과정에 진학했다. 청와대 공직 경험을 살릴 수 있지 않을까 하는 마음에 특별전형으로 지원했지만, 결과는 낙방이었다. 아마도 특별전형은 현직 위주의 선발이 원칙이었으리라. 그런데 뜻밖의 행운이 찾아왔다. 주임교수가 전화를 걸어왔다.

"교수님들이 모두 아까워하신다. 한 달쯤 후에 일반전형으로 다시 지원해줬으면 한다."

김유정은 주임교수의 배려 덕분에 한 달 후 일반전형에 합격해서 늦깎이 대학원생이 되었다. 일반전형 시험은 만만치 않았다. 면접부터 어찌나 까다롭게 보던지 이런 게 압박 면접인가 하는 생각이 들 정도였다. 김유정은 오기가 생겼다. 면접 말미에 교수들에게 "저 뽑아주시면 후회는 안 하실 겁니다. 다시 뵐 수 있을지 모르겠지만 감사합니다."라며 배짱을 부렸다. 이런 오기가 깐깐했던 교수들의 마음을 움직였는지 '합격 통지'를 받게 되었다.

박사과정을 따라가는 것도 엄청난 고생이 뒤따랐다. 태어나서 공부가 어렵다는 걸 처음 느꼈을 정도였다. 애들 챙겨가며 밤잠을 안 자고 원서를 읽고 발표 준비까지 결코 간단하지 않았다. 그러나 행정학 박사과정을 거쳤던 것은 정말 잘한 일이었다.

다양한 정책을 만들고 기존의 정책을 고치고 다듬는 과정이 바로 정책학이다. 국민이 원하고 바라는 바가 무엇인지를 제대로 알고, 현재 처한 상황을 발전시키기 위한 대안을 마련하는 일이 정치인의 책임이고, 의무라고 할 때 행정학 박사과정은 무척이나 귀한 시간이었다.

18대 국회, 민주당 모든 대변인을 섭렵하다.[7]

김유정은 2008년 제18대 국회의원 선거에서 통합민주당 비례대표 국회의원 15번으로 입후보하여 당선되었다. 민주당의 최연소 막내 국회의원이었다. 그러다보니 당에서 궂은일을 도맡았고, 몸으로 입으로 당을 대변하는 일에도 적극 나서게 되었다. 그중 하나의 직함이 대변인이었다.

18대 국회의원이 되어 대중 앞에서 처음으로 마이크를 잡게 된 것은 2008년 7월 6일 통합민주당 전당대회였다. 김유정은 정봉주 의원과 함께 전당대회 본행사 사회를 보게 되었다. 그날 당 대표로 선출된 정세균 의원이 다음날 전화를 걸어 "사회 보는 걸 보니 대변인 시키면 잘할 것 같다."며 김유정에게 생애 첫 대변인을 제안했다.

김유정은 청와대 행정관으로 일하면서도 당으로 돌아가서 꼭 한번 대변인을 해보고 싶다는 소망을 갖고 있었다. 18대 국회 임기 중에 기회가 된다면 대변인을 한번 해보고 싶다는 생각도 가졌다. 그런데 그 대변인이 이렇게 빨리 급작스럽게 찾아올 줄은 몰랐기 때문에 정세균 대표의 제안이 기쁘면서도 당황스러웠다. 당시 민주계 좌장이었던 박상천 전 대표를 비롯해 몇몇 선배 의원들과 상의한 뒤 조심스럽게 첫 대변인을 수락했다.

김유정은 그렇게 2008년 7월 9일 당대변인으로 임명되어 13개월 하고도 일주일이나 더 통합민주당 대변인 직함을 달고 살았다. 정말 눈코 뜰 새 없다는 말을 대변인을 하면서 절절히 체감했다. 기자들과의 전화통화로 하루를 시작하고 마감하는 날들이 계속되었다.

당시 함께 대변인을 맡았던 최재성 의원, 그리고 노영민 의원과는 짝수 날과 홀수 날로 역할을 나눠 브리핑을 맡았다. 김유정은 짝수 날 당번이었는데 짝수 날마다 어찌나 많은 일들이 터지는지, 기자들은 우스갯소리로 '사건 사고 전담 대변인'이라고 불렀다. 대변인에 임명되고 이틀 뒤 금강산에서 발생한 故 박왕자 씨 피살사건을 필두로 노무현 대통령 서거 성명까지 너무 엄청난 일들이 이어졌다.

특히 2008년과 2009년은 18대 국회 임기 초반이자 이명박 정권 초기여서 정부 여당이 국민의 뜻과 무관하게 밀어붙이는 현안들이 너무 많았다. 정부 여당이 2008년 정기국회 중점처리법안 131개를 선정하여 이명박 정부의 정책의제를 밀어붙이겠다고 공언했다.

김유정은 18대 국회에서 '스타의원'으로 언론과 방송의 주목을 받았다.

참여연대 의정감시센터는 131개 법안 중 '해도 해도 너무한 악법'으로 부자와 특권층에게만 혜택을 주는 법안 4개, 의료, 일자리 등 국가가 담당해야 할 최소한의 공공성마저 포기한 법안 8개, 소통거부, 민주주의 역행 법안 10개 등 22개 법안을 MB악법 베스트 22선으로 선정했다.[8]

김유정은 수적 열세에 있는 민주당 대변인을 맡아 각종 MB악법을 저지하기 위한 법안투쟁과 여야 간 대치 상황을 언론에 알리며 투쟁의 최전선에 서 있었다. 특히 2008년 12월 26일부터 2009년 1월 6일까지 12일간 본회의장 점거 투쟁은 민주당 의원들이 MB악법 직권상정을 온몸으로 막아낸 법안투쟁으로 기록되었다.

당시 87명 민주당 의원들은 본회의장에 몰래 들어가 어떻게든 MB악법 직권상정을 막아야 한다는 전략을 세웠다. 2008년 12월 25일 몇 명의 민주당 의원들로 선발대가 구성되어 본회의장에 몰래 투입되었다. 그리고 12일간 민주당 의원들은 본회의장을 지키며 동고동락했다.

당시 기자들은 "도대체 본회의장을 어떻게 점거했냐?"로 물었다. 그때 김유정 대변인은 "크리스마스를 맞아 산타가 주신 선물"이라고 재치 있는 논평을 내놨다. 민주당 의원들은 '본회의장의 점거'라는 극한 투쟁을 '산타의 선물'로 재치있게 논평한 김유정 대변인을 두고두고 칭찬했다.

김유정은 18대 국회에서 민주당의 모든 종류의 대변인을 섭렵했다. 당대변인을 시작으로 원내대변인, 지방선거 및 총선 선대위 대변인, 심지어 대통령선거대책위원회 대변인까지 도맡았다. '국회의원 김유정'보다 '민주당 대변인 김유정'이 더 익숙했다.

김유정은 초등학교 시절 별명이 '떠벌이'였다. 말 그대로 하도 떠벌떠벌 말을 잘한다고 하여 3학년 담임선생이 지어 준 것이다. 정치인들은 말을 먹고 산다고들 하는 데 그때부터 대변인의 기질이 드러났던 것 같다.

대변인 김유정의 논평은 막힘이 없다. 그렇다고 아무 말이나 쏟아내지 않는다. 정확한 논평을 위해 때론 한 시간씩 머리를 쥐어짜고, 자신의 언어로 만들기 위해 수십번 씩 되뇌이고 생각했다. 알기 쉽고 귀에 쏙쏙 들어오는 논평을 위해 개그 프로도 많이 봤고, 때로는 유행어를 가져다 쓰기도 했다.

언론인과의 신뢰 관계는 대변인에게는 생명과 같았다. 김유정은 민주당 대변인을 하는 내내 기자들로부터 "김유정 대변인이 하는 얘기는 팩트다. 절대 오류가 없다"는 이야기를 들었다. 답변하기 곤란한 질문을 받을 때는 "딴 데서 확인해보라"고 말했다. 대충 넘기거나 거짓으로 답변하지 않았다. 김유정은 '대변인은 팩트 전달에 충실해야지 자신의 생각이나 주장을 우선하면 안 된다.'고 생각했다. 대변인이 아니라 본변인(본인을 대변하는 사람)이 되는 순간 언론으로부터 외면당하는 것은 시간문제였기 때문이다.

김유정은 18대 국회가 시작되면서 꼬박 1년 넘게 대변인실 당직자들과 민주당 출입기자들과 한몸처럼 살았다. 그들이 대변인을 사임할 때 준 '기념패'를 지금도 소중히 간직하고 있다. 김유정이 얼마나 치열하게 진심으로 대변인직을 수행했는지가 고스란히 담겨있기 때문이다.

"민주주의와 인권을 위해, 그리고 중산층과 서민의 벗이 되고자 혼신의 힘을 다했습니다. 촌철살인의 논평은 가시처럼 따끔했고, 감성 어린 호소는 국민의 심금을 울렸습니다. 이명박 한나라당 정권에 당당히 맞선 민주당의 여장부로 기억합니다. 여기에 작은 감사의 뜻을 모아 드립니다."

재개발 용산참사 진실규명으로 3연타를 치다.[9]

김유정은 18대 국회 전반기에는 당대변인직을 수행하느라 행정안전위원회 상임위 활동을 기대만큼 잘해 낼 수 있을까 걱정이 많았다. 2009년 1월 6일, 본회의장 농성을 해제하고 다시 일상으로 돌아왔다. 하지만 언제 또다시 MB악법 쓰나미가 밀려올지 모르는 상황이어서 만반의 대비를 해야만 했다.

그런데 얼마 지나지 않아 그해 1월 20일 당시 용산4구역 재개발지역 남일당 건물에서 철거민 5명과 특공대원 1명이 사망하는 참사가 발생했다. 이 지역은 2004년 1월부터 시작된 용산역세권 재개발지역 가운데 하나였다. 2007년 10월 삼성물산, 포스코 등 건설사가 용산 4구역 공사를 수주했다. 그해 11월부터 재개발지구 철거작업이 시작되면서 상가 세입자들과 용역 간의 대립이 지속되었다. 급기야 2009년 1월 19일 새벽 철거 세입자 32명이 남일당 건물에 진입하여 건물 옥상에 망루를 설치하고 농성에 들어갔다.

경찰은 20일 오전 7시경 남일당 망루에 경찰특공대를 전격 투입해 진압에 나섰다. 당일 경찰의 철거민 농성 진입과정에서 화재가 발생해 6명이 사망하고 24명이 부상을 당하는 안타까운 참사가 발생했다. 국회는 1월 21일 행정안전위원회에서 긴급 현안보고를 받기로 되어 있었다.

김유정은 1월 20일 용산 참사소식을 접하고 국회 행정안전위원회 위원들과 함께 현장을 찾았다. 엄동설한에 벌어진 그 참혹한 상황을 지켜보는 데 눈물이 솟구쳤다. 특히 아프리카TV를 통해 생중계된 경찰의 과잉진압 동영상을 보는데 어느새 슬픔이 분노로 바뀌고 있었다.

김유정은 1월 21일 국회 행안위 긴급 현안보고에서 '용산철거민 진압계획'이라는 경찰의 문건을 공개했다. 동시에 당시 경찰청장 내정자였던 김석기 서울청장으로부터 직접 그 문건에 서명을 했고, 경찰특공대 투입을 승인했다는 답변을 끌어냈다. 용산참사가 있었던 바로 다음 날 행안위 긴급 현안보고가 잡히는 바람에 자료 요구도 매우 급하게 이루어졌다. 긴급한 자료 요구에 경찰청으로부터 받을 수 있는 자료도 매우 제한적이었다. 그럼에도 21일 새벽까지 끈질기게 요구해 결국 '용산철거민 진압계획'이라는 결정적인 문건을 받아낼 수 있었다. 김유정은 문건 확보를 의원실 보좌진들의 공으로 돌렸다.

그 후 경찰이 용역과 함께 진압작전을 수행했다는 의혹이 제기됐고 경찰은 지속적으로 이를 부인했다. 그러나 경찰은 김유정의 끈질긴 추적을 피할 수 없었다. 김유정은 1월 23일 다시 경찰과 용역업체가 당시 합동진압작전을 벌였다는 경찰의 무전 녹취록을 입수해 공개했다. 경찰의 거짓 해명이 만천하에 드러났다. 김유정은 용산철거민 진압계획 문건 폭로에 이어 용산참사의 진실을 밝혀내는 데 2연타를 날렸다.

김유정은 그로부터 한 달이 채 지나지 않아 용산참사 진실을 알리는 3연타를 쳤다. 2월 11일 본회의 대정부질문에서 제보를 받아 "당시 청와대가 강호순 연쇄살인사건으로 용산참사를 덮으라는 취지로 여론을 호도하는 이메일 지시를 내렸다."고 폭로했다. 오랜 기간 민주당 대변인으로 일했던 김유정에게 '의혹제기'나 '제보에 의한 폭로'는 내키지 않는 일이었다. 명확한 증거나 확신이 없는 상태에서 그러한 폭로가 터무니없거나 근거 없는 것으로 드러날 경우 김유정 개인은 물론 민주당에도 치명적 상처가 될 수 있었기 때문이다.

대정부질문 직후 예상대로 한나라당과 청와대는 "소설이다. 터무니없다."며 격렬한 비난을 쏟아냈다. 그런데 소설을 쓴다면서 격하게 반발하던 청와대가 이틀 뒤에 이메일 지시를 시인하고 말았다. 물론 직원 개인 차원의 일이었다고 비겁한 변명을 덧붙이긴 했지만 말이다. 당시 국회출입기자였던 한 기자는 "세 번 연속 안타를 쳤으니 김유정 의원이 하는 말이면 앞으로 무조건 믿겠다."는 응원과 함께 신뢰를 보내주었다.

용산참사 이후 장례를 치르기까지 1년여 동안 대통령은 사과 한마디가 없었다. 적반하장도 유분수라더니 정부 여당은 철거민들을 도심

테러집단으로 몰고 갔다. 살기 위해 망루에 올랐던 철거민들에게 참사의 원인이 있다며 징역형이 선고되었다. 책임자 문책도 없었고 검찰 수사기록 3천여 쪽도 끝내 공개하지 않았다. 용산 참사가 발생한 지 15년이 지났지만 희생자와 유가족에게는 아직도 참사가 현재진행형이라는 현실 앞에 가슴이 무너져 내렸다.

어민들의 생존권을 보듬다.[10]

김유정은 18대 국회의원으로 다량의 입법을 하지 못한 게 후회되는 대목이다. 그러나 단 한 건이라도 억울한 국민의 마음을 어루만지는 입법을 할 수 있었다면 그것으로 국회의원의 역할을 다했다고 위안을 삼기로 했다.

김유정은 18대 국회 하반기를 교육과학기술위원회에서 활동했다. 그는 상임위 활동에서 [우주개발진흥법 개정안]을 통과시킨 것을 가장 잘한 일로 꼽았다. 대한민국이 우주 강국으로 거듭나기 위해 수천억 원을 쏟아부었지만, 그 대가로 어민들의 생존권은 처참하게 무너져갔다. 그 어민들의 생존권을 보호하기 위한 입법이 바로 [우주개발진흥법 개정안]이었다.

2010년 6월 9일, '나로호' 2차 발사가 실패로 끝났다. 국회 교육과학기술위원회는 6월 임시국회에서 천문학적 비용이 들어가는 나로호 발사 실패의 원인을 규명하는 일부터 3차 발사를 준비하는 과정까지 점검해야 할 과제가 쌓여있었다. 그러나 우주개발이라는 국가적 과제 뒤에 숨어있는 고흥 나로도 어민들의 한숨 소리는 들리지 않고 있었다.

어민들은 정부가 추진하는 국책사업에 조업도 포기하고 적극적으로 협조했지만, 돌아온 것은 생존권 위협이었다. 나로호 발사기간 동안 조업을 못 했을 뿐만 아니라 발사 당시 소음으로 인해 어족자원이 엄청난 피해를 입었다. 그런데 정부는 나로우주센터 건립과 1, 2차 발사를 전후로 중단된 조업피해에 대한 근거 규정이 없다는 이유로 어민들의 피해보상 요구를 묵살했다.

고흥군청과 나로도 어민들은 피해보상을 위해 백방으로 뛰어다녔다. 주무부처인 교육과학기술부와 항공우주연구원, 국민권익위원회 등에 지속적으로 민원을 제기했고, 일본의 사례도 연구하고 법률 자문을 구하기도 했지만 피해보상의 길은 열리지 못했다. 우주개발로 인한 어민 피해를 보상해야 한다는 법률이 없었기 때문이다.

정부는 물론 항공우주연구원, 심지어 국민권익위원회까지 외면했던 고흥군 나로도 어민의 생존권 보장을 위한 입법을 김유정이 해냈다. 김유정 의원은 2010년 12월 17일 [우주개발진흥법 일부개정 법률안]을 대표발의했다. 국가와 지방자치단체는 우주물체 발사로 인하여 피해를 입은 자에 대해 그 피해를 보상해야 하고, 2009년 8월 1일부터 발생한 피해에 대해서도 보상할 수 있도록 피해보상과 소급적용의 법적 근거를 마련하였다.

법률안이 국회 본회의를 통과하려면 지난한 과정을 거쳐야 한다. 어떤 법률안은 본회의 통과까지 수년이 걸리기도 하고, 임기만료로 자동 폐기되는 법률안도 부지기수이다. 그런데 [우주개발진흥법 개정안]은 2010년 12월 17일에 발의해서 2011년 4월 29일 국회 본회의를 통과했으니 그야말로 속전속결로 처리된 것이다. 수년에 걸친 고흥 나로도 어민들의 목마름이 5개월 만에 해갈되었다.

나로도 어민들의 피해보상법이 이렇게 빨리 통과된 것은 김유정의 읍소전략이 통했기 때문이다. 김유정은 교육과학기술위원회 법안소위에서 이 법률안을 논의하다가 유보되었다는 소식을 듣고 그 다음날 법안소위를 찾아가 의원들을 붙들고 어민들의 생존권을 지켜달라고 사정했다. 수년간의 정신적 물질적 피해를 감당할 수 없었던 어민들은 어업을 포기하고 고향을 떠난 분들도 많았다. 의원들에게 어민들의 이런 사정을 설명하면서 읍소를 하다보니 지성이면 감천이라고 법안소위 의원들이 모두 공감하고 나섰다.

김유정은 수년간에 걸친 민원을 해결했다는 것도 보람이었지만, 무엇보다 이제 어민들이 마음놓고 고기를 잡으러 나갈 수 있게 되었고, 고향에서 생업을 할 수 있게 되었다는 것이 가장 큰 기쁨이었다.

김유정의 정치멘토

김유정은 1991년부터 거의 30년 가까이 정치현장을 지켰다. 정치인 김유정의 마음 속에는 세 분의 정치 멘토가 자리하고 있다. 가장 먼저 故 김대중 대통령은 가장 오랜 기간 가장 가까이에서 정치인 김유정의 성장을 지켜봐 준 멘토였다. 1991년 당직자로서 당시 김대중 총재를 모시고 일했고, 50년 만의 수평적 정권교체가 이뤄진 뒤 국민의 정부 청와대에서 5년간 일할 수 있었던 것은 엄청난 행운이었다.[11]

김대중 대통령은 김유정에게 삶의 지표가 되는 말씀을 많이 남겼다. 김유정이 당직자 초년병 시절 김대중 총재는 "무슨 일이건 10년쯤은 한 우물을 파보고 결정하라."고 조언했다. 총재의 이 말씀은 미래에 대한 불안감과 현실에 대한 회의감이 밀려올 때마다 그를 버티게 해준 지지대였다.

"행동하는 양심이 되어야 한다. 행동하지 않는 양심은 악의 편이다. 좋은 정당에 투표해라. 정부가 잘못하고 민주주의가 무너질 때 담벼락에 대고 욕이라도 하라."

김대중 대통령은 이 말씀을 통해 국민의 기본권과 민주주의 회복을 위해 우리 모두 행동하는 양심이 되어 줄 것을 주문했다. 이 말씀은 김유정은 물론 민주당 정치인이라면 누구에게나 심금을 울리는 명언이 되어 가슴 속 깊이 자리하고 있다.

김수환 추기경이 선종하셨을 때 명동성당에서 김대중 대통령과 함께 조문했다. 그때 대통령께서 용산참사 당시 밝혀냈던 일들을 떠올리며 "김유정 의원 정말 잘했다. 훌륭하다."고 격려를 해주었다. 김유정은 김대중 총재 시절 그 말씀대로 한눈팔지 않고 묵묵히 버티고 일한 덕분에 18대 국회에 들어왔다. 국회의원으로서 작은 소임을 했을 뿐인데 대통령께 칭찬까지 들으니 가슴 뭉클한 감동이 밀려왔다.

두 번째 정치 멘토는 박지원 의원이다. 박지원 의원은 김유정에게 늘 "김유정 대변인"으로 호칭한다. 박지원 의원이 민주당 원내대표를 할 때 김유정은 당대변인을 했기 때문이다. 김유정은 박지원 의원으로부터 언론인과의 소통방법을 배웠다. 박지원 의원은 국민의 정부에서 문화관광부 장관과 대통령 비서실장을 지냈다. 정치인 박지원의 언론인 네트워크 규모는 전국 1위를 넘어 세계적인 수준이라고 해도 과언이 아니었다. 박지원 의원은 당시 청와대에 있으면서도 국무총리실 출입 기자들까지 챙겼다. 식사는 언제나 기자들과 함께한다는 철칙을 준수했다. 그리고 한 번이라도 만난 기자는 절대 잊어버리는 일이 없다. 기자들에게 질문을 받는 자리에서도 반드시 기자 이름을 불러준다. 호명은 곧 스쳐 지나가는 인연이 아니라, 끈끈한 연대와 함께 나에게 중요한 존재로 각인되어 있다는 것을 알리는 신호였다.

김유정은 민주당의 모든 종류의 대변인을 섭렵하면서 기자들과 탄탄한 네트워크를 유지할 수 있었다. 박지원 의원이 기자들의 이름을 기억하고 호명해준 것처럼 김유정도 기자들과의 친밀도 유지를 위해 무척이나 공을 들였다. 폭탄주는 한 잔도 못하면서도 김유정은 차 트렁크에 양주를 한 박스씩 싣고 다녔다. 기자들과의 술자리, 식사 자리는 항상 풍성했다. 대변인에게 주어지는 한도 100만 원짜리 법인카드로는 어림도 없었다. 김유정은 예나 지금이나 세비와 사비를 털어가며 기자들의 넉넉한 식사를 챙긴다.

세 번째 정치 멘토는 16대 국회의원을 지낸 김방림 의원이다. 19세 때부터 정당생활을 할 만큼 오랜 기간 김대중 총재 곁에서 동교동계로 정치를 해 온 김방림 의원은 2009년부터 한국여성정치연맹을 이끌고 있다. 현재는 대한민국 헌정회 여성위원장으로 활동 중이다. 직설적인 성격 탓에 김방림 의원에 대한 호불호가 갈리지만, 김유정에게는 여성 당직자가 귀하던 시절 여성 후배들을 대변하고 그들의 권리보장을 위해 싸워준 선배 정치인으로 각인되어 있다.

2000년대 초반까지도 여야 가릴 것 없이 정당에서 여성 당직자는 남성 정치인들의 뒷바라지나 궂은일을 도맡으면서도 늘상 한직에 머물렀다. 비례대표 공천에 여성할당제가 도입되면서 여성 당직자도 입후보 할 수 있었지만, 당선 가능성이 없는 후순위로 밀리기 일쑤였다. 실력과 능력에서 남성에게 밀리지 않는데도 항상 뒷전으로 밀려나 있는 여성 당직자 후배들을 위해 발 벗고 나서준 사람은 그리 많지 않았다.

그 시절 정당의 가부장적 문화에 가장 먼저 균열을 내기 시작한 정치인이 김방림 의원이었다. 지방선거에 입후보하는 여성 당직자의 선거사무실을 찾아가 후원금도 내주고 간식거리를 무한 제공하는 일도 김방림 의원의 몫이었다. 김유정은 자기 앞가림에 정신없는 정당에서 여성의 정치적 대표성 제고에 실천적으로 모범을 보여준 김방림 의원을 진정한 선배 정치인으로 기억하고 있다.

방송은 세상과 나를 이어주는 끈이다[12]

김유정은 19대 총선과 20대 총선에서 연달아 경선에서 패배했다. 본선에서 패했으면 억울함이라도 없을진대, 조직과 자금, 정치문화 등 어느 것 하나 여성에게 유리할 게 없는 정치환경에서 남성 정치인과 경선을 치르는 것은 사지(死地)로 가는 지름길이었다.

대변인 김유정이 민주당 공천을 받아 본선에 출마했다면 인지도나 실력, 유권자와의 친화력 등에서 밀릴 이유가 없었다. 그런데 당내 공천에서는 열심히 일해서 성과를 냈다고 해서 본선 티켓이 주어지는 것은 아니라는 것을 뼈저리게 느꼈다. 공천을 따내기 위한 플러스 알파가 김유정에게는 노력으로 얻어질 수 있는 게 아니었다.

김유정은 민주당 당직자, 청와대 행정관, 18대 국회의원으로 동교동계 막내였다. 공천에는 이 계보의 힘이 성패를 좌우한다는 걸 뒤늦게 알게 되었다. 남의 일에는 발 벗고 나서면서 자신의 일은 못 챙기는 쑥맥이 바로 김유정이었다.

김유정은 18대 국회 임기를 마친 뒤 지상파 종편 등에서 방송인으로 활약하고 있다. 낙선이든 불출마든 퇴역한 정치인들이 정치평론가로 활동하는 경우가 종종 있다. 대부분 일회성 패널이거나 초대손님에 그치는 반면 김유정은 10년 넘게 고정패널로 활동하고 있다.

김유정은 2016년 5월 23일 〈티브이조선〉에서 남녀 정치인을 간판 앵커로 내세운 정치·시사토크쇼 '이것이 정치다'를 6개월간 진행했다. 방송진행자로 데뷔를 한 것이다. 김유정 곁에는 18대 국회 교육과학기술위원회에서 치열하게 맞붙었던 정두언 전 새누리당 의원이 함께했다.

김유정은 18대 국회에서 미디어법이 날치기 처리되었을 때 당시 민주당 대변인으로 "언론자유와 민주주의를 말살하는 언론악법 날치기 처리는 원천 무효"라고 앞장서서 외쳤다. 미디어법은 사실상 종편 탄생의 배경이었다. 김유정은 이런 이유로 〈티브이조선〉에서 진행자 제안이 왔을 때 황당한 생각이 먼저 들었다. 게다가 2012년 대선과 2016년 총선에서 노골적인 편파방송으로 '악명'이 높았던 종편의 제안인지라 거부감마저 들었다.

| 김유정은 2016년 티브이조선에서 남녀 정치인을 간판 앵커로 내세운 시사토크쇼를 6개월간 진행했다.

그럼에도 김유정은 "중립적인 입장을 취하되 할 말은 하겠다"는 다짐과 함께 생방송 진행을 이어갔다. 김유정은 당시 〈티브이조선〉에서 방송진행방식을 두고 간섭이나 특별한 요구를 한 적이 없었고, 진행자의 의지대로 하고 싶은 말을 다 했다고 술회했다. 그 결과 〈티브이조선〉 보도·비보도 프로그램 중 시청율 1위를 차지하는 인기를 누렸다.[13]

김유정이 '이것이 정치다' 진행자가 될 수 있었던 것은 대변인 시절 쌓았던 언론인들과의 탄탄한 네트워크가 가동되었기 때문이다. 김유정이 당과 원내 대변인을 할 때 민주당 출입기자였던 〈티브이조선〉 기자가 김유정을 추천했다는 것을 방송이 시작되고 나서 알게 되었다.

김유정에게 '이것이 정치다' 진행은 대중의 관심을 붙잡아 둘 수 있는 동아줄이었다. 2016년 광주 북구갑에서 예비후보로 출마했다가 공천에서 탈락했던 그는 2012년에 이어 연속해서 공천탈락을 경험한 터라 패배의식과 우울감이 몹시 컸다. 정치인은 언론과 대중의 관심으로 살아가는 데 공천 2연패로 인해 정치인의 생명이 끝날 수 있겠다는 두려움이 밀려오던 터였다. 그때 〈티브이조선〉이 제안한 방송진행자는 그를 세상과 이어주는 소통창구였다. 주 5일 방송 출연은 사실상 정치인 김유정을 대중에게 각인시키는 좋은 기회였다.

김유정은 2022년 KBC 광주방송에서 다시 한번 방송 진행자로 나섰다. '휴먼토크 호남, 호남인'은 출향민들의 성공스토리를 다루는 프로그램이었다. '이것이 정치다'처럼 시사 정치 토크쇼가 아니라는 점에서 마음이 편했다. 게다가 성공한 호남인들의 따뜻한 이야기를 다루는 휴먼 토크쇼를 진행하면서 김유정은 자신도 성공한 호남인이라는 자부심을 가질 수 있었다.

김유정은 19대 20대 총선에서 낙천된 뒤 거의 10여 년을 여의도를 떠나 방송인으로 살았다. 김유정은 지난 10년간 민주당 대변인을 하고 있을 때만큼이나 바쁘게 살았다. 매일 아침 신문과 방송 뉴스를 섭렵하고, 그가 출연하는 방송 프로그램에서 평론할 내용을 다듬는 일은 대변인 시절의 업무와 너무도 닮아있었다.

김유정에게 방송은 "나 아직 살아있다"며 생존을 알리는 비상구였다. 그리고 이제 방송이 만들어준 대중과의 소중한 인연을 다시 여의도로 옮길 기회를 잡을 준비를 하고 있다.

| 집필: 황훈영 |

| 미주 |

1) 김유정, 『유정(裕貞) - 대변인 김유정의 솔직 담백한 에세이』 2011.10.31., 한걸음더, p.142
2) 김유정, 『유정(裕貞) - 대변인 김유정의 솔직 담백한 에세이』 2011.10.31., 한걸음더, p.118
3) 김유정, 『유정(裕貞) - 대변인 김유정의 솔직 담백한 에세이』 2011.10.31., 한걸음더, pp.119~120
4) 김유정, 『유정(裕貞) - 대변인 김유정의 솔직 담백한 에세이』 2011.10.31., 한걸음더, p.71
5) 김유정, 『유정(裕貞) - 대변인 김유정의 솔직 담백한 에세이』 2011.10.31., 한걸음더, pp.79~80
6) 김유정, 『유정(裕貞) - 대변인 김유정의 솔직 담백한 에세이』 2011.10.31., 한걸음더, pp.161~172
7) 김유정, 『유정(裕貞) - 대변인 김유정의 솔직 담백한 에세이』 2011.10.31., 한걸음더, pp.16~22
8) 참여연대 의정감시센터 홈페이지(www.peoplepower21.org), 2008.11.20.
9) 김유정, 『유정(裕貞) - 대변인 김유정의 솔직 담백한 에세이』 2011.10.31., 한걸음더, p.23, "용산참사"
10) 김유정, 『유정(裕貞) - 대변인 김유정의 솔직 담백한 에세이』 2011.10.31., 한걸음더, p.46, "고흥 나로도 어민들"
11) 김유정, 『유정(裕貞) - 대변인 김유정의 솔직 담백한 에세이』 2011.10.31., 한걸음더, p.13, "김대중 대통령"
12) '김유정 인터뷰', 2024.10.25
13) <한겨레>, 2016.09.15., "낙선 정치인의 놀이터 '종편'", (www.hani.co.kr)

제18, 19대 국회의원
김을동 金乙東

독립군 할아버지의 애국심을 본받아 의정활동에 매진한 국회의원

> 1945 서울 출생
> 1957 재동초등학교 졸업
> 1963 풍문여자고등학교 졸업
> 1963 중앙대학교 정치외교학과 (중퇴)
> 1967 동아방송 성우 공채 입사
> 1971 TBC 동양방송 성우
> 1980 한국방송공사 탤런트, 한국방송공사극회 부회장
> 1995 서울시의회 의원, 독립유공자협회 이사
> 1997 우석대학교 겸임교수, 한양여성팔각회 회장
> 2003 백야 김좌진 장군 기념사업회 회장
> 2008 제18대 국회의원
> 2008 국회 문화체육관광방송통신위원회 위원
> 2008 국회 독도영토수호대책특별위원회 위원
> 2012 제19대 국회의원

김두한의 딸로 태어나
파란만장한 가정환경에서 성장, 배우로 데뷔

김을동은 1945년 10월 10일 어머니 이재희와 아버지 김두한(金斗漢) 사이에 외동딸로 서울 종로구 삼청동에서 태어났다. 그의 아버지는 유명한 김두한 제3대 국회의원이었다. 김두한 전 의원은 가족을 돌보기는커녕 평생 집에 생활비를 한 번도 주지 않았다고 한다. 어머니가 삯바느질로 고생해가며 김을동을 키웠다. 그래서 그는 아버지에 대한 좋은 기억이 없다. 어릴 적부터 아버지에 대한 원망이 많았다. 그런데 나이가 들어서는 그런 아버지를 이해할 수 있었다. 독립운동을 하느라 가정을 챙기지 못한 할아버지로 인해 방치된 채 불우한 유년기를 보내고도, 기어코 국회의원이 되어 애국·애족의 길을 걸었던 아버지를 알게 되었기 때문이다. 이후 할아버지와 아버지는 그의 정치 활동의 근본인 '애국심의 원천'이 되었다.

김을동은 어려서부터 연극 세계에 빠져 풍문여고 재학시절 연극

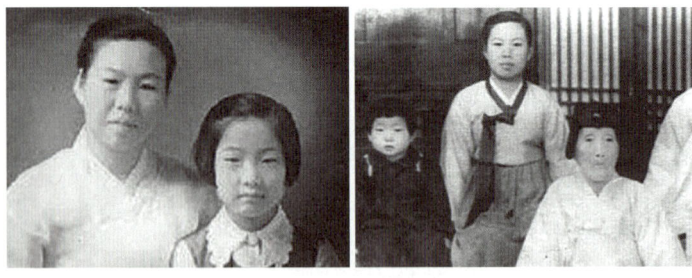

좌 어머니와 김을동 우 (왼쪽부터) 김을동, 어머니, 증조할머니(김좌진 장군의 모친 이소사씨), 할머니(김좌진 장군의 부인 오숙근씨)

반에 들어가 활동했다. 1962년에는 한국연극연구소(드라마센터)가 주최한 제1회 남녀중고교연극경연대회에서 연구소 이사장상을 탔다.[1] 고등학교 졸업 후 뮤지컬 배우로도 데뷔했다. 고등학교 졸업 후 중앙대학교 정치외교학과에 입학했으나, 학비를 대기 어려운 환경이어서 중퇴했다. 1965년에는 한국연극협회가 주최하는 제1회 하계연극시리즈에서 청포도극회가 공연한 〈위대한 곡예사〉에 출연했다.[2]

1967년에는 동아방송 공채 성우로 입사하였다. 이 해 동아방송 전속 성우로 구성된 동우극회에서 공연한 〈용감한 사형수〉에 출연했다.[3] 1971년에는 동양방송 공채 성우로 이적했다. 이후부터 방송계 활동을 본격적으로 시작하여 40여 년간 각종 연극과 드라마에 출연했다. TV드라마에 출연하면서 김을동은 탤런트들의 연기지도 명강사로도 이름을 날렸다. 스타급 탤런트들도 은밀하게 연기 레슨을 받았다고 한다. 딸(송송이)과 아들(송일국)도 각각 SBS, MBC 탤런트로 데뷔했다. 특히 아들 송일국은 세쌍둥이 아들과 함께 출연한 TV프로그램 〈해피선데이 아빠가 돌아왔다〉로 국민적인 사랑을 받았다.

좌 고등학교 졸업식에서 부모님과 함께.[4] 우 손주 대한, 민국, 만세와 함께.

우연한 기회에 정치에 입문, 17년 만에 18대 국회에 진출

김을동이 배우 생활을 하면서 정치에 뛰어든 것은 우연한 만남이 계기가 되었다. 1991년 어느 날, 지인의 장례식에서 정치계 인사를 소개받았다. 이때는 30년 만에 지방선거가 실시되어 정치권에 새바람이 불고 있던 시기였다. 그분이 "할아버지와 김두한 의원의 뒤를 잇는 것은 어떠냐"고 하면서 시의원 출마를 권유했다. 이때 이분의 소개로 만난 사람이 꼬마민주당의 이기택 대표와 이부영 의원이었다. 꼬마민주당에서 '동대문구 갑'을 배정받아 시의원으로 출마했다. 그러나 뚜껑을 열어보니 197표 차이로 낙선이었다.[5] 김을동은 신문과의 인터뷰에서 "할아버지 김좌진, 아버지 김두한의 손녀와 딸이라는 사실이 자랑스러운 만큼 부담스러웠다."고 하면서, 정치에 참여, 자존의 길을 찾고 싶었다고 밝혔다.[6] 그는 "광역의회 선거에 당선되더라도 연기 생활은 계속하겠으며, 할아버지 아버지에게 부끄럽지 않은 딸이 되겠다."고도 했다.[7]

첫 선거에 실패한 후, 그는 이른바 민주세력의 통합 바람이 불면서 창당된 통합민주당에 입당하였다. 1995년 6월, '제1회 전국동시지방선거'에서 동대문구 B지구에서 60%가 넘는 최다득표율로 서울시의회 의원으로 당선되었다. 김을동이 서울시 의원이 된 후, 통합민주당의 세력 판도에 변화가 있었다. 1995년 9월 김대중이 통합민주당으로 복귀하였고, 이후 다시 김대중 세력이 새정치국민회의를 만들어 분당해 나갔다. 이때 많은 당원들이 탈당했으나 김을동은 명분이 없다고 생각해 그대로 통합민주당에 있었다.

이러던 차에 문중 어르신이 찾아와 종로구에서 국회의원에 한번

도전해보라고 권유하면서 자민련 총재 김종필을 소개해 주었다. 그의 소개로 김을동은 자민련에 입당하여 1996년 제15대 총선에서 처음으로 국회의원에 도전하게 되었다. 김을동은 시의회에 사표를 내고 대한민국 '정치1번지' 종로구에 발을 딛게 되었다. 이때 경쟁한 후보는 이명박, 이종찬, 노무현 등이었다. 결과는 4등으로 낙선이었다.[8]

이후 16대(2000), 17대(2004)에 경기도 성남시 수정구에서 출마했으나 연거푸 낙선했다. 2004년 제17대 국회의원 선거에서는 자민련을 탈당하고, 한나라당으로 출마했다. 김을동은 대학 선배인 서청원 당시 대표 등 여러 사람들의 권유로 한나라당에 입당했다. 한나라당 박근혜 대표 시절에는 여성위원장에 당선되기도 했다.[9]

2008년 제18대 국회의원 선거에서는 한나라당이 공천 파동을 겪었고, 일부 당원들이 탈당하여 '친박연대'라는 정당을 결성했다. 그는 친박연대의 당무위원으로 입당하여 비례대표 5번으로 전국 곳곳으로 지원유세를 다녔다. 이때 친박연대가 의외로 많은 표를 얻어 8번까지 당선되었다. 김을동은 '아버지에 이어 딸이 당선된 부녀 국회의원'으로 기록되었다. 이때 나이가 63세였다. 정계 입문 17년 만에 국회에 진출하게 된 것이다. 그는 2008년을 끝으로 배우 활동은 사실상 중단했다. 다음과 같이 술회했다.[10]

지금 생각하면 나이 60을 넘어 국회의원이 된 것이 참 다행스럽고 적절한 시기라 생각된다. 만약 더 젊은 나이에 이 자리에 올랐다면 지나친 욕심을 부렸을지도 모른다.…다행히 나는 할아버지 추모사업도 웬만큼 다 마무리 해놓았고, 자식들도 장성하여 근심 걱정이 없다.… 의연한 기다림과 세월이 주는 약인 모양이다.… 다행히 보람되게 생을 마무리할 방법을 찾아 (인생) 후반부에 국회의원이 되었고, 아무 사리사욕 없이 국가와 사회, 공익을 위해 일할 수 있게 된데 더 없이 감사할 따름이다.

이후 친박연대가 한나라당에 통합되면서 한나라당에 복당하였고, 당명을 바꾼 새누리당에서 최고위원을 지내기도 했다.

김을동은 이때까지의 정치 여정을 '우연과 순리의 징검다리'를 건넌 것으로 생각했다. 자신은 계파가 없는 정치인이었고, 계파를 가지기 위해 노력한 적도 없다고 얘기했다. 계파는 자신들의 이익을 위해 줄을 세우고 국민이 선택한 사람일지라도 부당하게 내칠 수 있는 비열한 이익집단이라고 생각했다. 그에게 정당은 큰 의미가 없고 오히려 계파에 맞서는 것이 '김을동의 정치하는 목적'이라고 말했다.[11] 오로지 '나라사랑'의 정신으로 국가와 민족을 정책을 펴고자 했다.

'민족정기 바로 세우는 일'과
'전통문화예술 진흥'에 역점을 두는 의정활동

제18대 국회(2008.5.30.~2012.5.29.)에 진출하면서 김을동은 그의 상반기 의정보고서에서 다음과 같이 술회했다.[12]

순간순간 나라의 독립을 위해 풍찬노숙하시던 할아버지의 소신과 뚝심의 의정활동을 펼쳤던 아버지가 떠올랐습니다. 불의와 타협하지 않고 내 자신의 이익보다는 공공의 이익을 위해 떳떳하고 당당하게 의정활동을 하겠노라고 다짐한 순간, 흔들리지 않는 내 자신을 보게 되었습니다.

이러한 입장에서 '민족정기를 바로 세우는 일', '전통문화예술 진흥을 위한 국민의 관심을 끌어내는 일'에 역점을 두는 의정활동을 전개했다. 세부적으로는 국공립 예술단체 발굴 지원을 위한 법적 근거를 마련하고, 국가유공자 처우와 관련 법 개정 등 호국보훈과 관련된 의정활동에 전력을 다했다.[13] 제18대 국회에서 김을동 의원은 문화체육관광방송통신위원회에서 상임위원회 활동을 했고, 그 밖에 규제개혁특별위원회, 독도영토수호대책특별위원회, 대법원장(양승태)임명 동의에 관한 인사청문특별위원회 등에서도 활동했다.

제18대 국회에서 김을동 의원은 총 42개 법안의 입법 활동에 참여했다. 이중 대표 발의하여 가결된 법률 3개, 대안반영 폐기된 법률이 4개였으며, 나머지 35개 법률은 임기만료 폐기되었다.

이러한 입법 활동을 자세히 살펴보면 (1) 문화예술진흥, (2) 친일척결 및 독립유공자 예우 등 국가 정체성 확립, (3) 정보통신, (4) 가정폭력 방지 및 결혼중개업 개선 등 여성복지까지, 총 4개 분야에 집중되었다.

김을동 의원이 대표로 제안하여 가결된 대표적인 법률로는 [문화예술교육지원법 일부개정 법률안], [친일반민족행위자 재산의 국가귀속에 관한 특별법 일부개정 법률안], [박물관 및 미술관 진흥법 일부개

좌 2009년부터 준비한 독립유공자 관련 법안 기사, <동아일보>, 2009.11.21 우 국회 사회, 교육, 문화 분야 대정부 질문하는 김을동 의원(2009.4.10.)

정 법률안] 등이었다. 대안반영 폐기된 법률 가운데 독립유공자예우에 관한 법률 일부개정 법률안은 김을동 의원의 '나라사랑' 정신이 반영된 법률안이었다.

2009년 4월 10일, 교육·사회·문화 부문 대정부질문에서 김을동 의원은 국무총리에게 다음과 같은 이슈에 대해 질의했다. 당시 정치계 이슈였던 '태광실업 박연차 회장 사건'과 함께 '국가보훈처의 낮은 위상과 보훈가족에 대한 낮은 대우', '국사과목의 중요성', '현정부의 역사인식', '문화재의 지정원칙과 범위 용어', '옛 서울시청의 존치문제', '대중문화 전담부서 설치문제' 등에 대해 질의했다. 그는 "국가기강을 바로 세우고, 나라의 역사를 바로 알며, 정신을 올곧게 세우는 것, 이것이야말로 대한민국이 추구해 나가야 할 사명"이라며 질문을 끝냈다.[14] 이러한 김을동의 첫 번째 대정부질문은 그의 18대 의정활동의 핵심주제였다.

김을동 의원은 문화체육관광위원회 위원으로 활동하면서 문화체육관광부, 문화재청, 방송통신위원회 등에서 국정감사에 참여했다. 그는 "국익의 차원에서 대중문화의 건강한 선순환 구조를 위해" 대중문화를 총괄하는 문화체육관광부 직제에 대중문화과 신설을 촉구하였다.[15] "외국인 관광객 1000만 시대에 대비하기 위해서 내국인 국내 관광 활성화가 필요하다."라고 주장하고, '국민 국내 관광 진흥→국민 해외여행 국내 전환→외래 관광객 유치 증진'의 선순환적 구조를 만들어야 한다고 제안했다. 동시에 중장기 정책 방향 수립을 주장했다.[16]

또한 세계적으로 자랑할만한 우리 문화나 브랜드로 내세울 수 있는 대표성을 지닌 유무형 상징물을 널리 알리기 위해 국민공모사업을 실시해야 한다고 지적했다.[17] 결론적으로 문화예술을 향유할 수 있는 시설이나 공간을 마련함으로써 국민에게 만족감, 행복감을 제공할 수 있도록 촉구했다.[18]

2009년 국정감사에서 정부 차원에서 전향적으로 '대중문화과' 신설문제 검토를 다시 요청했다.

> 문화예술인 권익보호를 비롯한 연예전반의 '선진시스템'이 구축되기 위해서 법 제정만으로 한계가 있습니다. 특히 연예계의 속성상 이면계약 등 사실상 편법이 조장될 가능성이 많은 산업분야이기 때문에 관련법의 제정뿐만 아니라 주무부처인 문화부의 적극적인 관리 감독과 함께 지속적인 지원과 진흥정책이 필요할 것입니다. 대중문화과의 설치는 상징적인 의미와 대표성이 있기 때문입니다.[19]

이에 대해 문화체육관광부 장관(유인촌)은 대중문화 진흥을 담당하는 전담부서로 문화부 영상콘텐츠산업과가 있고, 콘텐츠진흥원에 대중문화팀을 발족시켜서 지금 활동하고 있으며, 또 대중문화예술인지원센터를 구축했다고 답변했다.

김을동 의원은 제18대 국회에서 몽골 울란바토로에서 열린 제6차 아시아여성의원 및 장관회의(2008.9.22~9.26)에 참석했다. 그리고 의원친선협회 활동으로는 한·코스타리카 의원친선협회의 이사로 참여했다.

그리고, 제18대 국회에서 연구회 활동으로는 선거제도개혁방안연구회, 국회디지털 포럼, 언론발전연구회 등에서 활동했다.[20]

2011년에는 '여성국극[21]의 발전과 활성화를 위한 정책토론회'를 개최했으며, 『망이용권 보장을 위한 합리적인 네트워크정책 제언』과 『DB산업 육성을 위한 법제도 개선방안』에 대한 정책 자료를 펴냈다.

'나라사랑' 의정활동

김을동 의원은 의정활동에서 나라사랑 활동을 그 누구보다 열심히 실천했다. 독립기념관의 이사로 활동하면서 독립기념관법 일부 개정 법률안(정부안 2008년 6월 25일 국회 제출)에 의견을 냈으며, 독도아카데미(2008.10.17.)를 지지, 지원하고, '한국독립군 중국동북지역대첩 기념식'(2009.10.23.) 등 다양한 독립운동 관련 행사등을 지원했다.

김을동 의원은 이미 1999년에 '백야김좌진장군기념사업회'를 발족하여 다양한 사업을 전개해 오던 중 2008년 6월에도 회장으로서 호국보훈대상 시상식에 참석하여 수상자들을 축하하고 보훈 문화 발전의

백야김좌진장군기념사업회는 조선족 실험소학교를 방문하여 매년 장학금을 전달했다.
『국회의원 김을동 18대 상반기 의정활동보고서 2008~2009』, 2013, 813쪽.

중요성을 강조했다. 7월에는 '제7회 대학생 청산리 역사 대장정 출정식'을 갖고 조선족 실험소학교에 장학금을 전달했다. 2001년부터 2009년까지 매년 여름방학에 청산리 역사대장정을 진행했다. 또한 항일 역사교육의 산실로 한중우의공원을 설립했다.

제19대 총선에서 지역구 의원으로 당선

제19대 국회(2012.5.30.~2016.5.29.)에서 김을동은 송파(병) 지역구 의원에 당선되어 재선의원이 되었다. 송파병 지역구는 20년 넘게 새누리당 계열에서 한 번도 당선된 적이 없는 지역이었다. 공천이 확정 발표된 날이 아들 송일국의 삼둥이가 태어난 날이기도 했다. 세 명의 손자를 보고 '대한민국 만세'라고 외쳤다. 그래서 이름도 대한, 민국, 만세라고 지었다. 아들 송일국 배우의 선거지원이 큰 힘이 되었다. 당시 새누리당 지역구 여성의원으로 부산의 김희정 의원과 김을동 의원이 당선되었다. 부산의 김희정 의원이 부산 출신이었던 데 비해 김을동 의원은 전혀 연고가 없는 곳에서 이룬 당선으로 더욱 값진 것이었다. 이렇게 지역구 여성의원이라는 위상은 김을동 의원이 당 최고위원이 되는 데 크게 도움이 되었다.[22]

제19대에서 김을동 의원은 제18대와 마찬가지로 문화체육관광방송통신위원회에서 활동했다. 이외에 국회 운영위원회와 정무위원회에서도 활동을 했다. 2012년 문화체육관광방송통신위원회 활동을 통해서 휴대폰 요금 인하 추진, 음성 잔여 통화량 이월 촉구 등 국민이 체감할 수 있는 생활밀착형 의정활동, 해외 약탈문화재 환수 촉구, 한글 파괴 실태 지적 등 국가를 위한 의정활동과 사교육 시장 억제를 위한 EBS 교육정책으로 민생을 챙기는 의정활동을 펼쳤다. 19대 국회에서 김을동 의원은 새누리당 중앙여성위원장으로 여성의 인권신장, 성폭력 방지대책, 여성의 정치참여 확대 방안 등 여성 정책 추진에 앞장섰다. 2014년에는 새누리당 제3차 전당대회에서 최고위원에 선출되었다.

김을동 의원이 제19대 의회에서 발의하여 통과된 법률은 [국가유공자 등 예우 및 지원에 관한 법률 일부개정 법률안], [공공데이터의 제공 및 이용 활성화에 관한 법률안], [일제강점하 반민족행위 진상규명에 관한 특별법 일부개정 법률안] 등이었다.

19대 국회가 개원되자 우선 [일제강점하 반민족행위 진상규명에 관한 특별법 일부개정 법률안]을 제안했다. 제안이유는 현행법은 '한일합병의 공으로 작위를 받거나 이를 계승한 행위'를 친일반민족행위로 규정하고, 위원회는 친일반민족행위 조사대상자를 선정한 후 조사하여 그 내용을 공개하도록 하고 있었다. 그러나 작위의 전제조건인 '한일합병의 공'의 범위가 명확하지 않고 추상적이어서 이로 인한 해석상 논란의 여지가 많으며, 일제로부터 작위를 받았음에도 한일합병의 공으로 받았는지 여부를 입증할 방법이 없어 이에 대한 개선 및 보완이 필요하다는 지적이 제기되고 있어 작위의 전제조건이 되는 '한일합병의 공'을 삭제하여 현행제도의 문제점을 개선 및 보완하려는 것이었다. 이 일부개정 법률안은 2012년 9월 27일 제311회 제9차 국회 본회의에서 원안 가결되었다.[23]

또한 김을동 의원 등 10인은 2013년 6월 28일, [국가유공자 등 예우 및 지원에 관한 법률 일부개정 법률안]을 제안했다. 이 법을 제안한 이유는 "현행법에 따르면 국가유공자, 그 유족 또는 가족이 되려는 사람은 대통령령으로 정하는 바에 따라 국가보훈처장에게 등록을 신청하도록 되어 있으나 6·25전쟁 전사자가 국가유공자로 등록되지 못하고 있어 이를 제도적으로 개선"하는 것이다. 구체적으로 "보훈처장이 등록 신청 등의 절차를 거치지 아니하고 그 전사자를 국가유공자로 결정하도록 함으로써 국가를 위하여 희생한 분들을 예우하고 국민의 애국정신을 기르는 데 이바지하려는 것"이라고 했다.[24] 이 법률안은 2013년 12월 6일 제320회 국회(정기회) 제10차 전체 회의에 상정되었고 이후의 절차를 거쳐 2015년 1월 12일 제330회 국회(임시회)에서 원안 가결되었다.

문화체육관광방송통신위원회에서는 휴대폰 요금 인하를 추진하고, 음성 잔여 통화량 이월 촉구 등 국민이 체감할 수 있는 생활밀착형 의정활동을 전개했으며, 해외 약탈 문화재 환수를 촉구하거나 한글을 파괴하는 실태를 지적했다. 또한 사교육 시장 억제를 위한 EBS 교육정책을 지적하여 사교육비 절감에 앞장섰다.

국회 운영위원회 활동에서는 성범죄 보도에 따른 인권 피해를 지

| 좌 우수의정활동상 수상 (2012.11.12) 우 청소년 유해환경 근절 캠페인에 참석한 김을동 의원(2012)

적하고 보호자 동의 없는 '지적 장애인의 휴대전화 구매' 등 사회적 약자를 보호하는 의정활동을 전개했으며, 독도영토 수호, 한일군사협정 체결 반대 등 국가안보에 앞장서는 의정활동을 전개했다.[25]

제19대 국회에서 김을동 의원은 2012년에 국정감사 우수의원 3관왕이 되었다. 문방위 활동에 대해서 바른사회시민회의 〈우수의정활동상〉, 운영위원회 활동에 대해 NGO모니터단이 선정하는 〈국정감사 우수의원〉상을 2년 연속 수상했다. 또한 문방위 활동에 대해서는 한국문화예술유권자총연합회가 선정한 〈국정감사 우수위원〉 상 등을 수상했다. 2014년에는 3월 1일 〈대한민국 무궁화 헌정 대상〉을 수상했다. 이해 6월 25일에는 〈청렴한 여성정치인상〉을 수상하기도 했다.[26] 2015년에는 〈2015 대한민국의정대상〉, 〈2015 국회의원 아름다운 말 선플상〉, 〈새누리당 국정감사 우수의원상〉, 〈대한민국 창조경영대상 정치대상〉 등을 수상해 '2015 의정활동 종합 4관왕'을 달성했다.[27]

제19대 국회에서 김을동 의원은 한·쿠에이트 의원친선협의회 회장으로 활동했다. 또한 한·튀니지 의원친선협의회 부회장으로 활동했다. 또한 연구활동으로는 국회기후변화포럼, 국회바이오전문가포럼, 국회문화관광산업연구포럼에서 활동했다.[28]

김을동 의원은 민족정신을 고취하고 '나라사랑' 정신을 확산하는 사업에 18대에 이어 19대에도 적극 참여했다. LA '평화의 소녀상'을 찾아 철거 반대 운동에 전국민과 전 세계 한인동포들의 대대적인 동참을 촉구했으며, 2014년에는 주한 일본대사관 앞에서 일제침략만행 사진전을 개최하고 위안부 수요집회에도 참석했다. 아베 총리의 침략전쟁 부정, 일본의 우경화 중단 및 정부 대응을 촉구했으며, 새누리당 중앙여성위원회 주최 '독도 영토수호'에 참여했고, '일제 침략 만행 사진 및 동영상 세계 순회 전시회'를 개최했다. 2014년에는 중국 하얼빈과 브라질 상파울루에서 〈일제침략만행 사진전 세계순회전〉을 개최하기도 했다.[29] 이 사진전은 2015년에도 계속되었다.

김을동 의원은 제19대 국회 송파(병) 의원으로서 지역 내 숙원사업을 해결하는 데 최선을 다했다.

첫째, '중앙전파관리소 이전 및 신증축 방안'을 마련하는 것이 지역주민의 숙원사업이었다. 지역경제의 활성화 차원에서 가락동의 중앙전파관리소 부지를 활용하여 현부지에 중앙전파관리소를 신, 증축해 전파수집 안테나를 건물 위로 올리고 이곳을 복합문화센터로 활용하는 방안을 검토하였으며, 방송통신위원회에는 기술적 검토를 요청하였다. 둘째는 원거리에 사는 지역주민의 세무민원을 해결하기 위해 송파와 잠실세무서를 분리하는 것이었다. 셋째는 파출소장, 동장, 동자치위원장, 학교장, 새마을협의회장, 예비군 중대장, 방위협의회장, 시구의원,

운영위원 등 송파병 지역을 이끄는 모든 분들과 간담회를 개최하여 송파병 발전을 도모하였다. 넷째는 서울시청, 송파구청 등 지방자치단체와 당협에 접수된 민원을 처리하기 위한 업무 현안을 논의하고 업무협의를 정례화했다. 또한 지하철 3호선과 5호선이 만나는 오금역에서 일일 역장 체험을 하고 각종 지역행사에 참여했다.[30]

2013년에도 중앙전파관리소 이전 추진 현황을 점검했으며, 문정 삼성어린이집 불법 비리 횡령 등 실태 파악에 나서 국회 차원의 처벌 강화 방안을 마련하는 등 비상대책 회의를 개최했으며, 롯데월드타워 건설과 관련해 ㈜롯데측과 협의를 이끌어내는 성과를 거두었다.[31]

2015년에는 송파체육문화회관 리모델링 완공, 디자인융합벤처창업센터 설립 예산 확보, 중앙전파관리소의 첨단 ICT테크노밸리화 등의 지역구 의정활동 성과를 거두었다.[32]

제19대 국회 이후 정치 활동

2016년 4·13총선에서 서울 송파병 지역구 3선에 도전하였다. 이때 건물 외벽에 걸린 김을동 선거홍보물이 화제를 모았다. 김을동 최고위원 옆에 아들인 배우 송일국, 그의 할아버지인 독립운동가 김좌진 장군, 아버지 김두한 의원이 보였다. 현수막 상단에 '나라사랑! 송파사랑!'이라는 문구가 있으며, 애국혼의 아이콘이라는 소개로 눈길을 끌었다.[33] 그렇게 20대 총선에서 3선 의원을 노렸으나 실패했다.

이후 2016년 말에 터진 박근혜 정부의 대통령 탄핵 사태 후 김을동

제20대 국회의원 선거 포스터

은 김무성과 같이 새누리당을 탈당하고 바른정당에 합류했으나, 2017년 11월, 다시 바른정당을 떠나 자유한국당으로 복당했다. 2020년 제21대 국회의원 선거 때는 오랜만에 미래통합당 후보들의 지원 유세에 나섰는데, 종로구에 출마한 황교안 대표의 지원 유세에서는 윤봉길 의사의 손녀인 윤주경 미래한국당 비례대표 후보(국민의 힘 비례대표 의원 역임)와 함께 나섰다. 2022년 2월에는 윤석열 국민의힘 대선 후보 지지를 선언했다. 이후 육군사관학교 독립유공자 흉상 철거 논란이 발생하자 철거에 대해 반대 의사를 밝히기도 했다. 2024년 제22대 국회의원 선거에서는 전국을 돌며 국민의힘 후보자들의 유세 지원에 나섰다.

　　김을동 전의원은 김좌진 장군의 손녀로서 '김좌진장군기념사업회'를 이끌며 민족정기 선양사업에 앞장섰다. 백야김좌진기념사업회는 1998년에 설립되어 청산리정신 계승을 통해 애국애족 실천의 첫걸음을 내디뎠다. 구체적인 사업으로 2012년 대학생을 대상으로 10박 11일 '청산리 역사대장정'을 실시하여 애국선열들의 숭고한 얼이 깃든 항일 독립투쟁 전적지, 우리의 역사와 문화의 뿌리인 고구려와 발해 유적지, 백두산 등 북만주 일대를 탐방해 그 의미를 되새겼다.[34] 이러한 그의 궤적은 2011년에 발간한 자서전에 잘 나타나 있다.

정치활동에 대한 아쉬움과 최근의 생활

2016년 제20대 총선에서 낙선한 김을동은 이후 사실상 정치에서 은퇴했다.[35]

그간의 정치 활동에 대한 아쉬움을 다음과 같이 토로했다. 첫째는 여성이 소수인 데서 오는 불이익이 있었다. 여성의 의회 진출이 이전보다는 늘고 있던 시기였는데도 불구하고, 모임에 참가해보면 홍일점인 경우도 많았다. 그래서 때때로 눈에 띄게 빨간색 옷을 자주 입곤 했다. 또 요즘은 많이 변했지만, 당시에는 이른바 '술문화'가 만연하여 이 문화에 익숙하지 않아 어려움이 많았다. 그가 계파에 속하지 않았고, 이로 인해 여러 번 공천에서 불이익을 받은 것도 술 마시고 호형호제하는 술문화에 적응하지 못한 개인적인 특성과 일정 부분 관계가 있다고 생각했다. 실제로 그녀는 정치활동에서 공천에서 부당하게 밀린 경우를 여러 번 당했다고 한다. 즉, 여론조사에서 높게 나와도 공천권을 쥔 정치인에 의해 부당하게 다른 이들에게 공천이 주어진 경우가 자주 있었다. 공천만 상향식으로 공정하게 이루어진다면 정치가 한결 선진화될 것이라고 생각했다.

또 하나 아쉬운 점은 "현재도 여전히 그러한 측면이 있다고 생각

자전적 에세이, 『김을동과 세 남자 이야기』

하는데, 지역에서 국회의원과 시·구 의원의 역할이 명확하지 않다는 점이다"라고 했다. 국회의원으로서 국가 차원의 입법 활동을 통해 일정한 성과를 거두어도 지역구에서는 크게 알아주지 않았고, 오히려 지역에서 발생하는 지엽적인 활동을 요구하는 경우가 많았다고 지적했다.

그는 의정활동에서 가장 보람된 일로는 2023년 6월에 국가보훈처가 국가보훈부로 승격했다는 것을 꼽았다. 18대 의원 때부터 김을동 의원은 국가보훈처의 처장을 장관급으로 격상하고 '처'를 '부'로 기능 확대할 것을 주장했는데, 이 제안이 실현된 것이다.

김을동 제18·19대 의원은 대중적으로 국회의원보다 가족적 배경이 더 알려져 있다. 배우 김을동, 삼둥이 대한·민국·만세의 할머니, 배우 송일국의 어머니, 또 독립운동가 김좌진 장군의 손녀, 김두한 전 의원의 딸로 유명하다. 그의 할아버지가 청산리 전투로 유명한 김좌진 장군이며, 그의 아버지가 바로 정치깡패 출신으로 재선(제3대 국회, 제6대 국회)

국회의원을 지낸 김두한이다. 그가 정치활동을 시작한 것은 1991년이 었지만 정치인으로 본격적인 의정활동을 펼친 것은 17년이나 지나 제18대 국회(2008.5.30.~2012.5.29)와 제19대 국회(2012.5.30.~2016.5.29)였다. 두 차례에 걸친 국회의원 활동은 그의 가족의 상황을 배경으로 '나라사랑'을 강조한 의정활동을 펼쳤다는 데 특징이 있다.

최근 김을동 전 의원은 척추 협착 수술을 해서 걷는 데 불편을 느껴 바깥출입을 삼가고 건강회복에 주력하면서 가까운 지인들과 만남을 갖거나 딸과 아들, 손자, 손녀들과 즐거운 생활을 보내고 있다고 한다.

| 집필· 정현주 |

| 미주 |

1) <동아일보>, 1962.10.2.
2) <조선일보>, 1965.8.19.
3) <동아일보>, 1967.12.14.
4) 『국회도서관』 제49권 제5호 통권 393호, 2012, '서민과 약자를 위해 실천하는 정치인'
5) 김을동, 『김을동과 세 남자 이야기』 순정아이북스, 2011, pp.85~190
6) <경향신문>, 1991.8.23.
7) <경향신문>, 1991.5.17.
8) <조선일보>, 1995.12.28.
9) 김을동, 『김을동과 세 남자 이야기』 순정아이북스, 2011, pp.196~209
10) 김을동, 『김을동과 세 남자 이야기』 순정아이북스, 2011, p.226
11) 김을동, 『김을동과 세 남자 이야기』 순정아이북스, 2011, p.228
12) <국회의원 김을동 18대 상반기 의정활동보고서 2008~2009>, 2009.
13) <국회의원 김을동 18대 상반기 의정활동보고서 2008~2009>, 2009.
14) <국회의원 김을동 18대 상반기 의정활동보고서 2008~2009>, 2009., pp.25~33
15) <2008년도 국정감사 문화체육관광방송통신위원회회의록>, 피감사기관: 국립중앙박물관, 국립현대미술관, 한국예술종합학교, 한국문화예술위원회, 예술의 전당, 2008.10.7.
    <국회의원 김을동 18대 상반기 의정활동보고서 2008~2009>, 2009, p.216 재인용.
16) <국회의원 김을동 18대 상반기 의정활동보고서> 2008~2009』, 2009, p.46
17) <국회의원 김을동 18대 상반기 의정활동보고서> 2008~2009』, 2009, p.47
18) <국회의원 김을동 18대 상반기 의정활동보고서> 2008~2009』, 2009, p.49
19) <국회의원 김을동 18대 상반기 의정활동보고서> 2008~2009』, 2009, pp.358~359 재인용. "2009년도 국정감사 문화체육관광방송통신위원회 회의록", ■ 피감사기관: 문화체육관광부, 국립중앙도서관, 해외문화홍보원, 국립중앙극장, 한국정책방송원, ■ 일시: 2009.10.5., ■ 장소: 문화체육관광부회의실
20) 여성의정, 『여성국회의원 70년, 한국의 여성정치를 보다(1948~2017)』 제4편 자료편, 2018, p.397
21) 여성국극은 1945년 해방 이후 여성들이 모여서 시작한 일종의 창극으로 1950년대에 인기를 끌었던 공연예술이다. 국악 중 창극의 한 갈래로 여성 소리꾼이 남성배역을 모두 소화하는 국악연극이다.
22) '김을동 인터뷰', 2015.1.15., 여의도 음식점 외백.
23) 국회의안정보시스템 https://likms.assembly.go.kr/참조
24) 국회의안정보시스템 https://likms.assembly.go.kr/참조
25) <2012 국회의원 김을동 의정보고서>, 2013, p.2
26) <2014 국회의원 김을동 의정보고서>, 2015, p.4
27) <2015 국회의원 김을동 의정보고서>, 2016, p.2
28) 여성의정, 『여성국회의원 70년, 한국의 여성정치를 보다(1948~2017)』 제4편 자료편, 2018, p.526
29) <2014 국회의원 김을동 의정보고서>, 2015, p.4
30) <2012 국회의원 김을동 의정보고서>, 2013, p.4
31) <2013 국회의원 김을동 의정보고서>, 2013, p.7

32) <2015 국회의원 김을동 의정보고서>, 2016, p.2
33) <머니S>, 2016.2.17.
34) <국회보>, 통권 549호, 2012.8., "선조들의 희생으로 지켜낸 대한민국, 이제 우리가 지켜 가야", 국회사무처, 2012, p.95
35) 2025년 1월 15일 11시 30분~14시에 여의도의 한 음식점(외백)에서 원고의 전반적인 검토와 최근 생활에 대한 인터뷰를 진행한 바 있다. 최근 김을동 전 의원의 생활은 이때 인터뷰한 내용이다.

제18대 국회의원

김정 金情

모성으로 교육환경과
병영환경 개선에 앞장서다

1951 서울 출생
1974 서울대 미술대 응용미술과 졸업
1977 파리4대학 대학원 미술사학 석사
1984 사람과환경 그룹 감사
1988 덕성여대 산업디자인과 강사
1999 환경포럼 대표이사
2006 한국열린교육학부모회 수석 공동대표
2009 18대 국회의원(미래희망연대 비례대표)
     18대 국회 정무위원회, 국방위원회 위원
2012 18대 대통령선거 중앙선거대책위원회 문화예술전략특별
     본부장
2014 새누리당 공천심사위원 / 서울시당 홍보위원장

미술-디자인 전공한 파리 유학파

김정은 1951년 12월 31일 서울에서 태어났다. 경기여자고등학교에서 늘 반장을 도맡았고 성적도 뛰어났던 김정은 법대에 진학할 것이라는 주변의 기대와 달리 서울대학교 미술대학 응용미술학과로 진학한다. 그가 미대에 진학하게 된 데에는 아버지의 영향이 컸다.

이북 출신으로 6·25전쟁에 참전한 김정의 아버지는 5남매의 가장이 되어 평생을 공직에 몸담았으며 어머니는 여학교를 마친 신여성이었다. 가슴 아픈 전쟁의 폐허 속에서, 일궈 놓은 모든 것이 사라지는 비극 중에서도 그의 부모님은 사람에 대한 희망을 먼저 보았고 미래의 등불은 인재를 가르치고 배양하는 것이라 절실히 통감하여 자녀 교육에 헌신하였다. 그의 아버지는 칼과 저울보다는 이성과 감성의 조화를 실현하는 인본주의적 학문을 장려하여 미술대학에 진학할 것을 권유하였다. 아버지의 혜안을 좇아 김정은 대학 재학 중 창조성이 중시되는 순수 예술보다 새롭게 부각되기 시작한 디자인에 관심을 갖게 된다. 그러나 국내에서는 디자인 분야의 이론조차 정립돼 있지 않은 데다 전문가 또한 부족했기에 스스로 전문가가 되겠다고 결심했다.

1974년 서울대 졸업생 중 전체 수석을 차지해 제28회 서울대 졸업식에서 대통령상을 받고[1] 수석졸업자로 국가장학생의 기회도 얻게 돼 프랑스 유학을 떠났다.[2] 1977년 프랑스 파리 제4대학교 대학원에서 미술사학 석사 학위를 취득했다. 이후 파리 제4대학교(소르본느) 대학원에서 미술사학 박사 과정을 수료했으며, 파리 국립장식미술학교 섬유디자인과에서 수학했다.

유럽 선진 국가의 교육 시스템과 그들의 문화를 직접 배우고 경험하면서 학업에 정진하는 동안 한국은 끊임없이 도약하고 있었다. 소득 수준이 높아지고 삶의 질이 향상될 때에 필연적으로 대두될 인문학적 가치가 무엇일까 상상하는 것은 당시 매우 즐거운 일과였다. 국가의 지원으로 현대 예술을 공부한 장학생으로서 조국의 앞날을 기대했고, 그때에 스스로 무엇을 할 것인지 습관처럼 고민하고 생각했다. 우리나라의 위상이 날로 제고되면서 국가를 자체 브랜드로 디자인해야 한다는 생각은 그가 확고하게 갖고 있던 신념 중 하나였다.

귀국한 후에는 대학에서 후학 양성에 나섰다. 1980년부터 10여 년이 넘는 동안 덕성여자대학교에 출강했고, 명지대학교 초빙교수, 계원예술대학교 특임교수를 맡은 바 있다. 1984년부터는 남편(곽영훈 전 홍익대 도시계획학과 교수)이 운영하던 종합엔지니어링 회사 (주)사람과환경그룹에서 감사직을 수행하며 환경과 도시계획, 디자인을 연계한 업무를 맡았다. 2000년대 초반은 대한민국이 선진국 반열에 오르고 눈부신 발전을 이룩하면서 자연스럽게 '문화가 있는 삶'에 대한 시대적 요구가 대두되는 상황이었다. 김정은 전문 분야의 교육자이면서 기업의 핵심 인력, 엄마로서 각각의 역할을 해 나가고 있었고, 평범하지만 꾸준하게 노력해 온 삶이 나중에 정치를 하는 데 큰 도움이 됐다고 생각하고 있다.

열린교육에 관심 갖고 학부모회 활동

김정은 대학 강의와 기업활동 외에 사회활동에도 적극적이었다. 1999년 건축·환경·디자인 관련 업계 인사들이 참여하는 NGO환경포럼을 창립해 대표이사로 활동하는 한편, 2006년에는 한국열린교육협의회의 산하단체인 한국열린교육학부모회 수석공동대표를 맡았다. 동시에 한국열린교육협의회의 이사직도 수행했던 김정은 당시 교육의 최전선에 있는 두 아이의 학부모였고 필연적으로 교육에 관심이 많았다.

덕성여자대학교에서 강의하던 김정은 대학 부속 유치원과 초등학교가 국내 최초로 열린교육을 실시한다는 정보를 얻어 아이들을 등원시키게 되었다. 교과의 배열과 조직이 이전에 없던 색다른 과정이었고, 이 '열린교육'을 통해 교육에 있어 정부와 학교, 교사의 역할은 물론이고 학부모의 역할을 간과하여서는 안 된다는 것을 더욱 체감하여 한국열린교육학부모회에도 참여하게 된 것이다. 김정은 우리 공교육이 앞으로 나아가고 있지만 급격하게 변화하는 시대를 반영하기에는 여전히 안타깝고 답답한 부분이 많다고 생각했다. 학령기 자녀를 둔 부모가 교육 현장에 대해 부정적인 인식을 갖게 하는 공교육 자체의 문제에 더하여 공교육을 믿지 못하고 시간과 비용을 사교육에 온통 쏟아붓는 기이한 경쟁은 결국 고질적인 병폐가 되어 우리 교육에 대한 궁극적인 개선이나 대안은 없이 아이들만 고되게 할 뿐이었다.

남편이 객원교수로 초청을 받아 미국으로 건너가 한동안 그곳에서 아이들을 키우며 느낀 것은 미국은 학부모의 수업 참여가 매우 빈번한데 이를 치맛바람과 같은 유난의 의미가 아닌 당연한 교과의 범주로 본다는 것이었다. 이는 공교육의 상황이나 수준을 논하는 것이 아니라 학교에 오는 학부모에 대한 그들의 태도와 인식이 사뭇 달랐다는 점에서 김정은 무척 새로운 느낌을 갖게 됐다.

아이들은 학교에서 다양한 커리큘럼을 선택할 수 있었고 무엇보다 경쟁에서 자유로웠다. 학부모들은 내 아이가 학급에서 몇 등을 하는지가 아니라 균형 있게 성장하고 있는지 확인하기 위해 학교 정책에 능동적으로 협조하였는데 그 관계가 상당히 우호적이었고, 그들은 기본적으로 공교육에 대한 신뢰가 있었다. 많은 우리나라의 학부모들이 경제적 부담과 아이들이 겪을지 모르는 여러 부작용에도 불구하고, 유학을 선택하는 것을 보고 이상적인 교육을 받게 할 수 있다는 희망과 더불어 국내 사교육에서 탈피할 바람직한 방향을 찾지 못했기 때문일까 생각했고, 이는 그도 똑같이 자식을 키우는 부모의 입장에서 안타까운 동시에 충분히 공감이 되는 부분이기도 했다.

결국 중요한 것은 제도권 교육의 기틀을 확고하게 마련해 생애주기에 맞는 교육으로 실생활에 필요한 학습과정을 공교육에 포함시키고, 아이가 성장하는 과정에서 실질적인 교육을 받아 사회 구성원으로서의 제 역할을 할 수 있도록 시스템을 정비하는 것이 필요하다고 그는 생각했다. 그리하여 공교육을 바라보는 학부모의 긍정적인 인식 제고와 자발적인 참여를 독려하기 위한 체계적인 동력을 생성하고 확장하고자 한국열린교육학부모회를 맡아 진취적으로 활동에 나섰다.

18대 총선에서 전문가 영입 케이스로 정치 입문

강의와 기업 업무, 가사까지 병행하며 바쁘고 보람찬 나날을 보내던 2008년 초, 제18대 총선을 준비하던 정치권에서는 산업과 미학을 절충하는 디자인 전문가로서의 시각으로 교육 문화를 설계하고 개선하는 데에 앞장서고 있던 김정이라는 인물에 대해 관심을 가지게 된다. 그에게 2008년 창당한 신당 친박연대에서 입당 제안이 왔을 때 처음에는 그간의 유익한 경험으로 얻은 아이디어와 계획들을 많은 이들과 공유하고 효능적 사회 기여를 통해 우리 문화 발전에 이바지하고 싶다는 목적의식을 갖고 큰 고민 없이 참여하였다. 총선을 앞두고 당의 정책 수립에 참여하던 중 그는 여성 비례대표 후보 제안까지 받게 된다. 정치에 힘을 보태는 데는 동의했지만 국민의 뜻을 대변하는 선출직까지 수행할 수 있을지에 대해서는 고민할 수밖에 없었다. 가족들은 "여성 전문가의 역할이 필요한 시대"라며 지지를 아끼지 않았고 구상한 것들을 좀 더 가시적으로 실현코자 결심한 그는 제안을 받아들였다.

김정은 2009년 11월 3일 비례대표 의원직을 승계해 18대 국회의원이 된다. 이날 김정과 함께 김진애, 김혜성까지 세 명의 여성 국회의원이 새로 탄생하면서 18대 국회 여성 의원 수는 41명에서 44명으로 늘어났고, 전체 의석(299석)에서 차지하는 비율도 14.7%로 증가해 18대 국회는 역대 여성 의원이 가장 많은 국회가 됐다.[3] 김정이 국회에 입성한 3개월 후인 2010년 2월 12일 친박연대는 당명을 미래희망연대로 변경했다.

첫 대표발의 법안은

국회에서 김정의 첫 상임위는 국방위원회였다. 임기 중반에 국회에 들어온 만큼 상임위를 선택할 수 있는 상황이 아니어서 국방위로 가게 됐지만, 김정은 국방위 배치를 기쁘게 받아들였다. 두 아들 때문이었다. 김정의 두 아들은 모두 한국에서 군복무를 마쳤는데, 상임위가 배정될 당시 첫째 아들은 막 공군에서 전역한 상태였고, 둘째 아들은 육군에 입대한 시점이었다. 휴전 대치상황인 국가의 국방위원인 동시에 아들을 군에 보낸 그는 누구보다도 군에 관심이 많았다. 젊은 나이에 국가의 부름을 받고 달려간 청년들을 더욱 세심하게 보살피고자 했던 어머니의 마음은 국방위원으로서 더할 나위 없는 강점이었다. 군 장병들이 전부 내 아들이었기에 애정을 갖고 꼼꼼하게 문제를 들여다보겠다는 각오로 그는 군인의 처우와 교육, 군 장병의 물질적 정신적 편의 개선에 열성적으로 나섰다.

국회의원 김정이 처음으로 대표발의한 법안은 [국방개혁에 관한 법률 일부개정 법률안](2010년 2월 24일)이다. 평소 관심사였던 교육을 군에 접목한 법안이다. 그는 대한민국의 젊은이들이 병역의 의무를 지는 것은 어쩔 수 없지만, 활발하게 지식을 습득하고 자기계발을 해야 할 나이인 만큼 군을 '국민교육의 장'으로 만들어야 한다고 생각했다. 어학과 자격증, 금융교육 등 다양한 교육을 군에서 해결할 수 있도록 하겠다는 것이었다. 김정은 이와 같은 국방개혁을 고민하다 기존의 국방개혁법이 대부분 군 구조 개편을 중심으로 하는 군의 외형적 변화에 치우치고 있다는 점을 파악했다. 인적 자원 개발 등 군의 질적 성장에 관한 사항을

18대 국회 국방위원 시절 군부대를 방문해 장병들과 식사를 하고 있는 김정 의원.

보완할 필요가 있다고 생각하고 철저한 준비 끝에 첫 법안을 발의했다.

김정은 "21세기의 급변하는 안보환경과 첨단화된 전쟁 양상에 능동적으로 대처하기 위해서는 무엇보다도 고도의 전문성과 창의성을 구비한 인적 자원의 확보 및 육성이 절실한 실정"이라고 발의 취지를 밝혔다. 그는 제15조 2항을 신설해 국방부 장관에게 교육·훈련체계의 발전을 통해 2020년까지 중령급 장교의 석사 이상 학위 보유율과 상사급 부사관의 전문학사 이상 학위 보유율이 각각 100퍼센트에 도달하도록 노력할 의무를 부여하자는 내용을 법안에 담았다. 군 조직의 질적 성장을 도모하기 위한 목표를 제시하고 목표달성에 필요한 법적 근거를 마련하려는 뜻이었다. 그는 "군대에 와서 최소한 한 가지는 얻어간다는 보람을 느낄 수 있다면 군대가 최소한 기피대상은 되지 않을 것"이라고 했다.[4]

김정이 대표발의한 법안 중 처음으로 가결돼 공포된 법안은 2010년 10월 5일 발의한 [보험업법 일부개정 법률안]이다. 보험계약 시 사용

18대 국회 본회의장에서
발언하고 있는 미래희망연대
김정 의원.

되는 전문적이고 기술적인 용어를 계약자가 이해하기 힘든 만큼 보험약관의 내용에 대해 모집종사자의 이해도를 평가할 수 있는 제도를 도입한다는 내용이다. 이 개정안은 2011년 4월 29일 본회의에서 가결돼 같은 해 5월 19일 공포됐다.

김정은 자신의 경력을 살려 교육, 복지 관련 법안을 다수 대표발의했다. 교육 관련 법안으로는 '폐교재산의 활용촉진을 위한 특별법 일부개정 법률안', '영유아보육법 일부개정 법률안' 등을 발의했고, 보건복지분야에서는 '감염병의 예방 및 관리에 관한 법률 일부개정 법률안', '국민기초생활 보장법 일부개정 법률안' 등을 발의했다.

자신의 소속 상임위와 관계없이 보건복지위원회, 행정안전위원회, 기획재정위원회, 교육과학기술위원회 등에 걸쳐 다양한 법안을 발의해 유독 적극적인 의정활동을 하는 초선의원이라는 주변의 평가를 받기도 했다.

저축은행 국정조사 참여

2010년 6월 정무위원회로 상임위를 옮긴 김정은 저축은행이 줄줄이 영업정지를 당하는 사태가 벌어졌던 2011년 7월 국회에 구성된 저축은행 국정조사 특별위원회에 참여해 진상조사에 앞장섰다.

김정은 7개 저축은행의 대손상각이 6년간 7517억 원에 달해 연 1300억 원 이상의 부실을 회계상으로 털어냈다고 밝혔다. 또 저축은행 부실 사태로 법인이 평균 1억 원의 예금을 돌려받지 못하게 된 사실, 대형 회계법인들의 저축은행 부실감사가 사태의 원흉이 됐다는 사실, 부실 저축은행들이 저축은행중앙회 통합전산망이 아닌 자체 전산망을 사용해 사고를 미연에 방지할 수 없었다는 점, 금융감독원의 저축은행 경영개선 노력이 엉터리로 진행됐다는 점 등을 밝혀냈다. 또 김정은 부산저축은행 부실대처의 '몸통'이 청와대와 감사원이라는 사실도 밝혀냈다. 그는 특위 회의에서 금융위 질의를 통해 금융위로부터 "지난해 국가보증 예보채(공적자금) 발행을 포함한 다양한 방식의 재원조달 방안을 검토했지만 청와대와 협의 후 공적자금 투입을 하지 않았다. 또 당시 청와대에선 대통령실 내 경제수석실이 참여했고 관계부처 협의도 거쳤다."는 대답을 이끌어냈다.[5] 김정은 경제나 법률을 전공하지는 않았지만 소비자 입장에서 생각하려고 노력했다.

교육문제에 깊은 관심

그는 소속된 상임위 관련 업무 외에도 교육 이슈에 깊은 관심을 보였다. 두 아들의 엄마이며 한국열린교육학부모회 수석대표와 한국열린교육협의회 이사를 지낼 정도로 교육에 관심이 많았던 그에게는 당연한 일이었다. 특히, 금융이나 환경 같이 성인이 되었을 때 더욱 진가를 발휘할 실용적인 교육이 미래 세대에게 반드시 필요하다고 생각해 왔었기에 참교육 활동이나 전교조 등 진보와 보수 같은 진영의 이념을 넘어 학부모로서 소신을 가지고 수행해야 할 소임 중 하나로 '열린교육'을 채택하여 한국열린교육학부모회의 전국적인 조직망을 정비하였다.

구체적으로는 각급 학교의 금융교육이나 환경교육이 사기업이나 기관들의 천편일률적인 내용들로 단발성에 그치고 있었다는 현황을 파악했다. 공교육용 금융교재를 기획하고 금융감독원과 커리큘럼을 설계하고, 산하기관 및 금융기업 등과의 컨소시엄을 구축하여 정부의 공공협력 사업에도 참여하여 생산적인 성과를 내놓았다. 실제 대전과 충북 지역의 각급 학교를 대상으로 일정 기간 프로그램을 운영하여 금융교육, 녹색교육, 탄소절감 체험활동 등 공교육 과정에 적용했다.

또한, 김정은 학교 현장의 문제를 바로잡는 데에도 큰 관심을 기울였다. 무상급식 논란이 제기된 2011년 4월, 그는 전국 학교급식 실태를 조사해 시설이 미비하여 기본적인 배식조차 원활하지 못한 상황을 지적했다. 전국 초중고 및 특수학교 총 1만1463개 학교 중 식당이 없어 교실에서 급식 배식을 하는 학교가 1848개에 달하고, 이중 서울지역 학교가 537개(29.1%)나 되는 것으로 나타났다. 김정은 "무상급식 논쟁이 있지만 실제로 중요한 것은 학교 급식시설 개선과 식당의 확보이다. 일정 소득 이상은 유료로 급식을 하더라도 식당 등 급식시설을 확보하고 제대로 먹을 수 있도록 하는 것이 중요하다."면서 "서울시장과 서울시교육감은 무상급식 논쟁을 벌이고 주민투표를 할 것이 아니라 급식시설 개선에 노력해야 할 것"이라고 강조했다.

같은 해 6월에는 '전국 대학 기부금 현황'을 공개해 2007년부터 3년간 사립대학교 354개 학교가 모은 기부금 1조6383억 원 가운데 상위 10개 학교가 7562억 원을 기록, 전체 기부금의 46%를 차지했다고 밝혔다. 또 사립대 전체의 10%에 해당하는 36개 대학이 받은 기부금이 1조5634억 원으로 전체 사립대 기부금의 95%에 달했다는 사실, 45개 대학은 3년간 기부금이 1억 원 미만이었으며 8개 대학은 기부금을 받지 못한 사실도 공개했다. 대학의 '빈익빈 부익부' 현상을 지적한 것이다.[6]

김정은 원내 연구활동에도 적극적으로 참여했다. 복지·노동·인권 분야를 연구하는 선진사회연구포럼, 통일·외교·안보 분야의 아시아문화·경제포럼, 환경·에너지 관련 국회 자원외교와 에너지 안보포럼에서 활동했다. 2010년에는 정무위 국정감사에서 돋보인 활약으로 한 언론에서 '스타 의원'이라는 칭호를 받기도 했다.

> "2010년 국정감사에서는 무소속이나 소수정당 의원들의 활약이 돋보이고 있다. 한나라당은 정부를 두고 제 식구 감싸기에, 민주당은 전당대회 등 가욋일로 제 몫을 못했지만 송훈석(무소속), 김정(미래희망연대), 곽정숙(민주노동당) 의원 등은 달랐다. 소수정당과 무소속 의원들은 정부로부터 자료를 받는 것도 하늘의 별 따

기만큼 어렵다는 게 정설이다. 하지만 이들은 어려운 환경에도 연일 국감 현장을 뜨겁게 달구고 있다. 뚝심과 근성의 결과다.'"[7]

국회의 유일한 미술-디자인 전문가

국방위와 정무위를 거치면서 의정활동에 집중하던 김정은 2011년 초 미대(美大) 출신의 국회의원이 없다는 사실을 깨닫게 된다. 자신의 전문 분야인 미술과 디자인 분야 정책에 기여하겠다고 생각한 그는 그때부터 전문가들을 꾸준히 만나기 시작했다.[8] 김정은 2011년 한 해 동안 국회에서 미술 정책 관련 세미나를 5차례에 걸쳐 개최했다. 각 회의 주제는 '사라지는 국가 미술품: 국가 미술품 관리 현황과 개선 방안'(1회), '국가 미술품 관리 법제 연구'(2회), '아트 앤 더 시티: 공공미술 변화를 꿈꾸다'(3회), '국가 이미지전(展): 대한민국은 어떻게 시각화되고 있는가?'(4회), '예술/디자인 R&D가 21세기 성장동력'(5회)이다. 5회에는 디자인 전문가들이 모여 '문화 디자인 정책, 미래를 열다'라는 주제로 대담을 가졌다. 그의 주요 관심사는 디자인과 행정의 접목이었다.

> "행정의 모든 분야가 곧 디자인과 연결되며, 공공디자인의 영역에 대한 정부 차원의 접근방식부터 달라질 필요가 있다. 디자인이 가진 잠재력과 고부가가치성에 비해 투자와 중요성에 대한 인식은 아직 걸음마단계에 머물러있다."[9]

김정은 세미나를 하면 할수록 해당 분야에 할 일이 정말 많다는 점, 그리고 그동안 아무도 이쪽 분야에 신경을 쓰지 않았다는 점을 깨달았다. 공공기관에 비치된 미술품이나 설치된 조형 등 수많은 작품을 관리가 필요한 문화유산으로 인식하지 못하고 있었고, 국가에서 사용하는 디자인에 대한 이해 역시 턱없이 부족했다. 관련 용어의 정립이 제대로 돼 있지 않은 현실은 차치하더라도, 정부 서식을 포함한 정부조직의 기초적인 디자인마저도 뚜렷한 방향성을 갖지 못하고 있었다. 김정은 일부 공직자와 지방자치단체장들이 막연하게 디자인의 중요성을 강조하고 있지만, 대부분 가시적 성과를 보여주기 위해 디자인을 이용하면서 예산 낭비나 전시행정이라는 비판을 얻게 됐다고 지적하기도 했다. 그는 한 언론 인터뷰에서 이렇게 말했다.

"정부 부처와 지자체 디자인의 편차가 심하고 마음대로 각자 기관장이 주관적으로 디자인을 의뢰해서 어떤 디자인은 쓰다 버리고 새로 하고 하는 일이 빈번했다. 앞으로 디자인은 우리를 먹여 살릴 수 있는 고부가가치산업인데 이대로 둬서는 안 된다는 생각에서 먼저 전문가들과 정부 부처의 관계자들을 모아 세미나를 열어 현재 상황을 제대로 파악할 수 있는 장을 마련했다."[10]

국가이미지 전시회, 여권旅券디자인 전시회 열어

그는 국가가 주도권을 갖고 진행해야 하는 디자인 작업에 주

2011년 6월 국회 의원회관에서
열린 <국가이미지전>에서
인사말을 하고 있는 김정 의원.

목했고, 2011년 6월 29일 국회에서 개최한 〈국가이미지전(展)〉은 그동안의 노력을 집대성한 전시회였다. 세계 각국의 정부기관 이미지(GI:Government Identity)를 한자리에 모아 소개한 전시회다. 이를 통해 올바르게 정립된 디자인은 국가와 기업의 정체성을 분명히 하며 이는 국가 발전의 장기적 토대가 된다는 주제를 강조하고자 하였다. 김정은 인사말을 통해 "대한민국이 일류국가로 도약하는 미래 동력이 될 것이라는 믿음을 갖고 있으며, 이제 세계 중심국가로서의 위상에 어울리는, 고유하고 통합된 이미지를 창출하는 데 관심을 기울여야 한다"고 했다.

〈국가이미지전〉을 통해 정치권에서 디자인에 대한 관심을 이끌어낸 김정은 이를 구체화하는 방법 중 하나로 여권(旅券) 디자인 변경을 제시했다. 우리 여권은 디자인이라는 개념이 도입되기 전부터 사용하던 것에서 크게 달라지지 않았고 외국에 제시하는 대표 신분증으로서 가져야 할 상징적인 이미지는커녕 다른 나라에 비해 조악하기까지 했다. 여행자들에게 국가의 얼굴과도 같은 여권은 왜 수십 년간 디자인이 개선되지 않았을까. 김정은 여권 디자인 변경이 필요하다는 점을 다들 느끼고 있다는 점, 2008년에는 문화관광부와 외교통상부가 새 여권 디자인 공모 당선작까지 발표했지만 새 여권은 쉽게 만들어지지 않았다는 점을 주목했다. 보안이나 특수 기능 추가에 맞춰 변경해야 하는 기술적 어려움도 있었을 것이지만, 외교부, 문화부, 기획재정부 등 다양한 정부 기관이 관련되어 있다 보니 각 부처가 의견의 합치를 외면했던 것이 보다 궁극적인 이유였다며 부처 간 이기주의를 꼬집기도 했다.

김정은 〈국가이미지전〉 6개월 후인 12월 5일부터 사흘간 국회의원회관 현관 로비에서 〈세계 여권 디자인 전시회〉를 열어 세계 50여 개 국가의 여권 디자인을 소개하고 각국의 국가디자인 관련 자료들을 소개했다. 그간 우리 국회에서 볼 수 없었던 생소하지만 참신한 세미나로 동료 의원들과 각 부처 및 언론의 높은 이목을 끌었다.

김정은 이러한 국가적 디자인의 무질서한 상태를 더 이상 방치할 수 없어 정부 내 디자인 컨트롤타워 역할을 하는 '국가디자인위원회' 설립을 제안하기도 했다. 국가디자인과 공공디자인을 재정립하려 해도 정부 구조상 일을 진행하기가 어려웠고 행정부처의 모든 디자인을 통일성 있게 재건하는 것이 누군가 반드시 해야 할 일이라면 이 분야의 전문성을 가진 그가 얼개를 잡아나가야겠다고 생각했다.

"디자이너들이 일을 하려면 문화부가 아닌 지식경제부로 가야 한다. 에코디자인은 환경부, 공공디자인은 국토해양부에서 하는 식으로 업무가 갈라져있는 데다 부처에는 미술이나 디자인을 전공한 사람이 드물어 과정이나 방법도 너무 힘들다. 이래서야 좋은 디자인이 절대 나올 수 없다. 디자인을 관장하는 국가 위원회를 두거나 관련 업무의 통합이 꼭 필요하다."[11]

그는 기존 국가브랜드위원회가 권한도 별로 없고 큰 역할을 하지 못하고 있다고 지적하며 공직사회의 변화가 절실하게 필요하다고도 했다.[12]

디자인은 복지, 국가 성장과 같은 의미

여권디자인 전시회와 함께 김정은 국회의원회관에서 저서『신 디자인정책고(考)』에 대한 출판기념회를 열었다. 공공디자인을 소개하고 정책적 대안을 제시한 이 책에서 김정은 "디자인과 미술을 포함한 문화예술 정책은 공공의 이익을 극대화하는 사회복지 정책이 될 수 있다."고 했다. 디자인은 곧 복지라는 새로운 개념을 제시한 것이다. 그는 디자인이 단지 아름다운 것, 사치스러운 것이라고 보는 일부의 시선이 안타깝다고 했다.

"21세기 대한민국은 진정한 문화 국가로 거듭나야 한다. 미술이나 디자인은 결코 개인만의 창작 행위가 아니라 사회 전체의 총체적 행위로서, 공공의 문화생활을 지원하여 국격을 높이고, 창의력을 키워 문화산업에 이바지하며, 융복합 정책을 통해 국가의 문화적 우월성을 확보한다. 이를 인식하여 국민과 정부, 디자인계가 소통하고 뜻을 모은다면 문화예술 정책은 단순한 기술이나 비즈니스 차원을 넘어 공공의 이익을 극대화하는 사회복지 정책으로도 자리매김될 수 있을 것이다."[13]

그는 디자인이 대한민국의 21세기 성장동력이 될 것이라는 주장도 펼쳤다. 2011년 10월 20일 국회에서 개최한 '예술/디자인 R&D가 21세기 성장동력' 세미나에서 "스티브 잡스가 애플에 복귀하자마자 내세운 전략이 바로 제품디자인 개발"이라며 "세계적인 다국적 기업에 비해 우리 기업의 기술력은 결코 뒤지지 않고 충분히 뛰어나지만, 그에 비해 디자인 분야에 대한 투자와 중요성에 대한 인식은 아직 걸음마단계"라고 지적했다. 디자인이 기업 성장을 이끈다는 점도 강조했다.

"소비자들의 구매 패턴이 기술 중심에서 디자인 중심으로 옮겨가고 있다. 디자인 투자로 파생되는 경제적 효과가 일반 연구개발(R&D) 투자에 비해 3배나 높다는 조사결과도 있다. 정부도 디자인 R&D 투자를 우리 사회의 중요한 자본으로 인식할 필요가 있다."[14]

19대 총선 슬로건은 '모두가 꿈을 이룰 수 있는 나라'

활발한 의정활동과 함께 국가디자인의 중요성 알리기에 앞장섰던 김정은 2012년 2월 6일 미래희망연대가 한나라당에 흡수 합당되면서 한나라당 국회의원이 됐다. 한나라당은 곧 새누리당으로 이름을 변경했고, 19대 총선을 앞두고 김정은 새누리당 서울 중랑갑 당협위원회 위원장에 취임한다.

　단수공천을 받은 그는 '여성이 행복한 나라, 누구나 꿈꿀 수 있고, 모두가 꿈을 이룰 수 있는 나라'라는 슬로건으로 선거전에 뛰어들었다. 당시 지역구 국회의원이면서 방송인 출신으로 인지도가 높은 현역 의원을 제치고 공천을 받았다는 점에서 세간의 관심이 쏠렸다. 정치를 시작하기 전부터 '사람을 키우는 교육이 무엇보다 중요하고, 교육이 삶의 질을 견인한다.'고 생각했던 김정은 지역구에 출마하면서 해당 지역의 교육 수준과 삶의 질을 높이겠다는 포부를 세웠다. 그 방법으로 교육과 복지의 질 향상, 문화예술복지를 강조했다. 그는 대부분의 후보들이 공약으로 내거는 대규모 개발 방식보다는 중랑의 구석구석 삶의 질을 높이는 일을 하고 싶었고, 이를 '문화예술복지', '디자인복지'라 명명했다. 특히 교육 관련 정책에 집중했다. 그는 '사람이 살면서 꼭 필요한 교육은 제도화하고 규격화해 동일한 기회를 제공받아야 한다.'는 교육철학을 갖고 있었다. 이 같은 신념에 따라 중랑의 교육 현실을 개혁하고 나아가 우리나라의 교육 현실을 전면적으로 재조명하는 것이 정치인 김정의 목표였다. 이를 위해 중랑을 재능기부운동의 중심지로 만들어 무료 사교육을 실현하겠다는 공약을 내놓았다. 그가 주창한 '재능기부'는 대학입시를 위한 국·영·수 위주의 교육이 아니라 예체능과 창의교육, 인성교육 등을 사회 명사와 대학생들이 나눔을 통해 실천하는 내용이었다. 그는 이 같은 정책이 입시 위주의 공교육 시스템을 보완하는 한편 과다한 사교육비를 절감할 수 있다고 판단했다.

뿐만 아니라 노인을 단순히 경로당에 모실 것이 아니라 그 안에서 생산적인 활동을 할 수 있도록 하는 정책도 내놓았다. 어르신들이 그 안에서 소규모 일거리나 교육의 기회를 가질 수 있도록 하는 내용이었다. '어머니의 마음'으로 지역주민들에게 다가간 김정은 선거운동기간 내내 지지율 상승세를 보였지만, 여야 모두 공천불복 등으로 후보가 난립하는 선거구도가 되면서 낙선했다.

이후 김정은 중랑갑 당협위원장의 위치에서 2012년 제18대 대선을 준비한다. 새누리당 박근혜 후보의 대선공약 총괄기구인 국민행복추진위원회에서 '문화가 있는 삶 추진단' 수석위원을 맡아 문화 분야 공약을 만들었고, 대통령선거 중앙선거대책위원회에서는 문화예술전략특별본부장을 맡았다. 특히 김정은 서울 중랑갑 당협위원장 및 서울시당 홍보위원장으로 활동하던 2013~2014년 2년간 무려 세 차례에 걸쳐 당 공천관리위원회 위원을 맡았다. 2013년 4월 24일 재보궐선거, 같은 해 10월 30일 재보궐선거, 2014년 6월 4일 제6회 전국동시지방선거 세 차례다. 이후 정치권을 떠난 그는 차세대 인재 양성과 관련해 봉사활동 등을 하고 있다.

디자인 대한민국을 꿈꿨던 정치인

김정의 의정활동 기간은 길지 않았지만, 교육자이며 기업인, 엄마라는 자신의 장점을 활용해 병영환경과 교육환경 개선에 앞장섰다. 또 그는 '디자인 대한민국'을 준비했던 유일한 국회의원으로 기록된다. 국가디자인으로 국가의 정체성 확립과 국격 상승, 관련 산업 성장 등 다양한 효과를 가져올 수 있다는 아이디어를 수면 위로 이끌어 낸 인물이다. 정치와 디자인이라는 언뜻 잘 어울리지 않는 이미지를 접목시킨 인물이기도 하다. 사람들이 디자인을 그저 '예쁘게 만들어 비싸게 파는 것'으로 인식하며 복지와 대립하는 개념으로 볼 때, 그는 복지와 디자인은 오히려 동의어라며 디자인은 일자리 창출, 삶의 질 개선에 따른 문제 해결이라는 면에서 같다고 했다. 또 국민을 위해 일하고 사회에 기여하는 것이 본질인 정치 역시 디자인과 일맥상통한다고 강조했다.

김정은 디자인이 경제적인 면에서 우리 기업의 위상 확립과 경제 성장에 기여할 수 있다는 점도 강조했다. 국내 첨단기업이 기술력에서 세계 최고 수준임에도 불구하고 디자인 분야에서는 뒤처진다는 점을 간파하고 이를 국가적인 이슈로 끌어올리고자 한 유일한 인물이기도 하다.

> "우리나라의 디자인 R&D 투자 예산은 정부 전체 R&D 예산의 1%에도 미치지 못하고 있다. 민간기업 역시 미약한 수준에 머물고 있는데 조사 대상 300개 기업 가운데 겨우 26개 기업만이 디자인과 기술 융합 투자를 하고 있을 뿐이다."[15]

김정이 안타까워했던 우리나라의 현실이다.

김정은 한국 정치에서 보기 드물게 미술과 디자인을 전공한 국회의원으로 국가 브랜딩과 맥을 같이 하는 행정적 디자인의 중요성을 널리 알리고, 디자인이 삶의 질을 향상시키는 복지와 같은 개념임을 강조했으며, 국가산업과 디자인을 접목시키기 위한 기반을 만드는 데 앞장섰다. 더 오래 의정활동을 했다면 대한민국의 디자인산업과 공공디자인을 세계에서 손꼽히는 수준으로 업그레이드하고 K-디자인을 세계에 전파하는 역할을 할 수 있었을지도 모른다.

| 집필: 권세진 |

| 미주 |

1) <월간조선>, 2009년 11월호, "7080세대 서울대 수석 입학·졸업생들의 그 후"
2) <서울문화투데이>, 2011.11.24., "디자인은 최고의 고부가가치 산업"
3) <여성신문>, 2009.11.6., "김진애, 김혜성, 김정 국회의원 되다"
4) <프리존뉴스>, 2010.4.16., "미래희망연대 김정 의원 인터뷰"
5) <부산일보>, 2011.8.2., "저축은행 조기수습 기회 청와대·감사원이 놓쳤다"
6) <머니투데이>, 2011.3.6., "사립대 기부금도 양극화..상위 10%가 95% 차지"
7) <헤럴드경제>, 2010.10.16., "2010년 국감 스타의원의 변화"
8) <중앙일보>, 2012.2.28., "국내 첫 디자인·미술 전공 국회의원 김정"
9) '예술/디자인 R&D가 2세기 성장동력 세미나', 2011.10.20., 국회의원회관
10) <서울문화투데이>, 2011.11.24., "디자인은 최고의 고부가가치 산업"
11) <서울문화투데이>, 2011.11.24., "디자인은 최고의 고부가가치 산업"
12) <중앙일보>, 2012.2.13., "복지와 디자인, 오히려 '동의어'입니다"
13) 김정, 『新 디자인 정책考』 홍디자인, 2011.
14) '제5회 미술정책연구 세미나', 2011.10.20., 국회의원회관,
15) <서울문화투데이>, 2011.11.24., "디자인은 최고의 고부가가치 산업"

제18대 국회의원

김혜성 金惠聖

우리 안의 국경을 뛰어넘은
따뜻한 리더

1955 경기도 화성 출생
1974 홍익대학교 사범대학 부속 여고 졸업
1978 숙명여대 경영학과 졸업
1987 연세대 경영학과 석사 졸업
1987 신민주공화당 중앙당사무처 여성국 부장
1990 민주자유당 여성국 정책부·기획부 부장
1993 김영삼 대통령 비서실 제2부속실 국장
1997 연세대 경영학과 박사 졸업
1997 일본유통경제대학 객원연구원
2008 친박연대 민생정책연구소 부소장
2010 18대 국회의원 (비례승계)
2010 국회 <다문화가족정책연구포럼> 대표의원
2020 (사)한국여성의정 사무총장

부처님의 자비로움을 타고났다[1]

김혜성은 1955년 경기도 화성에서 태어났다. 어머니가 꿈에서 부처님을 보고 낳았다. 이런 태몽 덕분인지 어머니는 혜성에게 "길가에 이름 없는 돌부처만 봐도 인사를 하라"고 당부했다. 어머니의 이런 불심(佛心)은 김혜성이 평생 불교인으로 살아가는 데 밑천이 되었다. 불교여성개발원은 여성 불자의 위상제고와 전문인력 네트워크 구축을 위해 격년제로 각 분야에서 10년 이상 활동하고 있는 전문성을 가진 여성 불자 108인을 선정해왔다. 김혜성은 2011년 '제5차 여성 불자 108인' 중의 한 명으로 선정되는 영예를 누렸다.[2]

공군 보안부대 장성 출신이었던 아버지는 근무지를 전국 팔도로 옮겨 다녔다. 초등학교 다닐 무렵 아버지가 경기도 수원에서 근무할 때 몇 년간 온 가족이 한 지붕 아래서 지냈을 뿐, 김혜성은 조부모와 외삼촌 등 친지들의 보살핌을 받고 자랐다.

경기도 화성에서 살았던 조부모는 만석꾼의 집안이었다. 김혜성이 서너 살 무렵 아버지가 지방으로 발령을 받았을 때 조모는 "우리 재롱둥이는 나한테 두고 가라"며 첫 손주였던 혜성을 곁에 두게 되었다. 그렇게 혜성은 초등학교 3학년 때까지 조부모 곁에서 귀염을 독차지하며 넉넉한 사랑을 받고 자랐다.

조모도 김혜성의 남다른 불심(佛心)을 일찍이 알아보았다. 전쟁 직후라 모두가 땟거리를 걱정해야 하는 시절이었다. 스님들도 마찬가지였다. 그래서 스님들은 산중의 절을 떠나 민가로 내려와 시주를 얻어가곤 했다. 김혜성의 조부모 댁 문전에는 시주를 구하는 스님의 목탁 소리가 끊이질 않았다. 김혜성은 목탁 소리가 들리면 잰걸음으로 달려 나가 목탁 소리에 맞춰 덩실덩실 춤을 추면서 스님 뒤를 졸졸 따라다녔다. 어린 시절부터 흥 많던 귀염둥이였다.

김혜성은 조부모 댁에서 초등학교를 다닐 때부터 새벽에 일어나는 게 습관이 되어 나이가 들어서까지 이어갔다. 어린 나이에도 매일 새벽 5시면 일어나서 책상 앞에 앉아서 글쓰기를 했다. 김혜성은 책상머리에 태극기를 그려놓고 국가와 민족을 위해 헌신하겠노라 다짐하며 매일 아침 일기를 썼다. 이런 자세는 직업군인이었던 아버지의 영향을 받은 게 분명했다. 김혜성은 몇 년 전까지도 새벽이면 일어나 책을 읽거나 글을 썼고 자료를 정리했다.

김혜성은 부모님에 대한 효심도 지극했다. 퇴역군인이었던 아버지가 고희를 넘긴 나이에 알츠하이머와 여러 합병증으로 오랫동안 고생을 했다. 이때도 김혜성은 유난히 아버지의 건강을 챙겼다. 일부러 시간을 내어 아버지를 모시고 산책과 드라이브를 자주 나갔다. 알츠하이머 관련 연구보고서 등을 열심히 찾아서 읽었고 치매 증상 완화에 좋다는 음식을 챙겼지만, 아버지의 상태가 호전되지 않아 무척 안타까워했다.

타고난 리더십과 유머로 대중을 사로잡다.[3]

서울 마포구는 김혜성의 성장의 무대였다. 중학교 때부터 마포에 있는 외삼촌 댁에서 거주했기 때문이다. 홍익대학교 사범대학 부속 여고를 다닐 때는 호국단장을 맡아 마포를 누비고 다녔다. 이때 마포구에 사는 여학생은 물론이고 남학생들까지 김혜성을 모르면 간첩이라고 할 정도로 유명인사였다. 숙명여대 경영학과 74학번이었던 김혜성은 대학 시절에도 위로 4년 아래로 4년은 김혜성을 모르는 이가 없을 정도로 유명했다. 대학 신입생 환영회 때 사회를 보면서 김혜성은 일약 숙명여대 스타로 떠올랐다. 요즘 시대에 아이돌 스타를 능가하는 인기를 누렸다. 김혜성은 타고난 성정이 워낙 호인(好人)이라 남녀노소를 막론하고 김혜성의 넉넉한 인품과 리더십에 매료되었다.

김혜성 의원이 18대 국회의원이 되었을 때 홍익여고 후배가 의원실 직원으로 들어왔다. 서울의 모 고등학교 영어교사였던 후배는 여고 선배였던 김혜성을 너무 존경한 나머지 학교를 그만두고 그의 밑에서 일하기를 자원했다. 김혜성은 초보 국회의원을 보좌하느라 고생한다며 의원실 보좌직원들을 챙기고 배려했다. 대학원에 진학해서 공부를 더 하겠다는 직원에겐 기꺼이 시간을 배려했고, 맛집을 발견하면 직접 운전을 해서 직원들과 함께 맛난 음식을 나누었다. 지금은 사업체 대표가 된 그 후배 비서관은 "그때 의원님께 배운 것을 지금 직원들한테 그대로 하고 있다"면서 김혜성의 따뜻한 리더십에 고마움을 표했다.

김혜성은 또한 배달 노동자, 청소용역 직원, 경비 아저씨에게는 더 깍듯이 대했고, 넉넉한 인심을 베풀었다. 국회에 있을 때는 청소하는 분, 국회 경위분들에게 늘 먼저 다가가 인사를 건넸다. 김혜성은 안전하고 쾌적한 환경에서 의정활동을 할 수 있도록 뒤에서 수고로움을 기꺼이 감수하는 이들에게 진심을 다해 고마움을 표시했다. 김혜성의 따뜻한 미소와 친절, 그리고 나눔은 자연스러움 그 자체였다.

김혜성이 거주하는 아파트에 눈이 내릴 때면 어김없이 아파트 단지를 돌아다니면서 눈을 쓸었다. "내가 사는 아파트인데 누가 하면 어떠냐"며 경비 아저씨 혼자서 쌓인 눈을 치우는 수고를 조금이라도 덜어드리려고 했다. 그의 이런 측은지심(惻隱之心)은 18대 국회 의정활동에도 그대로 옮겨졌다. 다문화가족정책, 소상공인지원 정책 등이 그것이다. 우리 사회에서 돌봄과 지원이 필요한 이들에게 김혜성은 동료이자 대변인이 되고 싶었다.

김혜성은 따뜻함이 배어있는 저음의 목소리와 흥을 아는 예술가적 기질을 타고 났다. 김혜성이 일단 마이크를 잡으면 청중의 눈과 귀를 주목시켰다. 또 구수한 목소리로 흥을 돋우는데, 그의 가창력은 가수 뺨칠 정도였다. 당시 아나운서 출신의 국회의원이었던 변웅전 의원은 김혜성에게 "아나운서보다 목소리가 더 좋다."며 칭찬을 아끼지 않았다.

국회의원이 되기 전 김혜성은 일본 이바라기 현의 유통경제대학에서 유학을 했다. 이때 일본국제교류재단 초청으로 삿포로에서 열린 국제회의에 참석하였다. 김혜성이 인사말을 하기로 되어 있었는데, 그보다 앞서 일본 주재 한국영사의 인사말에 분위기가 썰렁해졌다. 이때 김혜성은 간단한 인사말과 함께 일본어가 능숙하지 않으니 노래로 축사를 대신하겠노라며 일본 대중가요를 불렀다. 김혜성의 노래에 파바로티가 왔냐며 청중들은 환호하며 박수갈채를 쏟아냈다. 노래 한 곡으로 어색하고 썰렁했던 국제회의장 분위기를 완전히 바꿔놓았다.

학자에서 정치인으로 뒤바뀐 진로

김혜성은 학구열이 굉장히 높았다. 숙명여대 경영학과를 졸업하고 잠시 금속공구 제조업체인 한국야금(주) 기획실에서 일했지만, 바로 연세대 경영학과 대학원에 진학해 공부를 계속했다. 그는 대학원을 다니며 대학 강의도 병행했다. 대학원을 마치고 유학을 다녀와서 교수가 되려고 했다. 그의 전공은 조직행동론이었다. 조직 내의 개인이나 집단의 행동과 태도가 조직의 효율성 향상과 어떻게 관련되어 있는지에 관심을 갖고 이들의 관계성을 파악하기 위한 연구를 수행하였다. 김혜성은 이런 조직행동론에서 검증된 이론을 정당 활동 기간 중 실무에 적용했다.

김혜성은 박사과정 중에 여성 인재로 영입되어 신민주공화당에 입당하게 되었다. 그의 입당은 정말 우연한 기회로 찾아왔다. 김종필 신민주공화당 총재가 1987년 민주화 과정에서 정계 복귀를 선언한 뒤 신민주공화당 창당을 준비하고 있었다. 그즈음 김혜성은 지인으로부터 점심 식사에 초대되었다. 밥 먹는 자리인 줄 알고 나간 그 자리는 김종필 총재가 참여하는 간담회였다. 김혜성은 몹시 당황하며 앉아있는데 갑자기 그에게 마이크가 쥐어졌다. 총재에게 질문을 하라는 것이었다. 김혜성은 그날 간담회 참석을 계기로 정당에 영입되는 낯선 상황을 맞이하게 되었다. 연세대에서 박사과정이 끝나는 대로 유학을 가려고 마음먹고 있던 그에게 정당 입문은 전혀 계획에 없던 일이었다. 그러나 김혜성은 신민주공화당 창당 준비하는 데 도움을 달라는 지인의 간곡한 요청을 뿌리치지 못했다. 딱 1년만 아르바이트한다는 생각으로 일해보기로 하고 신민주공화당 창당멤버로 참여하게 되었다.

김혜성은 창당 이후 신민주공화당 중앙사무처 여성국 부장으로 임명되었다. 그리고 1990년 1월 22일, 당시 집권 여당이던 민주정의당(약칭 민정당)과 제2야당 통일민주당(약칭 민주당), 제3야당 신민주공화당(약칭 공화당)이 합당하여 민주자유당이 출범하였다. 이를 두고 3당 합당 또는 보수대연합이라고 칭했다. 3당 합당 이후 김혜성은 민주자유당 중앙사무처 여성국에서 정책부장, 기획부장으로 일했다. 그러던 중 1993년 문민정부가 들어서고 김혜성은 김영삼 대통령의 영부인이었던 손명순 여사에게 발탁되어 대통령 비서실 제2부속실로 가게 되었다.

민주자유당은 민정계, 민주계, 공화계 등으로 계보가 난립하고 있었다. 복잡한 계보 싸움은 중앙당 여성국에서도, 사무국 내에서도 보이지 않게 존재했다. 그러나 그는 이런 계보 싸움에 아랑곳없이 스스로 일을 찾아 혼자서 차분히 선거를 준비했다. 선거 후에는 미련 없이 정당을 그만둘 생각이었기에 복잡한 계파놀음에 휩쓸리지 않았다.

김영삼 대통령 당선 후 중앙당 여성국에서 축하행사를 진행하는 것을 지켜보던 손명순 여사는 김혜성을 청와대 제2부속실로 데려가기로 낙점했다. 계파싸움이 치열한 정당 내에서 자기 정치를 하지 않고 5년 내내 청와대 부속실 살림을 도맡아줄 인재가 필요했고, 김혜성이 그 일을 해낼 사람이라고 생각했던 것이다. 손명순 여사의 혜안은 적중했다. 전혀 예상치 못한 제안에 김혜성은 당황했지만, 한편으론 또 다른 조직을 경험할 기회라고 생각했다.

신민주공화당 출신이었던 김혜성은 5년 동안 청와대에 있으면서 늘 이방인으로 살았다. 그것이 불행인지 다행인지 그는 권력의 최고 중심에서 살짝 비켜서 있었기 때문에 청와대 안에서의 사람들의 움직임을 제대로 관찰할 수 있었다. 처음에는 모두가 권력 집단에 들어가서 잘해보려는 의지와 열정을 다지지만 6개월쯤 지나면서 초심을 잃기 시작했다. 2년쯤 되니 그들은 자신도 모르게 권력자가 되어가곤 했다.

김혜성에게도 온갖 청탁과 회유가 밀려들었지만, 단 한 번도 흔들림이 없었다. 김혜성은 청와대 5년의 생활을 앞으로의 30년 인생과 바꿀 수 없다며 그 안에서 본분을 망각하지 않고 올곧게 부속실 업무를 수행하고자 노력했다. 문민정부 말기 IMF로 힘들어졌을 때 사람들은 서서히 제 갈 길을 찾아가고 있었다. 그때 김혜성은 "상황이 좋다면 모를까 아무 인연도 없던 나를 믿고 발탁해 주신 여사님을 정권 말기 여러 가지로 힘든 시기에 어떻게 그 곁을 떠날 수 있겠나. 누군가는 끝까지 남아 외롭지 않게 마무리는 해드려야 하지 않겠냐"고 했다.[4]

손명순 여사는 5년을 한결같이 문민정부 부속실을 지켜왔던 김혜성을 무척 아꼈다. 손명순 여사는 김혜성이 청와대의 바쁜 일정으로 박사논문을 쓰지 못하고 있다는 것을 알고, 임기 말에 등을 떠밀어 박사논문을 쓰도록 했다. 6개월간 휴가를 준 것이다. 손명순 여사의 배려가 없었으면 그의 박사학위 논문은 세상에 나오지 못했을 것이다.

헌법소원으로 되찾은 비례대표 의석

문민정부 임기 말에 박사학위를 취득한 김혜성은 다시 학자의 길을 걷기 시작했다. 모교인 숙명여자대학교를 비롯해 그를 필요로 하는 대학에서 강사로 학생들을 만났다. 김혜성은 학교에만 머물지 않고 커뮤니케이션 회사를 차려 경영에도 참여했고, 몇몇 기업에서 경영 자문을 맡기도 하였다.

그러던 차에 김혜성에게도 국회에 들어갈 기회가 찾아왔다. 기회가 현실이 되는 과정은 매우 험난했다. 김혜성은 2008년 제18대 국회의원 선거에서 친박연대 비례대표 9번으로 출마했다. 당시 한나라당에는 친이계 친박계로 나뉘어 치열한 계파싸움이 진행되고 있었다. 18대 총선을 앞두고 한나라당 비주류세력이었던 친박계 의원들이 대거 공천에서 탈락하게 되었다. 이에 친박계 의원들은 박근혜 전 대통령의 이름을 걸고 '친박 무소속 연대'를 결성하게 된다. 친박계 일부는 탈당하여 무소속 출마를 선언했고, 일부는 원외 정당인 '미래한국당'에 입당하였다. 미래한국당에 입당한 친박계는 이후 '친박연대'라는 이름으로 정당을 창당하였다.

친박연대는 18대 국회의원 선거를 불과 20여 일 앞두고 급조된 정당임에도 불구하고 4월 9일 총선에서 돌풍을 일으켰다. 지역구 선거에서 6명의 당선자를 배출했고, 정당지지도 13%로 비례대표도 8석이나 얻어 총 14명의 당선자가 나왔다. 4월 9일 총선 이후 지역구 당선자 6명은 한나라당으로 복당했고, 비례대표 8명만 친박연대 이름으로 남았다. 그런데 비례대표 중 3명이 공직선거법 위반으로 2009년 5월 대법원에서 유죄판결을 받았다.[5]

친박연대 비례대표 국회의원 3명이 공직선거법 위반으로 의원직을 상실하였음에도 후순위였던 3명의 후보에게 의원직이 승계되지 않았다. 공직선거법에 선거범죄로 인한 당선무효로 국회의원에 궐원이 생겼을 경우 후순위자가 의석을 승계하지 못하도록 규정하고 있었기 때문이다.

때마침 2009년 6월 25일 비례대표 지방의회 의원이 선거범죄로 당선무효가 되었을 때 후순위 후보의 의석 승계를 제한하는 공직선거법 조항은 위헌이라는 헌법재판소 결정이 나왔다. 이로써 친박연대 비례대표 후순위 후보들도 헌법소원을 제기하여 3명 후보자가 2009년 11월 3일 의원직을 승계하게 되었다. 그중 한 명이 김혜성이었다. 당시 헌법재판소 결정문에 따르면, "선거법이 비례대표 국회의원 후보자 명부상의 차순위 후보자의 승계까지 부인함으로써 선거를 통해 표출된 선거권자들의 정치적 의사표명을 무시·왜곡하는 결과를 초래하고 선거범죄에 관해 귀책사유가 없는 정당이나 차순위 후보자에게 불이익을 주는 것은 지나친 제재로 공무담임권을 침해한 것"이라고 밝혔다.[6]

김혜성은 이런 우여곡절 끝에 친박연대 비례대표 국회의원이 되어 국회에 입성하였다. 김혜성은 본의와는 무관하게 계파갈등의 결과물이었던 정당에서 극심한 부침을 겪었다. 친박연대 소속으로 국회의원이 되었지만, 2010년 2월 당명이 '미래희망연대'로 바뀌었고, 그해 4월, 두 달 만에 '한나라당'에 흡수되어 비례대표 국회의원직을 유지할 수 있었다.

다문화가족에 대한 따뜻한 시선

김혜성은 2009년 11월 3일 자로 국회의원직을 승계하였다. 18대 국회에 뒤늦게 들어왔지만 의정활동 채비는 완벽하게 갖추고 있었다. 오랜 기간 당 여성국장, 민생정책연구소 부소장을 지내면서 체득한 아

| 김혜성은 2011년 11월 15일 다문화식구들과 함께 『우리 안의 국경』 출판기념회를 자축했다.

젠다를 입법과 정책제안으로 풀어내고 싶었다. 짧은 임기 동안 내실 있는 의정활동을 하려면 '선택과 집중'이 필요했다. 그중 하나가 '다문화정책'이었다.

  김혜성은 18대 국회에 입성하자마자 2009년 11월 '국회다문화가족정책연구포럼'을 창립하였다. 공동대표를 맡아 2년간 전국을 돌며 수많은 다문화가족을 만났다. 그 결과물로 『우리 안의 국경』이란 책을 출판했다. 책 제목에는 우리가 다문화가족을 대하는 차별적 시선이 묻어나 있었다. 다시 말해 우리 안의 '국경'에는 사회·경제적 배경이 다른 저개발국가에 대한 차별이 내재되어 있었다. 다문화 현상은 21세기 모든 국가가 숙명처럼 수용해야 하는 시대의 흐름이었지만, 우리는 여전히 차별적 시선으로 다문화가족을 대하고 있었다. 김혜성은 『우리 안의 국경』 서문에서 다문화에 대한 우리의 이중적 시선이 존재하고 있음을 안타까워했다.[7]

"프랑스인들이 만든 서초동의 서래마을은 선망하지만 안산의 이주노동자촌은 특별구역으로 바라본다. 서래마을에 가서는 1만 원이 넘는 커피값을 지불하고도 흡족해하지만, 안산의 다문화촌에서 사먹는 양꼬치 하나는 가격을 따지고 질을 따지며 의심의 눈초리를 쉽게 거두지 않는다. 강남 학원의 미국인 영어선생은 쉽게 믿지만, 강북의 필리핀 영어선생은 쉽게 믿지 못하는 것이 우리들이다."

김혜성은 국적에 따라 다문화인에 대한 차별적 시선을 갖는 우리들에게 다음과 같은 명확한 논리로 "그것은 잘못된 시선이며, 차별"이라고 설명한다.

"공항 검색대에서나 확인받는 국적이라는 것을 우리는 개인으로 보지 않고 그 개인이 속해 있는 전체로 단정해 버린다. 개인은 전체가 될 수 있지만 전체가 개인이 될 수는 없다. 국적은 출생지일 뿐 개인을 판단하고 구분하는 기준이 되어서는 안 된다. 지구상에 있는 모든 나라들은 지도로 국가와 민족을 구분하고, 남극과 북극으로 나누고, 동쪽과 서쪽의 위치를 확인한다. 지도를 통해 세상의 중심이 어디인지, 어느 나라가 부자고 어느 나라가 가난한지 구분하고, 어느 민족이 우수하고 어느 민족이 뒤떨어지는지 차별한다."

김혜성은 직업군인이었던 아버지의 영향을 받아 누구보다 애국심이 강했다. 그래서 우리나라가 세계에서 가장 부강한 나라가 되기를 바랐지만, 그보다는 차별 없는 공존과 화합을 통한 따뜻한 공동체가 유지되기를 더 소원했다. 김혜성은 이런 따뜻한 공동체에 대한 소망을 『우리 안의 국경』에 고스란히 담아놓았다.

"다문화 현상은 특별한 것이 아니라 함께 공존하는 우리의 새로운 모습으로 받아들여야 한다. 우리가 다문화와 함께 공존할 때 우리 안의 국경(차별)도 사라지고, 국경 없는 미래도 약속받을 수 있다."

김혜성은 2009년 기준 110만 명이 넘어선 다문화가족이 안정적으로 정착할 수 있도록 정부가 적극적 지원에 나서야 한다고 생각했다. 다문화가족에게 가장 필요한 것이 무엇인지 그 답을 직접 찾아 나섰다. 그리고 다문화가족이 간절히 원했던 지원사항을 담아 2010년 5월 4일, 2011년 3월 17일, 2011년 6월 24일 세 차례나 [다문화가족지원법 일부개정 법률안]을 대표발의하였다. 이 가운데 두 건의 개정안이 국회 여성가족위원회 대안으로 성안되어 국회 본회의를 통과했다.

2010년 5월에 발의한 개정안에 따르면, 결혼이민자에게 온라인·방문 교육 등 다양한 방식으로 한국어 교육을 지원하도록 하였고, [가정폭력방지 및 피해자보호 등에 관한 법률]에 근거하여 국가와 지방자치단체는 가정폭력으로 피해를 입은 결혼이민자 등을 보호·지원하는 내용을 신설하였다. 2011년 6월 24일에 발의한 개정안에 따르면, 현행 여성가족부가 민간법인 또는 단체에 다문화가족지원센터를 지정·운영하는 방식을 국가와 지방자치단체가 다문화가족지원센터를 설치·운영하고, 필요한 경우 관련 사무를 법인과 단체에 위탁운영할 수 있도록 하였다. 또한, 지방자치단체에 다문화가족 지원을 담당할 기구와 공무원을 두도록 하였고, 다문화가족지원센터 전문인력에 보수교육을 의무적으로 실시하여 다문화가족에 대한 실질적인 지원이 이뤄지도록 배려하였다. 그리고, 턱없이 부족한 예산 문제를 해소하기 위해 기획재정부가 관리하는 복권기금이 다문화 사업을 지원할 수 있는 길을 터놓았다.

소상공인에게 사회적 안전망 구축

김혜성이 집중한 두 번째 아젠다는 소상공인에 대한 탄탄한 지원 제도를 구축하는 일이었다. 우리나라에서 소상공인과 자영업자는 우리 경제의 실핏줄 기능을 담당하면서 경제 양극화의 완충지대 역할을 하고 있었다. 그런데 언제부턴가 소상공인 자영업자들의 몰락 징후가 보이기 시작했다. 김혜성과 비슷한 연배의 직장인들이 퇴직 후 치킨가게, 호프집 등을 창업하는 경우가 허다했다.

2010년 말 당시 전국적으로 소상공인 수가 500만 명을 상회하고 있었으나, 소상공인의 경영환경은 지속적으로 악화되고 있었다. 당시 우리나라의 소상공인 비율은 OECD 평균의 2배가 넘고 있었다. 중산층의 기반이 되었던 직장인들이 퇴직 후 창업경영 등에 대한 교육이 부재한 상태에서 창업하다 보니 상당수가 1년 이내에 폐업하는 경우가 속출했다.

정부는 기업친화적 정책을 펼치면서 대형할인점이나 기업형 슈퍼마켓(SSM)의 골목상권 침투를 수수방관했고, 소상공인들의 숨통을 옥죄고 있었다. 김혜성은 결국 목마른 사람이 우물을 파는 격으로 소상공인 업계가 스스로 해결책을 찾을 것을 제안하면서 소상공인들을 위한 입법을 준비하기 시작했다. 가장 먼저 소상공인과 자영업자들의 생존 현장을 찾아가 그들의 목소리를 들었다. 그리고 소상공인들과의 수차례 정책간담회를 거쳐 소상공인들의 경쟁력 확보를 위한 4가지 정책을 제안했다.[8]

첫째, 소상공인 정책을 전담할 정부조직을 신설하는 것이었다. 당시 소상공인 정책은 중소기업청의 소상공인정책국에서 담당하고 있었지만, 자영업자를 포함한 5백만 명의 소상공인이 우리나라 전체 일자리의 40%를 제공하고 있는 실정을 감안해 소상공인연합회라는 법정 단체 설립을 주장했다. 그리고, 정부 차원에서는 획기적인 예산증액을 포함해 종합적인 정책적 지원이 이루어져야 함을 강조하면서, 대통령 직속으로 소상공인위원회를 신설할 것을 촉구했다.

둘째, 소상공인들이 숨을 돌릴 수 있도록 신용카드 수수료를 낮추는 것이었다. 소상공인들은 신용카드 수수료를 대형할인마트 수준인 1.5%까지 낮춰줄 것을 요구했다. 이때 김혜성은 소상공인들이 카드 수수료로 인한 피해를 조금이라도 줄여주기 위한 현실적 대안을 찾으려고 노력했다. 당시 국회 기획재정위원회에서 활동했던 김혜성 의원은 한국은행 총재에게 금융결제원과 협의를 거쳐 현금카드 결제 서비스를 활성화시켜 수수료를 1%까지 낮출 수 있는 방안을 마련했다. 이는 훗날 영세 자영업자 신용카드 수수료의 획기적 인하를 현실화하는 주춧돌이 되었다.

셋째, 자영업자에 대한 근로장려세제를 차질 없이 적용하자는 것이었다. 2007년부터 일용근로자들은 근로장려금을 지급받았지만, 자영업자들은 근로빈곤층에 포함되었음에도 소득 파악이 어렵다는 이유로 근로장려금 지급대상에서 제외되었다. 개념적으로 자영업자도 근로빈곤층(Working Poor)에 해당되기에 근로장려금을 지급받을 수 있어야 하지만, 정부의 준비 소홀로 자영업자에 대한 근로장려세제 적용은 계속 미뤄지고 있는 상황이었다.

소상공인 자영업자들에게 근로장려세제를 적용하는 데 가장 큰 어려움은 소득 파악의 문제였다. 장부기장이 소득 파악을 위한 첩경이었지만, 소상공인들 입장에선 배보다 배꼽이 더 크다고 판단해 선뜻 동의하기 어려운 일이었다. 소상공인들이 근로장려세제 혜택을 받는 것보다 장부기장 비용이 더 큰 부담이 되고 있었기 때문이다. 이때 김혜성은 묘안을 짜냈다. 카드수수료 인하를 유도하기 위해 제시한 현금카드 결제 서비스 실행에 필요한 신용카드 단말기에 장부자동기장 기능을 탑재하여 보급한다면 소상공인들의 장부기장 비용을 획기적으로 경감시킬 수 있을 것이라고 제안했다. 김혜성은 기획재정부와 국세청을 끈질기게 설득한 끝에 일용근로자보다 6년이 늦었지만 자영업자에게도 근로장려금이 지급되는 성과를 거두었다.

김혜성은 18대 국회에서
[소상공인지원법]을 제정한 것을
가장 큰 보람으로 여겼다.

넷째, 정부가 소상공인에게 필요한 정보 제공을 강화하는 일이었다. 당시 통계청은 내비게이터 서비스를 통해 지역 정보를 제공하고 있지만, 소상공인들에게 실질적인 도움이 되는 정보는 턱없이 부족했다. 당시 김혜성 의원은 국회 기획재정위원회에서 국세청이 신용카드 가맹점의 신용카드 결제 및 현금영수증 정보를 실시간으로 제공받고 있는데, 이 정보를 가공해서 통계청이 상권별로 제공한다면 소상공인들이 유용하게 활용하게 될 것이라고 제안했다.

이러한 정책제안들을 현실화하기 위해서는 소상공인 지원을 위한 제정법이 꼭 필요했다. 김혜성은 2011년 8월 19일 소상공인연합회에 법적 지위를 부여하고, 소상공인들에게 경제적 지원을 하기 위한 소상공인 진흥기금 설치를 골자로 한 [소상공인 지원에 관한 법률]을 대표발의하였다. 김혜성은 이 제정법을 발의한 뒤, 소상공인 대표와 전문가들과 함께 수차례 공청회를 개최하여 여론 수렴에 나섰다. 하지만 정부는 물론 소속 정당에서도 나라 곳간을 지켜야 한다는 이유로 반대가 심했다.

　김혜성이 [소상공인 지원에 관한 법률안]을 세상에 내놓기까지 숨은 공로자가 있었다. 그는 다름 아닌 공인회계사 출신인 김혜성의 보좌관이었다. 세무와 기업회계, 그리고, IT 전문가로 소상공인들의 애로사항을 누구보다 잘 알고 있었던 보좌관은 김혜성의 비밀병기였다. 김혜성이 보좌관에 대한 신뢰가 어느 정도였는지를 보여주는 유명한 일화를 소개한다.[9)]

　김혜성의 보좌관은 국정감사 때마다 전문가로서의 능력을 십분 발휘했다. 대기업을 비롯한 공기업, 공공기관 및 금융기관들의 횡포를 조목조목 지적했고, 경제위기 상황에서 가장 먼저 생존을 걱정해야 하는 소상공인들에게 생존능력을 키워주기 위한 정책 대안을 제시하는 데 많은 노력을 기울였다. 그래서인지 국정감사에서 타깃이 되었던 관계자들은 김혜성 의원의 보좌관을 눈엣가시처럼 여겼다. 급기야 이들은 당의 중진의원과 친·인척간이었던 일부 의원들에게 보좌관을 음해하는 로비를 서슴지 않았다. 로비를 받은 의원들은 김혜성 의원에게 보좌관 면직을 요구하는 전화를 걸어왔다. 김혜성 의원은 보좌관에 대한 터무니없는 음해에 대해 단호하게 대응했다. 그날도 당의 중진의원이 전화를 걸어 다짜고짜 보좌관을 해고하라고 호통을 쳤다. 그러자 김혜성 의원은 대화 도중 보좌관을 불렀다. 김혜성 의원은 스피커폰을 켠 뒤 수화기 너머 있는 의원에게 "지금 우리 보좌관이 나와 함께 있으니 하시고 싶은 말씀을 하시라."고 말했다. 김혜성 의원은 이야기를 다 듣고 난 뒤 이렇게 답변했다.

"의원님께서 우리 보좌관을 오해하고 있는 부분이 있는 것 같은데, 저는 보좌관을 제 분신처럼 신뢰하고 있습니다. 제 보좌관의 면직 여부는 제가 알아서 할 일입니다."

그 자리에 있던 보좌관은 김혜성 의원의 단호함에 어안이 벙벙했다고 한다. 김혜성은 이렇듯 자신이 옳다고 믿는 일이나 사람에 대해서는 흔들림이 없었다.

소상공인 지원, 첩첩산중

우여곡절 끝에 [소상공인 지원에 관한 법률안]이 성안되었지만, 국회 법사위 문턱을 넘기에는 첩첩산중의 난관이 기다리고 있었다. 특히 당시 국회 지식경제위원회 위원장이 제정법은 본회의 통과가 어렵다는 이유로 [소기업 및 소상공인 지원을 위한 특별조치법 일부개정 법률안]으로 바꿔치기하는 일이 벌어졌다. 당시에도 국회에서는 힘 있는 여당의 다선의원이나 상임위원장이 초선의원이 심혈을 기울여 성안한 법안을 가로채는 일이 간간이 있었다. 입법 도의에는 어긋나는 일이었지만, 본회의 통과를 수월하게 한다는 미명 아래 법안 도둑질이 관행처럼 이뤄졌다.

김혜성 의원은 18대 국회에 뒤늦게 들어와 1년 6개월 동안 영혼을 갈아 넣다시피한 [소상공인 지원에 관한 법률안]을 당시 야당의 중진의원이자 상임위원장에게 날치기당했다는 억울함에 잠을 이루기 어려웠다. 그러나 김혜성은 대인배였다. 누구의 이름으로 법안이 통과되느냐가 중요한 것이 아니라, 소상공인들의 자립과 이익을 대변하는 내용이 얼마나 충실하게 담겼느냐가 더 값지다고 판단했다. 김혜성이 성안한 제정법의 내용이 개정안에 고스란히 담겼으니 그것으로 족하다며 마음을 추스렸다.

결국, 국회 지식경제위원회에서 대안으로 성안한 [소기업 및 소상공인 지원을 위한 특별조치법 일부개정 법률안]이 2011년 12월 29일 국회 본회의를 통과했다. 여야 합의하에 상임위와 법사위를 통과한 이 개정안은 국회 본회의에서 재석 157명 가운데 157명이 찬성하여 만장일치로 가결되었다. 김혜성은 자식이나 다름없었던 [소상공인 지원법안]이 국회 본회의에서 재석의원의 만장일치로 통과되는 것을 지켜보면서 감격의 눈물을 쏟아냈다. 무엇보다 소상공인들의 법적 지위가 보장되었고, 매년 관세 징수액의 3%를 소상공인진흥기금으로 전입시켜 안정적인 재원이 확보되었다는 데 큰 의미가 있었다.

김혜성은 그해 연말 한 언론사와의 인터뷰에서 "이제는 소상공인들이 시위나 농성을 하지 않고서도, 소상공인 대표를 통해 이해당사자나 정부 책임자들과 책상에 마주 앉아 소상공인의 권익을 위한 주장을 당당히 펼칠 수 있게 되었다."며 소상공인연합회가 법정단체가 되어 소상공인의 이익을 대변할 수 있게 된 것을 가장 큰 보람으로 여겼다.

그런데 법 개정이 끝이 아니었다. 소상공인연합회라는 법정단체 설립 근거법이 마련되었지만, 단체 설립과정에서 몇 해 동안 소상공인단체 간의 진흙탕 싸움이 벌어졌다. 복수 단체가 경쟁을 벌이면서 도저히 타협의 빌미가 보이지 않자, 중소기업청의 중재로 어렵사리 소상공

인연합회를 법정단체로 출범시켰다.[10]

법정단체가 출범한 뒤에도 내부 갈등은 계속되었다. 소상공인연합회 주요 간부는 정계 진출을 선택했고, 700만 소상공인의 권익향상보다는 개인의 영달을 위해 직위를 이용하고 있다는 비판이 터져 나왔다. 누구보다 사심 없이 소상공인들에게 탄탄한 법적 경제적 기반을 조성하는 일에 매진했던 김혜성은 법 개정 이후 10년 이상 소상공인단체들이 밥그릇 싸움에 몰두하고 있는 것을 지켜보자니 한숨이 절로 나왔다.

김혜성은 소상공인단체가 법정단체가 되면 적어도 소상공인들이 길거리에 나가 생존권 투쟁을 하는 일을 없을 것이라고 생각했다. 소상공인연합회가 700만 소상공인들의 방패막이가 되어줄 것이라고 믿었기 때문이다. 그런데 지금의 소상공인단체는 더 이상 소상공인들의 이익을 대변하는 법정단체가 아니라, 주요 간부들이 공익보다는 사익을 추구하는 활동으로 정계 진출을 위한 발판으로 전락해버린 현실을 몹시 안타까워했다.

김혜성은 보좌관과 함께 고생 끝에 일궈낸 소상공인의 법적 지위가 그들의 안전망이 되지 못하고 있는 현실을 보면서 공든 탑이 무너지는 것 같은 아픔을 느꼈다. 그러나 김혜성은 절망하지 않았다. 김혜성은 2023년 8월 한 신문사와의 인터뷰에서 "우리 경제의 실핏줄 기능을 담당하고 있는 소상공인과 자영업자가 이제는 막다른 골목에 들어섰고, 조만간 자영업이 붕괴될 것이라는 위기감을 느낀다."면서도 "피할 수 있는 위기도 없지만 극복하지 못할 위기도 없다는 경제학자 케인즈의 말을 마음 깊이 새기며 실질적 대안을 중심으로 지혜를 모아 해결책을 찾는 데 힘을 보탤 것"이라고 밝혀 눈길을 끌었다.[11]

소상공인들의 카드수수료 인하
촉구 집회에서 발언하는
김혜성 의원

이 인터뷰는 김혜성이 세상을 떠나기 넉 달 전에 이뤄졌다. 김혜성의 비밀병기였던 보좌관에 따르면, 김혜성은 마포에 사무실을 내고 2024년 총선에 도전해서 사심 없이 소상공인들의 이익을 대변할 준비를 하고 있었다. 김혜성은 국회를 떠난 뒤에도 오랫동안 연구활동을 지속하며, 이를 바탕으로 지금의 소상공인들의 위기를 소프트랜딩으로 안착시키기 위해 정책 대안을 준비하고 있었다.[12]

사회적 약자와의 동행, 변하지 않는 꿈

김혜성은 18대 국회에서 늦은 출발이었음에도 불구하고 최다 입법 발의자로 이름을 올렸다. 총 272개의 법안을 대표발의했는데, 그중 33개의 법안이, [소상공인지원법안]을 포함하여, 사회적 약자에게 힘이 되는 법안이었다. 김혜성은 우리 사회 구석구석에 그림자로 존재하고 있는 사회적 약자의 손을 잡고 희망을 향해 나란히 걷고 싶었다. 그들과의 동행으로 살만한 사회를 만들어나가는 것이 김혜성이 정치하는 이유였다.

[소상공인지원법] 외에 김혜성이 마음을 담은 법안으로 [소프트웨어진흥법 개정안]이 있었다. 2010년 조달청 나라장터를 통해 발주된 20억 원 이상의 소프트웨어 계약 현황을 보면, 전체 발주건수 중 대기업 계약건수가 79.6%를 차지하고 있고, 금액으로는 91.9%를 차지하고 있었다. 대기업이 싹쓸이를 하고 있어 중소 IT기업이 참여할 틈이 없었다. 실제로 대기업이 수주한 정보화사업을 시행하는 주체는 중소기업이었다. 다단계 하청계약을 통해 중소기업이 수행하지만 그들은 간신히 명맥을 유지할 정도의 대가만을 받고 있었다. 실제 사업은 다단계 하청으로 중소기업이 수행하고 대기업은 폭리를 챙기면서 공공기관 소프트웨어사업을 독식하고 있었던 것이다.

김혜성은 이런 대기업의 횡포를 바로잡고 싶었다. 우리나라 IT 중소기업들은 이미 소프트웨어 개발이나 유지보수에 충분한 경쟁력을 갖추고 있었다. 대기업의 횡포를 바로잡고 불공정 관행을 없애 중소기업이 중견 IT기업으로 성장할 수 있는 발판으로 분리·분할 발주제도를 실행시켰다. 그리고 국방이나 안보 등에 해당하지 않는 공공소프트웨어 개발사업에는 대기업이 참여할 수 없도록 했다. 이런 내용은 [소프트웨어진흥법 개정안]에 고스란히 담겨있다.[13] 이로 인해 IT 중소기업들이 대기업의 불공정 다단계 하청계약에서 벗어나 경쟁력을 갖출 수 있게 되었다.

김혜성의 또 하나의 서민을 위한 입법은 공동주택 어린이집을 면세 사업자로 만들어준 것이다. 당시에도 대한민국 출산율은 OECD 국가 중 최저치를 기록할 정도로 심각한 인구위기를 겪고 있었다. 이러한 저출산 문제의 해결책 중의 하나로 부모들이 안심하고 아이를 맡길 수 있는 보육시설을 확대하고 지원하는 일이었다. 그런데 국세청은 정부의 출산장려정책의 취지에 역행해 공동주택의 보육시설을 보육서비스를 제공하는 일반사업자로 간주해 부가가치세를 부과하는 정책을 실행하고 있었다.

국회 기획재정위원회에서 활동했던 김혜성은 정부가 숨어있는 세원을 적극적으로 찾아 복지예산을 마련할 것을 강조해왔다. 세무당국이 유흥주점이 '신용카드 깡' 등으로 손쉽게 탈세하는 방식을 차단함으로써 방치하거나 숨어있는 세원 찾기에 적극 나설 것을 주장했다. 그런데 세무당국의 세원 찾기 방향이 엉뚱한 곳으로 향했다. 바로 공동주택 어린이집 사업장이었다.

세무당국이 2010년 10월경 전국 상당수 아파트대표자회의에 그동안 부과하지 않았던 단지 내 보육시설 임대료에 부가가치세를 부과하는 통지서를 발송하였다. 서울 노원구의 A아파트 대표자회의는 관할 세무서로부터 지난 2004년부터 7년간 단지 내 보육시설 임차인으로부터 받은 임대료에 대한 부가가치세와 가산세를 미납했다는 이유로 총 3천여만 원을 납부하라는 통지서를 받았다.

이런 세금폭탄 통지서를 받아든 전국의 아파트대표회의와 단지 내 보육시설은 일제히 세무당국에 원성을 쏟아냈다. 공동주택 보육시설은 영리사업이 아닌 복지사업의 일환으로 여겼던 터라 부가세를 소급해서 납부하라는 것은 세무당국의 횡포나 다름없었다.

김혜성은 전국의 아파트 주민들의 이런 원성에 가장 먼저 귀를 기

2011년 12월 15일 세린어린이집 아이들이 국회로 견학을 왔다. 김혜성은 아파트 어린이집에 부과된 부가가치세를 면제하는 입법을 추진한 바 있다.

울였다. 그는 2010년 10월 대구지방국세청 국정감사에서 "최근 일선 세무서들이 아파트 단지 내 보육시설 임대료 관련 부가세로 수백, 수천만 원을 소급해 한꺼번에 부과하고 있다."며 "이와 같은 부가세 부담이 지속되면 전국 아파트 단지 내 보육시설은 문을 닫을 수밖에 없을 것이고 이는 정부의 출산장려정책에 악영향을 끼칠 것"이라고 지적했다.[14]

그러나 세무당국은 "부가가치세는 영리 목적의 유무를 불문하고 사업상 독립적으로 재화나 용역을 공급하는 경우 과세되는 세금"이라며 세법상의 원칙을 들어 공동주택 어린이집에 계속 부가세 부과를 진행하겠다는 입장을 고수했다. 그렇다면 부가가치세법 개정 외에는 방법이 없었다.

김혜성은 2011년 1월 13일 부가가치세 면세대상에 공동주택 영·유아 보육시설 임대용역을 포함시키는 내용의 [부가가치세법 개정안]을 대표발의하였고, 그해 12월 30일 국회 본회의를 통과했다. 이로 인해 당시 3만6천여 곳에 달하는 공동주택 어린이집의 관리운영에 실질적인 세제지원이 이뤄지게 되었다.

당사자 정치의 꿈은 계속되었다.

김혜성의 18대 국회 의정활동은 떠들썩하지 않았다. 그러나 서민과 약자를 돌보고 그들의 사회적 안전망을 만드는 일에는 누구보다 열심이었다. 김혜성은 18대 국회가 마무리되어 갈 즈음 새로운 출발을 꿈꾸고 있었다. 19대 국회에서는 학창시절 꿈을 키웠던 마포에서, 마포구민들의 꿈을 실현하는 데 함께하는 이웃이 되고자 했다. 그러나 아쉽게도 김혜성에게 재선의 기회는 주어지지 않았다.

김혜성은 19대 총선에 출마하지 못했지만, 재선 국회의원의 꿈을 포기하지 않았다. 그가 2020년 1월호 「헌정(憲政)」지에 기고한 칼럼을 보면, 그가 얼마나 여성정치, 곧 당사자 정치를 갈구하고 있었는가를 엿볼 수 있다.[15]

"언제까지나 희망이나 바람을 촉구하고 문을 두드릴 뿐 결정에는 참여할 수 없는 정치, 항상 밀리고 밀려 '다음에', '나중에'를 말하는 정치가 여성들의 전유물이어야 하는가? 어느 청년 여성이 "나를 대표할 수 없는 사람들의 대의민주주의가 종식되길 바란다. 기존의 정치 그 자리에 여성의 이름으로 다시 쓰인 정치를 원한다"고 힘주어 부르짖듯 이젠 바뀌어야 하고 달라져야 한다. 여성차별과 여성과 관련된 문제는 부딪치며 겪어온 당사자들이 가장 잘 풀어갈 수 있다는 뜻에서 '당사자 정치'로 바뀌어야 한다. 그래서 누구나 할 수 있는 정치가 되어야 한다."

「헌정(憲政)」지에 실린 김혜성 의원의 글을 읽으면서 '부드러운 카리스마가 이런 것일까?'하는 생각이 들었다. 수많은 여성 청중들이 모여 있는 광장에서 여성이 왜 정치에 나서야 하는지를 설파하는 여성지도자의 모습이 떠올랐다.

김혜성은 2020년 12월 9일 핀란드에서 전해진 "전 세계 역대 최연소 34세 여성총리의 선출과 내각 19명 중 여성 12명 발탁의 '여초내각' 구성"이라는 뉴스를 보며 온몸으로 전율을 느꼈다고 했다. 김혜성에게 정치는 내 삶과 1cm도 떨어질 수 없는, 내 삶에 강력한 영향을 끼치는 현실적 지배력이라고 여겼다. 정치에서의 소외는 곧 삶의 주도권을 잃는 것이라고 생각했다. 김혜성은 「헌정(憲政)」 칼럼에서 핀란드에서 벌어진 여성정치가 우리나라에서도 가까운 장래에 가능하기를 소망하면서 글을 맺었다.

김혜성은 2012년 제19대 국회의원 선거에서 새누리당 소속으로 마포구 갑 선거구에 출마하려 하였으나 공천을 받지 못했다. 비록 19대 국회에서 펼치고자 했던 꿈이 실현되지 못했지만 김혜성은 정치 현장을 떠나지 않았다. 2013년 전·현직 여성 국회의원들의 모임인 '(사)한국여성의정'을 설립하는 과정에 많은 힘을 보탰다.

여야 가릴 것 없이 정당에서 누구의 계보냐에 따라 공천에서 배제되는 일이 비일비재했다. 정치권의 계보싸움은 우리 정당사에서 퇴출되어야 하는 약점이 되고 있었다. 하물며 한국여성의정에서도 소소한 편가르기가 있었다. 그런데 김혜성은 사람에 대한 편견이 없었다. 김혜성은 누구에게나 호인(好人)이었다.

김혜성은 넉넉한 인품 덕분에 편가르기가 고질병이 되었던 정치권에서도 "사람 좋다"는 평가를 받았다. (사)한국여성의정 설립을 주도했던 신명 전 민주당 의원은 "김혜성 의원은 새누리당 내에서도 넉넉한 인품으로 누구에게나 인정받는 사람이었다. 그 덕분에 법인 설립 과정에서 새누리당 여성의원들을 발기인으로 모집하는 데 도움이 컸다."고 회고했다.

김혜성은 2013년 (사)한국여성의정 설립과정부터 적극적으로 참여했다. 초창기 한국여성의정에서 정책연구위원으로 여성 정치참여 확대를 위한 다양한 연구사업 등에 참여했다. 2016년부터 2년간은 교육실장을 맡아 전국 8개 지역에 여성의정 정치학교를 설립하여 지방선거에 출마하고자 하는 여성들에게 역량강화 교육을 실시하였다. 2019년 5월 사무차장을 맡아 여성의정 살림을 챙겼고, 2020년 5월부터 1년간 여성의정 사무총장직을 수행했다. 이때 김혜성은 사무국 직원들 사이에서 "왕언니"로 불리며 넉넉한 리더십을 보여주었다.

김혜성에게 (사)한국여성의정은 그와 같은 여성정치인들이 재기를 꿈꾸고, 청년여성들이 당사자 정치에 도전할 수 있도록 지원하는 큰 그릇이었다. 김혜성 역시 2024년 총선에서 재기를 준비하고 있었다. 총선 준비를 위해 2022년에 한국여성의정을 잠시 떠났다가 2023년 봄에 기관지 「여성의정」 편집위원장으로 돌아왔다. 법인 설립과정부터 함께했던 여성의정은 그에게는 어머니의 품처럼 따뜻한 공간이었다.

김혜성은 여성의정에 복귀한 지 얼마 되지 않아 우리에게 비보(悲報)를 전했다. 그는 2023년 11월 23일 여성의정 운영위원들과 함께 강릉 소재 여성수련원으로 워크숍을 떠났다. 그 자리에서 기관지 편집위원장으로서 발표를 하던 중에 갑자기 쓰러져 영영 돌아오지 못했다. 기관지 「여성의정」 19호(2024년)에는 김혜성을 추도하는 글로 가득 채워졌다.

김혜성은 어떤 세상을 꿈꾸고 있었을까? 한참을 고민하다 2009년 12월 「국회보」에 실린 글에서 그가 꿈꾸고 있었던 세상을 보여주는 글귀를 찾아냈다.

"가여낙성(可與樂成)"

"함께 일의 성공을 즐길 수 있다."는 뜻의 한자성어이다. 사회라는 공간(空間) 속에서, 흘러가는 시간(時間)에 맞춰, 다양한 모습의 사람(人間)들과 더불어 살아가며 함께 미소 짓는 것만이 진정한 삶의 가치를 실현하는 것이란 얘기다.[16]

김혜성은 가장 높은 곳을 향하는 삶이 아니라, 다양한 사람들과 더불어 살아가며 미소지을 수 있는 삶을 최고의 가치로 여겼다. 이웃과 함께 웃을 수 있는 삶을 꿈꾸고 있었다. 따뜻한 미소를 가진 사람, 김혜성은 지금도 어디선가 '가여낙성(可與樂成)'의 삶을 꿈꾸고 있을 것이다.

| 집필·황훈영 |

| 미주 |

1) '김혜성 친척 동생 인터뷰', 2024.7.5.
2) <BNT 뉴스>, 2012.1.2., "여성불자 108인 신명희 명창 등 선정"
3) '김혜성 친척 동생 인터뷰', 2024.7.5.
4) '김혜성 친척 동생 인터뷰', 2024.7.5.
5) 『한민족민족문화대백과』, "친박연대"
6) <경향신문>, 2009.10.29., "민주1, 친박연대3 '금배지' 되찾는다)"
7) <국회보>, 2012.3.
8) <소상공인신문>, 2011.10.27., "소상공인지원법 제정법 대표발의…큰 보람"
9) '김혜성 의원 전 보좌관 인터뷰', 2024.9.6.
10) <경인매일>, 2023.8.21., "김혜성 전 의원 인터뷰 – '대한민국 소상공인의 실질적인 권익신장 이뤄져야"
11) <경인매일>, 2023.8.21., "김혜성 전 의원 인터뷰 – '대한민국 소상공인의 실질적인 권익신장 이뤄져야"
12) '김혜성 의원 전 보좌관 인터뷰', 2024.9.6.
13) '기획재정부 국정감사 속기록', 2011.10.7.
14) <아파트관리신문>, 2010.11.1., "보육시설 임대료 부가세 부과 논란"
15) <헌정(憲政)>, 2020.1., "더 많은 여성 국회의원을 기대하며"
16) <국회보>, 2009.12., '칼럼'

제18대 국회의원

박선영 朴宣映

외유내강의 최장수 대변인, 역사의 조난자들과 함께한 정치인

- **1956** 출생
- **1978** 이화여자대학교 법과대학 졸업
- **1978** MBC 기자 (~1989)
- **1995** 서울대학교 법과대학 박사학위 취득
- **2000** 서울대학교 법과대학 BK21 계약교수, 법학연구소 연구교수 (~2003)
- **2003** 가톨릭대학교 법과대학 교수 (~2007)
- **2006** 국가청렴위원회 위원 (~2008)
- **2007** 국가원자력위원회 위원 (~2008)
- **2007** 동국대학교 법과대학 조교수 (~2016)
- **2007** 한국공법학회 부회장, 한국헌법학회 부회장 (~2008)
- **2009** 유럽 헌법학회 부회장
- **2008** 18대 국회의원
- **2012** 사단법인 물망초 이사장 (~현재)
- **2024** 진실·화해를위한과거사정리위원회 위원장 (~현재)

발레리나가 되고 싶었던 말 잘하는 소녀

박선영은 1956년 직업군인이었던 아버지와 초등학교 교사였던 어머니의 세 딸 중 맏이로 태어났다. 이등병으로 한국전쟁에 참전하여 소령까지 진급했던 아버지는 1965년 베트남 파병을 앞두고 지뢰와 폭발물 시험을 하다가 폭발 사고로 돌아가셨다. 박선영이 9살 때였다. 졸지에 아버지를 잃은 박선영은 어머니를 따라 춘천 외가로 가서 이모네 집에서 살았다.[1]

박선영의 원래 이름은 박연희였다. 그런데 아버지가 돌아가시고 춘천으로 이사했을 때 동사무소 직원이 돌림자인 연꽃 연(蓮)을 돌 운(運)으로 잘못 적는 바람에 박운희가 되었다. 이 이름은 바로 놀림감이 되었다. 연음으로 읽으면 바구니가 되기 때문이다. 친구들은 물론 선생님들까지 놀렸고 성인이 되어 기자나 교수가 되었을 때도 시청자들이나 학생들의 놀림을 받아야 했다. 당시는 개명하는 것이 쉽지 않아서 꾹 참고 지냈지만 대학교수 시절 학생들조차 바구니 교수라 하는 것을 보고 개명을 결심했다. 마흔이 넘어서, 살면서 받은 은혜를 다른 사람에게 베풀겠다는 의미로 베풀 선(宣), 비출 영(映), 박선영이란 새 이름을 지었다.

박선영의 어머니는 키도 크고 굉장한 미인인 데다 노래도 잘 부르고 춤도 잘 추었다. 음악가가 되고 싶었으나 "교육자 집안에 딴따라가 웬 말이냐"는 집안 어른들의 완강한 반대로 꿈을 접고 교사가 되었다. 박선영의 외할아버지는 초등학교 교장이었고, 이모는 교사, 외삼촌은 교육위원회 위원이었다. 어머니는 딸들을 통해 자신의 꿈을 이루고 싶은 듯했다. 박선영에게는 피아노와 발레를, 동생들에게는 바이올린과 피아노를 가르쳤다. 딸들과 함께 음악회를 여는 것이 어머니의 꿈이었다.

피아노, 바이올린, 발레 등의 예술 분야는 지금도 레슨비가 많이 들어간다. 가정형편이 어려운 것은 아니었지만 딸들에게 복수의 예술 과목을 가르치느라 어머니는 늘 경제적으로 쪼들렸고, 주변으로부터 "허황된 사람"이라는 험담까지 들어야 했다.[2] 그러나 어머니는 아랑곳하지 않고 소신껏 밀어붙였다. 이런 어머니의 예술적 취향은 박선영에게 고스란히 전해져 힘들고 어려울 때마다 혼자 영화나 그림을 보거나 책을 읽으면서 이겨낼 수 있는 힘의 원천이 되었다.

박선영은 목소리의 톤이 높고 발음이 정확하며 고조장단이 분명하다. 말 잘하고 설득력이 있는 어머니의 재능과 목소리를 물려받은 것이다. 어릴 때는 '따발총'이란 별명이 붙을 정도로 말이 무척 빨랐다. 그래서 박선영이 말하면 아무도 반론을 제기하지 못했다. 5학년이 되자 담임 선생님은 박선영에게 교과서 읽기를 전담시켰다. 그러던 어느 날 선생님이 박선영을 조용히 불렀다. 그리고 이렇게 말씀하셨다. "네가 말을 조금만 천천히 하면 너는 큰 사람이 될 것 같아. 말을 천천히 해봐, 천천히 하다 보면 네 말 높이도 좀 낮아질 거야."

짧은 말씀이었지만 선생님의 표정과 눈빛이 박선영의 가슴을 묵직하게 두드렸다. 그날부터 국어책을 들고 천천히 읽는 연습을 했다. 읽는 도중에 앞도 보고 옆도 보면서 속도를 조절하여 차분하게 완급을 조절할 수 있게 되었다. 마침내 웅변학원에 다니지 않고도 웅변대회에 나갈 정도까지 향상되었다.

박선영은 중고등학교 6년간 방송반을 하면서 아나운서는 물론 학교 행사의 사회를 도맡아 했다. 교수가 된 후에는 중언부언하지 않는 정

발레리나를 꿈꾸던 어린 시절

확한 말투로 학생들에게서 좋은 강의평을 들었다. 국회의원이 되고 나서는 박선영을 무서워하는 사람이 많았는데, "차분하게 할 말을 하다가도 빠르게 속사포처럼 내쏘고 다시 조용하게 할 말을 하여" 대항할 수 없게 만들기 때문이었다. 박선영은 성장의 기본기를 만들어 주었던 담임 선생님과 돌아가실 때까지 교류했다.

발레를 좋아했던 박선영은 발레리나가 되고 싶었다. 그런데 아버지가 돌아가신 일은 뜻하지 않게 법대 교수라는 새로운 꿈을 갖게 하였다. 어느 날 학기 초마다 제출해야 하는 가정조사서 호주(戶主)란에 어머니가 1년에 한 번이나 볼까 말까 한 18세가 갓 넘은 사촌오빠의 이름을 적는 것을 보고 놀란 박선영이 왜 어머니의 이름을 쓰지 않느냐고 물었다. 어머니는 "여자는 호주가 될 수 없다. 여자가 호주가 되려면 국회에서 법을 바꿔야 하는데 국회의원은 모두 남자라서 바꾸지 않는다."고 대답했다. 충격을 받은 박선영이 다른 방법이 없냐고 되묻자 어머니는 "네가 나중에 법대 교수가 돼서 생각을 바꾸도록 학생들을 교육하면 그 사람들이 국회의원이 되어 법을 바꿔 줄 거야."라고 하였다. 그날로 박선영은 법대 교수가 되기로 결심했다. 그 뒤로 법대 교수가 되겠다는 목표는 한 번도 흔들리지 않았다. 그리고 운명처럼 대학에서 윤후정 교수를 만나 호주제 폐지 운동에도 동참할 수 있었다.

험난한 법학도의 길

박선영이 고등학교를 졸업할 즈음 건강이 나빠진 어머니가 교직을 그만두게 되자 가정 형편은 더 기울었다. 가고 싶은 대학이 따로 있었지만, 상당한 장학금을 제시하는 이화여자대학교를 선택했다. 1974년 법대 수석으로 입학한 박선영은 입학성적에 따라 학교에서 수여한 4년 전액 장학금 외에도 교외에서 5·16장학금, 운정장학금, 금강장학금 등 최고의 장학금을 모두 받았다. 이대 법대는 박선영에게 사법고시 합격 1호를 기대했으나 박선영은 사법고시는 안중에도 없이 공부하는 틈틈이 굿판을 쫓아다니거나 프랑스문화원에 가거나 소설을 쓰기도 하면서 대학생활의 낭만을 즐겼다. 그리고 1학년 어느 가을날 처음이자 마지막으로 나간 미팅에서 운명의 파트너를 만났다. 그리고 그와 10년 연애 끝에 결혼했다.[3]

박선영의 대학생활이 온통 낭만으로만 가득했던 것은 아니다. 1학년을 마치기도 전 어느 날, 박선영은 남산 중앙정보부에 잡혀갔다. 이 일에 대해 박선영은 한 언론과의 인터뷰에서 다음과 같이 회고했다.

> "제가 대학에 입학했던 1974년은 유신 말기였어요. 헌법을 공부하는 사람으로서 가만히 있는다면 직무유기라고 생각했죠. 이듬해 긴급조치는 잘못됐다는 내용의 유인물을 만들어서 뿌렸는데 이게 걸렸죠. 당시 학생들은 붙들려 갈까봐 화장실에 몰래 놓고 오고 그랬는데 저는 무슨 배짱이었는지 제 이름까지 써서 교내에서 직접 나눠주고 다녔거든요. 검은 양복 입은 남자들이 양쪽에서 저를 끌고 중앙정보부까지 갔어요. 이제 끝이구나 생각했는데 당시 이화여대 총장이던 김옥길 총장님이 직접 오셔서 신원보증을 해주고 저를 꺼내 주셨어요."[4]

조사실 벽면에는 각 대학의 총책 이름이 적혀 있었는데 이대에는 박선영의 이름이 큼지막하게 붙어 있었다. 경찰은 아무 조사도 하지 않고 이틀간 전등불이 환한 독방에 가두고 잠도 재우지 않고 물 한 모금 주지 않았다. 적막함 속에 옆방에서 고문당하는 비명소리만 들려왔다. 학교에서는 박선영이 행방불명되어 난리가 났다. 김옥길 총장이 달려와 보증을 서서 6일 만에 풀려났다. "똑바로 해!" 김옥길 총장은 경찰에게 이렇게 호통을 치고는 새벽 두 시에 박선영을 자신의 집으로 데리고 가 밥을 먹였다. 독하게 버티고 있던 박선영의 눈에서 그제야 눈물이 주르륵 흘렀다. 학교로 돌아간 박선영은 학업에 매진하여 수석으로 법대를 졸업했다.

4학년이 될 무렵 집안이 더 기울어져 법학 공부를 계속하기 어려워졌다. 가장이 된 박선영은 동생들의 학비 때문에 취업이 급했다. 당시만 해도 여자가 시험 봐서 취직할 수 있는 곳은 드물었고 알음알음 은행에 들어가거나 비서가 되는 것이 전부였다. 그런데 여름방학 때 MBC에서 기자를 뽑는다는 공고가 났다. 이거다 싶어 살펴보니 자격조건이 '군필남'이었다. 무작정 원서를 사러 갔는데 여자에게는 원서조차 팔지 않았다. 이에 굴하지 않고 박선영은 매일 원서를 사러 가서 따졌다. 급기야는 총무국장을 찾아갔다. 이미 보고를 받은 총무국장은 일단 아나운서 시험을 보고 합격하고 나서 근무성적이 좋으면 기자가 될 수도 있다는 정보를 주었다.

최종면접에 이환의 사장이 나왔다. "사내새끼들보다 점수가 좋은 애, 얼굴이라도 보려고 널 불렀다."고 했다. 박선영은 그 말이 끝나기도 전에 "저 안 뽑으면 MBC가 손해일 거예요." 하고 되받아쳤다. 그러고는 "떨어졌구나" 하는 생각이 들었다. 그래서 사실 아나운서가 아니라 기자가 되고 싶다고 이실직고했다. 나중에 들으니 성적은 1등이었으나 중앙정보부 신원조회에 걸려 불합격될 수밖에 없었는데 이환의 사장이 책임지겠다고 보증을 서서 합격할 수 있었다고 했다.

1979년부터 1983년은 언론통폐합과 컬러TV 보급이 동시에 이루어진 언론의 대격변기였다. 컬러 방송이 시작되자 아침 방송이 재개되고 뉴스 분량은 4배나 증가했다. 그에 따라 기자가 많이 늘었음에도 불구하고 보도국의 여기자는 여전히 박선영 혼자였다. 여성 숙직실이 없어 책상에 엎드려 눈을 붙이고 새벽 5시에 일어나 아침 뉴스를 준비해야 했다. 그런 열악한 상황에서도 박선영은 "생수 시판이 임박했다."는 보도로 특종을 했다. 당시만 해도 위화감을 조성한다는 이유로 생수 시

파리유학 시절

판 뉴스는 쉬쉬하고 있었는데 바지런히 돌아다니는 박선영의 눈을 피할 수는 없었다. 원자력발전이 막 도입되던 때에는 하루도 빠지지 않고 리포트를 했다. 박운희라는 이름에서 가져온 뉴스데스크의 한 코너 〈바구니 경제〉로 기자 박선영을 널리 알렸다.[5]

 1985년 여기자로서는 처음으로 국가장학생이 되어 프랑스 소르본느대학에서 다시 공부할 기회를 얻었다. 그러자 잊고 있었던 법대 교수의 꿈이 되살아났다. 유학 후 돌아와 1989년 사표를 내고 서울대 법대 대학원에 들어갔다. 무섭게 공부하여 서울대 법대 역사상 가장 빠른 3년 반 만에 박사학위를 취득했다. 서울대학에 두 번이나 교수 지원서를 냈지만 모두 1차에서 탈락했다. 심사를 맡았던 한 노교수는 박선영에게 "내 눈에 흙이 들어가기 전에는 절대 여자를 헌법 교수로 뽑을 수 없으니 다른 데를 알아보라."고 했다. 정말 서럽고 분통이 터졌다. 아무리 실력이 있어도 한국 사회에서 여자가 헌법 교수가 되는 것은 거의 불가능한 일이었다. 박선영은 잠시 좌절했지만 포기하지 않고 도전하여 2003년 가톨릭대학 교수로 특채되었다.

거대 정당에 맞선 소수 정당의 최장수 대변인

법대 교수로서 자리를 잡을 무렵 18대 국회의원 선거 비례대표 등록 개시 사흘을 앞두고 박선영은 자유선진당으로부터 비례대표 출마 요청을 받았다. 이전에도 여러 정당으로부터 비례대표 출마를 권유받았으나 모두 단번에 거절했던 터였다. 그런데 이번에는 비례대표 출마를 확정한 이영애 의원(제18대, 자유선진당)이 이회창 대표의 뜻이라며 직접 전화해 왔다. 박선영이 대통령 후보 토론회 사회를 본 적이 있는데 이때 토론자로 나선 이회창 총재의 눈에 띄었다고 한다.[6] 처음에는 "할 일도 많은데 그걸 왜 하나?" 하는 마음으로 거절했다. 그런데 그날 밤 생각이 바뀌었다. 당시는 가톨릭대학이 로스쿨을 준비하고 있어서 현장 경험이 있는 교수가 필요하던 차였다. 권력 구조를 가르치는 사람으로서 입법부 경험을 하고 오면 학생들에게 좀 더 생생한 교육을 시킬 수 있겠다는 생각이 들었다. 동시에 여자는 국회의원이 될 수 없고 사회는 더디 변할 것이라 절망했던 어머니 얼굴이 떠올랐다. 남편을 비롯한 모두가 말렸지만 역시 어머니만은 유일하게 찬성하며 무척 좋아하셨다.

박선영은 당선되자 바로 자유선진당의 대변인을 맡았다. 박선영에 관한 기사에는 늘 '여성 최장수 대변인'이라는 타이틀이 따라다닌다. 뿐만 아니라 군소정당이었던 자유선진당의 존재감을 분명히 한 대변인이

대변인 박선영

기도 했다. 자유선진당은 군소정당이었기 때문에 아무리 논평을 많이 발표해도 기사화되지 않았다. 박선영은 양과 질로 승부를 걸자고 다짐하고 하루에도 대여섯 개의 논평을 쏟아냈다. 그것도 말이 아닌 글로 작성해서 발표한 것이 3년간 원고지 7,465장 분량의 1,659건에 이른다.[7]

　박선영은 촌철살인의 송곳 같은 논평으로도 유명했다. 2011년 이명박 정부의 개각을 두고 "쉬어 터진 찬밥 인사다."라고 하거나 연평도 포격 당시 군 장성들이 회식을 한 것에 대해서 "단호한 응징이 아니라 단호한 회식"이라고 하는 등 그 예는 이루 다 말하기 어렵다.[8] 휴대전화 문자 논평도 처음 시작했다. 타이밍에 맞게 논평을 내기 위해 중점적인 내용을 미리 요약하여 기자들에게 문자 메시지를 보내 논평이 사라지지 않게 할 수 있었다. 당 안팎에서는 이런 열렬한 활동을 부정적으로 바라보는 시선도 있었지만 굽히지 않았다. 3년여의 대변인 직책을 마치고 2011년에 정책위의장이 되었다.

원칙주의적 입법활동

박선영은 입법활동에서는 헌법학자로서 헌법정신과 법치주의를 구현하기 위해 노력했다. 그 일환으로 박선영은 독일법과 같이 헌법재판소의 결정 형식으로 이른바 '변형 결정'의 법적 근거를 마련하기 위해 [헌법재판소법]을 개정하고자 했다. 헌법재판소는 위헌이냐 합헌이냐만을 결정하는 추상적인 재판을 하는 곳이다. 그런데 [헌법재판소법]을 보면 한정합헌, 한정위헌 등 변형 판결을 할 수 있게 되어 있다.

대법원은 헌법재판소의 결정을 바탕으로 판결하는데 변형 판결이 나오면 대법원에서는 판결하기 어렵게 된다. 원칙적으로는 [헌법재판소법]을 개정해서 변형 판결을 할 수 없도록 해야 하지만 사회 이슈들 중에는 분명하게 위헌 혹은 합헌 여부를 가릴 수 없는 것들이 있어 변형 판결이 불가피하다. 그렇지 않을 경우 사회적 혼란이 올 수 있기 때문이다.

그러나 판사들은 변형 결정의 법적 근거가 마련되면 대법원은 더 이상 변형 결정의 효력을 무시할 수 없게 되어 "법률에 대한 최종 해석권이 대법원에서 헌재로 넘어가는 것과 같은 효과"를 보게 된다고 반발했다. 대법원은 "개정안에 결사반대한다."는 의견서를 국회에 제출했다.[9]

초선의원이자 대변인으로 바쁘게 지내던 2009년 박선영은 자신이 입법 시 투표 안 한 의원 8위에 올랐다는 기사를 보았다. 이해하지 못하는 법안에 무조건 투표할 수 없어서 기권하곤 했는데[10] 그것이 불성실함으로 왜곡된 것이다. 법률안을 국회 본회의에 상정할 때 보통 한두 시간 전에야 국회의원들에게 알리는 경우가 많다. 심지어는 법제사법위원회와 본회의가 거의 동시에 열려 국회의원들은 안건도, 법안의 내용도 모른 채 본회의장에 들어갈 때도 있다. 자연히 국회의원들은 거수기처럼 당론에 따라 투표하게 된다.

박선영은 이런 상황을 도저히 납득할 수 없었다. 이것은 개개인이 헌법기관인 국회의원의 의무를 방기하는 것이며 이렇게 제정된 법률은 절차적, 내용적 정당성도 가질 수 없다고 생각했다. 그래서 국회의원들이 본회의에 상정될 법률안에 대해 최소한의 검토를 할 수 있도록 본회의 개의 24시간 전까지 심의 대상 안건을 각 의원에게 통지하도록 하는 [국회법] 개정안을 발의했다. 두 법 모두 논란 끝에 무산되었지만 헌법학자 박선영의 원칙주의적 면모가 잘 드러난 입법활동이었다.

안중근 의사 체포 당시 사진 최초 발굴

박선영은 외교통상통일위원회 소속으로 특히 안중근 의사, 독도, 국군포로와 납북자, 사할린 동포, 탈북자 등 민감한 외교, 통일 문제에 큰 관심을 갖게 되었다. 입법으로 이어지지는 못했지만, 박선영은 임기 중 꾸준하게 한·중·일 합동 안중근 의사 유해 발굴 촉구와 조사연구 활동을 했다. 안중근 의사의 동양평화론은 과거만이 아니라 현재에도 필요한 살아있는 가치라고 생각했기 때문이다.

박선영은 2010년, 안중근 순국 100주년을 맞이하여 안중근 의사가 사형당한 3월 26일에는 하얼빈에서, 10월 26일 거사일에는 도쿄에서 〈안중근 순국 100주년 기념 국제심포지엄〉을 개최했다. 특히 중국에서 열린 안중근 순국 100주년 기념행사는 중국 정부가 처음으로 공식 승인

하고 적극 협조한 행사로 중국 학자들도 다수 참여했다는 점에서 의의가 있었다.[11]

2011년 11월 1일, 박선영은 러시아 상트페테르부르그에서 열린 〈러시아와 한국, 역사·사건·사람들〉이라는 제목의 고문서 전시회에 참석하여 보고서 하나를 발견하였다. 〈국경수비대 밀레르 검사가 이르쿠츠크 법원의 회니만 데르 검사에게 보내는 이토 히로부미 저격 사건 보고서〉라는 이름의 보고서에는 '안중근 의사가 하얼빈역에서 이토 히로부미를 저격한 직후에 촬영된 것으로 보이는 안중근 의사의 전신사진'도 첨부되어 있었다.[12] 상의(上衣) 단추가 떨어지고 바지에는 흙이 묻어 엉망이었지만 정면을 바라보고 찍은 사진과 함께 "당당하고 예의 바르고 의젓하고 상상할 수 없는 인품을 보여줬다."는 글이 적혀 있는 것을 보고 박선영은 깊은 감동을 느꼈다. 현재 우리가 가지고 있는 '일본에 넘겨진 후 손은 뒤로 묶인 채 고문받아 초췌해지고 눈은 몽롱해진 죄수 모습의 사진'과는 너무 다른 모습이었다. 박선영은 안중근 의사의 대표 사진을 이것으로 바꾸어야 한다고 생각한다.

독도가 본적인 최초의 국회의원

지역구에 출마할 생각은 없지만 꼭 지역구를 선택해야 한다면 독도를 선택하고 싶다고 말할 정도로 박선영은 독도 문제 해결에 깊은 애정을 가지고 자료들을 발굴했다.[13] 먼저 2009년 11월, 일본이 패망 후 스스로 독도를 외국으로 분류한 일본 '대장성 고시 654호'를 입수해 공개했다. 제2차 세계대전이 끝나고 일본은 전쟁 중 자신들의 점령지 가운데 일본 땅이 아닌 것을 정리하여 유엔 연합국 대표인 미국에 제출하는 문서를 작성했는데, 그 목록 네 번째에 독도가 들어있었다. 이 문서는 국제법으로 독도가 한국 땅이라는 것을 입증하는 데 아주 중요한 문서로서, 일본은 그동안 대외비로 이 문서를 숨겨 왔다. 이어서 2010년 9월에는 제2차 세계대전 직후 연합군이 독도를 한국령으로 표시한 1945년도 지도를 찾아 공개했으며, 2011년 4월에는 일본 내무성 지리국이 1883년 개정한 〈대일본국전도〉에 독도가 일본 땅에 속해 있지 않은 사실도 최초 공개했다.

신한일어업협정 이후 일본이 독도침탈 야욕을 본격적으로 드러내고 있다고 본 박선영은 이를 막기 위해 국회의원으로서는 최초로 2011년 2월 22일, 본적을 독도로 옮겼다. 그리고 독도를 유인화하기 위해 관련법을 개정하여 독도지속가능위원회를 독도영토관리·보전위원회로 확대 개편하고 위원장도 국토해양부 장관에서 국무총리로 격상하는 한편 독도의 접안시설을 확대하며 독도 주민에 대해 주거·의료·교육 지원을 할 수 있게 하였다.

사할린의 꽃

박선영이 '역사의 조난자'라고 부르는 이들이 있다. 사할린 동포, 카레이스키, 위안부, 국군포로, 납북자 등과 같은 재외국민들이다. 이들은 헌법에 의해 마땅히 국가의 보호를 받아야 하지만 역사는 그렇지 못했다. 박선영은 "나라가 자국민을 보호하지 못한 것에 대해서 용서를 구하고 당신들을 잊지 않고 최선을 다해서 당신들을 구출하겠다는 의미"를 담은 물망초 배지를 늘 가슴에 달고 있다. 덕분에 박선영에게는 '탈북자의 대모', '사할린의 꽃', '납북자의 수호천사' 등 다양한 별칭이 따라다닌다.[14]

2010년 7월, 박선영은 사할린 한인들의 실태 파악과 대책 마련을 위해 초당적으로 〈사할린 포럼〉을 결성하고 곧바로 사할린으로 날아가 강제 징용된 한인들의 실태를 조사했다. 일제 강점기 사할린으로 끌려간 한인들은 타지역과의 모든 통신이 단절되어 일본의 패전 소식을 한 달이나 늦게 알게 되었다. 그리고 그 한 달 동안 일본인들은 한인들이 일본의 패망을 알게 되면 자신들을 죽일 것이라 염려한 나머지 한인들을 무차별적으로 학살했다. 그 참혹한 만행 속에서 살아남은 생존자 중에는 안중근 의사의 고모와 중국에서 행방불명된 것으로 알려졌지만 실은 사할린에서 살고 있던 안중근 의사의 막냇동생도 있었다.

이러한 조사를 바탕으로 박선영은 사할린에서 일본인이 한국인에게 자행한 무차별적 살해는 반인도적이고 반인륜적인 행위로써 명백한 '집단살해범죄의 방지 및 처벌에 관한 협약(통칭 제노사이드 Genocide 협약)' 위반이라 규정하고, 사할린 한인 문제는 한일 과거사 청산 문제인 동시에 전후처리 문제라는 점에서 함께 책임을 통감해야 한다는 점을 분명히 했다. 나아가 사할린 한인 학살행위에 대해 UN이 진상조사에 나서 줄 것을 촉구했다.[15]

한편으로는 사할린 강제 동원 피해의 진상조사와 피해자 유해의 발굴 및 수습, 피해자와 그 가족에 대한 재정 지원, 피해자와 가족들의 귀국 및 정착 지원을 위해 노력했다. 당시에 사할린 동포들은 본인과 배우자 외에는 귀국할 수가 없었다. 동포 배우자가 사망한 사람도 귀국할 수 없어 허위 혼인신고를 하는 경우도 있었다. 심지어 자녀는 두고 올 수밖에 없으니 이산가족이 되었다. 박선영은 사할린 정부와 교민을 만나는 등 백방으로 노력한 끝에 자녀들이 느슨한 비자를 발급받을 수 있게 하였다.[16]

탈북자의 대모(代母)로 불리다

국회 외교통상통일위원회에서 박선영은 북한통으로 불렸다. 자비로 선양, 단둥 등지를 다니며 정보망을 구축했고 탈북자나 중국을 통해서도 많은 정보를 발굴했다. 2011년 한 해만 해도 탈북자의 실태를 파악하기 위해 동남아와 러시아 등 8개국을 다녀왔으며[17] 탈북자, 납북자, 국군포로 등의 피해 보상과 명예 회복을 도울 수 있는 결의안과 법률들을 다수 발의했다. [북한인권법] 제정 추진에도 앞장섰을 뿐만 아니라 미국의 북한인권법 발전에도 크게 기여했다. 이에 2012년 3월, 로스-레티넌 미국 하원 외교위원장이 외교위 소속 의원 5명을 동반하여 서울을 방문하고 박선영과 함께 기자회견을 열어 미국 의회의 감사장을 전달했다.

박선영은 탈북자들이 중국에서 폭행, 인신매매, 성매매 등의 인권 침해를 당할 뿐만 아니라 북한으로 강제 송환되는 현실에 심각한 우려를 표해 왔다. 그러던 중 2011년 9월, 35명에 이르는 탈북자들이 강제

| 좌 미의회가 수여한 감사장 우 단식 직후 유엔인권이사회에 참석한 박선영 의원. 김형오 국회의장(右)

송환될 위기에 처해 있다는 소식이 알려졌다. 박선영은 즉시 '중국의 탈북자 강제 북송 중단 촉구 결의안'을 발의하였다. 결의안에는 중국 정부는 북한이탈주민을 난민으로 인정하고 북한으로의 강제 송환을 즉각 중단하며, 유엔난민고등판무관 등 국제기구는 이들의 난민 지위를 인정하고 인권 보호를 위해 노력하며, 국회는 인도주의적 차원에서 이들의 인권 보호를 위해 노력한다는 내용이 들어있었다. 그러나 결의안 채택 후에도 아무런 진전을 보지 못한 채 탈북자들의 북송 날짜는 임박하고 있었다. 특단의 조치가 필요하다고 판단한 박선영은 중국대사관 인근에서 홀로 단식에 들어갔다. 단식 4일째에 국회 외교통상통일위원회는 다시 한번 여야 만장일치로 두 번째 결의안을 통과시켰다. 박선영은 물과 소금으로만 단식을 계속하다 탈진하여 11일 만에 쓰러졌다. 평소 46kg이던 체중이 40kg가 되었다. 이 단식 사건은 국내외의 뜨거운 관심을 받았고 중국 정부는 북송을 자제하겠다는 약속과 함께 중국 내 국

군포로 가족과 탈북자들을 한국으로 송환했다. 박선영은 퇴원하자마자 휠체어를 타고 스위스 제네바에서 열리는 제19차 유엔인권이사회에 참석해 탈북자 북송 문제를 제기하고 국제 사회의 지원을 호소했다. 2012년 3월 12일, 유엔인권위원회는 보고된 북한 인권 현황과 토론 내용을 바탕으로 '북한인권결의안'을 통과시켰다.[18]

이주여성의 어머니가 되어

박선영은 이주여성들의 인권문제에도 관심을 가졌다. 2007년 6월, 19세의 베트남 여성이 입국한 지 한 달 만에 한국인 남편의 무차별 폭력으로 사망한 사건이 일어났다.[19] 결혼이주여성에 대한 폭력문제가 사회적 이슈로 떠오르자 여성의원들 사이에 피해 여성 가족과 필리핀 정부에 사과하러 가자는 아이디어가 나왔다. 박선영은 "국회의원이 필리핀 정부에 사과한다는 것은 국가적 차원을 의미하는 것이므로 맞지 않다. 그러나 피해 여성과 그 가족들에게 사과와 위로는 하는 것은 마땅하므로 결혼이주여성들의 어머니가 되어주는 운동을 하자."고 역제안했다. 이 의견은 큰 호응을 얻어 많은 여성의원들이 결혼이주여성과 자매결연을 맺었다. 박선영의 딸이 된 결혼이주여성은 남편과 함께 고향으로 돌아가 한국 음식 대리점을 개업했는데, 한류 열풍을 타고 성공했다는 소식을 전해왔다.

박선영은 결혼중개업자들의 인권 침해적인 결혼중개 행위도 막아냈다. 무리하게 영리를 추구하는 결혼중개 행위는 결혼 후 이주여성 폭력으로 이어지곤 했다. 박선영은 비영리법인에 한해서만 결혼중개업을 할 수 있게 하여 결혼중개업의 난립을 막고, 인권 침해적인 중개를 할 경우에는 처벌하도록 하며, 혼인관계 유지에 필요한 신상정보를 공증하도록 관련법을 개정하였다.

또한, 이주배경 아동들의 인권도 보호하였다. 박선영은 국제결혼 부부가 이혼할 경우 한쪽이 일방적으로 자녀를 데리고 귀국하여 발생하는 국제 가사사건을 조속히 해결하기 위해 우리나라도 '아동 납치 헤이그협약'에 가입해야 한다고 주장하고 2011년 '국제 아동 납치 민간부문에 관한 헤이그협약 비준 동의안 제출 촉구 결의안'을 가결시켰다.[20]

국회의원에게도 성희롱 예방교육 의무화를

박선영은 여성폭력과 차별문제도 외면하지 않았다. 우리 사회에서는 소위 사회지도층의 성희롱 문제가 심심치 않게 발생하여 문제가 되곤 했다. [여성발전기본법]은 국가기관 등의 장과 사업주에 대하여는 성희롱 예방교육을 의무적으로 실시하고 그 결과를 공표하도록 규정하고 있으나, 국회의원이나 지방의원 등 선출직 공직에 대해서는 해당 규정이 없어 교육 대상에서 제외되고 있다. 그래서 성희롱 예방교육 대상을 선출직 공직자에게까지 의무화하는 것은 여성계의 염원이었다. 박선영은 국가기관은 물론 선출직 공직 당선인에게도 임기 시작 전에 성매매 예방교육을 받도록 [여성발전기본법]을 개정하고자 했으나 아쉽게도 뜻을 이루지 못했다.

박선영은 성폭력 피해의 유형을 확대하고 가해자 처벌을 강화하기 위해서도 노력했다. 강제로 타인의 성적 행위를 보도록 강요하는 행위를 성적 강요죄로 처벌하는 조항을 [형법]에 신설하고 강간죄의 객체를 "부녀자"에서 "사람"으로 개정하여 남성 피해자나 동성 간의 피해도 처벌할 수 있도록 했다. 또한 성범죄자에 대한 처벌이 관대해 재범률이 높다고 판단하여 [형법] 제42조의 유기징역 상한 규정을 개정하고, 심신미약에 의한 감경을 제한하도록 했다. 그러나 [성폭력처벌법]에서 성폭력 피해자의 사생활 침해를 보호하기 위해 피해자의 신원과 사생활 비밀누설 금지 대상인 "다른 사람"에 성폭력 가해자를 포함하는 일은 끝내 성사시키지 못했다.[21]

박선영은 2000년대 들어 저하되는 출생률을 보면서 프랑스에서 시행하고 있는 익명출산제 도입이 대안이 될 수 있을 것이라 보았다. 합법적 부부든 아니든 이미 그로부터 생긴 생명에 대해서 국가가 차별해서는 안 된다는 생각에서 국회에 들어가자마자 '낙태 방지 및 출산 지원에 관한 법률안'을 발의했으나 성공하지 못했다. 제19대 국회에서 다른 의원이 이 법안을 자기 이름으로 다시 발의해도 되느냐고 타진해왔다. 흔쾌히 수락했으나 법 제정은 무산되었다. 제20대 국회에서도 재차 비슷한 시도가 있었지만 불발되었다. 제21대 국회에서 비로소 익명출산제는 [위기 임신 및 보호출산 지원과 아동 보호에 관한 특별법]이란 이름으로 제정되었다. 박선영은 자신이 제안했던 취지에서 많이 후퇴했지만 자신의 아이디어가 인정받은 듯해서 그나마 다행이라고 생각한다.

북한 인권운동가로 새로운 삶 시작

국회에 들어올 때부터 국회의원은 단 한 번만 하겠다고 다짐했던 박선영은 4년 임기를 마칠 무렵 중대한 결심을 했다. 돌이켜 보면 안중근 의사 사료 발굴과 사할린 동포와 탈북자들의 인권 보호에 앞장서서 안중근 의사 유해 발굴을 제외하고는 어느 정도 성과를 거두었다고 자부할 수 있었다. 그러나 탈북자들의 문제는 갈수록 악화하고 있어 이들을 보듬는 일을 해야겠다고 생각했다. 결국 2012년 5월 22일, 130여 명의 뜻을 모아 사단법인 물망초를 창립하고 이사장으로 취임했다.

박선영은 의원 임기를 마치자마자 탈당계를 내고 본격적으로 물망초 활동에 나섰다. 2012년 9월 탈북청소년을 위한 대안학교 물망초학교를 개교했다. 이 학교에서는 모든 학생들이 기숙사에서 생활하며 1:1로 교육받는다. 뿐만 아니라 형편이 어려운 초·중·고·대학생들에게 매년 장학금을 지급하고 있으며, 매년 4~6명씩 미국 대학에 영어 연수를 보내고 있다. 2014년에는 연령 제한 없는 물망초열린학교도 개교했다.[22] 그밖에도 2013년에는 국군포로신고센터와 국군포로송환위원회를 설립하고 국군포로 귀환 용사의 증언을 기록하는 한편, 이들을 위한 복지프로그램을 운영하고 있다. 2015년 6월에는 제네바협약과 로마협약을 위반하고 전쟁범죄와 반인도적 범죄를 저지른 혐의로 북한의 김정은을 국제형사재판소(ICC)에 제소하였다. 이어서 2016년에는 탈북 국군포로 두 명과 함께 북한 정권과 김정은을 대상으로 손해배상소송을 하여 2020년 7월, 서울중앙지방법원에서 각각 2,100만 원의 배상을 지급하라는 승소 판결을 받았다.[23]

이러한 탈북자 지원 및 북한 인권 개선 등의 인권 활동 공로를 인정받아 2018년 12월 국회인권포럼이 수여하는 〈2018년 올해의 인권상〉을 수상했다.[24] 2022년에는 제3회 〈한원채인권상 특별상〉[25]을, 2024년 6월 〈2024 민간통일운동 유공 정부포상 전수식〉에서 대통령표창을 받았다.[26]

한편 박선영은 "보수 원로 그룹의 간곡한 부탁"을 받고 2018년 서울시 교육감에 보수 단일 후보로 출마했으나 36.15%라는 높은 득표율에도 불구하고 낙선했다. 2022년에는 제일 먼저 예비후보로 등록하는 등 의욕적으로 교육감에 재도전했으나 보수 성향의 후보 간 단일화가 무산되면서 표가 분산되어 실패했다. 다시 2024년 9월 보궐선거에 출마 권유를 받았다. 박선영은 한국 교육의 문제를 해결하기 위한 21세기적 교육이라는 비전을 가지고 교육감 출마를 고려했으나 자신의 페이스북에 밝힌 대로 "원로그룹의 우려" 때문에 출마를 포기하였다.[27]

박선영은 2021년 8월, 동국대학교 법학과 부교수로 정년 퇴임했다.[28] 박선영은 방송기자, 헌법학 교수, 국회의원, 북한 인권운동가 등 다양한 삶을 살았는데, 그 삶을 관통하는 하나의 가치는 "인간의 존엄과 가치", 즉 인권(人權)이었다. 그리고 박선영은 앞으로도 그 길을 걸어갈 것이다.

| 집필: 박인혜 |

| 미주 |

1) <문화일보>, 2019.3.8., "그때 함께 살았던 외사촌 동생이 현 김진태 강원도지사다."
2) <더팩트>, 2009.6.3., "선진당 박선영 의원 '20년간 셀프 이발'…가난 덕에 '이사의 달인' 됐다"
3) 서울 법대생이었던 남편 민일영은 2009년 9월 대법관이 되었다.
4) <월간중앙>, 2011.6., "최장수 대변인 마친 박선영 자유선진당 의원"
5) Ibid
6) <일요주간>, 2010.4.27., "北인권에 깊은 관심…법학교수 방송기자 출신"
7) <KBS라디오>, 2011.1.16., '열린토론 - 자유선진당 대변인 박선영 의원 편'
8) Ibid
9) <세계일보>, 2009.10.15., "'남편 직장' 뿔(?)나게 한 박선영 의원"
10) <더팩트>, 2009.6.3., "선진당 박선영 의원 '20년간 셀프 이발'…가난 덕에 '이사의 달인' 됐다"
11) <연합뉴스>, 2010.3.26., "中, 안중근 추모행사 첫 공식 승인"
12) <뉴민주신문>, 2011.11.1., "박선영 의원, 안중근 의사 거사 직후 러시아 검찰과 법원의 초동수사 문건 확인"
13) <월간중앙>, 2011.6., "최장수 대변인 마친 박선영 자유선진당 의원"
14) <일요주간>, 2010.4.27., "北인권에 깊은 관심…법학교수 방송기자 출신",
15) '제2차 세계대전 직후 사할린에서 일본인에 의해 자행된 민간인(한인) 학살 진상조사 및 전후 피해보상 촉구 결의안', 2010.7.30.
16) 중국 동포와 사할린 동포에게만 발급되는 C38 비자의 경우, 최장 5년간 복수로 한국을 왕래할 수 있으며, 1회 최장 체류기간은 90일이다.
17) <시사 오늘·시사ON>, "MB는 솔직해져야 한다"
18) <나무위키>, 2024.8.17. 검색
19) <오마이뉴스> 2017.7.10., "남편에 맞아 죽은 열아홉 여성…10년 지나도 변한 게 없다"
20) '국제아동납치 민간부문에 관한 헤이그협약'(The Hague Convention on the Civil Aspects of International Child Abduction)(이하 '아동 납치 헤이그협약'이라 한다.)은 부모 한쪽이 상대방의 동의 없이 자녀를 외국으로 일방적으로 데려가 자녀와 접촉하지 못하도록 막는 경우 법적 구제방안이 될 수 있는 민사적 국제협약으로서, 1980년 체결되고 1983년에 발효된 이래 지금까지 84개국이 가입했다. 대한민국은 2012년 12월 13일에 '헤이그국제아동탈취협약'에 가입하고, 그 이행 법률로서 [헤이그 국제아동 탈취협약 이행에 관한 법률](법률 제11529)을 제정하고 2013년 3월 1일부터 시행하고 있다.
21) 피해자의 사생활 보호를 위해, 2024년 10월 16일 일부개정된 [성폭력범죄의 처벌 등에 관한 특례법] 제24조 제2항에는 '누구든지…피해자의 동의를 받지 않고…공개하여서는 안 된다.'라고 명확히 규정되어 있다.
22) <나무위키>, 2024.8.17. 검색
23) Ibid
24) <시사오늘·시사ON>, 2019.12.13., "박선영, 국회인권포럼 '2018년 올해의 인권상' 수상"
25) 'sy0406블로그', 2024.12.9., "<한원채인권상>은 2000년, 아내와 세 자녀 등 온 가족이 다 함께 탈북을 시도하다 중국에서 체포돼 강제북송 3일 만에 고문사한 한원채 선생을 기리기 위해 제정돼 북한인권 신장과 통일운동에 헌신해온 인사들에게 주는 상이다."
26) <스카이데일리>, 2024.6.22., "박선영 물망초 이사장 대통령 표창"

27) <뉴시스>, 2024.9.9., "박선영 前의원, 서울교육감 불출마 선언…보수 측 지각 변동"
28) 박선영은 2024년 12월 10일, 진실·화해를위한과거사정리위원회 위원장으로 취임했다.

제18대 국회의원

박영아 朴英娥

행동하는 과학자,
연구하는 정치인

1960	서울 출생
1983	서울대학교 물리학과 졸업
1987	펜실베니아대학교 대학원 물리학 박사 학위 취득
1988	포항공과대학교 물리학과 객원 조교수 (~1989)
1989	명지대학교 물리학과 전임강사, 조교수, 부교수, 교수, 명예교수 (~현재)
2007	한국물리학회 부회장 (~2010)
2007	세계물리연맹 제3회 세계여성물리대회(ICWIP 2008) 조직위원장 (~2008)
2008	제18대 국회의원
2008	국회 미래전략 및 과학기술특별위원회 간사
2009	국회 예산결산특별위원회 위원
2010	국회 독도영토수호대책특별위원회 위원
2013	제7대 한국과학기술기획평가원 원장 (~2016)
2015	국가과학기술자문회의 창조경제분과 위원 (~2016)
2022	학교법인 울산공업학원 이사 (~현재)
2008	사단법인 한국과학기술나눔포럼 상임대표 (~현재)

마리 퀴리를 사랑한 독서광

해방 후 월남한 박영아의 부모님은 서울법대 선후배로 만나 결혼하여 1남 3녀를 낳았다. 박영아는 그중 둘째이자 장녀. 서울법대 학생회장이자 서울대 운영위원장(지금의 총학생회장)이던 아버지 박광호는 고려대 학생회장 이철승과 함께 반공반탁운동을 주도했다. 박영아가 태어난 1960년, 제5대 총선[1]에 용산에서 무소속으로 출마했으나 실패했다. 다시 제6대 총선에 도전했으나 꿈을 이루지 못했다. 그 후 아버지는 사업에 집중하여 경제적인 안정을 이루는 한편 흥사단 이사를 맡아 젊은 인재를 양성하는 흥사단 아카데미 활동에 정성을 쏟았다. 든든한 버팀목이었던 아버지는 박영아가 대학 4학년 때 간경화로 돌아가셨다. 어머니는 결혼한 뒤 내조와 육아에 전념하며 틈틈이 아버지 사업을 돕는 것으로 만족했지만 아버지가 돌아가시자 아버지의 사업을 이어받아 경영자로서의 역할을 훌륭히 해냈다.

박영아는 어릴 때부터 부모님이 사회문제에 대해 토론하는 것을 보며 자랐다. 어머니는 사회활동은 하지 않았지만 자신만의 분명한 생각과 판단을 가지고 있었다. 박영아는 부모님이 보던 조선일보, 동아일보 등의 신문을 일찍 접했고, 어린이신문도 읽었다. 정직을 중요한 가치로 여기며 사회적 약자에 관심을 가지고 올바른 사회, 올바른 국가의 역할에 대해 진지하게 고민했던 아버지의 모습은 박영아에게 깊게 각인되었다. 그런 점에서 박영아가 국회의원이 된 것은 아버지의 영향이라 할 수 있을 것이다.

박영아는 어려서부터 천재 소리를 들을 만큼 공부를 잘했다. 공부에 대한 강한 흥미를 느끼고 놀라운 집중력을 발휘했다. 특히 수학을 가장 좋아했고 암산을 매우 잘했다. 게다가 엄청난 독서광이었다. 자녀교육에 진심이었던 아버지는 열심히 책을 사주었다. 그러나 박영아의 독서 속도를 따르지 못했다. 박영아는 읽을 책이 바닥나면 만화방의 책을 통째로 빌려 읽기도 했다. 독서 수준도 점점 높아져 중학생 시절에 이미 세계문학전집을 모두 섭렵했다. 고등학교 입학 후에는 과학 관련 서적들을 탐독하면서 과학 세계에 빠져들었다.

1970년대 초반의 사회적 분위기도 박영아에게 큰 영향을 주었다. 1960년대 말 박정희 대통령은 과학입국, 기술입국을 외치며 경공업에서 중공업으로의 전환을 시도했으나 인재 부족이라는 어려움에 봉착했다. 해외로 유학을 떠난 이공계 인재들은 돌아오지 않았다. 박정희 대통령은 우수한 인재를 불러들이기 위해 1971년 미국국제개발처(USAID)로부터 600만 달러 규모의 장기 교육 차관을 받아 한국과학기술원(KAIST)의 전신인 한국과학원(KAIS)을 설립했다. 또한 한국과학원의 자율성을 보장하고 출연금을 지급하며 연구원에게는 병역 특례를 주는 등의 파격적인 조치를 단행하였다.[2] 거기서 그치지 않고 적극적으로 해외의 연구자들을 초빙했다. 그 결과 많은 우수한 과학자들이 돌아왔다.[3] 당시 신문에는 돌아온 과학자들의 기사로 장식되었고 과학으로 부흥할 수 있다는 희망으로 온 나라가 들썩거렸다. 이런 분위기에서 박영아는 물리학자 마리 퀴리에 관한 책들을 접하고 그녀에게 매료되었다. 학문에 대한 열정과 강인함, 과학자로서의 사회적 책무를 다하고자 했던 마리 퀴리와 같은 물리학자가 되겠다는 꿈이 싹텄다.

그러나 박영아는 마냥 공부만 잘하는 모범생은 아니었다. 박영아는 부모님을 닮아 불합리하거나 부조리한 것은 참지 못하고 직언을 잘 했다. 교장 선생님의 고리타분한 훈화를 들을 때는 거부감이 들어 딴생각을 하기 일쑤였고 입학식이나 개학식은 시간 낭비라 생각하고 곧잘 지각하기도 했다. 강제로 단체생활을 하고 주입식 교육을 받는 것은 개인의 자유를 억누르는 전체주의라고 생각해서 수긍할 수 없는 학교 규칙은 공연히 지키지 않았다.

고등학교 2학년 때였다. 반장이었던 박영아는 2박 3일의 학도호국단 수련회에 참가하라는 통지를 받았다. 당돌하게도 박영아는 가지 않겠다고 말했다. 교장 선생님이 강권하자 박영아는 자퇴하겠다고 맞섰다. 그러자 학교에서는 난리가 났다. 이번에는 박영아의 부모님이 나서서 "네게 아무리 남다른 면이 있더라도 평범한 것이 가장 중요하다, 단체생활은 필요한 것이고 보통 사람의 틀에서 사는 것도 중요하다."고 박영아를 설득했다. 결국 수련회에 참석했지만 뒤늦게 참여한 대가로 박영아는 일주일의 유기정학에 처해졌다.

박영아는 따분하고 구속이 많았던 학교생활을 벗어나고 싶어 툭하면 자퇴를 노래 불렀다. 고등학교 입학을 앞두고 혼자서 미리 선행학습을 해버린 데다 수업은 오직 대학 입시를 위한 것이라 박영아의 다양한 호기심을 충족시켜 주지 못했다. 그럴 때는 학교 가는 대신 종로서적에 가서 종일 책을 읽기도 했다. 그런 박영아를 보고 부모님과 선생님이 걱정하거나 꾸중하면 박영아는 진지하게 자퇴를 생각했다. 검정고시를 보고 하루빨리 자유로운 대학에 가서 하고 싶은 공부를 마음껏 하고 기회만 주어진다면 외국 유학도 가고 싶었다. 그러나 마음의 갈등을 잘 수습하고 공부에 전념했다.

대학 졸업식 날 서울대 자연대 앞

    1979년 대입 예비고사에서 박영아는 전국 여자 수석을 차지했다. 목표한 대로 서울대 물리학과에 원서를 제출했다. 법대에 가길 바라셨던 부모님의 반대는 상상 이상이었지만 박영아의 고집을 꺾지 못했다. 합격자 중 여학생은 박영아 뿐이었다. 물리학은 변하지 않는 우주의 기본을 탐구하는 학문이라는 점이 좋았다. 작은 문제라도 그냥 넘기지 않고 해결하고자 끝까지 노력하는 박영아의 성격과도 잘 맞는 학문이었다. 1983년 학부 과정을 마치고 미국 펜실베니아대학교 대학원에 물리학 전공으로 입학했다. 미국에서도 여자 물리학도는 눈에 띄는 존재였다.

    박영아는 공부도 열심히 했지만 결혼에도 적극적이었다. 남편은 법학을 전공한 동갑내기 대학 동창이었다.[4] 여름방학 때 한국에 나왔다가 친구로만 지내던 남편을 다시 만나 우정이 사랑으로 발전했다. 미국으로 돌아간 후 장거리 연애를 했다. 전화는 거의 불가능했고 유일한 수단인 편지는 오래 기다려야 했지만, 주고받은 연애편지만 5백 통이 넘었다. 1986년 결혼하고 이어서 1987년 물리학 박사 학위를 받았다.

박사 학위를 받은 후 귀국하여 여러 대학에 교수 지원서를 넣었다. 그러나 대학교수가 되는 것은 공부보다 더 어려운 일이었다. 실력과 상관없이 일단 여자 박사의 지원서는 제외하는 당시 관례의 벽을 넘기 어려웠다. 마침내 1989년 박영아는 29세라는 약관의 나이로 명지대 물리학과 교수가 되었다.

학교 연구실에서 사회 연구실로

박영아는 학교 울타리 안에서 연구와 강의만 한 것은 아니었다. 워킹맘으로 겪는 교육 현장의 문제를 직접 해결하기 위해 1996년 큰딸이 다니던 대치초등학교의 운영위원을 자원하였다. 대학교수를 하면서 운영위원을 한다는 것이 쉬운 일은 아니었다. 한 달에 한 번 회의가 예정된 시간에는 수업을 배정하지 말아야 했다. 평소 학교에 잘 오지 않던 박영아가 자진해서 운영위원이 되겠다고 나서니 대치초등학교 관계자들은 박영아를 경계하기도 하였다. 그러나 학부모들은 박영아의 자발성을 보고 박영아에게 운영위원장을 맡겼다.

워킹맘으로서 가장 어려운 부분은 학습 준비물을 챙기는 것과 학사 일정에 대한 정보가 부족한 것이었다. 박영아는 학교에 학습 준비물과 학사 일정을 학기 초에 미리 알려 달라고 요구하였다. 지금은 모든 학교에서 이렇게 하지만 당시만 해도 파격적인 요구였다. 기존의 관행을 바꾸는 것은 정말 어려웠다. 박영아는 운영위 회의록을 원칙대로 작성하는 방법으로 맞섰다. 논의 결과만 간략히 적는 대신 누가 무슨 말을 했는지 녹취 수준으로 상세하게 회의록을 기록하게 하였다. 이 방법이 통하여 조금씩 학교와 학부모의 관계가 달라졌다. 일방적이었던 학교는 학부모의 필요에 관심을 기울이기 시작했다. 박영아는 학부모가 참여하면 학교가 바뀐다는 것을 알게 되었다. 운영위원회를 함께 했던 학부모들과는 지금까지도 관계를 유지하고 있다.

박영아는 2001년 한국물리학회(KPS) 회장이었던 대학 은사의 권유로 한국물리학회 국제교류 실무이사가 되었다. 실무이사란 학회를 운영하는 사람이다. 당시만 해도 여성이 실무이사가 되는 경우는 아주 드물었고 기회도 잘 오지 않았다. 처음엔 거절했으나 또 다시 거절하면 다음 후배들에게는 기회가 오지 않겠다는 생각이 들어 승낙했다. 과학계에서 국제교류는 아주 중요하다. 과학적 진리는 혼자 발견하는 것이 아니고 많은 사람이 각자의 분야에서 연구한 것을 서로 배우고 나누는 과정에서 정립되는 것이기 때문이다. 그러한 이유로 물리학회도 오랜 역사를 가진 국제조직이 많고 이들을 중심으로 국제교류가 활발하다. 유네스코 산하에 있는 국제 순수 및 응용물리학연맹(IUPAP)만 해도 총회 산하에 학문별 이사회가 있을 정도다.

박영아는 학회 활동을 통해 여성 과학 인력 개발에 앞장섰다. 1995년 베이징 세계여성회의 이후에 세계적으로 과학 분야에 여성 참여를 진작시키는 활동이 활발해지자 박영아는 2002년 한국물리학회에 여성위원회를 만드는 데 주도적인 역할을 하였다. 여성의 진입이 어려운 과학기술계에서도 물리학 분야는 가장 여성이 소외된 영역이었기 때문에 여성인재 육성은 더욱 중요한 과제였다. 2002년 여성위원회 주관으로 물리학 분야에 대한 여고생의 관심을 고취하기 위한 〈KPS 여고생 물리

| 교수 시절 학생들과 함께

캠프)를 시작했다. 이 캠프는 2024년 현재까지도 진행되고 있다.[5] 최근 박영아는 이 캠프 출신으로 대학교수가 된 후배를 만나기도 했다.

　이어서 2005년 한국물리학회 여성위원회 위원장, 2007년 한국물리학회 부회장을 지내면서 한국 여성 과학자의 위상을 높이고 여성 과학자 육성에 힘썼다. 그것뿐만이 아니다. 박영아는 아시아태평양물리학회연합회(AAPPS)에도 여성위원회 설립을 건의하여 2006년 여성위원장에 취임하고 제1대 여성물리 실무그룹 위원장과 집행위원회 이사를 역임했다. 그리고 국제순수·응용물리학연맹(IUPAP) 여성물리 실무그룹 위원으로서도 활약했다. 2004년 한국물리학회 여성위원회의 위원장이 된 박영아는 2005년 브라질에서 개최된 제2회 세계여성물리인대회(ICWIP)에 참석하여, 2008년 열릴 제3회 세계여성물리인대회(ICWIP 2008)

를 유치하는 성과를 거두고, 이후 조직위원장을 맡아 대회를 주관했다.

그 결과 한국물리학회의 분위기가 많이 변화되었다. 처음에 5%도 안되는 여성 회원을 가지고 여고생 물리캠프를 하거나 세계여성물리인 대회를 유치하는 것은 무리수라며 반대하던 이사들까지도 이런 활동들을 통해 분위기가 달라졌다. 학회 내에서 여성 회원을 늘려야 하고 이들에게 기회를 더 많이 주어야 한다는 여론이 생겨났다. 여성위원회가 열리면 남성 회원들도 많이 참석했다. 지금은 여성 회원이 10~20% 정도 된다.

박영아는 학교에서도 존재감이 컸다. 교수들은 학교의 여러 문제에 대해서 뒤에서는 비판이나 불평을 얘기해도 공개적인 자리에서는 침묵하는 것이 보통이었다. 그러나 박영아는 어느 자리에서나 학교의 중요한 문제에 대해 단도직입적으로 소신을 표하곤 했다. 2000년 총장 선임과정에서 교수들의 의견이 거의 반영되지 않는 일이 생기자 박영아는 교수협의회 부회장이 되어 긍정적인 역할을 해냈다.

정치하는 과학자가 되기로

2008년 2월 출범한 이명박 정부는 과학기술부와 교육인적자원부를 통합하여 교육과학기술부로 개편려는 계획을 발표했다. 이 통합 소식이 알려지자 과학계는 반대입장을 분명히 하였다. 2008년 1월 한국물리학회, 대한화학회 등 8개 학회의 과학계 원로들은 통합에 대한 우려를 정부에 전달하기 위해 긴급 토론회를 개최했다. 그러나 사안의 긴박성에 비해 토론 내용은 점잖기만 하고 절박함이 없었다. 답답함을 느낀 박영아는 발언권을 얻어 "결의문 채택은 시작입니다. 우리의 결의가 특정 부처를 편드는 이기주의가 아니라는 사실을 전달하기 위해 인수위원회, 청와대, 국회로 뛰어야 합니다. 구체적인 계획을 논의합시다."[6]라고 강력하게 주장했다.

박영아는 반대 주장만 해서는 아무것도 바꿀 수 없고 행동이 필요하다는 것을 깨달았다. 지금까지 정치에 비판적이었고 무관심했으나 이제 직접 정치에 참여하여 원하는 방향으로 이끌어야겠다고 생각했다. 연구 현장과 정든 학교를 떠나는 것에 대해 고민을 안 한 것은 아니지만 결국 2008년 1월, 국회의원 출마를 결심했다. 이왕 정치를 한다면 정치다운 정치를 할 수 있고 오래 할 수 있는 지역구로 출마해야겠다고 생각하고 지역구 공천을 신청하여 한나라당 송파갑 지역에서 공천을 받았다. 국회에 들어간 박영아는 교육과학기술위원회에서 활동하면서 과학자로서의 전문성을 반영할 수 있도록 최선을 다했다.

과학기술 거버넌스 구축

당시 과학계에는 두 가지 숙원 법안이 있었다. [과학기술기본법] 개정과 [국제과학비지니스벨트 조성 및 지원에 관한 특별법] 제정이었다.[7] 과학기술부와 교육인적자원부 통합으로 구심점이 약화된 과학계를 대표하여 박영아는 과학계와 정부, 국회를 잇는 가교역할을 하는 동시에 무서운 추진력으로 두 법의 개·제정을 이끌었다.

[과학기술기본법] 개정 방향의 핵심은 과학기술의 거버넌스를 구축하는 것이었다. 먼저 박영아는 효율적인 거버넌스를 위하여 개인 연구자들의 윤리적 연구를 강조하였다. 국가연구개발사업(이하 국가 R&D)은 국민의 세금으로 지원하는 것이기 때문이다. 동시에 박영아는 국가 R&D 시스템의 구조적인 문제점도 외면하지 않았다. 즉, 정부 지원이 원천기술보다는 기업의 제품 개발에만 치우칠 우려가 있고, 국가과학기술위원회(이하 국과위)는 비효율적으로 운영되는 측면이 있으며, 정부출연연구소 거버넌스에 연구원들의 의견이 잘 반영되지 않고, 전반적으로 기초연구가 부족했다.[8] 박영아는 이런 국가 R&D 시스템의 문제들은 과학기술부가 해체되어 과학기술정책의 사령탑이 사라져서 생긴 문제라고 보았다.

박영아는 자문기구였던 국과위를 상설 행정위원회(위원장 대통령)로 개편하여 국가과학기술정책의 컨트롤타워 역할을 할 수 있도록 위상을 높인 개정안을 통과시켰다. 2011년 3월, 상설 국과위가 출범하자 정부출연연구소를 국과위 산하로 옮기자는 제안이 나왔다. 박영아는 이에 적극 동의하고 정부출연연구소 연구원들과 각계 전문가들의 의견을 듣기 위해 나섰다. 기초기술연구회 산하 정부출연연구소 연구원 전원을 대상으로 설문조사를 실시하여 정부출연연구소의 자율성을 제고할 수 있는 정부출연연구소 거버넌스 개편안을 만들었다. 이 개편안에 따라 정부출연연구소 간 담장을 허물고 4,800여 명의 정규직 연구원이 연구하는 거대한 연구조직이 탄생하였다.[9]

미래 신성장동력산업을 창출할 국제과학비즈니스벨트

국제과학비즈니스벨트(이하 국제과학벨트) 조성은 이명박 후보의 유일한 과학 관련 공약이었다. 2009년 2월 10일, 교육과학기술부는 국무회의에서 [국제과학비즈니스벨트 조성 및 지원에 관한 특별법] 제정안을 의결하고, 대통령의 재가를 거쳐 국회에 제출했다.[10] 이 법은 기초연구 환경 구축과 비즈니스 환경 구축을 위해 각각 기초과학연구원 설립 및 대형기초연구 시설, 연구성과 사업화, 외국 투자기관에 대한 지원 근거를 마련하기 위한 것이었다.

박영아는 이 법이 "모방 전략에서 벗어나 우리 자체의 기초연구 역량에 기반한 창조형 국가전략으로 미래 신성장동력산업을 창출"[11]하는 데 의의가 있다고 보고 제대로 된 내용을 가질 수 있도록 전력을 다했다. 박영아는 국회에 들어가기 전부터 기초과학은 돈을 버는 도구가 아니라 문화유산처럼 돈을 들여 가꾸어야 할 자산이며 선진국을 따라가는 모방경제가 아니라 기술을 선도하는 경제가 되어야 선진국이 될 수 있다고 생각하고 있었다. 상임위에서는 이 사업에 충분한 예산을 지원해야 한다고 강조하는 한편 거의 새로운 법안에 버금가는 수정 사항을 제안하였다. 그러나 법 제정과 예산 배정은 지지부진하였다. 이 법의 통과가 늦어지는 이유는 입지 선정 방식을 둘러싼 이견 때문이었다.

박영아는 입지 선정 문제는 준비위원회에서 처리하기로 하고 먼저 정기국회에서 특별법을 통과시키자고 주장한 반면, 이상민 자유선진당 의원은 입지 선정과 예산, 비용 등에 대한 법안의 문제점을 먼저 해결해야 한다고 맞섰다. 이렇게 정당 간 입장 차이로 법안 통과가 늦어

| 2010년 국정감사에서 질의하는 박영아 의원

지자 과학계는 법 제정을 위한 서명운동을 전개하여 특별법부터 우선 통과하자는 요구를 담은 2천 명의 서명을 받아 박영아에게 힘을 실어주었다.[12] 그러나 설상가상 2010년 정기국회를 앞두고 여야가 대치하는 상황이 발생하여 더욱 원만한 합의가 어렵게 되었다. 소수의 예산 부수 법안만 국회의장이 직권 상정하는 상황에서 박영아는 박희태 국회의장을 간곡하게 설득하였다. 마침내 2010년 12월 8일, 국회의장은 특별법을 본회의에 직권 상정하였다. 박영아의 2년여의 노력이 결실을 맺는 순간이었다.

논란 끝에 2011년 5월, 국제과학벨트 입지도 선정되었다. 교육과학기술부 장관은 거점지구는 대덕연구개발특구에 위치한 신동·둔곡지구로 확정하고, 기능지구는 청원군, 천안시, 연기군으로 결정했으며 향후 2017년까지 총 5조 2천억 원을 투자할 예정이라고 발표하였다.[13] 그리고 2016년 국제과학비즈니스벨트를 조성하는 첫 삽을 뜨게 되었다.

의학전문대학원이 나갈 길을 찾아서

박영아 임기 중 교육계의 핫이슈는 의학전문대학원(이하 의전원)이었다. 의전원은 이공계 기피 현상과 기형적인 의대 쏠림 현상을 해결하고 전문성 및 교양과 도덕성을 두루 갖춘 의사를 양성할 목적으로 도입되었으며 4년제 대학 졸업 후 의학 전문 과정을 4년 수학하는 제도다.[14] 물리학자로서 이공계 기피 현상을 가슴 아프게 여기고 있던 박영아가 이 문제에 관심을 갖는 것은 당연했다.

그런데 의전원 도입에 대해서 의학계 내부에서도 반대가 많았으며 찬반 갈등도 컸다. 이공계에서도 이 제도가 이공계 기피 현상을 해결해 주리라 기대하지 않았다. 정부의 설득에도 불구하고 대부분의 의대들이 입장을 바꾸지 않자 정부는 의전원에 참여하지 않는 대학들의 BK21사업[15] 참여 제한, 로스쿨 선발 인원 제한 등의 채찍과 각종 지원금과 교수 증원이라는 당근을 제공하며 의전원을 추진하려 했다. 그럼에도 불구하고 의전원을 하겠다고 나서는 의대는 많지 않았고 반대 여론도 가라앉지 않았다.

박영아는 의전원의 올바른 정책 방향을 찾기 위해 부심했다. 의대와 국립대학병원 등을 대상으로 의견을 묻고 종합했다. 박영아는 의전원이 실제 현장에서는 정부의 기대처럼 이공계 학생들이 자신의 전공을 토대로 의전원으로 진입하여 과학적 지식을 갖춘 의료인이 되는 것이 아니라 단지 의전원으로 가기 위한 방편 정도로 생각한다는 것을 알았다.

박영아는 정부가 의전원 제도 도입의 목적은 이루지 못한 채 이공계 교육에 많은 혼란을 일으키고 일관성 없는 행정을 편 데 대해 책임을 져야 한다고 질타했다. 결국 2010년 7월, 교육과학부는 한발 물러나 각 대학이 의전원을 자율적으로 선택하도록 했다. 2012년 2월, 한국의과대학·의학전문대학원장협회(KAMC, 이사장 임정기)는 교육과학부가 방침을 변경하기까지 박영아의 공로가 컸다는 것을 인정하여 박영아에게 제1회 〈의학교육대의실천상〉을 수여했다.[16]

산학협력 촉진을 위하여

박영아의 의정활동 기저에는 과학기술은 연구로 그치는 것이 아니라 경제발전과 복지로 이어져야 한다는 신조가 깔려 있다. 2011년 12월 12일 CNB저널과 진행한 인터뷰에는 박영아의 이런 신념이 잘 드러나 있다.[17]

우선 박영아는 과학기술은 국가발전의 핵심 요소라고 생각한다. 집현전 학자의 4분의 1이 과학기술자였듯이 "새로운 과학기술로 인재를 만들고, 지식이 나오고, 벤처 기술이 만들어지고, 거기서 새로운 부를 창출하고, 다시 새로운 투자 사업을 하는 등 선순환 구조를 만들면

경제문제를 해결할 수 있는 기본 구조가 된다." 그러므로 과학기술이 곧 복지라고 할 수 있는 것이다.

다음 진정한 복지는 좋은 일자리를 통해 이루어진다는 것이다. "고용을 창출하는 것이 진정한 복지"이며 "고용을 통해 부를 창출하지 못하면서 국민 세금으로 하는 것은 진정한 복지"가 아니라는 것이다. 이를 위해 "혁신적 중소기업이 생겨나야 한다. 1인 기업이 커서 중소기업이 되고 혁신적인 기업이 돼야 한다." 다시 말해 과학기술은 고용을 창출해야 하는 것이다.

마지막으로 "연구개발과 함께 효율적인 투자"가 병행되어야 한다는 것이다. 즉 산학협력이 필수적이라는 것인데 박영아는 선진국들의 산학협력이 상당한 수준에 올라 있고 기업의 혁신으로 이어지고 있는 것을 보고 깊은 감명을 받았다. 마침 2008년 한국에도 산학협력을 촉진할 수 있는 법률이 만들어져 박영아는 다행이라고 여겼다. 그러나 이 법이 대학의 현실을 반영하지 않고 기술지주회사의 현물 출자 한도를 과도하게 설정하여 산학협력의 발목을 잡고 있음을 알게 되었다.

박영아는 최초의 기술지주회사를 설립한 한양대학교를 직접 찾아가 해결방법을 찾았다. 출자 비율을 낮춰야 한다는 데는 모두가 동의했지만 적정한 수준을 찾기는 쉽지 않았다.[18] 교육과학부와 대학 등 관련자들과 수차례 간담회를 가진 끝에 출자 비율을 50%에서 30%로 낮추는 데 성공했다. 원활한 산학협력의 물꼬를 튼 것이다.

여성과학기술인 취업 지원

박영아는 이론물리학 교수라 다른 여성과학자들보다는 형편이 좀 나았지만 그렇다고 다른 여성과학자들의 어려움을 두고 볼 수만은 없었다. 우수한 여성과학자들의 경력단절은 개인적 손실뿐만 아니라 치명적인 사회적 손실을 가져온다. 한 달만 연구가 중단되어도 따라갈 수가 없고 재취업이 어렵기 때문이다. 2002년 제정된 [여성과학기술인 육성 및 지원에 관한 법률]이 있긴 했지만 큰 도움이 되지 않는 상황이었다. 당시에도 이 법의 통과가 어렵다는 분위기여서 박영아는 직접 공청회장을 찾아가 법안 제정의 필요성을 주장한 적이 있었다. 그만큼 박영아는 여성과학기술인들의 성장에 큰 관심을 가지고 있었다.

박영아는 여성과학기술인들과 함께 여성과학기술인 취업 지원에 관한 방안을 다듬어 2010년 이 법의 개정안을 만들었다. 이 개정안에는 우수한 여성인력의 과학기술 분야 진출 기회를 확대하고 과학기술 인적 자원으로 성장하고 활용될 수 있도록 3년마다 여성과학기술인 활용 현황 등의 실태조사를 하고, 국가 및 지방자치단체는 여성과학기술인에 대한 채용 목표 비율 및 직급별 승진 목표 비율을 일정 수준으로 설정하는 등의 적극적 조치를 추진하고, 그 결과를 평가하여 행정·재정적인 지원을 하며, 경력단절 여성과학기술인의 재취업을 위한 교육 훈련을 지원한다는 내용을 담았다. 법 개정 후에도 박영아는 각종 토론회와 워크숍을 열고 꾸준히 여성 과학기술 인력을 육성하고 지원할 방법을 연구했다.

이공계 진학을 유도하는 재능기부 활동

박영아는 과학적 이슈를 중심으로 의정활동을 하면서도 지역구 의원으로서 지역주민들의 문제도 소홀히 하지 않았다. 박영아 재임 시절 지역구의 가장 크고 당면한 문제는 풍납토성 발굴에 따른 합리적 주민 보상 문제였다. 풍납토성은 사적 제11호로 1997년 풍납동 아파트 재건축 과정에서 발견된 지하 유적이다. 이로 인해 재건축은 무산되었고 토성 안팎의 신축과 증개축 등이 제한받게 되었다. 토성 안만 해도 1만 4천여 세대, 3만 6천여 명의 주민이 영향권에 놓였다.

주민들은 정부의 보상을 기다렸으나 정부의 보상 예산은 1년에 100억여 원에 불과해서 주민 전체가 보상받으려면 100년은 족히 걸릴 지경이었다. 자연히 정부와 거주 주민 간에 보상비, 재산권 제한 등의 문제로 갈등이 생길 수밖에 없었다. 박영아는 근본적인 주민 보상 방안을 마련하기 위해 백방으로 노력했다. 국무총리, 서울시장, 문화재청장, 청와대 관계자 등을 찾아가 설득하고 현장을 방문하여 문제의 심각함을 인지할 것을 요청했다.

또한 국정감사 때는 "문화재를 지키고 보존하는 것도 물론 중요하지만 국민의 생명을 지키고 재산을 보호해야 할 국가가 도리어 개인에게 재산상의 피해를 주고 생활의 불편을 초래하면서 제대로 된 보상이나 조치를 취하지 않는 것은 민주주의 국가에서 있을 수 없는 일"이라고 질타했다. 나아가 예산결산특별위원회에 들어가 매년 80~100억 원씩의 보상비를 증액하였다.

마침내 국무총리가 풍납토성을 방문하였다. 국무총리가 지역의

송파과학기술나눔포럼 창립총회(2012) 리플렛

민원 현장을 직접 방문하는 것은 드문 일이었다. 총리는 "주민들의 어려움을 알게 되었고, 문화재 보존관리가 주민들의 삶과 조화롭게 이뤄져야 할 것으로 현장에 와서 보고, 듣고, 느꼈다."고 하면서 "관계부처가 협의해서 잘 해결되도록 하겠다."고 약속했다.[19]

이렇게 지역구 주민의 민원을 해결하는 한편 박영아는 자신이 가진 과학자로서의 자원을 지역구 주민들과 나눌 방법도 모색했다. 2011년 7월 초, 박영아는 송파구에 살고 있는 과학자들 몇 사람과 함께 중고생들에게 과학기술의 중요성을 알리고 이공계 진학을 유도하는 재능기부 활동을 해보자는 뜻을 모았다. 곧바로 9월 3일, 송파과학기술나눔포럼(공동대표 이혜숙 이화여대 교수, 박성욱 아산병원장, 박호군 전 과기부 장관, 한웅 전 산업기술연구회 이사장)을 창립하고 박영아는 고문을 맡았다. 100여 명이 발기인으로 참여하였다. 첫 활동은 잠실중학교 학생들을 대상으로 자연과학, 공학, 의약학 등 12개 분야의 주제를 가지고 12명의 교수가 나선 무료

강연이었다. 이어서 방산중학교 학부모와 학생들을 대상으로 강연을 열었다. 학생들과 학부모의 반응은 뜨거웠다.[20]

박영아의 의원 임기 종료를 앞둔 2012년 5월 29일, 송파과학기술나눔포럼은 사단법인 한국과학기술나눔포럼(상임대표 박영아)로 재탄생하였다. 여고생물리캠프처럼 이공계 진학을 희망하는 학생들을 초청해서 실험도 하고 강의도 듣고 심포지엄도 열었다. 코로나19로 활동이 주춤해진 이후로는 전문가들이 모여 토론회를 열거나 학생들을 대상으로 강연을 하는 정도로 활동하고 있다.

도전하는 길 위에서

2012년 박영아는 재선에 도전했으나 공천을 받지 못했다. 한국기술사회(회장 한영성), 대한기술사회(회장 고영회), 한국과학기술단체총연합회(회장 박상대) 등 과학기술계에서 성명서를 내고 박영아의 공천을 촉구했으나 무산되었다. 그 후 박영아는 한국과학기술기획평가원 원장을 맡는 한편, 대학산업기술지원단 이사, 중앙공무원교육원 정책자문위원회 위원, 한국해양과학기술진흥원 비상임이사, 국가과학기술자문회의창조경제분과 위원, 산업통상자원부 통상교섭민간자문위원회 위원, 기획재정부 재정사업평가 자문위원회 민간위원 등 과학기술 정책분야에서 활발하게 활동을 이어갔다.

박영아는 2016년 4·13 총선을 앞두고 고민한 끝에 불출마를 선언했다. "임기 있는 자리에 와서는 임기를 지키는 게 과학기술 발전에 좋다고 보고, 대통령도 경제가 어렵다고 말씀하신 만큼 과학기술 발전을 통해 미래 먹거리를 만드는 역할에 전력투구해야 한다."고 생각했기 때문이다.[21] 그리고 박영아는 1년 남은 한국과학기술기획평가원 원장 임기를 완주했다. 그 후 정치활동을 접고 명지대학교 교수로 복직했으며 2023년 9월 5일 명지대학교 개교 75주년을 맞이하여 30년 근속 표창을 받았다.[22] 2024년 8월, 정년을 1년 앞두고 명예퇴직하여 현재 명예교수로 있다.

박영아가 정치인이 되지 않고 물리학자로서만 살았더라면 아마도 물리학자로서도 큰 성과를 남겼을 것이다. 그러나 미지의 세계에 도전하고 실험하는 것을 과학자의 숙명으로 생각하는 박영아에게 정치인의 길은 과학자와 다른 길이 아니라 도전하고 실험하는 삶의 연장선이라 할 수 있었다.

과학의 논리와는 전혀 다른 정치 논리의 세계에서 그동안 경험하지 못한 새로운 사고방식과 업무 문화를 경험한 것은 도전이자 실험이었다. 여성들의 진입이 어려운 과학계에서 그랬던 것처럼 정치라는 어렵고 낯선 영역에서도 박영아는 스스로를 단련시키고 성장하기를 멈추지 않았다. 때론 과학은 어렵다는 동료 의원들의 과학에 대한 선입견 때문에 과학자 출신이란 점이 장애가 되기도 했지만 박영아는 기꺼이 과학과 정치를 잇는 가교가 되어 행동하는 과학자, 연구하는 정치인이 되었다.

| 집필: 박인혜 |

| 미주 |

1) 1960년 4·19혁명 후 실시된 제5대 총선에서 민의원 233명과 참의원 58명이 선출되었다. 그러나 1961년 5·16 군사정변으로 9개월 만에 해산되었다.
2) <위키백과>, '한국과학기술원', 2024.11.12.
3) <중앙SUNDAY>, 2022.1.29., "중공업 키운 김재관, 로켓 개발 홍용식 '과학보국' 일궜다"
4) 남편인 석동현은 부산 출신으로 1983년 대학 졸업하던 해 사법고시에 합격하고 검사장까지 올랐다. 서울동부 지검장 재직 중 검사직을 그만두고 변호사로 개업했다. 2016년 새누리당에 입당하여 정계 진출을 시도했으나 출마로 이어지지는 못했다.
5) <한국물리학회 홈페이지>, 2024.11.12., "일정 기간 동안 지정 대학을 방문하여 물리학 기본 원리를 이해할 수 있는 필수 실험과 자유 실험을 수행하고 탐구 노트를 작성, 탐구 노트를 기반으로 하루 동안 열리는 본선 캠프에서 자유 실험에 대해 발표를 하고 현장 심사를 함", '2024년도 모집'6) 닮고 싶고 되고 싶은 2008 과학기술인 ⑦, <매일경제>, 2008.12.31.
7) 박영아(2011), 『과학자, 정치와 통하다』 앱투스 미디어, p.75
8) 박영아(2012), 『의정백서』 pp.57~59
9) Ibid, pp.93~94
10) <중앙일보>, 2009.2.11., "Briefing - '국제과학비즈니스 법안 국무회의 의결'"
11) 박영아(2012), 『의정백서』 pp.36~38
12) <전자신문>, 2010.11.4., "과기계, 국제과학비즈니스벨트특별법 통과 실력행사"
13) '교육과학기술부 정책브리핑', 2011.5.16., "국제과학비즈니스벨트 입지 선정 결과"
14) 1996년 교육 개혁 논의과정에서 처음 제안되었고, 2005년부터 본격적으로 도입되어 2009년 첫 졸업생이 배출되었다.
15) <위키백과>, 2025.5.5., "BK21은 'Brain Korea 또는 두뇌한국 21'의 약자. 세계적 수준의 대학원 육성과 우수한 연구인력 양성을 위해 석사, 박사과정생 및 신진연구인력(박사후 연구원 및 계약교수)을 집중적으로 지원하는 고등교육 인력양성 사업이다."
16) <메디칼타임즈>, 2012.2.14., "박영아 의원, 의학교육대의실천상 첫 수상자 선정"
17) <cnb저널> 252호, 2011.12.12., "인터뷰 - '박영아 의원, 과학기술이 삶의 질 높이는 진정한 복지다'"
18) 박영아(2011), 『과학자, 정치와 통하다』 앱투스 미디어, pp.85~86
19) <구민신문>, 2011.4.21., "박영아 의원, 김황식 국무총리 풍납토성에 초청"
20) 박영아(2011), 『과학자, 정치와 통하다』 앱투스 미디어, pp.191~194
21) <매일경제>, 2016.1.14., "레이더P - '남편 위해 출마 포기한 박영아 전 의원'"
22) <명지대학교 홈페이지>, 2024.11.22.

제18대 국회의원
배은희 裵恩姬

새로운 정치를 꿈꾼 이학 박사,
벤처 기업가 출신 여성 국회의원

1959 경북 의성 출생
1983 서울대 미생물학과 졸업
1992 뉴욕 주립대 대학원 이학 박사
1998 한국과학기술연구원(KIST) 의과학연구센터 선임 연구원
2000 리젠바이오텍 설립
2002 한국바이오벤처협회 부회장
2007 한나라당 미래 신산업 분야 공동선거대책위원장
2008 제18대 국회의원
2010 한나라당 대변인
2013 한국바이오협회 회장

교육열 높은 부모의 자랑스러운 딸

배은희는 연구원, 벤처 기업가를 거쳐 18대 국회의원에 이르기까지 도전을 두려워하지 않았다. 이공계 출신 초선 의원으로서는 드물게 한나라당 대변인으로도 활동하면서 촉망받던 여성 정치인이었다. 과학자이자 벤처 기업가, 어머니이자 주부로서의 경험을 바탕으로 국민의 실생활을 개선하고 미래 사회를 준비하면서 새로운 정치인의 모습을 보여주려고 노력했다. 그래서 그가 2014년 10월 6일, 만 55세 이른 나이로 사망했을 때 많은 사람이 안타까워하고 아쉬워했다. 배은희의 삶을 되짚어보면 한시도 허투루 흘려버리지 않고 불꽃 같은 삶을 살다가 갔다고 느끼게 된다.

배은희는 1959년 7월 19일, 아버지 배호원과 어머니 박혜숙의 둘째 딸로 태어났다. 아버지 배호원은 공무원으로 체신부 기획관리실장과 체신공제조합 이사장을 지냈다. 아버지가 온화한 성격이었다면, 어머니는 활달하고 교육열이 강했다. 배은희 밑으로 동생 셋이 태어나 4녀 1남이 되었고, 막내가 외동아들이었다. 남아 선호 분위기가 남아 있던 시절이었지만, 어머니는 아들과 딸을 차별하지 않고 자식들을 열성적으로 뒷바라지했다. 딸들에게도 "이제 여자도 못 할 일이 없다. 너희는 열심히 공부해서 뭐든 하고 싶은 일을 다 하고 살아라"라고 격려했다. 거의 문을 열어놓고 살다시피 할 정도로 어머니를 찾아오는 친구와 이웃이 많았고, 그런 어머니를 가장 닮은 딸이 둘째 은희였다. 그만큼 어머니가 둘째 딸에게 거는 기대도 컸다.

배은희는 어릴 때부터 똑 부러지게 말을 잘하고, 공부 잘하고, 얼굴도 예쁜, 이른바 엄친딸이었다. 배은희의 언니 배은경은 "어릴 때부터 워낙 조곤조곤 논리적으로 따지기 때문에 언니라도 말싸움에서 이길 수가 없었어요. 셋째 동생이 태어났을 때 서너 살이던 은희가 집집마다 다니며 '우리 엄마가 또 딸을 낳았어요.'라고 전하던 기억이 납니다."라고 회고했다.[1] 배은희는 이공계 기피 현상을 극복하기 위해 대한여성과학기술인회에서 펴낸 정책 자료집 『대한민국의 위대한 이공계 리더들』에서 자신이 이공계를 선택한 이유에 대해 "어렸을 때는 몸이 약해서 약을 달고 살았다. 집밖으로 나가지 못하고 집안에서 책을 읽으며 보내는 시간이 많았는데, 그러면서 생각하고 추리하는 논리력이 길러진 것 같다. 무조건 외우는 과목보다는 원리를 이해하고 논리적으로 풀어나가는 수학, 과학 과목에 흥미가 생겨 좋아하게 되었다. 워낙 수학과 과학을 좋아하니 당연히 이공계를 선택해야 한다고 생각했다. 이공계 분야가 새롭고 앞서가는 학문이 많은 것 같아 멋있어 보이기도 했다."라고 설명했다.[2]

배은희는 대학 입시를 앞둔 고3 때 몸이 많이 아팠다. 겨우 대학 입시를 치르고 서울대에 합격했지만, 학교에 다닐 수 없을 정도로 건강이 좋지 않았다. 결국 1년 휴학계를 내고 집에서 몸을 추슬러야 했다. 그는 그 일에 대해 "어떻게 보면 엄청나게 좌절감을 느낄 수도 있는 상황이었지만, 건강을 챙길 수 있는 시간으로 삼으며 마음을 낙천적으로 먹었다. 어떤 경우든 최악으로 여길 필요는 없다고 생각했다."라고 밝혔다.[3] 인생은 새옹지마(塞翁之馬)이니 좋은 일이든 나쁜 일이든 일희일비(一喜一悲)하지 말자는 생각이 이후 그의 삶에서 중요한 원칙이 되었다. 덕분에 좋은 일에도 지나치게 들뜨지 않고, 나쁜 일에도 절망하지 않으며 담대하게 앞으로 나아갈 수 있었다.

배은희는 중고등학생 시절이나 대학생 시절이나 주목받는 스타였다. 배은희와 캠퍼스 커플로 만나 결혼한 이태식 이엔테크놀로지 대표이사는 "은희는 미생물학과, 저는 전기공학과였는데, 학교에서 은희를 모르는 남학생이 없을 정도였어요. 공부 잘하고 예쁠 뿐 아니라 옷차림새도 세련되어서 눈에 확 띄었죠. 하숙생 친구가 소개해줘 만나게 되었고, 어느 순간부터 함께 다니다 결혼하게 되었습니다."라고 회고했다.[4]

배은희는 대학 때 열심히 공부해 뛰어난 성적으로 수석 졸업했지만, 남녀차별의 벽을 피해갈 수 없었다. 그는 한 언론과의 인터뷰에서 "학부를 수석 졸업했는데도 막상 취업하려고 보니 교수님이 성적이 나쁜 남학생만 추천하셨어요. 여성은 결혼하면 바로 직장을 그만두고 생활에 안주하니 취직자리가 절실한 남학생에게 기회를 주어야 한다는 말씀이셨죠. 그전까지는 남녀차별을 실감하지 못했는데 그때 제대로 충격을 받았습니다. 사회가 이렇다면 더 힘을 갖춰야 하겠다고 생각했고, 미국에 유학해 박사학위를 받았습니다."라고 그때 심정을 떠올렸다.[5]

마침 남편 이태식이 미국 유학을 떠나면서 함께 공부할 기회를 얻었고, 뉴욕주립대 대학원에서 박사학위를 받았다. 이태식은 "은희는 어떤 환경, 어떤 상황에도 열심히 잘 적응하는 사람이었습니다. 처음 미국에 갔을 때는 영어도 잘하지 못했고, 1년 후에야 박사 과정에 들어갈 예정이었죠. 그런데 그 사이를 못 참고 아르바이트를 하겠다는 거예요. 영어도 익힐 겸 세탁소에서 일하겠다더니, 50마일(80.5km) 떨어진 곳까지 매일 직접 운전해서 오가며 일했습니다. 세탁물을 받아 처리하면서 고객들과 이야기를 나누다 보면 영어가 는다고 하더군요. 남편에게 의지하고 보호받겠다는 생각이라곤 눈곱만큼도 없는 사람이었습니다. 집안 대소사든 가족 여행이든 본인이 알아서 척척 준비하기 때문에 나나 아이들은 그냥 따라다녔죠. 그때는 내비게이션이 없어서 지도를 보고 다녀야 했는데, 은희 머릿속에 지도가 다 들어있는 것 같았어요. 내가 운전할 때도 아내가 알려주는 방향대로만 가면 되었어요. '지도를 못 읽는 여자'라는 말도 있던데, 아내는 전혀 달랐죠. 아이들이 어릴 때는 수학이나 과학 같은 과목을 사교육에 맡기지 않고 직접 가르치기까지 했어요."라고 회고했다.[6]

연구원에서 벤처 기업가로, 다시 국회의원으로 변신하다.

박사학위를 마치고 한국에 돌아온 배은희는 KIST 의과학연구센터 선임연구원을 지내다 2000년 4월에 바이오 벤처 리젠바이오텍을 설립했다. 인체의 조직 재생 능력을 촉진하는 바이오 의약품 개발을 목표로 KIST 연구원들과 서울대 의대, 경북대 의대 등의 교수들이 의기투합해 KIST 안에서 '실험실 벤처'로 시작한 기업이었다. 리젠바이오텍은 2000년에 중소기업청 주관 교수-연구원 창업 경연 대회에서 우수상을 받고, KIST 1호 벤처 인증 기업이 되었다. 2002년에는 이노비즈 기업(기술혁신형 중소기업)으로 선정되고, 벤처 기업 대상을 수상하기도 했다. KIST 연구원으로 겸직할 수 있는 기간인 2년이 지났을 때 그는 안정된 연구원 자리를 버리고 벤처 기업가라는 가시밭길을 걷기로 결정했다. 배은희보다 먼저 벤처 기업을 창업해 운영하던 남편 이태식이 격려해 준 덕도 컸다.

배은희는 한 언론과의 인터뷰에서 "대학 시절부터 '이론을 현실로 만들어 보자'라는 생각을 많이 했습니다. 연구원 시절에는 어렵게 내놓은 연구 결과가 상용화까지 이르지 못하는 현실이 안타까웠어요. 그래서 기술력 하나만 믿고 벤처의 길을 선택했죠. 제가 연구하는 조직공학(Tissue Engineering)은 노화나 사고로 약해지거나 손상된 인체 조직과 장기를 재생시키거나 대체해서 삶의 질을 높이는 기술을 연구하는 분야입니다. 최근에는 인공장기 대신 자가세포 배양으로 조직을 재생시켜 부작용을 최소화하고, 더 나아가 이들 조직을 이용해 대체 장기를 만들어내는 연구를 진행하고 있습니다. 리젠바이오텍은 조직공학의 기반 기술이라고 할 세포 배양 기술의 개발에 주력합니다. 그런데 막상 중소기업 사장이 되어 일인 다역을 하자니 결코 만만치 않았습니다. 늘 최선을 다하려고 노력했지만, 선택의 갈림길에서 어려움을 느낄 때도 많았죠. 연구원 시절에는 성공 여부가 기록으로 남는 정도였다면, 사업은 생사를 오가는 전쟁터 같았습니다. 연습이 없는 그야말로 생존을 위한 전쟁이었죠. 직원들과 함께 회사를 키워간다는 마음으로 의욕과 힘을 냈습니다."라고 밝혔다.[7]

리젠바이오텍은 2002년 벤처 투자 열풍이 사그라질 때 심각한 자금난에 부딪쳤다. 그는 이때 인수합병(M&A)을 돌파구로 삼았다. 자신의 지분이 줄어들더라도 회사를 살릴 방안이라고 생각했기 때문이었다. 회사 대표로서 배은희는 평소에는 권위를 내세우지 않고 한없이 따뜻하다가 어려울 때면 누구보다 강해지는 '외유내강(外柔內剛)'으로 직원들의 신뢰를 얻었다. 한국바이오벤처협회 회장을 지낸 김완주 박사는 한 책에서 "배은희 대표는 경영 능력, 위기를 돌파하는 능력이 탁월하다.

재정적으로 어려울 때 시너지 효과를 낼 수 있는 회사와 합병하는 능력은 높이 평가할 만하다. 그의 경영 능력은 거저 나온 것이 아니다. KIST 경영대학원, 전경련 최고 경영자 과정 등에 가보면 어김없이 배은희 대표가 앉아 있었다. 그는 언제나 공부하는 CEO다."라고 평가했다.[8]

한국바이오벤처협회 부회장까지 맡아 바쁘게 뛰어다니던 배은희는 2007년 대통령 선거를 앞두고 출범한 한나라당 선거대책위원회에서 미래 신산업 분야 공동 선거대책위원장을 맡았다. 한나라당이 각 분야 외부인사들을 파격적으로 공동 선거대책위원장에 임명하면서 생긴 일이었다. 배은희는 그때까지 이명박 대통령 후보와 아무런 인연이 없었다. 처음 위원장 제안을 받았을 때는 '왜 정치와 아무 관련도 없는 사람에게 이런 막중한 자리를 맡기느냐'고 망설였지만, 현장 경험이 있고 전문성을 갖춘 사람이 필요하다는 이야기에 결국 수락했다. 배은희는 한 인터뷰에서 "기업을 운영하는 사람으로서 이명박 후보가 대통령이 되어야 한다고 이전부터 생각하고 있었습니다. 당시 경기가 굉장히 좋지 않았고, 한국 기업의 세계화가 절실한 상황이었습니다. 그런데도 지난 정부는 그런 인식이 참 부족하다고 느꼈습니다. 이명박 후보는 아무도 관심을 가져주지 않던 신산업 분야를 중요하게 여긴다는 점이 신선하게 다가왔습니다."라고 정치에 발을 들여놓게 된 계기를 밝혔다.[9]

배은희는 대통령 선거를 치를 때까지 두 달여 동안 공동 선거대책위원장으로서 생생한 현장의 소리를 전달하려고 노력했다. 2007년 12월 9일에는 이명박 대통령 후보의 선거 방송 연설 찬조 연설자로도 나섰다. 배은희는 "이제 우리도 선진국들처럼 첨단 에너지, 우주 항공, 글로벌 문화 산업 같은 미래 신산업이라 불리는 시장으로 눈을 돌려야 합

| 2008년 9월 22일 신성장동력 보고대회

니다. 위기의 대한민국 경제가 여기에서 주저앉지 않으려면 고부가가치 산업인 미래 신산업 쪽으로 우리 산업의 체질을 바꿔야 합니다. 새로운 산업이 등장해야 새로운 일자리도 만들어집니다.……중소기업 살리기만큼이나 중요한 일이 또 있습니다. 대한민국에서 여자가 일하기란 아직까지 무척 힘듭니다. 여성에 대한 차별, 선입견 등이 많이 없어졌다고는 하나, 분위기나 풍토까지 바뀌려면 아직 멀었습니다. 출산과 육아 문제가 해결되지 않으면 여성이 일하기가 힘듭니다. 저도 친정어머니의 도움이 없었으면 일을 시작할 엄두도 내지 못했을 것입니다. 전문적인 지식을 바탕으로 연구와 개발을 해야 하는 신산업 분야의 중소기업들은 인력을 구하기가 너무 어렵습니다. 이런 상황에서 고급 여성 인력을 제대로 활용할 수 있다면, 숨통이 좀 트일 것입니다. 아이를 낳고 키우는 일을 나라가 조금 도와줄 수 있다면 말입니다.……세계와 미래에 대한 안목을 갖춘 사람! 상상을 현실로 만들 힘이 있는 사람! 누가

떠오르십니까? 저는 이명박 후보가 떠올랐습니다. 그래서 결국 직함도 생소한 선거 대책 위원장을 맡게 됐습니다."라고 이명박 후보를 지지하는 이유를 명확하게 밝혔다.

배은희가 텔레비전에 등장한 일은 그때가 처음이 아니었다. KIST 선임연구원으로 근무하던 1997년에 배우 김자옥과 함께 항균 섬유 린스 광고에 등장한 적이 있었다. 실제로 항균 효과가 있는지 실험 결과 자료를 요구해 확인한 후 광고 출연을 결정했고, 배우 못지않은 미모와 연기력으로 순조롭게 광고 촬영을 마쳤다. 그리고 대통령 선거를 앞두고 찬조 연설자로 나서 정치권과 국민의 머릿속에 배은희라는 이름을 다시 한번 새겨 넣었다.

배은희는 이명박 대통령 후보가 당선된 다음 인수위원회 경제 2분과 자문위원으로 활동했고, 2008년 제18대 국회의원 선거에서 한나라당 비례대표 3번으로 공천을 받아 국회의원으로 변신했다. 그는 국회의원으로 변신하게 된 과정에 대해 "대선 캠프에서 일하면서 대통령이 현장의 목소리를 중요하게 여긴다는 사실을 알게 되었습니다. 작은 기업들이 어떤 어려움을 겪는지 이야기하면 많이 받아들였습니다. 어려움을 겪는 중소기업을 위해 뭔가 역할을 하면 좋겠다고 생각하면서 공약집에 중소기업 관련 내용이 많이 포함되도록 애썼죠. 그리고 인수위원회 경제 분과에서는 공약집의 내용이 실제 정책으로 만들어지는 순간을 지켜보았습니다. 그러다 국회의원이 되어 입법활동을 하면서 중소기업을 위해 일해 보면 좋겠다고 생각하게 되었습니다. 정치적 기반이 없을 때여서 지역구는 어렵고, 비례대표 공천을 신청했습니다."라고 밝혔다.[10]

열심히 공부하는 우수 국회의원

2008년 5월 말에 국회에 입성한 배은희는 전반기에는 지식경제위원회, 후반기에는 교육과학기술위원회와 국회 운영위원회 소속으로 의정활동을 했고, 누구보다 열심히 공부하는 국회의원이었다. 정회원으로 활동하는 스터디 모임이 여섯 군데, 준회원으로 활동하는 모임까지 합하면 열다섯 군데에 이를 정도로 공부 욕심이 많았다. 이중 2008년 6월부터 나성린 의원과 공동대표로 이끈 선진정치경제포럼은 국회가 선정하는 우수 국회의원 연구단체에 3년 연속으로 뽑힐 정도로 주목을 받았다. 한국 경제의 선진화를 위한 정책 연구를 목적으로 만든 단체로, 고령화, 저출산 대책, 교육 제도 개혁, 규제 개혁과 개방화, 기술 개발, 미래 신성장 산업 육성을 위한 다양한 정책을 쏟아냈다.

배은희는 이 모임에 대해 "현안으로 꼽히는 문제들을 공부하고 토론하는 모임으로 회원이 아닌 의원들에게도 문을 열어놓고, 전문가를 초청하기도 합니다. 계파 모임과는 성격이 완전히 다르기 때문에 장수할 수 있습니다."라고 밝혔다.[11] 그는 "이 모임에서 의원들이 각자 내놓은 아이디어들을 세미나나 공청회를 통해 발전시키면서 입법화까지 이끌어 낼 수 있었습니다. 충분한 연구와 다양한 의견 수렴, 토론 등을 거쳐야만 민생에 도움이 될 수 있는 실질적인 정책과 법안이 나온다는 사실을 확인했습니다."라고 말하기도 했다.[12] 그렇게 열심히 공부하면서 탄탄하게 토대를 쌓은 덕분에 국회 사무처가 선정하는 '입법 및 정책 개발 우수 국회의원' 그리고 한국과학기술단체총연합회가 선정하는 '과학기술 분야 국정감사 우수의원'으로 뽑혔다. 2009년 새해 인사에서

2009 의정보고서

국회의원으로서 배은희의 다짐을 읽을 수 있다.

"평범한 연구원이 기술력 하나만 믿고 벤처기업을 창업했습니다. 그리고 중소기업과 서민의 목소리를 담겠다는 열정으로 18대 국회의원의 첫발을 내디뎠습니다. 의정활동을 통해 우리 서민들의 목소리를 반영하고자 노력하면서 문제점이 하나씩 해결되고, 정책에 반영되는 모습을 볼 때마다 큰 보람을 느끼게 되었습니다. 그러면서 국민 여러분들의 고충을 헤아리고 대변해야 할 일들이 더 많이 남아 있다는 책임감을 느낍니다. 앞으로의 의정활동을 통해 우리나라의 중추이고 국민 경제의 뼈대인 중소기업의 기를 살려 양질의 일자리를 많이 창출할 수 있도록 하겠습니다. 다양하고 실질적인 지원책을 통해 자영업을 하시는 분들이 희망을 가질 수 있도록 힘쓰겠습니다. 우리 서민 모두의 가정이 경제적으로 안정되고, 사회적으로 안전하며 희망과 활기가 넘치는 가족이 되도록 만들겠습니다."[13]

중소기업 살리기에 나서다.

배은희는 국회에 입성한 후 중소기업이 겪는 어려움을 해결하는 일에 의정활동의 초점을 맞췄다. 지식경제위원회에서 활동한 첫해부터 중소기업의 어려움을 구석구석 세밀하게 살피고 개선 방안을 구체적으로 제시했다. 배은희는 2008년 국정감사에서부터 중소기업이 겪는 문제를 날카롭게 지적해 국감 스타로 떠올랐다. 그는 ① 중소기업 자금 조달 구조의 99.9%가 대출로 과다 집중되어 있는 만큼 후순위채 발행과 모태 펀드 출자 등 직접 금융 시장을 활성화해 중소기업의 직접 자금 조달을 확보해야 한다. ② 공공기관이 터무니없이 낮은 가격으로 낙찰해서 중소기업의 피해가 막심하다. ③ 중소기업 제품 우선 구매 제도가 사실상 유명무실하니 이에 대해 철저히 관리 감독해야 한다. ④ 국내 소프트웨어 업체를 돕기 위해 도입한 공공기관의 소프트웨어 분리 발주 제도가 제대로 시행되지 않고 있으니 이를 적극적으로 유도할 인센티브를 도입해야 한다. ⑤ 연구 과제가 성공해서 매출이 발생하기 전에 기술료를 징수하는 방식은 자금 조달이 원활치 못한 중소기업에 부담이 된다. 그러므로 사업화 성공으로 발생한 매출 실적에 따라 기술료를 징수하는 방식으로 바꿔야 한다는 등 중소기업의 어려움에 깊이 공감하면서 대안을 제시했다.

예를 들어 2008년 10월 13일 중소기업청 국정감사 현장에서 배은희는 '국가를 당사자로 하는 계약에 관한 법률 시행령'에서 낙찰 가격을 예정가의 85% 이하로 내릴 수 없도록 '권고'하고 있지만, 같은 법령에 최저 가격으로 입찰한 자를 낙찰자로 결정한다는 조항도 명시돼 있어 권고 조항이 무용지물이 됐다고 지적했다. 배은희는 "지식경제부 산하 69개 기관 중 46곳이 권고 조항을 어기고 85% 이하의 가격에 낙찰했고, 중소기업을 대상으로 예정가의 절반 이하 혹은 10% 이하까지 터무니없이 낮은 가격에 낙찰하는 경우가 허다하다."라며 목소리를 높였다.

2009년 국정감사에서도 ① 소상공인 정책 자금은 시중보다 금리가 낮고 정부가 보증을 서주는 제도라 집행 20여 일 만에 예산이 소진될 정도로 반응이 좋았다. 그러나 고소득 직종이나 단란주점처럼 부적절한 지원 사례가 많아 개선하지 않으면 제도의 취지가 훼손된다. ② 금융회사들이 영세 자영업자들을 위한 정부의 특례 보증 대출 때 금융 상품 판매를 권유하는 이른바 '꺾기' 관행을 근절할 방안을 마련해야 한다. ③ 중소기업 투자 세액 공제를 확대해야 한다는 등 중소기업을 힘들게 하는 문제들을 조목조목 따졌다.

배은희는 거칠고 자극적인 말투로 주목을 받으려는 국회의원들과는 달랐다. 목소리를 높이지 않고 조목조목 논리적으로 따지면서 빈틈없이 준비한 자료를 들이대 상대를 바짝 긴장시켰다. 그런 가운데 실질적인 변화를 이끌어 냈다. 배은희는 2009년 국정감사를 앞두고 "언론의 주목을 받지 못하더라도 끝까지 물고 늘어져야 바뀔 수 있다는 사실을 지난 국정감사를 거치면서 깨달았습니다. 따라서 이번 국정감사에서도 지난해에 지적했던 과제들을 다시 한번 점검하는 일을 게을리하지 않겠습니다. 그저 문제를 지적했다고 내 일을 다 했다고 덮어버리지 않겠습니다. 한번 문제를 제기했으면 그 부분에 대해 계속 책임의식을 갖는 태도가 국회의원의 도리라고 생각합니다. 일회성 국정감사라는 비판이 나오지 않도록 하겠습니다. 미시적인 부분을 폭로하는 일에 몰두하기보다 큰 틀에서 국정 전반에 대해 문제를 제기하고, 정책 개선을 제안하기 위해 노력하겠습니다."라고 각오를 밝혔다.[14] 초선 의원인 그는 이렇게 바람직한 국회의원, 정치인의 모습을 제시하면서 그렇게 되려고 애썼다.

배은희는 특별히 소상공인의 수호자 역할을 자처했다. 한 언론과의 인터뷰에서 그는 "중소기업은 전체 기업의 99%, 전체 고용의 88%를 차지하고 있고, 중소기업 중 88%가 소상공인입니다. 우리 사회의 근간을 튼튼하게 하려면 소상공인을 적절히 보호하면서 경쟁력을 갖출 수 있도록 도와야 합니다. 전통 시장의 경우 시설 현대화와 경영 현대화를 통한 경쟁력 확보 정책이 어느 정도 효과를 보고 있다는 통계가 나오고 있습니다. 인상적인 점은 시설 현대화 같은 하드웨어적인 지원책보다 경영 현대화처럼 소프트웨어적인 지원책이 더 큰 성과를 보였다는 사실입니다. 따라서 영세 자영업자와 전통 시장이 경영 능력을 개선할 수 있도록 지속적으로 돕는 일이 중요하고, 복지 차원의 지원도 필요하다고 생각합니다. 이에 그치지 않고 소상공인이 중소기업으로, 더 나아가 대기업으로 발전할 수 있는 사회구조를 갖추는 일도 중요합니다."라고 밝혔다.[15]

배은희의 그런 진심이 전해졌는지 소상공인단체협의회로부터 감사패를 받기도 했다. 한 일간지는 이 일을 "슈퍼마켓 주인부터 PC방과 자동차 정비업소, 주유소 사장까지 전국의 소상공인들이 2009년 7월 29일, 국회의원회관에 모였다. 생업으로 바쁜 이들이 모처럼 시간을 낸 이유는 배은희 의원에게 감사패를 전달하기 위해서였다. 배은희는 2008년 소상공인을 돕기 위해 [대기업-중소기업 상생협력 촉진에 관한 법률] 개정안을 발의했다. 소상공인들은 "최근 골목마다 기업형 슈퍼마켓이 진출한 가운데 배 의원의 법률 개정안이 소상공인의 유일한 생존 무기가 됐다."라고 고마워했다. 배은희는 당시 법 개정을 통해 대기업이 중소기업의 사업 영역에 진입할 때 유예 조정 기간을 기존 2년에서 최대 6년까지로 늘렸다. 유예 기간 2년만으로는 대기업이 중소기업과의 조정 작업을 거의 거치지 않고 진출할 수 있어 지역 상권이 고사한다는 이유였다. 김경배 슈퍼마켓협동조합연합 회장은 "이 법률 덕분에 인천, 안양 등 각 지역에서 대기업-중소기업 사이 사업 조정이 성실히 이루어지고 있습니다. 그래서 뜻있는 소상상공인들이 모여 감사의 뜻을 전하기로 결정했습니다."라고 밝혔다. 당시 언론에서는 이를 두고 "바이오벤처 사장 출신인 배 의원은 중소기업 지원 대책을 마련하는 데 앞장서왔다는 평가를 받고 있다."라고 보도했다.[16] 배은희는 2010년 8월에 지식경제위원회에서 교육과학기술위원회로 옮긴 후에도 중소기업에 대한 관심을 놓치지 않았다.

중소기업을 돕고, 우리 사회의 안전을 확보하기 위한 입법 활동

배은희는 입법활동을 통해 어려움을 겪는 중소기업과 소상공인들을 돕고, 우리 사회 전반의 문제를 해결하려고 노력했다. 그래서 의정활동 첫해부터 입법조사처 의뢰 건수에서 여성 비례대표 의원 중 1위를 차지했다. 2008년에는 '대기업-중소기업 상생 협력 촉진 법률 일부 개

2009년 의정보고서

정 법률안'뿐 아니라 대기업이 골목 상권을 침범할 수 없도록 등록 절차를 개선한 '유통산업 발전법 일부 개정 법률안', 여성 기업 제품의 구매 확대를 통해 여성 기업의 시장 진입을 돕는 '여성 기업 지원법 일부 개정 법률안', 학교폭력 대책 자치위원회 위원에 학부모 대표를 반드시 포함시키는 '학교폭력 예방 및 대책에 관한 법률 일부 개정 법률안' 등 중소기업, 여성, 가족과 관련된 9개 법안을 대표 발의했다. 그리고 2009년에도 '중소기업 협동조합법 일부 개정 법률안', '중소기업 창업 지원법 일부 개정 법률안', '소프트웨어 산업 진흥법 일부 개정 법률안', '디자인 보호법 일부 개정 법률안' 등 12개 법안을 대표 발의했다. 배은희는 법안을 발의할 뿐 아니라, 자신이 발의한 법안이 제정되고 시행되도록 끈질기게 관심을 가지고 노력했다.

배은희가 2008년에 대표 발의한 [제품안전기본법]은 2009년 12월 30일에 본회의를 통과하고, 2010년에 제정 공포되었다. 그리고 2011년 2월 5일부터 전면 시행되었다. 그 법은 원인을 알 수 없는 폐질환이 가

습기 살균제 때문이라는 의혹이 커지면서 국민이 불안해할 때 정부가 수거조치를 내릴 수 있는 근거가 되었다. 배은희는 또 [벤처기업 육성에 관한 특별조치법]을 검토하다 대학교수나 연구원만 연구기관의 시설을 이용해 실험실 공장을 설치할 수 있다는 조문을 발견했다. 구글이나 페이스북, 마이크로소프트 등 미국을 대표하는 기업이 대학생의 창업으로 시작했다는 사실이 떠올랐고, 학생들에게 창업의 길을 열어주어야겠다고 마음먹었다. 그래서 2009년 5월 8일에 이 법의 개정안을 대표 발의했고, 2010년 1월 27일부터 시행되고 있다.

배은희는 두 아이를 키운 어머니로서의 경험을 바탕으로 우리 사회를 조금 더 안전하게 만들기 위한 지킴이 역할도 자처했다. 한 언론에 기고한 글에서 그가 안전한 사회를 만들기 위해 얼마나 마음을 기울였는지 엿볼 수 있다.

"결혼이나 출산을 앞둔 젊은 친구들이 우리 사회에 만연한 성폭력과 성추행 때문에 딸을 낳기 무섭다고 말하는 이야기를 심심찮게 들을 수 있습니다. 저 또한 딸을 키우는 부모이다 보니 그 심정이 누구보다 이해가 가면서도 저출산 문제가 심해지는 상황에서 젊은이들이 마음 놓고 아이를 낳을 수 있는 사회적 안전망을 만들어주지 못한 것 같아 안타까웠습니다. 제가 국회의원이 되면서 어린이, 여성, 노인 등 사회적 약자를 위한 안전망은 기필코 만들겠다고 다짐했고, 2008년에 '성폭력 범죄의 처벌 및 피해자 보호 일부 개정 법률안'을 대표 발의했습니다. 미성년자 대상 성범죄자뿐 아니라 모든 성범죄자들의 신상을 공개할 수 있도록 하는 내용을 담은 법률안이죠. 성범죄의 경우 재범률이 70%에 이르고, 성인을 대상으로 하다 나중에는 어린아이들에게까지 범죄를 저지르게 되므로 성범죄자는 어떤 범죄자보다 철저하고 지속적으로 관리해 범죄를 예방하는 일이 무엇보다 중요합니다. 그럼에도 불구하고 현행법에서는 19세 미만을 대상으로 하는 성범죄자에 한해 제한적 신상 공개를 허용하고 있고, 그것조차 관할 경찰서 안에서만 열람할 수 있는 데다 대상도 한정돼 있어 법적 실효성이 미미한 실정이었습니다. 하지만 이 법안을 처음 발의할 당시 행정 부처와 일부 진보 단체가 범죄자의 인권도 고려해야 한다며 반대해서 난관에 부딪혔습니다. 저는 이후 국정감사, 각종 토론회와 인터뷰 등을 통해 개정의 필요성을 적극적으로 알리려 노력했습니다. 이후 정부에서도 성범죄에 대한 심각성을 인식해 처벌의 수위를 강화했고, 드디어 2011년부터 19세 이상 성인을 대상으로 하는 성범죄자들도 신상을 공개하도록 하는 개정안이 반영되는 쾌거를 이뤄냈습니다."[17]

배은희는 학교폭력 예방에도 관심을 기울였다. 학교폭력 해결을 위해 설립된 청소년폭력예방재단은 2010년 11월 배은희를 '청소년 지킴이 국회의원'으로 위촉했다. 학교폭력 해결을 위해 실효성 있는 법을 제정하려고 노력한 의원으로 선정되었기 때문이었다. 배은희는 2010년 7월에 학교폭력이 공식적으로 드러날 수 있는 유일한 창구인 교내 학교폭력 대책 자치위원회의 역할을 대폭 강화하는 '학교폭력 예방 및 대책에 관한 법률' 일부 개정안을 발의하고, 국정감사에서 이 문제를 집중적으로 파고들었다. 2012년 1월에는 학교폭력 피해자 가족 협의회와 함께 만화로 보는 학교폭력 대처 매뉴얼「이 땅의 모든 학부모가 알아야 할 학교폭력 10가지 비밀」을 발간해 배포했다.

배은희는 "국회의원이 된 지 얼마 지나지 않아 학교폭력 피해자들을 만나 이 문제의 심각성을 알게 되었고, 그때부터 줄기차게 법안을 준비해 왔습니다. 하지만 학교폭력에 관심을 가지는 동료 의원이 많지 않아 법 제정에 어려움을 겪어야 했습니다. 그때마다 법안 통과를 바라는 마음으로 미진한 부분을 보완해 왔습니다. 그러다 학교폭력 피해 학생들이 자살하는 사건이 잇따라 일어나면서 자연스럽게 이 문제가 사회적 이슈로 떠올랐고, 그동안 준비해 왔던 학교폭력 예방법이 생각보다 빨리 국회를 통과했습니다. 그래서 '조금만 일찍 이 문제에 대한 사회적 관심이 모아졌더라면'이라는 아쉬움이 더 큽니다."라고 밝혔다.[18]

동물 학대 문제도 그냥 넘어가지 않았다. 배은희는 2010년 7월, 동물 학대 행위에 대한 처벌 조항에 최고 징역형을 도입하는 '동물보호법 일부 개정 법률안'을 발의했다. 2012년 2월 5일에 시행된 개정 [동물보호법]에 따르면, 이전에는 벌금 500만 원 이하 솜방망이 처벌로 그쳤던 잔혹한 동물 학대 행위를 벌금 1,000만 원 이하, 1년 이하의 징역으로 처벌하게 되었다. 배은희는 동물 학대가 인간에 대한 범죄로 이어질 수도 있다는 내용이 담긴 국내외 자료를 토대로 대화하고 설득하면서 지지를 이끌어 내려고 노력했다. 동물보호단체와 만나고, 공청회를 열고, 자신의 블로그에서 [동물보호법] 지지 댓글 5,000개 달기 운동을 펼치기도 했다. 그는 "반려동물을 키우는 사람으로서 동물 학대 사건을 접할 때마다 가슴이 아픕니다. 동물을 학대하는 사람들 대부분은 이를 범죄로 인식하지 못할 뿐만 아니라, 처벌도 솜방망이 수준에 그쳐 심각성이 큽니다. [동물보호법] 개정안을 준비하던 초기에는 사람 보호도 아니고 무슨 동물 보호냐는 회의적인 시선이 많았습니다. 동물을 생명체로 보기보다 자기 소유물로 여기며 마음대로 할 수 있다고 여기는 사람들의 인식이 가장 안타까웠습니다. 사람들이 간과하는 사실은 동물에 대한 잔인한 학대는 결국 인간에 대한 범죄로까지 이어질 수 있다는 점입니다. 이 점을 바탕으로 사람들을 설득했습니다."라고 말했다.[19]

화려한 말솜씨를 자랑하기보다
편안하고 친근한 대변인이 되고 싶어

배은희는 2010년 8월부터 2011년 7월까지 1년 동안 한나라당 대변인을 맡았다. 이공계 출신의 비례대표 초선의원이 대변인을 맡는 경우는 흔치 않았다. 보통은 날을 세우며 상대를 몰아세우기에 능한 법조인이나 언론인 출신이 대변인을 많이 맡았다. 2010년 7월 14일 한나라당 전당대회가 끝난 뒤 안상수 한나라당 대표는 배은희 의원을 대변인으로 임명하겠다는 뜻을 밝혔다. 그러나 각자 다른 사람을 대변인 자리에 앉히려는 최고위원들의 반대에 부딪혀 진통을 겪었다. 배은희는 정치 경험이 짧고 전투적이지 않다는 반대도 많았다. 결국 언론인 출신의 공동 대변인 안형환 의원보다 한 달여 늦은 8월 25일에야 임명장을 받을 수 있었다. 배은희는 한 인터뷰에서 "임명장을 받기까지 몇 달은 걸린 것 같을 정도로 조마조마한 마음이었습니다. 그런 가운데 '내가 이 일을 꼭 해야 할까?'라는 의문도 들었습니다. 그래도 내가 잘할 수 있고, 당에 도움이 될 것 같아 욕심을 냈습니다."라고 솔직하게 밝혔다.[20]

배은희는 전투적으로 보이지 않는 점을 오히려 강점으로 삼았다. 한 언론과의 인터뷰에서 "국민은 한나라당이 집권 여당이고 다수당이니 강자라고 생각합니다. 그러니 더 겸손하게 국민의 마음을 헤아리며 눈높이를 맞추는 태도가 중요하다고 생각합니다."라고 각오를 이야기했다.[21] 이후 배은희 대변인과 자유선진당 박선영 대변인, 민주당 전현희 원내 대변인은 여성 대변인 3인방으로 주목받으면서 각기 다른 개성으로 국민의 눈과 귀를 사로잡았다. 변호사 출신의 전현희 대변인과 기자와 법학과 교수 출신의 박선영 대변인에 비해 배은희 대변인은 이른바 '말발'이 화려하지는 않다는 평을 들었다. 배은희는 공격적인 수사가 많지 않은 정중한 논평을 내놓을 때가 많았고, '정당의 공격수'로서의 자질이 부족하다라는 평도 들었다.

배은희는 "저는 '화려한 말발'을 위해 노력하지 않습니다. 국민이 정치인들의 말로 상처받는 경우가 많고, 정치인끼리도 심한 말로 서로 불편해지는 경우가 많으니 되도록 날카롭게 말하지 않으려고 노력합니다. 논평도 최대한 순화시키려고 합니다. 제가 여당 대변인 역할을 잘할 수 있다고 생각한 이유는 보통사람, 생활인으로서 이야기할 수 있다고 믿었기 때문입니다. 딱딱한 정치 논평으로 느껴지는 말보다는 그저 '아줌마가 이야기하고 있구나'라고 느껴지도록 하려고 노력합니다."라고 설명했다.[22] 그런 노력 덕분에 "배은희 한나라당 대변인은 세련됨과 옆집 이모 같은 친근한 이미지를 동시에 갖고 있다. 논평도 마찬가지여서 정갈하지만 어렵지는 않다. 최대한 일반 국민의 눈높이에 맞춰 쉽게 이야기하려고 하는 배려를 엿볼 수 있다. 한마디로 '눈높이 논평'인 셈이다. 배 대변인은 쉽고 편한 어휘로 국민과의 거리감을 좁히는 데 주력하고 있다. 또한 '바란다' '지지한다' 등 긍정적인 단어를 사용해 어렵고 불편한 내용이라도 귀에 거슬리지 않게 전달하는 장점을 갖고 있다."라는 평을 들었다.[23] 대변인 역할을 마칠 때는 "평소 온화한 성품과 폭넓은 친화력으로 공세보다는 실무형으로 한나라당을 대변했으며, 특유의 감각적인 언어를 구사했다."라는 평가를 받았다.[24]

한나라당은 2012년 2월 13일 새누리당으로 당명을 바꾸고, 4월 11일 19대 국회의원 선거를 준비했다. 새누리당이 3차까지 공천 명단을 발표하자 '불공정 공천' 시비가 일었다. 수도권의 상당수 친이계 의원들이 탈락했기 때문이었다. 탈락한 의원들은 대부분 억울해하며 박근혜 비상대책위원장을 맹렬히 비난하기도 했다. 사람들이 범친이계로 여기던 배은희 의원도 서울 용산구에 공천을 신청했다 탈락했다. 용산구는 새누리당 예비 후보가 8명이나 등록해 치열한 격전지로 불린 곳이었다. 그는 그러나 공천 결과가 발표되자 반발하지 않고 곧장 공천을 받은 진영 후보의 선거 캠프를 찾아갔다. '기호 1 진영'이라고 쓰인 빨간 점퍼를 선물하고 "제가 예비 후보로 선거운동을 하는 동안 만난 용산구민이 용산 발전을 위한 정책 제안을 많이 해주셨습니다. 꼭 당선하셔서 용산구민의 바람을 이루어주기 바랍니다."라고 당부했다. 배은희는 "대변인을 하면서 '정치인들이 싸우는 대신 화합하는 모습을 보여주면 좋겠다.'라는 말을 가장 많이 들었습니다. 나부터 공정하게 경쟁하고 결과를 수용하는 모습을 보여야겠다고 마음먹었습니다."라고 생각을 밝혔다.[25]

배은희는 이후 전략 공천 지역 중 한 곳을 선택할 수 있는 기회를 얻었고, 수원을 선거구에서 출마하기로 결심했다. 벤처기업가로 일할 때부터 수원과 인연이 있어서 지역구 의원이 되면 할 수 있는 일이 많다고 생각했다. 그는 "벤처기업을 많이 유치해서 일자리를 늘리겠습니다. 판교처럼 벤처밸리를 만들어 지역경제가 살아나도록 만들겠습니다."라고 출사표를 던졌다. 그런데 새누리당의 수원을(乙) 현역 의원인 정미경 의원이 공천 탈락 후 무소속으로 출마하면서 이곳은 총선 격전지로 떠올랐다. 배은희, 정미경 후보와 민주당 신장용 후보까지 삼파전이 벌어졌고, 보수 유권자들의 표가 갈리면서 결국 신장용 후보가 당선했다.

급성 백혈병으로 하늘나라에 가다.

배은희는 18대 국회의원 임기를 마친 다음에도 아침부터 밤까지 바삐 돌아다녔다. 2013년 3월에는 우리나라 바이오산업의 기술 개발과 산업화에서 구심점 역할을 하는 단체인 한국바이오협회 회장이 되었다. 회장을 맡은 후 그는 이 단체를 중심으로 국제 협력체계 구축, 바이오 분야 투자 활성화, 유관기관 협력 강화를 통해 한국 바이오산업을 세계화하기 위해 노력했다. 호주 바이오협회(AusBiotech), 중국 북경생물촉진화센터 등과 양해각서(MOU)를 체결하고, 바이오 분야 투자 활성화를 위한 기업 설명회를 열기도 했다. 국회의원 선거를 앞두고 수원으로 이사했던 배은희는 계속 그곳에 남았다. 수원시 권선구 당원협의회 운영위원장을 맡아 이리저리 뛰면서 지역 주민들의 이야기를 들었다. 2012년 11월, 수원지방검찰청이 19대 국회의원 선거에서 선거운동 봉사자

| 새누리당 배은희 후보(수원을, 권선구) 선거사무소 현판식

에게 금품을 제공한 혐의로 기소된 신장용 의원에게 징역 1년 6개월을 구형했다. 수원을 선거구에서 보궐선거를 치를 가능성이 높아졌고, 배은희는 계속 보궐선거를 준비했다. 신장용 의원은 결국 2014년 1월에 대법원 확정 판결로 의원직을 잃었고, 7월 30일에 보궐선거가 치러졌다. 그러나 배은희는 막상 그때 후보로 나설 수 없었다. 2014년 1월부터 병석에서 일어나지 못했기 때문이었다.

배은희의 남편 이태식은 "수원시 권선구의 행사를 모두 쫓아다니고 저녁에는 또 여의도에서 열리는 모임에 참석하느라 거의 쉬지를 못했어요. 선거를 치를 때부터 스트레스를 많이 받아서 몸이 견디지 못한 것 같아요. 2013년 12월 어느 일요일, 집에 있던 아내가 열이 심하게 난다면서 병원에 가자는 거예요. 병원에서도 한동안 열의 원인을 찾지 못하다 급성 백혈병 진단을 받았습니다. 세포에 대해 연구했던 사람이라 누구보다 인체에 대해 잘 아니 병원에 입원하기 전 주변 정리부터 시작하더군요. 2014년 1월에 입원해 10월에 사망할 때까지 거의 병원 무균실에서 지냈습니다. 5월에 아들에게 골수 이식을 받은 후 희망을 걸기도 했지만, 후유증이 심해서 포기해야 했죠. 7월에 하루 잠시 집으로 돌아왔다 상태가 나빠져 바로 다시 입원했습니다. 죽기 전 석 달 동안은 거의 대화도 하지 못했습니다."라고 회고했다.[26]

배은희는 2013년 5월, 바쁜 시간을 쪼개 딸의 미국 대학 졸업식에 참석했다. 어머니까지 모시고 미국에 갔고, 졸업식 후 어머니, 아들, 딸과 함께 3박 4일 동안 플로리다 여행을 즐겼다. 너무 바쁘게 사느라 아들딸과 함께 보내는 시간이 적었던 배은희로서는 소중한 기회였다. 그런데 이상하게도 그 여행에서 삶을 정리하는 것 같은 말을 많이 했다. 남자친구를 사귀던 딸에게는 작은 결혼식을 하면 좋겠다고 말하고, 자신이 치명적인 병에 걸려 가망이 없는 상태가 되면 연명 치료를 받지 않겠다는 뜻도 확실히 밝혔다. 그때는 어떤 병도 진단받지 않았을 때라 가족들은 '왜 저런 이야기를 하는지' 이상하게 여겼다. 미국에서 돌아온 후에는 남편에게 "사흘 내내 아들과 체스를 뒀는데, 걔가 나를 이겼어요."라면서 아들이 논리적인 사고력을 갖추고 있으니 변호사가 되면 좋겠다고 말했다. 보드게임이나 체스는 가족이 함께 즐기는 놀이였고, 배은희와 체스를 두면 어느 누구도 이길 수 없었다. 배은희는 플로리다 여행에서 이야기한 대로 연명 치료를 받지 않았다. 그리고 그가 사망한 후 딸은 작은 결혼식을 올렸고, 아들은 변호사가 되었다. 마지막까지 가족의 중요한 일들을 모두 챙기고 간 셈이다.

배은희는 평소 성격대로 삶의 마지막도 흔들림 없이 차분하게 정리했다. 그는 자신의 병명을 알고 난 후 입원하기 전 딸의 남자친구를 남편에게 소개하려고 서둘러 식사 약속을 잡았다. 그리고 식사를 마치고 집으로 돌아오는 길에 남편에게 "두 사람을 결혼시키자."라고 말했다. 가족은 배은희가 눈물 흘리는 모습을 한 번도 본 적이 없다고 말했다. 그런 상황이나 죽음을 끝까지 냉철하고 담담하게 받아들이는 것처럼 보였다. 남편 이태식은 "연구원 생활을 하다 벤처 기업 CEO가 되었을 때도, 그리고 국회의원이 되어서도 물 흐르듯 자연스럽게 적응을 하더라고요. 그저 그 순간에 열심히 최선을 다하고요. 죽음을 눈앞에 두고도 '하느님이 부르셨어'라고 자연스럽게 받아들였습니다."라고 전한다.

배은희는 보기 드문 벤처기업가 출신 여성 국회의원으로 언제나 '현장'과 '소통'을 중시했다. 현장에서의 경험을 바탕으로 또 현장의 목소리에 귀 기울이며 이공계와 중소기업뿐 아니라, 어려움을 겪는 다양한 사람들의 입장을 대변하려고 노력했다. 서울대 수석 졸업, 미국 유학 박사, 국책 연구소 연구원, 주목받던 벤처 기업가, 국회의원…. 그가 걸어온 길을 보면 누구보다 엘리트로서의 삶을 누린 것처럼 보인다. 국회의원이 된 계기도 자신이 몸담은 이공계와 벤처 기업을 대변하기 위해서였다. 그러나 국회의원이 된 후 그의 시야는 더 넓어졌다. 벤처기업이나 중소기업뿐 아니라 소상공인의 어려움까지 살폈고, 여성과 청소년이 안심하고 살 수 있는 나라를 만들고 싶어서 그들을 위협하는 문제들을 구석구석 돌아봤다. 어머니와 주부로서 가족을 챙겼던 마음으로 국민을 챙기는 게 국회의원의 역할이라고 생각했던 것 같다. 비례대표 국회의원으로 의정활동을 시작했던 배은희는 지역구 국회의원이 되어 자신의 뜻을 더욱 적극적으로 펼치려고 하던 순간, 갑작스레 사망했다. 겸손한 자세로 국민과 소통하고, 화합의 정치를 펼치며 새로운 정치인의 모습을 보여주려고 노력했던 인물의 안타까운 죽음이었다.

| 집필: 이선주 |

| 미주 |

1) '배은경 전화 인터뷰', 2024.10.21.
2) <대한여성과학기술인회: 대한민국의 위대한 이공계 리더들>. 2011., 대한여성과학기술인회, pp.20~23
3) 박미숙, 『나는 열정으로 경영한다』. 2007. 평단, pp.136~147
4) '이태식, 이동찬 대면 인터뷰', 2024.10.15.
5) <머니투데이>, 2006.2.9.
6) '이태식, 이동찬 대면 인터뷰', 2024.10.15.
7) <시사뉴스피플> 2009년 8월 31일.
8) 박미숙, 『나는 열정으로 경영한다』. 2007. 평단, pp.136~147
9) <오마이뉴스>, 2010.9.22.
10) <오마이뉴스>, 2010.9.22.
11) <더팩트>, 2011.5.12.
12) <미래한국>, 2010.3.29.
13) <국회의원 배은희 의정보고서 2008>, 2.
14) <민주신문>, 2009.8.18.
15) <민주신문>, 2009.8.18.
16) <한국경제>, 2009.7.29.
17) <여성신문>, 2011.1.7.
18) <월요신문>, 2012.5.3.
19) <CNB뉴스>, 2011.12.19.
20) <오마이뉴스>, 2010.9.22.
21) <공공투데이>, 2010.9.11.
22) <오마이뉴스>, 2010.9.22.
23) <더팩>, 2011.2.24.
24) <뉴스데일리>, 2011.7.13.
25) <헤럴드경제>, 2012.3.7.
26) '이태식, 이동찬 대면 인터뷰', 2024.10.15.

제18대 국회의원

손숙미 孫淑美

최초의 영양 전문가 국회의원, 국민의 건강과 복지를 위해 헌신하다.

1954 경남 거제 출생
1972 경남여고 졸업
1976 서울대 식품영양학과 졸업.
1978 서울대 식품영양학 석사.
1984 노스캐롤라이나 그린즈버러 대학원 영양학 박사.
1989. 성심여대 식품영양학과 교수.
1995 가톨릭대 식품영양학과 교수.
2006 제7대 경기도의회 의원
2008 대한영양사협회 회장
2008 제18대 국회의원
2010 한나라당 원내부대표
2013 인구보건복지협회 회장
2014 대한지역사회영양학회 회장
2018 한반도선진화재단 선진 여성위원회(양성평등위원회로 명칭 바뀜) 위원장.

거제도 약방 집 딸, 부산 명문 경남여중에 입학하다.

"[국민영양기본법]을 제정해 국민이 균형 잡힌 영양 섭취로 건강해지고, 삶의 질을 높일 수 있도록 노력하겠습니다."

2008년 3월에 대한영양사협회 회장으로 취임한 손숙미는 이렇게 약속했다. 그리고 그 약속을 지켰다. 그는 두 달 후인 2008년 5월에 한나라당 비례대표 국회의원으로 국회에 입성했고, [국민영양관리법]을 대표 발의했다. 이 법은 그의 끈질긴 노력 끝에 2010년에 결국 제정되었다. 손숙미는 이렇게 '한다면 하는' 사람이다. 그의 삶을 되짚어보면 뭐든 뜻하는 대로 이루어내는 노력과 투지를 엿볼 수 있다.

손숙미는 1954년 9월 10일 경남 거제에서 아버지 손정화와 어머니 옥부희의 1녀 2남 중 맏딸로 태어났다. 손숙미의 두 살 아래 동생이 태어난 후 아버지는 결핵을 앓다 결핵 요양병원에 장기 입원했다. 어머니는 어린 자식들을 데리고 생계를 해결하려고 약종상 시험을 치르고 약방을 차렸다. 그래서 그는 동네에서 '약방집 딸'로 불렸다. 손숙미가 여덟 살 때 아버지는 병을 이겨내고 집으로 돌아왔다. 그는 아버지가 요양병원에서 키우던 꽃 화분들을 수레에 잔뜩 싣고 돌아오시던 장면을 생생하게 기억한다. 아버지는 손숙미가 초등학교 3학년 때 부산에서 직장을 구했다. 그러나 집을 마련하지 못해 가족과 떨어져 지내야 했다. 아버지는 석탄이 귀하던 시절에 대한석탄공사에 근무했기 때문에 몰래 돈 봉투를 놓고 가는 사람들도 있었지만, 임자를 찾아내 돌려줄 정도로 청렴결백했다. 손숙미는 경남여중 입학시험에 좋은 성적으로 합격했고,

고등학교시절 운동회에서
신사로 분장

처음에는 아버지의 부산 하숙방에서 생활하면서 학교에 다녔다. 그가 중학교 2학년 때 드디어 온 식구가 부산에서 모여 살 수 있게 되었다.

중학생 시절 그는 거제도에서 왔다고 꽤 놀림을 많이 받았다. "거제는 조그만 섬이어서 학교 운동장에서 공을 차면 바다에 빠진다면서?"라고 깔깔대는 아이들에게 거제도는 작은 섬이 아니라고 말해 보았자 소용이 없었다. 그래서 조금 우울하게 지냈지만, 점차 밝고 활기찬 천성이 되살아났다. 경남여고 입학시험에서 전교 3등으로 합격한 후 고등학생 시절에는 반장이 되어 무슨 일에든 앞장섰다. 옳다고 생각하는 일이 있으면 기존의 관습을 깨뜨리고 과감하게 새로운 시도를 해서 선생님들과 마찰을 빚기도 했다. 겨울 교복을 맞출 때쯤 "학교에서 지정한 한 곳에서만 맞춰야 하니 교복이 비싸다."라는 학생들의 볼멘소리가 여기저기에서 들렸다. 그는 옷감 파는 가게들을 찾아다니며 시장 조사를 하고 흥정까지 하면서 공동 구매를 추진했다. 반 대항 합창대회를 준비할 때는 금기시하던 근처 남학교를 찾아갔다. 그 학교 음악 선생님께 부탁해 음악실을 빌리고 합창 연습 지도도 받았다. 그는 여학생 60명을 이끌고 당당히 남학교에 들어가 노래 연습을 했고, 마침내 합창대회에서 1등을 차지했다. 그의 이런 적극성과 추진력은 이후 삶의 궤적이나 의정활동에도 그대로 이어졌다.

서울대 식품영양학과에 다니며 세상에 눈뜨다.

공부를 잘했지만 적당한 일탈도 즐겼던 손숙미는 서울대 식품영양학과에 입학했다. 수학과 과학을 좋아해 이과를 선택했는데, 식품영양학은 실용적인 과학 분야여서 도전해 볼만하다고 생각했다. 대학시절 그는 서울 창신동의 야학에서 중고등학교에 진학하지 못한 청소년들을 가르쳤다. 학생들 대부분이 무허가 판잣집에서 살았고, 아버지가 알코올 중독인 경우가 많았다. 그는 언니, 누나라고 부르며 따르는 아이들과 어울리며 가정 방문도 다녔다. 새로운 세계에 눈뜬 시기였다.

1974년 4월 민청학련 사건으로 수많은 대학생이 구속되고 대학가에서 유신 반대 분위기가 거세졌을 때는 명동성당에서 시국성명서를 나눠주는 일을 맡기도 했다. 그가 생활하던 가톨릭 여학생회관 기숙사에서는 경찰의 검문을 받지 않고 뒷문을 통해 성전에 들어갈 수 있었다. 그는 미사 시간에 맞춰 성전 안으로 들어간 후 오리걸음으로 옮겨 다니며 성명서를 나눠주었다. 언제 붙잡혀갈지 모르는 위험한 일이었다.

손숙미는 대학 졸업 후 대학원에 진학하기로 마음먹었다. 다른 활

| 대학졸업식에서 친구들과

동들을 하느라 전공 공부에 집중하지 못했던 일이 아쉬워서였다. 부모님은 의대생인 남동생 뒷바라지도 해야 한다며 취직하라고 권했다. 그렇다고 꺾일 손숙미가 아니었다. 스스로 비용을 해결하겠다고 부모님을 설득하고 대학원 진학을 강행했다. 그리고 입주 가정교사 자리를 구해, 세 자매의 공부를 봐주며 대학원에 다녔다.

손숙미는 대학원 시절 모수미 교수의 지도를 받으면서 지역사회영양학에 눈을 떴다. 지역사회영양학은 지역사회의 영양 문제를 진단해서 해결 방법을 찾는 영양학의 응용 분야로, 서울의 달동네나 시골로 다니면서 조사 연구했다. 서울에서 강원도 양구까지 가려면 버스와 배를 갈아타며 꼬박 하루가 걸리던 시절이었다. 조사하러 다닐 때면 여러 크기의 그릇을 들고 다녔다. "얼마나 드셨어요?"라고 물으면 보통 "한 그릇 먹었지"라고 대답하기 때문에 그 그릇의 크기를 확인하기 위해서였다. 시골 마을회관에서 먹고 자면서 집집마다 찾아가 실태 조사를 하고 식생활 교육도 했다.

> "낮에는 농사일로 바쁘신 분들이라 저녁식사를 끝낸 시간에 찾아가야 했어요. 미국의 AID(국제개발처) 차관을 받은 식생활 개선 사업을 위해 양구를 찾았을 때는 AID에서 파견된 미국인 조사관과 함께 다니기도 했습니다. 시골 아이들은 파란 눈의 외국인이 신기하다며 우리 뒤를 졸졸 따라다녔죠."[1]

1970년대에는 영양 불량인 사람들이 많았다. 춘궁기가 되면 단백질이 부족해 얼굴이 누렇게 붓고, 여성들은 철분 부족으로 빈혈과 원기 부족 증상을 보였다. 그래서 밤에 등잔불을 켜놓고 영양 교육을 했다. 누런 종이로 교재를 만들어 나눠주기도 했다.

> "과거 저소득층의 문제가 영양 불량이었다면 요즘 가난한 사람들은 영양 불균형 때문에 비만이나 만성 질환에 시달리는 경우가 많아요. 국민 모두가 균형 잡힌 식생활을 한다면 모두 건강하게 잘 사는 나라가 된다는 뜻이기도 합니다. 제가 보건 복지 문제나 정치에 관심을 가지게 된 근본적인 이유가 여기에서 출발했습니다."[2]

결혼 직후 홀로 미국 유학을 떠나다.

그는 '농촌과 도시 저소득층 노인들의 영양 섭취 실태에 대한 연구'로 석사학위를 받았다. 손숙미는 대학원을 졸업하고 결혼한 후 미국 유학이라는 또 다른 도전에 나섰다. 서울대 의대를 졸업한 남편이 군복무를 하는 동안 박사과정을 마치고 돌아오기로 마음먹었다. 남편과 함께 떠나는 유학도 아니고, 결혼한 여자가 혼자 유학을 떠나는 경우는 극히 드물던 때였다. 그러나 그의 의지는 꺾이지 않았다. 일단 미국 노스캐롤라이나 그린즈버러 대학 석사과정에 진학했다. 첫 학기에 전 과목 A학점을 받은 후 지도교수에게 박사과정으로 옮겨 달라고 요구했다. 그리고 2년 6개월 만에 박사학위를 받았다. 24시간 개방하는 도서관에서 새벽 두세 시까지 공부한 결과였다. "난 결혼한 몸이니 한국에 빨리 돌아가야 해요. 안 그러면 쫓겨나요."라고 협박하다시피 지도교수를 독촉했고, 지도교수도 서둘러 논문을 검토해 줬다. 한국에 돌아온 그는 시간강사를 거쳐 성심여대(1995년에 가톨릭대로 통합되었다) 교수가 되었다.

박사학위는 동물 실험을 활용한 논문으로 받았지만, 한국에 돌아와서는 지역사회영양학으로 연구 분야를 바꿨다. 쥐들과 씨름하며 실험하는 연구보다는 지역사회를 연구실로 삼는 일이 적성에 맞았다. 1995년 모수미 교수 제자들이 중심이 되어 지역사회영양학 모임이 만들어졌는데, 이후 이 모임은 대한지역사회영양학회로 발전했다. 모수미 교수가 초대 회장을 맡았고, 그는 총무를 거쳐 회장이 되었다. 손숙미는 이런 자리를 힘들게 여기거나 마다하지 않았다. 새로운 일을 기획하고 추진할 때마다 신이 났다.

"지역사회영양학을 전공 분야로 삼으면서 지방 자치 단체나 중앙 정부와 협업할 일이 많았습니다. 부천 어린이들의 영양 실태를 조사해 철분 공급 사업을 한 적도 있습니다. 당시 부천 시장이 의사 출신이어서 대화가 잘 통했죠. 빈혈 상태인 아이들을 찾아내 철분제를 먹였고, 건강과 영양 상태가 좋아졌다는 사실을 혈액 검사로 확인했습니다. 쇠맛이 난다며 철분제를 먹지 않으려는 아이들에게 선물할 사탕까지 한아름 싸들고 가서 영양제를 먹였죠. 이렇게 지역 주민의 영양 개선 방법을 구체적으로 제시하는 연구를 했습니다."[3]

손숙미는 2000년 들어 나트륨에 대한 연구에 집중하면서 소금 섭취 줄이기 사업을 펼쳤다. 소금으로 나트륨을 과잉 섭취하면 온갖 만성 질환에 걸리기 쉽다는 사실을 알았기 때문이었다. 나라가 가난하던 시절에는 영양 부족이 문제였다면, 시대가 바뀌면서 비만이나 만성 질환이 주된 문제가 되었다. 한 보건소에서 경계성 고혈압 환자들의 소금 섭취 줄이기 사업도 진행했다. 그들의 식생활을 조사한 후 식습관을 개선해 소금 섭취량을 줄여나가게 했다. 소금을 적게 넣고 맛있게 요리하는 방법을 직접 보여주기도 했다. 그 결과 조사 대상자 대부분의 혈압이 10mmHg 정도 떨어졌다. 약을 먹지 않아도 식습관 개선만으로 혈압을 낮출 수 있었다.

"나트륨을 과잉 섭취하면 비만과 고혈압, 뇌졸중, 신장질환, 골다공증, 위암 같은 질환에 걸리기 쉽습니다. 지금은 나트륨을 적게 섭취해야 한다는 사실을 상식처럼 여기지만, 당시만 해도 그런 의식이 별로 없었어요. 보건복지부를 찾아가 보건소를 활용해 전국적으로 소금 줄이기 사업을 펼치자고 제안했습니다. 우리나라와 식습관이 비슷한 일본의 경우 보건소와 식품 회사들이 힘을 합쳐 소금 줄이기 사업을 해서 성공했거든요. 그런데 보건복지부 담당 공무원조차 식습관을 어떻게 바꾸느냐며 회의적인 거예요. '저도 싱거우면 못 먹어요'라고 하더라고요. 공무원부터 설득해야 했죠. 보건복지부에서 이런 사업을 하려면 예산을 확보해야 하고, 그러려면 국회의원들까지 설득해야 합니다. 그런데 어느 때부터인가 텔레비전 방송 프로그램에서 나트륨 과다 섭취 문제를 계속 지적하면서 나를 출연시키기 시작하더라고요."[4]

경기도의회 의원, 대한영양사협회 회장 거쳐 국회의원이 되다.

방송 출연으로 인지도가 높아져서인지 2006년 지방 선거를 앞두고 한나라당 인재영입위원회의 전화를 받았다. 여성 전문인을 구한다면서 경기도의회 비례대표로 출마해 달라고 했고, 그는 지역사회를 위해 일할 수 있겠다는 생각으로 수락했다. 그리고 비례대표 1번으로 경기도의회 의원이 되었다. 손숙미는 경기도의회 의원으로 일하는 동안 동료 의원들과 함께 '안전한 학교 급식 연구회'라는 연구모임을 만들고, [경기도 학교 급식 지원 조례안 개정안]을 발의하여 통과시켰다. 그 지역에서 생산한 우수 농-축-수산물을 학교 급식에 우선적으로 사용할 수 있도록 근거를 마련한 법안이었다. 그리고 2007년 말에 대한영양사협회 회장으로 선출되었다.

> "학회 활동을 하면서 지방 자치 단체나 보건복지부를 찾아다니다 보니 영양사협회와도 관련을 맺게 되었어요. 많은 제자가 영양사로 활동하고 있어서 낯설지 않은 단체였죠. 그 단체의 학술이사, 부회장을 거쳐 회장까지 되었습니다. 영양사협회는 보건복지부나 국회에 건의하거나 항의하러 갈 일이 많았고, 그럴 때면 저를 앞장 세웠어요. 제가 말을 논리적으로 잘한다고 하더군요. 학회 일 때문에 보건복지부나 지방 자치 단체와 꾸준히 '말싸움'을 해온 덕인가 봐요. 그런데 영양사협회 내부 규정 때문에 경기도의회 의원은 그만둬야 했습니다."[5]

손숙미는 지역사회영양학회와 영양사협회 일을 하면서 정치에 눈을 떴다. 학회나 협회는 국민 건강과 질병 예방을 위해 하고 싶고 또 할 수 있는 일이 많지만, 지방자치단체나 중앙정부는 영양 사업의 중요성을 너무 모른다는 사실을 뼈저리게 느끼면서였다. 영양 사업 기획안을 들고 공무원들을 찾아다니면서 대학교수로는 힘이 없다는 사실을 절감했다. 그는 정치를 통해 변화를 일으키고 싶었다. 국민 건강과 관련된 의사, 약사, 간호사 직능 단체들은 비례대표 국회의원들을 일찌감치 배출했는데, 영양 전문가 국회의원은 없을 때였다. 손숙미와 영양사협회는 "영양 전문가도 국회의원으로서 국가에 봉사할 기회를 달라."고 요구했고, 결국 한나라당 비례대표로 2008년 5월, 18대 국회의원이 되었다.

손숙미는 영양사협회가 배출한 첫 영양 전문가 국회의원이었다. 손숙미가 국회에 들어가자마자 시작한 일이 [국민영양관리법] 제정이었다. 국민 건강과 직결되는 영양 사업을 해야 한다고 지방자치단체나 중앙정부에 아무리 주장해도 법과 제도의 뒷받침을 받지 않으면 소용없다는 사실을 뼈저리게 느꼈기 때문이었다.

"경제 발전으로 생활 수준이 높아지면서 이제 영양 부족 문제에서는 어느 정도 벗어났습니다. 하지만 급속한 고령화와 함께 불규칙한 식생활, 흡연, 음주, 운동 부족 등 잘못된 생활 습관으로 만성 질환은 눈에 띄게 늘어나고 있죠. 만성 질환으로 인한 치료 비용도 해마다 증가하고 있습니다."[6]

그는 우리나라 사람들의 5대 사망 원인이 만성 질환이고, 만성 질환의 60% 이상은 식습관과 관련이 있다는 사실을 강조하면서 의료비와 연결해 설득했다. 만성 질환 치료비가 연간 11조 원에 이르는데, 식습관 관리로 30%를 줄일 수 있다는 논리였다. [국민영양관리법]은 국민의 올바른 식생활과 영양 관리를 제도적으로 뒷받침하는 법이다. 이를 위해 국가가 5년마다 '국민 영양 관리 기본 계획'을 수립하면서 취약 계층을 대상으로 영양 관리 사업을 하도록 법제화했다. 영양사의 업무가 만성 질환 개선이라는 목표에 맞춰 추가되었고, 임상영양사의 자격도 처음 법으로 규정했다.

"아무리 국민 건강을 위해 필요한 법이라고 주장해도 동료 의원들까지 '영양사 법'이라고 불렀어요. 영양사의 권익을 보호하려는 목적이라는 거죠. 초선 의원이 개정안도 아니고 제정법을 만들려고 하니 쉽지 않았습니다. 보건복지위원회 법안 소위에 다섯 번쯤 연거푸 제출했을 거예요. 낼 때마다 쓰레기통으로 들어갔으니까요. 주무 부처인 보건복지부도 식품위생법 안에 포함되어 있던 영양 부분을 독립 법으로 만드는 일에 난색을 표했어요. 다른 당은 물론 같은 당 소속 의원들까지 한 분 한 분 찾아다니며 설득하고 보건복지부와 끈질기게 협의하면서 겨우 접점을 찾을 수 있었습니다. 오랜 진통 끝에 결국 2010년에 제정되었습니다. 이 법이 통과되면서 질병관리본부에 건강영양조사과가 신설되었고, 체계적으로 국민 영양 관리 기본 계획이 세워지게 되었습니다. 임상 영양사가 법적 지위를 가지고 병원이나 보건소, 요양 시설 등 의료기관에 근무하면서 영양 상담을 하게 되었고, 저소득층 임산부와 영유아에게 식품을 공급하고 영양 교육을 해주는 사업에도 예산을 많이 책정하게 되었죠."[7]

입법 활동과 국정감사 모두 맹활약하며
우수 국회의원으로 선정되다.

손숙미는 18대 국회 임기 내내 보건복지위원회 소속으로 활동했다. "2년 후 다른 상임 위원회로 옮길 수도 있었지만, 국민과 사회 소외계층에게 가장 밀접하게 도움을 줄 수 있는 보건, 복지 분야에 대해 공부를 더 해서 전문가가 되고 싶었습니다."라고 이유를 설명했다.[8] 그는 보건복지위원회에서 활동하면서 법률 개정안 발의와 국정감사 모두에서 두드러지게 활약했다. 만성 질환의 조기 진단과 예방이 중요하다는 점을 강조하면서 [건강 관리 서비스 법안]을 대표 발의하기도 했다. 18대 국회의 여성 국회의원은 47명으로 17대 여성 국회의원의 수보다 4명이 늘어났다. 그런데 그들이 발의한 법률안은 총 1,803개, 1인당 평균 37개 정도로 17대 여성 국회의원이 발의한 법률안보다 1.6배 증가했다. 그중 손숙미 의원이 발의한 법률안이 93개로, 전현희, 진수희, 김소남 의원에 이어 네 번째로 많았다. 이중 가결, 대안 반영 등을 통해 실제로 시행된 법률안도 29개에 이른다. 이런 활약으로 그는 매년 국회 사무처가 선정하는 입법 및 정책 개발 우수 국회의원에 뽑혔다.

　　손숙미는 국정감사에서도 문제를 꼬치꼬치 지적하는 데 그치지 않고, 적절한 대안을 제시해 주목받았다. 그는 "모두 뛰어난 보좌진이 의욕적으로 일해준 덕"이라고 공을 돌린다. 손숙미는 2010년과 2011년 연이어 국정감사 NGO모니터단의 〈국정감사 우수 국회의원〉으로 선정됐다. 2011년에는 여성유권자연맹의 〈자랑스러운 국회의원상〉, (사)한국환경정보연구센터의 〈2011년 국정감사 친환경 베스트 의원〉, 법률소비자연맹의 〈대한민국 헌정 우수상〉, 그리고 한나라당의 〈보건복지위원회 우수 국감 의원〉으로도 선정되고, 여성신문이 선정한 〈젠더마이크상〉, 한국문화예술유권자 총연합이 선정한 〈18대 국정감사 우수 의원〉 등 7개의 상을 받았다.

　　국정감사 NGO모니터단은 270여 시민·사회단체 회원 1천여 명이 각 분야의 국정감사 전 과정을 종합적으로 모니터링하고 평가해서 매년 국정감사 우수 국회의원을 선정한다. 여성유권자연맹의 〈자랑스러운 국회의원상〉은 국회의원 임기 동안 입법 발의와 의정활동, 공약 이행 등을 엄격하게 평가해 4년에 한 번 시상하는 상이다. 2012년 2월 22일 경제정의실천시민연합은 '18대 국회의원들의 법안 발의 및 가결 분석 결과'를 발표하면서 손숙미 의원이 국회 보건복지위원회 위원 중 발의 법안 가결 건수가 가장 많다고 밝혔다. 뉴시스가 출석률과 법안 발의, 가결률 등을 기준으로 분석한 결과에서도 손숙미 의원이 18대 전체 비례대표 국회의원 중 김소남, 김상희 의원에 이어 3위를 차지했다. 여기저기에서 두루 입체적, 종합적으로 평가한 결과, 우수 국회의원으로 인정받은 셈이다.

그는 특히 국민 건강과 복지 그리고 여성, 노인, 아동, 청소년, 장애인 등 사회적 약자의 권리를 보장하기 위한 법안 마련에 집중했다. 특히 [영유아 보육법]에 관심을 많이 기울였다. 요즘은 영유아의 부모가 보육 서비스 이용권을 지원받아 원하는 보육 시설에 아이를 맡기는 일이 아주 자연스럽다. 그러나 그가 [영유아 보육법 일부 개정안]을 대표 발의하기 전에는 상상도 할 수 없던 방식이었다.

"보육 서비스 이용권 제도를 도입해 수요자에게 직접 지원하면서 시설 중심에서 수요자 중심으로 지원 체계를 바꾸려고 했죠. 보육 시설을 지원하다 보니 비용을 뻥튀기해서 청구하는 곳들이 많아 일일이 찾아내 감시하고 관리하기가 쉽지 않다는 보건복지부 공무원들의 말을 흘려들을 수가 없었어요. '부모들에게 직접 지원하면 국가의 복지 서비스를 피부로 느낄 수 있을 텐데'라고 아쉬워했죠. 그래서 방식을 바꾸는 발상의 전환을 한 거예요. 시설 중심에서 수요자 중심으로 지원 체계를 바꾸면 수요자들이 직접 지원을 받으면서 보육 시설을 선택하게 되죠. 그러면 보육 시설들이 서로 경쟁하면서 더 좋은 보육 서비스를 제공하려고 노력하고, 수요자의 만족도도 높아질 것이라고 생각했습니다. 아이를 보육 시설에 보내지 않고 집에서 키우는 사람들에게 양육 수당을 주는 근거도 그 개정안에 포함시켰어요. 그랬더니 보육 관련 단체들이 반대하면서 난리가 났어요. 부모가 아이들을 보육 시설에 보내지 않고 양육 수당을 받아서 맥주나 사 먹을 것이라는 둥 진짜 반발이 심했어요. 그런데 지금은 그 제도가 잘 정착했잖아요. 당시에는 이렇게 큰 변화를 가져올지 실감하지 못했어요."[9]

손숙미가 2008년 11월 6일에 대표 발의한 [영유아보육법 일부 개정 법률안]은 본회의 의결을 거쳐 2009년 7월 1일부터 시행되었다.

그는 대기업들조차 직장 내 보육 시설 설치 의무를 지키지 않는 현실을 꾸준히 지적하면서, 2010년 4월에는 직장 보육 시설을 설치하지 않은 사업장의 명단을 공개하는 [영유아보육법 개정안]을 발의했다. 2009년 7월에는 만 6세 이하 입양아를 가진 근로자라면 입양아의 양육을 위해 육아휴직을 신청할 수 있게 하는 [남녀 고용 평등과 일-가정 양립 지원에 관한 법률 개정안]을 발의했다. "생후 3년 미만의 영유아를 둔 근로자만 육아휴직을 신청할 수 있게 한 현행법이 입양 가정의 사정과는 맞지 않는다. 입양 가정이 입양아와 심리적 정서적 애착 관계를 형성하면서 육아 부담을 덜려면 만 6세 이하로 연령 기준을 확대해야 한다."라는

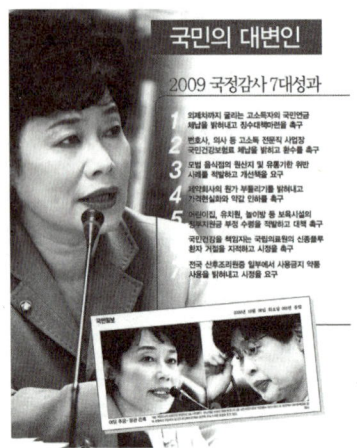

2009년 의정보고서

이유였다.[10] 그의 제안은 2010년 2월에 공포-시행된 개정안에 반영되었다. 개정안은 육아 휴직 대상 자녀의 요건을 3년 미만에서 만 6세 이하 초등학교 취학 전 자녀로 확대하면서 입양 자녀도 포함하도록 명시했다.

손숙미는 국회 저출산고령화특별위원회 위원으로 활동하면서 저출산 문제의 해법을 고민하기도 했다. 그는 지자체별 출산장려금 현황을 조사한 후 지역에 따라 200배까지 차이가 난다면서 형평성 문제가 있다고 국정감사에서 지적했다. 이에 예산 부담이 적으면서 우리나라에 가장 유연하게 적용할 수 있는 제도를 찾아보니 프랑스의 국립가족수당금고(CNAF)가 눈에 들어왔다. 그는 여기에서 착안해 2011년 2월, [아동기금 법안]을 발의했다. 형평성 문제를 극복하면서 국가가 자녀의 출산과 양육에 필요한 비용을 지원하기 위해 아동기금을 설치하자는 내용이었다. 2011년 4월에는 [노인 일자리 개발 및 지원에 관한 법률안]을 대표 발의했다. 급증하는 노인 인구의 행복과 복지를 위해 노인 일자리를 적극 개발해 지원할 수 있는 제도적 기반을 마련하기 위해서였다.

국민 건강, 복지를 위한 일이라면 어떤 공격에도 물러서지 않다.

손숙미의 남편과 시아버지, 남동생까지 모두 의사이니 의사 집안이라고 할 수 있다. 그런데도 그는 의사들이 정말 싫어할 리베이트 관련 쌍벌죄 도입을 주요 골자로 하는 '의료법, 약사법, 의료기기법 일부 개정 법률안'을 2010년 3월에 발의했다. 의료인이 의약품 도매상이나 의료기기 제조업자 등으로부터 리베이트를 받으면 2년 이하 징역이나 1억 5천만 원 이하의 벌금, 일정 기간 면허 자격이 정지될 수도 있다는 강력한 처벌 규정을 담은 개정안이었다. 그는 "약제비 리베이트 문제는 국민이 부담하는 의료비에 미치는 영향이 크기 때문에 리베이트를 뿌리 뽑는 일은 건강보험 재정의 건전성 확보와 국민의 의료비 절감을 위해 정말 중요하다. 그런데 지금처럼 리베이트를 제공하는 사람만 처벌해서는 근절되지 않으니 리베이트를 받는 사람도 처벌해야 한다."라고 개정안을 발의한 취지를 설명했다.[11]

"의사들이 리베이트 받는 일을 관례처럼 생각하기 때문에 리베이트를 받지 않으면 처방해주지 않는다는 거예요. 일종의 뇌물을 주고받는 일이 고착화하다 보니 그 비용까지 감안해 약값이 자꾸 올라갔습니다. 리베이트를 받는 사람도 동시에 처벌하는 쌍벌죄를 도입하지 않으면 도저히 근절할 수 없는 상황이었죠. 그런데 개정안을 발의하자마자 의사 단체들이 '우리가 무슨 죄인이냐?'라며 난리가 났어요. 여당 의원으로는 저만 쌍벌제 도입에 찬성했습니다. 의사들이 각 지역에서 오피니언 리더로서 입김이 세기 때문에 다른 의원들은 모두 몸을 사렸죠."[12]

그는 국민 건강과 관련된 일이라면 한 치 양보도 하지 않았다. 정부가 해열진통제, 감기약, 소화제 등 가정상비약을 약국이 아닌 슈퍼마켓, 편의점 등에서도 판매할 수 있도록 허용하는 [약사법] 개정을 추진할 때 대부분의 국회의원들은 난색을 표했다. 약사회의 반발이 심해서였다. 지역마다 약사들의 입김이 세기 때문에 국회의원 선거를 앞두고 대부분의 국회의원들이 몸을 사렸다. 그래서 보건복지위원회가 개정안을 상정조차 하고 있지 않을 때 그는 "모든 약이 아니라 안전성이 검증된 가정상비약만 한밤중이나 휴일에, 또 거동이 불편한 노인도 편리하게 구입할 수 있도록 약국 외에서도 판매할 수 있게 하자는 취지인데, 대다수 국민이 원하는 일을 외면하면서 궁색한 변명만 한다."라고 다른 국회의원들을 질타했다. 트위터를 통해 [약사법] 개정에 반대하는 약사들과 설전을 벌이기까지 했다. 손숙미 역시 19대 국회의원 선거에 출마하려고 준비하던 때였지만, 물러서지 않았다.

"약사들의 저항이 엄청났죠. 그런데 제가 다녀보니 대부분 약국들이 저녁 일곱 시면 문을 닫아서 밤에 갑자기 열이 나거나 배가 아프면 약을 구할 길이 없었어요. 혼자 사는 노인들의 어려움이 크겠더라고요. 그렇다고 아플 때마다 병원 응급실을 찾을 수도 없잖아요? 응급실은 중증 환자들을 돌봐야지 경증 환자들이 자꾸 찾아오면 방해가 되죠. 그래서 변화가 꼭 필요한데도 어느 의원도 나서려고 하지 않았어요. 약사들의 입김을 의식해서였죠. 저도 피부로 느꼈어요. 약사인 고등학교 동기들이 '지역구에 출마할 생각이라면 가정상비약 슈퍼 판매를 반대해야 한다. 약사들이 국회의원을 당선시키기는 어려워도 낙선시키기는 쉽다'라고 충고했어요. 실제로 19대 국회의원 선거에서 부천 원미을에 출마했을 때 한 약국에 들어가 명함을 건넸더니, 내가 보는 앞에서 짝짝 찢어버리더군요. '다른 의원들이 이래서 나서지 않았구나'라고 새삼 깨달았습니다. 요즘 약국이 문을 닫은 시간에 슈퍼마켓에서 해열진통제를 살 때면 옛날 생각이 떠올라요."[13]

리베이트 쌍벌제 도입이나 가정상비약 슈퍼 판매에 앞장서면서 그는 의사와 약사들의 주적(主敵)이 되다시피 했다. 그러나 옳다고 생각하는 일에서는 물러서지 않았다. 손숙미는 18대 국회가 개원하기도 전, 한때 논란에 휩싸였다. 미국산 쇠고기 수입에 대한 반대 여론이 거셀 때 "광우병 위험에 대한 지적이 부정확하고 과장되었다."라고 꼬집었다가 역풍에 휘말리며 대중의 뭇매를 맞았다.

"광우병 위험 물질(소의 뇌, 척수 등)을 0.001g만 먹어도 광우병에 걸릴 수 있다는 식의 과학적 근거가 없는 주장에 국민이 공포에 휩싸이는 상황을 두고 볼 수가 없었어요. 이 때문에 나라 전체가 엄청난 사회적 비용을 지불해야 했고요. 서울대 교수가 텔레비전에 출연해 주장하니 사람들이 의심 없이 다 믿어버리더라고요. 그래서 그분의 논문을 찾아 읽으면서 문제를 지적했죠. 그랬더니 네티즌들이 내 옛날 논문들까지 다 뒤져 억지 공격을 하더라고요. 혹독한 신고식을 치른 셈이죠. 초선의원으로서 정치의 생리를 실감했고, 정부가 국민에게 정보를 정확하게 전달하면서 소통을 잘하는 일이 얼마나 중요한지 깨달았습니다.")[14]

18대 국회가 개원할 즈음 중국에서 멜라민을 섞어 판매한 분유나 유제품을 먹은 아동들이 사망하는 사건이 발생했다. 그런데 우리 정부가 당장 수만 명이 피해를 입을지 모를 멜라민 사태에 늦장 대응을 했다는 비판 여론이 높았다. 그렇게 중국산 등 수입 식품의 안전성에 대해 경각심이 커졌을 때 손숙미는 꼬치꼬치 문제를 들춰내며 대책을 요구했다. 그는 "처음에는 분유를 식품 재료로 보고 농림축산식품부가 검역했는데, 문제가 발견되지 않아 안심했다. 그러다 식품의약품안전청의 가공식품 조사에서 멜라민이 뒤늦게 발견되는 바람에 대책이 늦었다. 그러니 현재 농림축산식품부와 보건복지부로 나뉘어 있는 검역체계를 보건복지부-식품의약품안전청으로 일원화해야 한다."라고 주장했다.[15] 또 2007년부터 2008년 6월까지 수입한 과자·캔디류 중 위해식품 864.5톤이 유통됐으나 회수율은 9.9%에 그쳤다면서 중국산을 비롯해 수입 식품 전반의 안전 관리 개선이 필요하다고 목소리를 높였다.[16] 최근 5년간(2004~2008.7) 중국산 식품 332톤에서 기준치를 초과하거나 국내에서 허용하지 않는 농약이 검출되었다는 사실도 밝혔다.[17]

2009년 의정보고서

　　음식점에서 식사한 후 소형 커피 자판기의 버튼을 눌러 무료 커피를 한 잔 빼서 마시는 일은 작은 즐거움 중 하나다. 그런데 그는 대다수 국민이 이용하는 이런 소형 커피 자판기를 보고 그냥 넘어가지 않았다. 일반 자판기와 달리 위생 점검을 받지 않는다는 사실을 알았기 때문에 '제대로 관리되고 있을까?' 불안한 마음이 가시지 않았고, 보건복지위원회 위원으로서 직업병이 발동했다. 식약청 현장 단속반과 함께 이틀에 걸쳐 서울 시내 식당가를 점검했더니 관리 상태가 형편없었다. 몇몇 곳의 자판기 노즐과 커피를 시료로 채취해 분석을 의뢰했더니 모두 곰팡이가 검출되었다. 그는 "식약청은 국민 보건을 위해 음식점에서 무료로 제공하는 커피에 대한 위생 기준을 마련하고 관리해야 한다."라고 지적했다.[18] 또 3년 동안 미끼나 사료, 공업용으로 수입한 활참게, 참치 대창 같은 원료 중 558톤이 식용으로 둔갑되어 유통되었는데도 회수된 원료는 70톤에 불과하다는 사실도 지적했다. 그는 "이렇게 비양심적인 식품 위해 사범에 대해서는 보다 강력한 처벌이 필요하다"라고 주장했다.[19]

2010년 10월 7일 식품의약품안전청 국정감사에서는 판매중지 처분을 받은 의약품이 최근 3년 동안 12억 원어치나 판매되고, 안전성 문제로 사용 중지된 의약품이 1,024건이나 처방되었다는 점을 지적하면서 "안전성 문제로 금지된 의약품이 계속 유통되고 있는 것은 국민 보건을 위협하는 큰 문제다. 식약청은 행정 처분만 내릴 것이 아니라. 해당 의약품이 계속 처방이나 판매되고 있지 않은지 엄밀히 확인해야 한다."라고 촉구했다.[20]

그는 국정감사에서 정부 부처와 공공기관의 도덕적 해이를 밝혀내고, 국민의 소중한 혈세를 함부로 쓰지 못하도록 감시하기 위해서도 열심히 뛰었다. 2011년 9월 18일 국정감사에서는 국민연금을 낼 능력이 없다며 납부 예외자가 된 사람들 중 수입 자동차를 보유하거나 외국을 자주 오가는 사람이 해마다 늘어나 2011년에는 각각 2만2천 명, 4만 9천 명에 달한다는 점을 지적했다. 납부 예외자 중 고급 수입 자동차를 8~9대씩 가진 사람도 있었고, 3년 동안 200회 이상의 출입국 기록을 가진 사람도 있었다. 그는 "국민연금 보험료가 소득 기준으로 부과되기 때문에 수입차를 여러 대 보유하거나 출입국이 잦은 사실만으로는 보험료를 부과할 수 없지만, 소득 활동의 개연성이 있는 만큼 소득 신고를 유도해서 제도의 허점을 보완해야 한다."라고 지적했다.[21] 수억 원의 자산과 자동차를 2대 이상 가진 사람이 기초생활수급자로 부정수급한 사실도 지적했다. 소득 인정액을 낮춰 수급 대상자가 된 뒤 거액의 토지나 주택을 구입한 얌체족들이 많았다. 보건복지부는 국정감사에서 그의

지적을 받은 후 전면 재조사에 들어갔다.[22]

그는 또 보건복지부 산하 9개 국립 의료기관이 연구비를 받아 마트 장보기, 입시 학원과 영어 학원비, 헬스클럽, 스파 이용 비용으로까지 지출한 사실을 끄집어내 "국립병원 의사가 일반 의사에 비해 처우가 열악한 것은 개선되어야 할 점이지만, 연구하라고 지급한 예산을 생활비와 유흥비로 사용하는 일은 문제"라고 국정감사에서 지적했다. 이에 보건복지부 장관은 국립병원 R&D 예산에 대한 실태 조사를 하고 의사들의 처우 개선책을 시급히 마련하겠다고 약속했다. 그는 또 2009년부터 2년 동안 내부 연구 개발 예산 166억 원 가운데 80억 원을 연구 과제와 관련 없는 인건비와 관리비로 사용한 국립보건연구원, 혈액수가 인상 수익으로 성과급 잔치를 벌인 대한적십자사 등 정부 기관의 도덕적 해이를 꾸준히 지적하고 개선을 요구했다.

19대 국회의원 선거에서 낙선 그리고 남편의 죽음

17대 국회의원 선거에서 처음 본격적으로 도입된 비례대표 여성 할당제는 여성들이 국회에 진출하는 중요한 통로 역할을 했다. 비례대표 의원으로 국회에 입성해 정치 경험을 쌓으면서 이름을 알린 후 지역구 선거에 도전하는 과정이 여성 정치인이 성장하기 가장 좋은 방법이었다. 17대 여성 국회의원 39명 중 29명(74.4%), 18대 41명 중 27명(65.9%), 19대 47명 중 28명(59.6%)이 비례대표였지만, 20대 국회부터는 지역구에서 당선된 여성 국회의원이 비례대표 여성 국회의원보다 많다는 점을 보아도 그 사실을 확인할 수 있다.[23] 18대 국회에서 맹활약했던 손숙미도 19대 국회의원 선거를 앞두고 지역구에서 출마하려고 준비했다. 처음에는 부산 중동구의 예비 후보로 등록한 후 트위터 같은 SNS를 중심으로 선거운동을 시작했다. 중고등학교를 다니며 꿈을 키웠던 부산에 대한 애정이 깊었기 때문이었다. 그러나 새누리당은 선거일을 얼마 남겨두지 않고 손숙미를 부천 원미을에 공천했다. 갑자기 부산에서 짐을 싸들고 올라와 선거운동을 할 수 있는 기간은 23일밖에 되지 않았고, 최선을 다했으나 결국, 민주통합당의 설훈 후보에게 아쉽게 패했다.

"정당들마다 여성 후보를 많이 공천했다고 내세우려고 하지만, 막상 이길 수 있는 지역구의 공천을 주지는 않았어요. 선거에 나가서 장렬히 전사한 후 포기하든지, 낙선 후 당원협의회 운영위원장을 맡아서 하다가 지쳐 나가떨어지는 경우가 많았죠. 저는 선거가 끝난 후 대학으로 돌아가려고 했어요. 그런데 선거를 치르는 동안 도와준 사람들을 생각하면 쉽게 그만둘 수도 없더라고요. 당원협의회 운영위원장을 맡으면 사무실과 직원이 있어야 하는데, 후원금을 받을 수 없으니 개인 돈도 엄청나게 들어갑니다. 대학교수로 학생들을 가르치면서 지역구도 관리하려니 너무 힘들었어요. 수업이 끝나면 급히 지역 행사 쫓아다니고, 거의 매일 저녁 약속이 있으니 살도 많이 찌고 건강이 아주 나빠졌습니다."[24]

그는 결국 2016년 20대 국회의원 선거를 앞두고 새누리당의 후보 경선에서 탈락했다. 15년 동안 암 투병하던 남편의 병세도 그즈음 갑자기 악화되었다.

"경선에서 떨어진 날 바로 짐을 싸서 남편과 함께 병원으로 들어갔어요. 2016년 3월에 입원한 남편은 12월에 세상을 떠났습니다. 당시 인구보건복지협회 회장 일도 맡고 있어서 대학교수 일에, 남편 간병에, 정신이 없었죠. 경선에서 떨어지니 오히려 홀가분하더라고요."[25]

대학 캠퍼스에서 만나 결혼한 남편은 아내가 무슨 일을 하든 막아서지 않았다. 신혼 초에 혼자 유학을 떠나겠다는 아내의 결심도 이해하고 응원했다. 혼자서도 자기 일은 자신이 알아서 잘 챙기는 남편이었다.

"남편이 종갓집에서 자라고 남자 형제밖에 없었기 때문에 전통적인 아내 역할에 대한 기대도 없진 않았던 것 같아요. 어느 날 속마음을 이야기하는데, 바깥일 하면서도 집에 일찍 돌아와 된장찌개 끓여놓고 기다리는 가정적인 아내를 원하더라고요. 그런 마음을 오랫동안 내색하지 않았던 거예요. 그렇게 이상적인 아내가 어디 있겠어요? 그래도 워낙 심성이 착한 남자여서 싫은 소리나 잔소리, 지나친 요구를 하는 법이 없었죠."[26]

폐암 수술을 하던 흉부외과 의사였던 남편은 담배를 피운 적도 없는데 2001년 어느 날 갑자기 폐암 환자가 되었다. 수술 후 1년 만에 척추로 암이 전이되었고, 5년 생존율 1%, 남은 삶이 6개월 정도라는 선고를 받았다. 손숙미는 그러나 꺾이지 않았다. 암 치료를 그냥 생활의 일부로 생각하자고 남편을 다독이면서 남편 앞에서 우울하거나 슬픈 표정을 짓지 않겠다고 강하게 다짐했다. 고기만 좋아하던 남편의 식습관을 바꾸고 암을 잘 구슬리면서 그냥 명랑하고 쾌활하게 보통 부부처럼 살아가겠다고 마음먹었다. 다행히 정상 세포는 공격하지 않고 암세포만 겨냥하는 표적 치료제의 효과가 아주 좋아서 남편은 일상생활을 유지할 수 있었다. 계속 의사로 일하면서 6개월이 아니라 15년을 더 살았다. 그는 남편이 세상을 떠나기 전 10개월 가까이 함께 병원에서 지내면서 오랜만에 둘만의 애틋한 시간을 보냈다. 암이 뇌로 전이되어 청각이 망가지자 공책에 글을 써서 이야기를 나누었다. 뭐든 혼자서 잘하던 남편이 아기처럼 자신을 기다리는 모습에 가슴 뭉클할 때도 많았다. 손숙미는 이때의 경험을 수필집『그립지만 카푸치노 한잔』(비욘드북스, 2019년)에 담았다. 가족의 암 투병을 지켜보는 사람들에게 위로를 전하기 위해서였다.

저출산 고령화 문제 고민하고 연구하면서 대안 제시

손숙미는 한 언론사와의 인터뷰에서 "다시 국회의원이 된다면 저출산 문제 극복에 주력해서 우리나라가 지속적으로 성장할 수 있도록 최선을 다하겠습니다."라고 밝혔다.[27] 다시 국회의원이 되지는 못했지만, 그는 지금도 저출산 문제에 꾸준히 관심을 가지고 연구한다. 손숙미는 2013년 12월, 보건복지부 산하 비영리 법인인 인구보건복지협회

<Hansun Brief>, 통권 351호,
2025년 4월 9일

12대 회장으로 선출되었다. 민간 차원에서 다양한 출산 장려 사업을 추진하는 기관이다. 손숙미는 "저출산으로 노동 인구가 줄어들고 고령화로 노인 인구가 늘어나면 국가 재정에 엄청난 부담이 됩니다. 저출산 현상은 국가의 지속 가능성과 미래를 위협하는 요인이고, 사회-경제적인 측면에서도 여러 문제를 일으킵니다."라고 지적했다.[28] 그는 또 "'딸-아들 구별 말고 둘만 낳아 잘 기르자'라는 표어를 내세운 가족계획 사업으로 이렇게 저출산 국가가 되었습니다. 다양한 홍보 사업으로 국민의 인식을 바꾸는 일이 저출산 문제 해결에도 도움이 될 수 있다고 생각합니다."라고 밝히면서 "저출산의 책임을 여성에게만 돌리면 이 문제는 해결되기 어렵습니다. 여성이 아이를 낳게 하려면 남편, 가족, 사회, 국가가 모두 변해야 합니다."라고 강조했다.[29] 인구보건복지협회는 그의 이런 생각을 바탕으로 '출산 장려 표어 국민 공모전', '국민 참여 사진 공모전' 등을 개최하고, 정부의 출산 지원 정책을 신속하게 알리면서 임신과 출산, 육아 정보를 전달하는 인터넷 신문을 창간했다. 그리고 경제적 어려움을 겪는 고위험 산모와 난임으로 힘들어하는 여성과 미혼모를 돕기 위한 상담 프로그램과 릴레이 기부 캠페인을 추진하면서 임신과 출산에 대한 사회적 공감대를 넓히려고 노력했다.

    2017년부터는 민간 싱크탱크인 한반도선진화재단에 몸담으면서 양성평등위원회 위원장을 맡아 저출산 문제의 해법을 꾸준히 제시하고 있다. 2024년 11월 6일 한반도선진화재단 정책팀과 주간조선이 공동 주관한 세미나에서 그는 저출산의 주요 원인을 '비혼과 만혼의 증가' '일-가정 양립의 어려움' 등으로 꼽았다. 그는 "여전히 남아있는 가부장적 문화, 유연하지 못한 고용 환경, 갈수록 심해지는 사교육 경쟁 등이 일과 가정의 양립에 걸림돌이 됩니다."라고 지적하면서 "이른 나이에 결혼하면 각종 세제와 금융 혜택을 주고, 결혼하지 않고 동거하는 남녀에게도 배우자로서의 권리를 인정하는 '생활동반자 신고제'를 도입하는 등 다양한 사회제도적 방안을 통해 저출산 문제를 해결해야 합니다."라고 강조했다. 그는 또 "기업이 여성을 채용하지 않으려는 분위기를 없애려면 남성의 육아휴직을 의무화하고, 만 3세 이하 자녀를 둔 부모의 경우 남녀가 동일한 기간 동안 재택근무를 할 수 있도록 보장해야 합니다."라고 덧붙였다.[30]

    최근에는 중앙일보에 '개인 존중하는 새 가족주의로 나아가야'(2024년 2월 21일), '초저출산 시대에 주목하는 '반반결혼' 풍속도'(2024년 6월 28일), '손질 필요한 필리핀 가사관리사 제도'(2024년 10월 2일) 등 저출산 관련 칼럼을 게재해왔다.

손숙미는 영양학자로서의 연구와 저술 활동도 중단하지 않았다. 2018년에는 학생들과 공동으로 '한국 성인의 백미와 김치 총섭취량에 따른 영양 상태와 대사증후군 위험도에 관한 연구'라는 제목으로 논문을 발표했다. 19세 이상의 건강한 한국 성인 남녀 8,289명을 조사한 결과, 남녀 모두 백미와 김치의 총섭취량이 많을수록 탄수화물 섭취량은 많고 단백질과 지방 섭취량은 적다는 사실을 확인했다. 특히 여성의 경우 백미와 김치의 섭취량이 가장 높은 집단이 가장 낮은 집단에 비해 대사증후군 위험도가 1.45배 높았다. 따라서 여성은 특히 밥과 김치 위주의 식생활에서 벗어나 다양한 식품을 섭취해야 한다고 제안한 이 논문으로 그는 질병관리청 〈학술상〉을 받았다.

손숙미는 지역사회영양학회를 중심으로 소금 섭취 줄이기 운동을 펼치던 2008년에 『소금 알고 먹으면 병 없이 산다』(한언, 2008년)를 출간한 후 『다이어트와 건강』(교문사, 2010년) 『과체중! 당신 탓이 아닙니다.』(교문사, 2022년) 『식사요법』(교문사, 2024년) 등 영양학이나 식습관 관련 책을 꾸준히 펴내고 있다. 『과체중! 당신 탓이 아닙니다』에서 그는 비만이 되기 쉬운 유전자를 가진 사람이 탄수화물 위주의 식사를 하면서 만성 스트레스에 시달리면 호르몬 균형이 깨져서 체중이 계속 불어나면서 다이어트를 해도 살이 잘 빠지지 않는다고 설명한다. 그는 호르몬 환경이 개선되면 탄수화물이 많은 음식을 덜 찾게 되고, 체중 감량과 활기찬 생활이 선물처럼 따라온다면서 이 책에서 구체적인 방법을 알려준다. 손숙미는 "과체중인 사람이 자책하면서 괴로워하는 경우를 너무 많이 봤어요. 그들에게 '당신 탓이 아니다'라고 알려주면서 건강해지는 방법을 알려주고 싶었어요."라고 말한다.[31] 그는 현재 고령화 사회의 영양과 노화에 관련된 책을 쓰기 위해 준비 중이다. 국회의원 시절을 되돌아볼 때 어떤 점이 가장 아쉬웠는지 손숙미에게 물었다.

"지금은 [국회 선진화법]이 있어서 조금 나아졌지만, 그때는 몸싸움까지 마다할 수 없었어요. 상대 당 여성 의원과의 몸싸움은 여성 의원이 맡아야 한다며 떠밀기까지 했죠. 인터넷에 떠돌아다니는 그때 사진을 보면 얼마나 싫은지 몰라요. 국회의원들이 개인적으로는 한 분 한 분 정말 똑똑한데 국회에만 가면 이상해지잖아요? 당에서 공천을 주니까 국민을 바라보기보다 당내 정치에 더 신경을 쓰게 되고, 당 대표에게 충성할 수밖에 없는 구조가 참 싫더라고요. 어떻게 당리당략보다는 국민만을 바라보는 품격 있는 국회, 품격 있는 나라가 될 수 있느냐가 지금도 고민하고 연구하는 주제예요. 품격 있는 국회, 정치 구조가 자리 잡으면 여성 의원들이 더 잘 적응하고 활약할 수 있을 것 같아요. 우리 재단에서도 그런 주제를 연구하지요."[32]

| 집필: 이선주 |

| 미주 |

1) '손숙미 대면 인터뷰', 2024.11.12.
2) 손숙미, 『부산사람 손숙미 따뜻한 복지를 꿈꾸다』 2012, 다움북스
3) '손숙미 대면 인터뷰', 2024.11.12.
4) '손숙미 대면 인터뷰', 2024.11.12.
5) '손숙미 대면 인터뷰', 2024.11.12.
6) 손숙미, 『부산사람 손숙미 따뜻한 복지를 꿈꾸다』 2012, 다움북스
7) '손숙미 대면 인터뷰', 2024.11.12.
8) 손숙미, 『부산사람 손숙미 따뜻한 복지를 꿈꾸다』 2012, 다움북스
9) '손숙미 대면 인터뷰', 2024.11.12.
10) <복지뉴스>, 2009.7.6.
11) <의학신문>, 2010.3.19.
12) '손숙미 대면 인터뷰', 2024.11.12.
13) '손숙미 대면 인터뷰', 2024.11.12.
14) '손숙미 대면 인터뷰', 2024.11.12.
15) <한겨레>, 2008.9.29.
16) <한겨레>, 2008.9.26.
17) <식품저널>, 2008.10.9.
18) <머니투데이>, 2010.10.7.
19) <머니투데이>, 2010.10.7.
20) <팜뉴스>, 2010.10.7.
21) <연합뉴스>, 2011.9.18.
22) <아주경제>, 2010.10.6.
23) 국회입법조사처, <NARS 현안분석: 여성 할당제 도입 20년>, 2024.5.10.
24) '손숙미 대면 인터뷰', 2024.11.12.
25) '손숙미 대면 인터뷰', 2024.11.12.
26) '손숙미 대면 인터뷰', 2024.11.12.
27) <여성신문>, 2010.10.6.
28) <일요신문>, 2015.4.22.
29) <뉴스파고>, 2014.2.6.
30) <주간조선>, 2024.11.9.
31) '손숙미 대면 인터뷰', 2024.11.12.
32) '손숙미 대면 인터뷰', 2024.11.12.

제18대 국회의원
이두아 李枓娥

대한민국史를 긍정하는
70년대생 여성 법조인의 정치

1971	대구 출생
1993	제35회 사법시험 합격
1994	서울대학교 법학과 졸업
1996	사법연수원 제25기 수료, 법무법인 충정 변호사
2001	법무법인 광장 변호사
2005	북한인권국제대회 집행위원, 대한변협 북한인권소위 간사
2005	칼럼니스트 (조선일보, 동아일보, 월간조선)
2006	KBS 객원해설위원
2007	한나라당 이명박 대선후보 인권특보
2009	제18대 국회의원
2013	공중파·종편 방송사 정치평론 활동

역사학자를 꿈꾸던 대구 시골의 다독多讀 우등생, '교양'의 힘을 아셨던 아버지의 교육

이두아는 1971년 경상북도 의성군에서 1남 2녀 중 둘째로 태어났다. 법대 출신의 공무원이었던 아버지는 "책 속에 길이 있다."는 경구와 함께 '교양이 있는 삶'의 아름다움을 자녀들에게 자주 교육했다고 한다. 아버지는 이두아가 초등학교에 입학하던 해 한 출판사에서 출간된 『세계문학전집』을 자녀들에게 선물했고, 당시 주요 방송사에서 방영하던 국내외 영화를 매주 자녀들과 함께 시청했다고 한다. 이두아는 그렇게 어린 시절부터 톨스토이의 소설을 비롯한 여러 작품을 접하며 세상을 향한 동경심을 키워나갔고, 성인이 된 이후에도 엘리자베스 테일러 주연의 〈녹원의 천사〉, 오드리 헵번 주연의 〈전쟁과 평화〉 등 어린 시절에 접했던 영화들이 기억의 한편에 선명히 남아 있다고 말한다.

대구 신흥초등학교를 거쳐 경화여자중학교와 경화여자고등학교를 졸업한 이두아는 줄곧 공부에 뛰어난 소질을 보였다. 이는 그의 유년기부터 청소년기를 관통하는 취미이자 여가활동인 '독서'와 깊이 맞물려 있는 것으로, 다방면에 걸친 다독(多讀)은 학생 이두아에게 '인문학'에 대한 깊은 애정과 존경심을 갖게 했고 이것이 높은 학업성취도로 이어졌을 것이라고, 그의 학창 시절 동기들과 지인들은 전한다.

얼마 뒤 역사학자를 꿈꾸며 진로를 모색하던 이두아는 아버지로부터 한국 사회에 대한 현실적이고 결정적인 조언을 받는다. 80년대 후반 당시 여성들의 사회활동은 여전히 유무형의 장벽을 넘어야 함을 의미한다는 것, 아울러 '학자의 길' 외에도 여성의 사회참여를 위한 가장 적절한 직업은 법조인이라는 조언이었다. 경제적으로 독립할 수 있다는 이점과 여성에 대한 차별이 가장 적은 전문분야라는 설명과 함께였다. 아버지는 '변호사 자격을 취득하면 세상을 향한 여러 갈래의 길이 열릴 것이고, 사법시험 합격 자체는 인생의 목표가 아니라 세상의 다양한 문을 여는 열쇠가 될 것'이라는 말로 여고생 이두아에게 도전 의식을 심어주었다.[1]

서울법대 입학, 그리고 대망의 사법시험 합격으로 아버지의 꿈을 대신 이루다.

1989년 이두아는 부모님과 친척 어른들의 기대에 부응하며 서울대학교 법과대학에 합격했고 관악캠퍼스에서의 대학 생활을 시작했다. 서울올림픽의 성공적 개최와 제도적 민주화의 안착이 가져온 분위기가 사회 전반으로 확산하던 당시, 학생운동 이후 세대로서의 법대생 이두아는 학업에 전념했고, 2학년을 마치던 해 사법시험 준비에 돌입했다. 일정량의 공부는 반드시 해야 운도 따른다는 믿음에 따라 이른 새벽부터 심야까지 책과 씨름하는 생활이 2년 넘게 이어졌다. 고시 공부의 스트레스 해소 역시 독서를 통해서였다. 그렇게 틈틈이 애거서 크리스티류(類)의 추리소설과 만화책 등을 읽는 것으로 심신의 피로를 달래며 두문불출 공부에 집중하던 이두아는 22살이 되던 1993년 제35회 사법시험에 합격하는 기쁨을 누리게 되었다.

이두아의 사시 합격은 가장으로서의 책임감으로 가족 부양에 집중

하면서 고시 준비를 중단해야 했던 부친의 꿈을 대신 이룬 것이기도 했다. 여성의 법조계 진출에 대한 회의적 시각이 일부에서나마 여전히 존재했던 당시, 법조인이 되겠다는 딸의 결정을 전폭적으로 지지했던 아버지는 "용기의 원천"이었다고 이두아는 말한다. 한편 그해 사시 합격자 288명 중 여성은 18명에 불과했고, 이두아는 최연소 여성 합격자였다.[2]

본격적인 법조인의 길, 세상을 읽는 '눈'을 뜨고 북한인권의 심각성을 인식하다.

서울대 법대를 졸업하고 사법연수원(제25기)을 수료한 이두아는 1996년 '법무법인 충정'에서 본격적인 법조인으로서의 사회생활을 시작했다. 이듬해인 1997년 전대미문의 외환위기가 대한민국 사회를 강타하고, 수천여 개에 달하는 기업들의 부도와 연쇄도산, 주가 대폭락과 대량해고로 인한 사회적 혼란 속에서, 이두아는 국내 기업들의 매매계약과 관련한 고강도 업무에 관여하게 되었다. 변호사 초년병에게 대한민국 경제발전의 주역이었던 국내 굴지의 기업들이 헐값에 매각되는 과정을 지켜보는 일은 적잖은 충격으로 다가왔다. 복잡한 사건들과 대형 계약 건들을 반복적으로 다루면서 이두아는 변호사로서의 실력 배양과 함께 사회적 현상들의 이면을 읽어내는 본인만의 방법을 터득하는 등 사회인으로서의 성장을 경험하게 됐다고 말한다.

이두아는 이후 3년여간 국선변호에 투신해 봉사의 시간을 보내기도 했다. 온종일 형사법정 안팎에서 다양한 사연을 가진 수많은 범죄자, 피의자, 피고인, 그리고 그 가족들을 만나는 일, 그리고 재판이 없는 날엔 구치소를 방문해 의뢰인들의 사건을 처리하는 일은 여간 어려운 일이 아니었다. 그러나 그 기간은 매우 고되면서도 세상의 흐름에 대해 배우게 된 소중한 단련의 시간이었다고 그는 말한다. 이후 2001년 '법무법인 광장'으로 자리를 옮긴 이두아는 법조계 안팎의 선후배들과 독서클럽 활동을 시작하게 되는데, 이는 오랜 기간 다져온 소위 헌법적 신념, 다시 말해 대한민국 역사에 대한 긍정적 인식과 자유민주주의, 시장경제 체제에 대한 확신을 더욱 공고히 하는 계기가 되었다.

이즈음 변호사 이두아는 중요한 전기(轉機)를 맞게 된다. 독서클럽의 선배 중에 1983년 북한의 아웅산 테러로 목숨을 잃은 경제부총리의 아들이 있었고, 그 선배를 통해 북한의 인권유린 상황에 눈을 뜨고 그 심각성을 깊이 인식하게 된 것이다. 이후 이두아는 북한의 정치범수용소 문제에 관한 외국 연구기관의 보고서를 번역하는 일에 참여하는 등 북한인권의 실상을 알리는 시민단체 활동에 뛰어들었다. 이 과정에서 비정부기구(NGO)를 대표해 납북자 및 국군포로 등에 관한 문제 해결을 정부에 촉구하기도 했고, 북한인권 문제에 대한 사회적 관심을 제고하는 복수의 활동에 참여하게 되었다. 이어 2002년 12월 치러진 제16대 대통령 선거에서 민주당 노무현 후보가 승리하면서 2003년 초 '참여정부'가 출범하게 된다. 이 시기 이두아는 본연의 변호사 업무를 병행하면서 북한인권에 대한 관심의 끈을 놓지 않았는데, 대한변호사협회 북한인권소위원회 간사, 시민과 함께하는 변호사들(시변) 북한인권위원회 위원장 및 총괄간사를 맡았고, 〈북한민주화네트워크〉 이사로도 활동을 이어갔다.

최연소 조선일보 칼럼니스트, 동아일보·월간조선 기고, KBS뉴스 해설위원으로 활약

30대 초반의 여성 변호사 이두아는 2004년 무렵부터, 여성들의 활발한 사회참여를 내다본 부친의 기대에 호응하듯이, 각종 이슈에 대한 의견을 적극적으로 개진하기 시작했다. 그해 6월에는 [증권집단소송법]의 발효를 1년 앞두고 열린 시민단체의 모의재판에 피고 소송대리인으로 참여해 변론을 맡기도 했다.[3] 이어 2005년부터는 조선일보에 고정적으로 칼럼을 쓰기 시작했고, 동아일보와 월간조선에 다수의 시사논평을 기고했으며, KBS뉴스의 객원해설위원으로도 활약하는 등 '젊은 논객 이두아'의 필명을 공론장에 알렸다. 조선일보 칼럼 집필의 경우, 이어령 전 문화부 장관 이래 최연소 고정 칼럼니스트라는 기록을 남겼다.

이두아의 날카로운 논평은 2년여에 걸쳐 30편 이상의 칼럼과 르포 등으로 발표되면서 정치, 사법, 문화, 경제 등 전방위적으로 한국 사회의 고질적 병폐들과 논쟁적 인물들을 겨냥했다. [신문법] 논란, 여성 재소자 성추행 문제, [성매매 방지법], 한미FTA 논쟁, 법관 코드인사, 당시 정부 고위급 인사의 부적절한 처신, 정부 산하 위원회의 비상식적 운영행태 등이 '논객' 이두아의 비판 대상이었다. 특히 북한의 참혹한 인권유린에 대한 우리 사회의 무관심과 일각의 북한정권 비호 행동을 신랄히 비판하고, 우리 정부의 책임 있는 행동을 촉구하는 데 다수의 칼럼이 할애됐다.[4] 또한 시변의 북한인권위원회 위원장 자격으로 2005년 4월 스위스 제네바에서 열린 제61차 유엔인권위원회에 참석했던 경험을 소개하면서 북한인권에 대한 국제사회의 비상한 관심을 유려한 문장으로 독자들에게 전했고, 생존 국군포로와 북한의 인권문제에 대해 당시 정부가 보였던 소극적 태도를 강도 높게 비난했다. 아울러 기술적인 의제 선택을 통해 탈북자들의 증언을 무력화시키고 북한인권 문제를 유엔 회의 석상에서 배제하기 위해 꾸준히 로비를 전개한 타 단체의 부당한 행동을 고발하기도 했다.[5]

안기부 X파일, 북한인권 등 민감한 정치적 사안들에 목소리를 내다

'국민의 정부'에 이은 세칭 2기 진보정권이었던 노무현 정부의 집권 1년 차부터 이두아는 국민 일상에 막대한 영향을 미치는 '정치'와 '입법'의 힘을 더욱 깊이 실감하기 시작했다. 언론매체 기고를 한창 이어가던 그 시기 변화의 필요성, 즉 정권교체의 필요성을 절감한 그는 시국관을 공유하는 인사들 및 단체들과의 교류를 강화해나가기 시작하면서 한국 사회의 민감한 정치 이슈들에 대해 계속해서 목소리를 높였다. 일례로 2005년 8월 속칭 '안기부 X파일' 사건을 주제로 복수의 시민단체가 주최한 긴급 토론회에서, 이두아는 "국민의 알 권리와 개인의 프라이버시권의 대립만이 문제가 아니다."라며 "'법의 지배'가 위협받고 침해됐다는 점이 근본적인 문제이고, 사법시스템이 국민의 신뢰를 받고 그 결과에 대해 승복을 이끌어내기 위해서는 적법절차가 준수되어야 한다."고 강조했다.[6]

그뿐만 아니라 이두아는 당시 보수 야당인 한나라당이 주최한 '외부인사 영입 방안 모색을 위한 토론회'와 '북한 주민 인권보장을 위한 입법토론회' 등 복수의 행사에 섭외되기도 했고, 그해 7월 미국 워싱턴에서 처음 열린 뒤 5개월 만인 12월 서울에서 개최된 북한인권국제대회의 집행위원으로서 행사의 준비과정 전반에 참여하기도 했다.[7]

이명박 대선후보 인권특보 이두아, 제18대 총선 한나라당 비례대표 공천을 받다.

법조인, 칼럼니스트, 그리고 북한인권운동가로서 활발한 활동을 이어가던 이두아는 제17대 대통령 선거를 한 달 앞둔 2007년 11월, 한나라당 이명박 후보 선거대책위원회의 인권특보로 임명됐다.[8] 대선 결과는 '국민성공시대'를 기치로 내건 이명박 후보의 낙승이었다. 다자구도 하에서 치러진 당시 선거에서 이 후보는 득표율 48.7%를 기록하며 2위 정동영 후보를 523만 표 이상으로 따돌렸다. 1997년과 2002년 대선에서 연이어 고배를 마신 한나라당이 10년 만에 정권을 되찾은 것이다.

대선 승리로 정국의 주도권을 획득한 한나라당은 4개월 뒤인 2008년 4월 제18대 국회의원 총선거에서 그 기세를 이어갔다. 젊은 지식인이자 변호사로 인지도를 높여 가던 37세의 이두아는 그해 3월 한나라당이 발표한 비례대표 후보 50인 명단에서 23번째로 이름을 올리며 본격적인 정계 활동을 예고했다. 이명박 정부 출범 직후였던 당시 한나라당의 상승세에 따라, 비례대표 명단의 27번 후보까지를 당선권으로 예측하는 시각이 우세했다. 그러나 한나라당 비례대표 후보들은 22번까지 당선되었고, 23번 이두아 후보는 간발의 차로 고배를 들어야 했다. 비례대표 후보 8명을 포함한 총 14명의 당선자를 배출한 신생 정당 친박연대의 선전으로 보수 유권자들의 표가 갈렸다고 보는 해석이 많았다.

그는 아쉬움은 컸지만 '준비가 덜 되었던 것 같다.'는 생각으로 담담하게 낙선을 받아들였다고 한다. 그해 8월 원외 인사로서 한나라당 북한인권개선소위원회 위원으로 임명된 이두아는 탈북청소년을 위한 대안학교인 '여명학교', '한겨레중고교' 등을 찾아 학생들의 공부를 지도하고 이들의 사회화를 돕는 등의 대외 활동을 시작했다. 그는 "국회에 들어갔다면 지금처럼 '일대일'로 만나는 등 현장의 이야기를 듣기는 어려웠을 것"이라며 "소위원회 위원으로서 지금 시간이 있을 때 많은 의견을 듣고, 당에도 전달하고자 한다."고 소회를 밝히기도 했다.[9]

최연소 여성 비례대표 의원으로 국회 입성, 그리고 쉴 틈 없는 의정활동의 시작

이듬해인 2009년 1월 말 이명박 대통령은 신임 행정안전부 장관에 당시 비례대표 국회의원이었던 이달곤 한나라당 의원을 내정했다. 그리고 두 달 뒤 이달곤 의원의 입각과 의원직 사퇴에 따라 직전 총선에서 비례대표 후보 순위 23번을 배정받았던 이두아는 의원직을 승계하게 되었다. 그의 나이 38세로, 제18대 국회 최연소 여성 비례대표 국회의원의 등장이었다.

　그는 의원직 승계 직후 어느 언론과의 인터뷰에서 "(저는) 86아시안게임과 88서울올림픽 당시 학창시절을 보냈고 보릿고개나 춘궁기를 모르고 살아온 유복한 세대로 혜택을 많이 받은 사람"이라며 "사회가 개방화되는 시기를 보냈고 학생운동에 대한 부채의식도 없기에 이념에 대해서도 자유롭다."고 본인을 소개했다. 이어 "혜택을 받은 만큼 그렇지 못한 사람들을 도와야 하는 게 아닌가 생각했다."는 당선인 이두아는 "시장경제의 장점을 살리는 법안들을 통해 자율적인 기업활동에 대한 정부 개입 등 자유시장경제 체제의 발전을 가로막는 현상들을 개선하고 보완하기 위해 노력하겠다."고 포부를 밝히기도 했다.[10]

　등원 이후 이두아는 당내 '비례대표 의원 모임', '선진화를 추구하는 초선의원 모임' 등 의원 연구단체에서의 활동을 포함해 국회 환경노동위원회 위원으로서 본격적인 의정활동을 시작했다. 아울러 그해 4·29 국회의원 재보궐선거를 앞두고 한나라당 여성유세단의 일원으로 전국 5곳의 선거구를 찾아 후보들을 지원하는가 하면, '한나라당 당헌·당규 특별위원회'의 위원으로 임명돼 '당 쇄신특별위원회'에서 내놓은 쇄신방안을 반영해 당헌·당규를 정비하는 작업에 참여하기도 했다. 또한 당 원내대표 산하 '개헌연구태스크포스(TF)' 위원으로 임명되면서 당 차원의 개헌논의에 참여하기도 했다. 당시 한나라당 개헌연구TF는 권력구조 개편 방안을 포함해 핵심적 정치개혁 과제인 선거구제 개선과 행정구역 개편 등과 관련해서도 광범위한 연구활동을 전개해나갔다.[11]

탈북민, 기간제 근로자, 장애인, 청소년 등 취약계층 보호 및 지원을 위한 입법 전개

이두아는 북한인권운동 및 탈북청소년 지원활동 등 원내 진입 이전의 경력에 부합하는 [북한 이탈 주민의 보호 및 정착지원에 관한 법률 개정안]을 그해 9월 발의했다. 이는 북한 이탈 주민들을 보호하고 독립적 정착을 지원하는 국가의 기본원칙을 추가로 신설하는 것으로 정착지원금제도와 금융대출지원제도의 신설을 골자로 하는 것이었다. 아울러 [기간제 및 단시간근로자 보호 등에 관한 법률 개정안]을 발의함으로써 기간제근로자와 단시간근로자가 차별적 처우를 받는 경우 그에 대한 구제는 기간에 상관없이 차별이 발생한 날부터 시정될 때까지를 반영하도록 조정하는 것을 주요 내용으로 담았다. 또한 [장애인 고용촉진 및 직업재활법 개정안]과 [청소년의 성보호에 관한 법률 개정안]을 발의해 사회적 취약계층인 장애인들과 미래세대인 청소년들을 위한 입법을 추진하기도 했다. 이밖에도 [수도법 개정안], [가축전염병예방법 개정안], [관세법 개정안] 등을 대표 발의하며 민생 밀착형 입법활동을 이어나갔다.

당내 경선캠프 대변인으로 맞게 된 천안함 피격 사건

2010년은 제5회 전국 동시 지방선거가 치러진 해였다. 그해 이두아는 한나라당 서울시장 선거 후보 선출을 위한 전당대회를 경험하게

| 나경원 경선 캠프 대변인 활동 당시 후보 기자회견을 진행 중인 이두아 2010.3.17.

된다. 서울법대 선배이자 법조계 선배인 재선 나경원 의원이 서울시장 선거 입후보를 선언하며 이두아에게 선거대책위원회 대변인직을 제안한 것이다. 나 의원과 함께 경선에 뛰어든 후보들은 당시 유력한 현직 시장으로서 재선을 노리는 오세훈 시장, 3선의 원희룡 의원, 그리고 3선 구청장 출신의 김충환 의원이었다. 쟁쟁한 경쟁상대들 간 한 치의 양보 없이 전개되는 경선 과정에서 대변인 이두아는 나경원 선대위의 입장을 전하는 언론 브리핑 등 전반적인 공보 업무를 총괄했다.[12]

그렇게 6·2 지방선거를 앞두고 전국 각지 후보들의 물밑 경쟁이 고조되던 3월 26일, 남북관계와 한반도 안보지형에 전례 없는 군사적 긴장을 초래할 대형 사건이 발생했다. 북한이 서해 백령도 인근에서 한미 합동군사훈련 중이던 우리 해군 소속 초계함 '천안함'을 기습 공격한 것이다. 이로 인해 천안함은 침몰했고, 탑승 중이던 해군 장병 46명과 수색작전에 참여한 한주호 준위가 순직했으며, 별도로 수색작업에 참여한 민간인 선원 2명이 숨지고 7명이 실종되는 등 막대한 피해가 발생했다. 초유의 사건으로 경선 일정의 조정이 불가피해진 것이다. 이두아는 대변인으로서 "우리의 막중한 의무는 애도기간의 특수성을 감안함과 동시에 경선을 활성화시키는 것"이라며 "천안함 순직 장병 영결식과 서울시장 후보 선출 경선일이 겹치는 상황이므로 당은 경선 일시를 적절한 시점으로 연기해야 할 것"이라고 촉구했다.

나경원·원희룡 두 후보의 단일화, 천안함 사태, 선거일정의 순연, 그리고 후보들 간 과열된 경쟁 등으로 당시 경선은 복잡다단하고 치열한 양상을 띠며 전개되었다. 결국 오세훈 시장은 현직 시장으로서의 프리미엄과 안팎의 대세론에 힘입어 최종 후보로 선출되었고, 나 의원은 지지자들의 아쉬움 속에서 2위로 경선을 마무리했다. 이어 오 시장은 한 달 뒤 치러진 본선에서 야당 한명숙 후보를 상대로 신승하면서 재선 서울특별시장의 고지에 오르게 된다. 이두아는 한 언론과의 인터뷰에서 "이제껏 여성 정치인들은 대부분 상부로부터 발탁된 경우가 많았지만 나 의원은 자력으로 올라섰다."며 "차세대 여성 정치인으로 성장하는 입지를 마련했다."고 평가했다. 그 당시 경선 과정의 경험은 이후 당 원내대변인 등 의정활동 상의 여러 과업과 직책을 수행하는 데 귀한 자양분이 되었다고 이두아는 말한다.

법조인 출신 법제사법위원으로서 맹활약하다.

2010년 5월 제18대 국회가 후반기로 접어들면서 이두아는 법제사법위원회와 정보위원회 위원으로 보임됐다. 이 시기 이두아는 아동·청소년을 대상으로 한 성범죄자들을 비롯해 성폭력 범죄로 유죄선고를 받는 모든 범죄자들에게 재발 방지를 위한 수강명령과 프로그램 이수명령을 병과하도록 하는 [성폭력 범죄의 처벌 등에 관한 특례법 개정안]을 발의했다. 또한 국방·외교·식품·환경·재난·전쟁·테러 등 국가적으로 중대한 분야에 대한 명백하고 현존하는 위험 상황에서 허위 정보의 유통을 금지하고, 이를 위반할 시 그 위험성의 정도에 따라 3년 이하의 징역 또는 3천만 원 이하의 벌금이나 5년 이하의 징역 또는 5천만 원 이하의 벌금에 처하도록 하는 [정보통신망 이용 촉진 및 정보보호 등에 관한 법률 개정안]을 대표 발의하기도 했다.

이어 같은 해 10월 이두아는 법조인으로서의 전문성을 기반으로 두 번째 국정감사에 임하게 된다. 이즈음 국회에서는 트위터 등 SNS를 소통창구로 활용하는 여야 의원들의 의정 홍보가 유행하기 시작하는데, 정치인들이 SNS를 통해 대정부질문과 국감 등에 반영할 각종 제보와 제안을 수집하기 시작한 것도 이 무렵이다. 이두아는 한 언론사가 학계 조사팀과 실시한 분석 결과를 전한 "정진석·이두아·원희룡 與 트위터 新인맥의 核"이라는 제하의 기사에서 당내 최다 팔로워 보유 의원으로 소개되기도 했다.[13]

그해 서울중앙지검을 대상으로 한 법제사법위원회 국정감사에서는 가장 논쟁적 사안 중 하나였던 세칭 '그랜저 검사' 이슈가 집중적으

| 국회 법제사법위원회 대검찰청 국정감사. 2010.10.18.

로 다뤄졌다. 이두아는 "공무원이 무상으로 금전을 빌리고 이자를 지급하지 않았을 경우 뇌물로 볼 수 있다."는 판례를 거론하며 "차값을 갚았다 해도 뇌물로 봐야 하는 것 아니냐"고 지적하는 등 '동료 봐주기 수사'로 볼 수밖에 없는 당시 검찰의 행태를 강하게 질타했다. 이어 법무부 국정감사에서는, 30대 유부녀 교사가 중학생 남자 제자와 성관계를 가진 사실이 드러났음에도 '합의 하의 성관계'였다는 이유로 처벌하지 못하는 법규정과 관련해, "청소년들은 보호 대상이므로 성적 자기 결정권의 연령을 높이고 법령을 강화해야 한다."고 강력히 촉구했다.

또한 감사원의 대통령 수시보고와 4대강 감사위원의 사퇴를 겨냥한 야당의 과도한 공세에 맞서기도 했다. "야당이 청와대 개입설 등 수개월 간 근거 없는 정치공세로 감사원과 특정 감사위원을 흔든 결과 감사원에 대한 오해를 불식시키기 위해 해당 감사위원이 사퇴 결정을 한 것"이라며 감사원의 독립성을 명백히 훼손하는 야당의 행태를 조준하며 소신 발언을 한 것이다. 아울러 당국의 G20 정상회의 대비태세, 남북법제통합의 법적 과제, 민간인 사찰 의혹, 인터넷명예훼손, 고위법관 출신 변호사들에 대한 '전관예우', 검찰의 시민위원회 운영지침 공개 거부 문제, 남북정상회담, 해피존사업 특혜의혹, 서울광장 사용신고제 등에 대해 법무부, 법제처, 감사원, 검찰청 등 여러 피감기관을 상대로 질의를 이어갔다. 이와 함께 비공개 상임위인 정보위원회 국정감사에서는 국가정보원, 경찰청, 국군기무사령부 등을 상대로 천안함 사태와 북한 정권의 동향 등에 대해 질의하였다.

북한의 연평도 포격 도발에 맞서
대북 규탄 전단지를 날려 보내다.

우리 국회의 국정감사 종료 이후 불과 한 달 만인 11월 23일, 북한 정권은 또다시 무모한 대남 군사도발을 감행했다. 선전포고도 없이 인천시 옹진군 연평도에 기습 포격을 가해온 것이다. 이는 그해 3월의 천안함 기습 공격 이후 8개월 만의 대남 도발이자, 휴전협정 이후 북한이 우리 영토를 직접 공격한 최초의 사건이었다. 이로 인해 우리 해병대원 2명과 민간인 2명이 사망했고, 군인 16명과 민간인 3명이 심각한 부상을 겪었다. 그뿐만 아니라 연평도 내 각종 시설 및 가옥 다수가 파괴되는 등 막대한 피해가 발생했다.

북한 3대 세습 규탄
임진각 통일풍선날리기 행사,
2011.2.16

　이두아 등 국회 정보위 소속 여당 위원들은 긴급히 소집된 정보위원회 전체회의에서 사태의 구체적 경위와 피해 내역을 청취하고 당국의 정보역량에서 드러난 허점을 크게 질타했다. 이듬해 2월 이두아 등 여당 국회의원 10명은 복수의 참가자들과 함께 자신들의 명의로 북한 정권의 대남 군사도발과 3대 세습을 규탄하는 내용의 대북 전단지 수만 장을 풍선에 매달아 북측으로 보내는 행사를 임진각에서 개최하기도 했다.[14]

2011년 재보궐선거 이후
위기에 처한 집권 여당의 '입'이 되다.

　그런 가운데 2011년 4월에는 전국 38곳의 선거구에서 국회의원 3명, 지방자치단체장 7명, 지방의회의원 28명을 다시 뽑는 재보궐선거가 치러졌다. 그중 경기도 성남시 분당구 을(乙) 선거구는 한나라당 강재섭 전 대표와 민주당 손학규 대표가 맞붙는 '전·현직 대표들의 빅매치'로 언론의 비상한 관심을 모았다. 당내 인사들의 추천으로 이두아는 강재섭 후보 선거대책위원회의 대변인으로 영입되었다. 그는 당시 선거의 주요 쟁점에 대한 논평과 상대측 후보에 대한 일련의 비판 성명을 발표하고 언론인들의 취재를 돕는 등 공보 분야 전반에 걸쳐 선거를 지원했다.

각 정당이 당력을 총동원해 치른 4·27 재보궐선거는 결국 범야권의 승리로 귀결되었다. 여당 한나라당은 국회의원 선거구 3곳 중 경남 김해을 1곳에서만 승리했고, 강원도지사 보궐선거마저 야당에 패하는 결과를 맞게 되었다. 안상수 대표를 비롯한 한나라당 지도부는 다음날인 28일 재보선 패배에 대한 책임을 지고 총사퇴를 선언했다. 이후 임시지도부 구성 문제를 둘러싼 당내 갈등이 열흘가량 이어지다가 중진의원들의 중재로 일단락되면서, 이두아는 당대표 권한대행을 겸임하게 된 황우여 신임 원내대표 체제하에서 원내대변인이자 원내공보부대표로 임명되었다.[15] 어려운 시기 '집권 여당의 입'이 되어 언론 브리핑과 인터뷰, 공중파 방송과 라디오 프로그램 출연 등을 통해 당의 입장을 전하는 중책을 수행하게 된 것이다. 이후 이두아는 제18대 국회의 남은 임기 동안 여당 한나라당의 원내대책회의, 의원총회, 주요 당직자회의, 지도부 현장방문, 당정협의회, 여야 주요 인사 회동 등 하루도 빠짐없이 개최되는 당 안팎의 굵직한 행사와 원내 각 상임위원회의 운영상황에 대한 여당의 입장을 언론인들에게 전하는 직무를 수행하며 소용돌이 속 정국의 사건들을 몸소 체험하게 된다.

저축은행특위, 사개특위, 인사청문특위 등 단골 위원

이두아는 상임위원회 위원과 당 원내대변인으로서의 직무 외에도 수시로 구성되는 여러 특별위원회에 투입되기도 했다. 2011년 7월 당시 정국의 최대 현안이었던 저축은행 사태로 수많은 선의의 피해자들과 천문학적 규모의 경제적 손실이 발생하자 여야는 국정조사 특위 구성에 전격 합의했고, 이두아는 특위 위원으로 보임돼 활동을 시작했다. 이두아는 "금융위원회가 경영개선명령 1차 유예 기간이 종료된 시점에서 전일 저축은행에 영업정지 결정을 내렸다면 서민들의 예금 손실을 조금이라도 줄일 수 있었을 것"이라며 뚜렷한 법적 근거 없이 유예조치를 연장해 준 금융위의 조치를 지적했다. 또한 부산저축은행이 2007년 캄보디아에 설립한 캄코뱅크가 비자금 관리를 위해 자사의 등급이 상업은행에서 특수은행으로 전환되도록 유도한 정황과 캄코뱅크의 투자금이 국내로 역유입된 정황을 발견함으로써 언론의 주목을 이끌기도 했다.[16] 이두아는 방대한 자료 분석과 피해자 면담 등을 통해 부산저축은행 등의 자금을 추적하는 데 주력했고, 당국의 감독 부실을 지적하면서 적극적인 피해자 대책을 촉구하기도 했다.

등원 이후부터는 국회 사법제도개혁특별위원회 위원으로 오래 활동하면서 법조인으로서의 전문성을 발휘하기도 했다. 이두아는 성범죄, 횡령·배임죄 등에 있어 국민 법감정과 동떨어진 양형 기준의 적용을 날카롭게 지적하면서 국민의 눈높이에 맞는 합리적 양형기준 마련을 역설했다. 그는 2011년 4월 한 언론에 기고한 칼럼에서 "사법제도개혁 전반에 관한 하나의 개혁안을 만들기까지 너무 많은 이해관계자들이 격렬하게 대립하고 있다."며 "일단 국민 시각에서 전관예우의 금지나 양형의 공평한 적용과 관련한 개혁안을 분리해 먼저 법제화하는 것이 좋다."고 제언하기도 했다.[17]

아울러 이두아는 공직후보자들에 대한 국회 인사청문회의 단골 청문위원이었다. 후보자들의 도덕성과 직무수행능력 등을 입체적으로 검증하는 가운데, 야당 청문위원들의 과도한 정치적 공세가 발생할 시에는 후보자의 직무 관련 역량을 객관적으로 점검하는 데 질의의 초점을 맞췄다. 그는 2009년부터 총 10회의 인사청문회에 참여했다. 해당 공직후보자들은 민일영 대법관 후보자, 임태희 노동부 장관 후보자, 이인복 대법관 후보자, 김황식 국무총리 후보자, 박한철 헌법재판관 후보자, 이정미 헌법재판관 후보자, 한상대 검찰총장 후보자, 권재진 법무부 장관 후보자, 김용덕 대법관 후보자, 박보영 대법관 후보자 등이었다.

'도가니 사건'에 대한 국민적 공분을 국정감사에 반영하다.

이어 2011년 10월, 제18대 국회 마지막 국정감사가 실시되었다. 당시 대한민국 사회는 세칭 '도가니 사건'이 촉발한 국민적 공분으로 들끓었다. 장애학교 교직원들이 5년간 학생들을 상대로 저지른 파렴치한 성범죄의 실체적 진실이 수면 위로 드러났기 때문이었다. 해당 사건은 아동 성범죄 문제의 심각성을 국가적 의제로 부상시켰다. 민간 차원에서는 '아동 성범죄 공소시효 폐지 100만 명 서명운동' 등 시민들의 활동이 활발하게 전개되었고, 2008년 조두순 사건 피해 아동의 아버지도 공소시효 폐지를 위한 국민의 동참을 호소했다.

대법원을 대상으로 진행된 국회 법사위 국정감사에서 이두아는 "13세 미만 대상 성범죄 사건의 1심 판결은 올해 상반기 모두 217건으로 이 가운데 94건(43.3%)은 집행유예 판결을 받아 인신구속에 해당하는 자유형 판결 82건(37.8%)보다 많았다."며 "아동 성범죄의 처벌을 강화하자는 사회적 분위기에도 불구하고 법원의 솜방망이 처벌은 오히려 늘어난 것"이라고 강력히 질타했다. 또한 검찰청을 향해서는 "아동 성범죄 공소시효 폐지 서명운동이 전개 중인 가운데, 공소시효로 2명이 처벌을 못 받게 되었다."며 "'공소권 없음'이라고 말하는 것은 국민 법감정에 맞지 않는다."고 지적하기도 했다.

서울시장 보궐선거, 김정일 사망, 박근혜 등판 등 대형 사건을 전하는 대변인 이두아

2010년 6·2 지방선거에서 재선에 성공한 오세훈 서울시장은 이듬해인 2011년 1월 전례 없는 제안으로 승부수를 던지며 정치권에 큰 파장을 일으킨다. 야권의 이른바 '무상 포퓰리즘'을 비판하며 서울시의 무상급식 실시 여부를 주민투표로 정하자고 제안한 것이다. 찬반양론의 대립과 우여곡절을 거쳐 결국 서울시는 그해 8월 주민투표를 실시했다. 그러나 33.3%에 못 미치는 25.7%의 최종 투표율을 기록하면서 주민들의 의사를 확인하지 못한 채 투표는 무산되었고, 투표 무산 시 사퇴하겠다고 공언해온 오 시장은 결국 시장직에서 스스로 물러났다. 10·26 서울시장 보궐선거가 발생하게 된 것이다.

한나라당은 당내 격론과 진통 끝에 보궐선거를 한 달 앞둔 9월 26일 나경원 당시 최고위원을 서울시장 후보로 최종 확정했고, 당 원내대변인 이두아는 나경원 선거대책위원회의 대변인으로 투입되었다. 야권의 경우 안철수 서울대학교 융합과학기술대학원장, 한명숙 전 국무총리와 단일화에 합의한 시민운동가 출신 무당파(無黨派) 박원순 변호사가 민주당 소속 박영선 후보와 민주노동당 소속 최규엽 후보를 누르고 범야권 단일후보로 선출되었다. 이두아는 선대위 대변인으로서 나경원 후보에 대한 야권의 부당한 공세와 세간의 비방에 논평, 성명, 언론 기고로 맞서며 나 후보의 정책과 강점을 부각하는 데 주력했다.[18]

그러나 선거 결과, 서울시 25개 자치구 가운데 동남권 3개 구와 용산구를 제외한 나머지 21개 구에서 한나라당 나경원 후보를 앞선 박원순 후보가 서울시장에 당선되었다. 이듬해 국회의원 총선거와 대통령 선거를 앞둔 여당 한나라당에 불리한 영향을 우려할 수밖에 없는 상황이 조성된 것이다. 이에 더해 2008년 전당대회 당시 발생했던 당내 사건이 그즈음 다시 불거지면서 당이 처한 위기는 한층 더 심화하게 되었다.

선거 결과에 대한 책임을 지고 당 지도부 전원이 총사퇴하는 등 정치적 파장이 급속히 확산하는 와중에도, 이두아는 선대위 대변인이자 당 원내대변인으로서 당의 입장과 추이를 언론에 전하는 일을 계속 수행했다. 대외적으로는 12월 17일 북한의 최고 지도자인 김정일 국방위원장이 사망하면서 한반도에 고도의 긴장 국면이 조성됐다. 국회 정보위원회 위원직을 겸임하던 이두아는 "김정일 사망 사태에 대한 대처에 있어 국민이 안심할 수 있도록 정부와 긴밀한 협의체제를 구축해 만전의 노력을 다하겠다."고 당의 입장을 전했다.

이틀 뒤인 19일, 박근혜 전 한나라당 대표는 한나라당 비상대책위원회 위원장으로서 당 지도부에 복귀했다. 유력한 대선 주자 박근혜의 '조기 등판'이었다. 박 위원장은 비대위원장으로 선출된 후 첫 업무로 김정일 북한 국방위원장 사망과 관련한 비상대책회의를 주재했다. 회의 직후 원내대변인 이두아는 "김정일 북한 국방위원장 사망과 관련해 국가 안보와 관련한 중대사태에 대해서는 상정 가능한 시나리오를 가정해 0.1%의 허점도 없도록 정부에 촉구하기로 결정했다."고 전했다. 20대 청년 등 복수의 원내·외 인사들이 영입된 '박근혜 비대위'는 그렇게 이듬해 총선 준비를 포함한 주요 당무를 지휘하기 시작했다.

의정활동 마무리 후 정치평론가로서의 활동 전개

이두아는 2012년 4월 제19대 총선에 출마해 재선에 도전하고자 했다. 그러나 당 비상대책위원회가 비례대표 의원에게 대구·경북 지역 공천을 주지 않겠다는 방침을 천명함에 따라 공천을 신청하지 않는 방향으로 입장을 선회했다. 그는 총선을 두 달 앞둔 2월 기자회견을 열고 "대구·경북 지역에 대한 비대위의 결정을 당연히 수용해야 한다고 생각한다."며 "사랑하는 고향 대구의 지역발전을 위해 노력할 기회를 바라지만 당의 결정에 따르고 내가 필요한 자리가 있다면 그곳에서 노력할 것"이라고 밝혔다.[19]

얼마 뒤 박근혜 비대위는 한나라당에서 새누리당으로 당명 변경을 확정하게 된다. 새로운 간판을 내건 새누리당은 세간의 우려와 패배 예상을 뒤집고 과반인 152석을 확보하며 2012년 제19대 총선에서 승리했다. 아울러 박 위원장은 그 기세를 이어 그해 12월의 대선에서도 승리함으로써 대한민국 제18대 대통령이 됐다. 이두아는 그즈음부터 지상파와 종편 등 방송사 뉴스 프로그램에 출연하며 정치평론가로서의 활발한 활동을 전개하기 시작했다. 당원으로서의 직책 또한 유지하면서 전당대회 선거관리위원 등 당의 주요 행사에서 일정한 직책을 맡기도 했다.

21대 총선 도전 과정에서 절감한 당내 '유리천장'

2020년 제21대 총선에 출사표를 던진 이두아는 대구시 달서갑 선거구에 미래통합당 예비후보로 등록하면서 재선 국회의원이 되기 위한 여정에 뛰어들었다. 본선보다 경선이 어렵다는 곳에서 이두아는 당 공천관리위원회로부터 단수후보로 추천되는 등 유력한 상승세를 거머쥐며 기염을 토했다. 그러나 얼마 뒤 전혀 예상할 수 없었던 일이 발생했다. 총선을 한 달 앞둔 3월 14일 당 최고위원회가 해당 선거구에 대해 재의를 요구한 것이다. 당 공관위의 단수후보 추천 결정에 강력히 반발한 지역 일각의 요청이 작용한 결과였다. 이에 기존 결정은 뒤집혔고, 당내 후보들은 본선 진출을 위한 경선을 치르게 되었다.

당 공천관리위원회의 공식적 결정이 번복된 배경에는 여러 가지

복합적인 요인들이 있을 것이나, 여전히 당내 일각에 굳건히 자리한 편견과 해당 지역의 오랜 분위기가 이른바 '유리천장'의 효과를 냈을 것이라는 해석이 많았다. 그러나 당에 대한 섭섭한 감정을 느낄 새도 없이 이두아는 즉시 경선 준비에 착수해야 했다. 그렇게 후보 간 치열한 경쟁과 홍보전이 이어진 뒤 여론조사 방식으로 치러진 경선의 결과는 안타깝게도 이두아 예비후보의 탈락이었다. 예상대로 지지자들의 실망과 아쉬움은 매우 컸고 그 충격은 적지 않았다. 그럼에도 이두아는 결과를 담담하게 받아들이며 봉사자들을 위로했고, 상대 후보의 본선 승리를 기원하는 축하 메시지를 냈다.

경선 패배 후 이두아는 다음 기회를 기약하면서, 새로운 도전을 향해 나아가기로 했다고 말한다. 그해 6월 달서구에 개인 변호사 사무실을 개소하고 업무를 시작한 이두아는 꾸준히 지역민들과 긴밀히 소통하며 법조인으로서 지역사회 발전을 돕는 길을 모색해 오고 있다.

법조인·정치인·평론가 이두아의 도전, '꿈 넘어 꿈'은 계속 이어진다.

제20대 대통령 선거를 8개월 앞둔 2021년 7월 이두아는 대선 출마를 선언한 윤석열 전 검찰총장의 '국민 캠프'에 참여해 대변인으로서 활동을 시작하게 된다. 그는 윤석열 후보가 대통령으로 당선되기까지의 과정에서 선거대책위원회 산하 법률지원단 부단장으로도 기용되면서 법조인으로서의 전문성을 십분 발휘하기도 했다. 아울러 대형 사건들을 두루 목격하고 경험한 국회의원 출신답게 다수의 방송 프로그램에 출연하며 윤 후보의 입장을 노련하게 피력하는 등 낭중지추의 활약을 이어갔고 결국 역사적인 정권교체의 기쁨을 누리게 되었다.

여성들의 활발한 사회참여를 예견하셨던 아버지의 기대에 화답하듯이, 이두아는 법조인이자 북한인권운동가, 정치인이자 정치평론가로서 종횡무진 중단 없는 질주를 이어왔다. 이 순간에도 사회인 이두아의 행보는 여전히 진행 중이다. 춘궁기를 모르는 유복한 첫 세대이자, 대한민국 경제발전이 가져온 유무형의 혜택을 학창시절에 경험한 70년대생으로서 항상 '꿈 넘어 꿈'을 바라보는 진취적 태도는 지역사회와 대한민국 전체의 지속적 발전에 크게 공헌할 이두아의 향후 힘찬 도전을 예고하고 있다.

| 집필: 류현태 |

| 미주 |

1) <한경비즈니스>, 2011.5.12., "아! 나의 아버지 - '용기의 원천이 되어주신 그 이름'"
2) <연합뉴스>, 1993.10.12., "총무처 올해 사시(司試) 최종합격자 288명 발표"
3) <서울신문>, 2004.6.16., "미리 본 '증권집단소송'"
4) <동아일보>, 2005.4.26., "北인권, 침묵은 이제 안 통한다"
5) <월간조선>, 2005.6., "제61차 유엔인권위원회 참관기"
6) <데일리안>, 2005.8.10., "한국은 관음증을 조장하는 포주들의 나라"
7) <연합뉴스>, 2005.12.28., "개정사학법 헌법소원 제기"
8) <노컷뉴스>, 2007.11.9., "이두아 변호사 MB 인권특보 임명"
9) <데일리안>, 2008.12.25., "'한끗차' 낙선비례, 정치활동은 '금배지급'"
10) <여성뉴스>, 2009.4.3., "인터뷰 - 이두아 한나라당 비례대표 국회의원, '사회서 받은 혜택, 바른 정치로 보답하겠다'"
11) <노컷뉴스>, 2009.8.3., "與 '쇄신안 반영' 당헌당규 개정 착수"
12) <연합뉴스>, 2010.3.14., "지방선거 - ① 달아오르는 선거캠프, 서울(종합)"
13) <조선일보>, 2010.9.25., "여야 정치인 180명 '트위터 네트워크' 첫 분석 - '정진석·이두아·원희룡 與 트위터 新인맥의 核'"
14) <경향신문>, 2010.12.17., "한나라 의원들 '내 이름 쓴 대북전단지 살포'"
15) <헤럴드경제>, 2011.5.11., "한나라 원내수석부대표 이명규·원내대변인 이두아"
16) <중앙일보>, 2011.7.25., "사라진 부산저축 투자금…캄코 210억 한·미 계좌 유입"
17) <매일경제>, 2011.4.21., "사외칼럼 - 양형 공평한 적용 먼저 법제화해야 (이두아 의원)"
18) <주간조선>, 2011.10.5., "내가 본 나경원, '연수원 시절 후배들 고민상담사 갈등조정 잘하는 판사로도 명성'"
19) <뉴시스>, 2012.2.14., "이두아, '공천 신청하지 않겠다'…당에 거취 위임"

제18대 국회의원

이영애 李榮愛

8개월 의정활동에
30년 정당 경력을 녹여낸 여성 정치인

- 1951 충남 부여 출생
- 2003 성균관대 행정대학원 졸업(공공정책학)
- 2015 서울대학교 경영대학원 수료(최고 감사인과정)
- 1997 전국어린이집연합회 회장
- 2000 한국여성정치연맹 중앙상임위원
- 2000 한국유엔봉사단 부총재
- 2002 한중 문화체육교류위원회 부회장
- 2011 10월 4일~2012년 5월 29일 제18대 국회의원
- 2014 중소기업진흥공단 상임감사
- 2016 제7대 한국특허학회 회장
- 2022 한국농수산식품유통공사 상임감사

집에서 배운 리더십, 유치원을 설립하며 발휘하다

이영애는 위로 오빠 둘, 언니 둘이 있는 5남매 중 막내로 충남 부여에서 태어났다. 그 시절 지방에서는 보기 드문 양성평등과 리더십을 강조하는 가정에서 성장했다. 일본 유학파 출신으로 우리나라에 토목기술을 전파하며 건설업계에서 선구자적 역할을 한 사업가 아버지의 영향이 컸다.

"우리 집 가훈이 '돈은 써야 생긴다', '명예를 위해 싸워라', '생각과 동시에 움직여라'였다. 반에서 꼴찌를 하고 와도 혼나지 않지만 반장 선거에서 지고 오면 쫓겨나는 날이었다. 덕분에 5남매가 최소 한 번씩은 다 총학생회장을 해봤다. 나도 부여여중 총학생회장을 해봤으니. 강직한 성품으로 기억되는 아버지의 이런 방침은 사실 멀리 내다본 혜안이다. 회장이든 반장이든 학교에서 리더가 되려면 기본이 공부를 잘해야 하는 것 아닌가?"

오빠들은 모두 명문대에 진학했지만, 5·16군사정변의 후폭풍으로 사업이 망해 가세가 급격히 기울어진 탓에 큰언니는 명문 여대에 합격하고도 대학 진학을 포기해야 했다. 후에 명지대로부터 장학금을 받아 도미한 큰언니는 이민 1세대 간호사로 40여 년간 미국에서 왕성한 활동을 펼쳤고, 아시아계 첫 간호과장이 됐다. 이영애 역시 어려운 가정형편 때문에 아르바이트를 하며 주·야간 과정을 넘나들며 한양공대를 다녔다.(섬유공학) 그는 자랄 때 정치인의 길을 꿈꿔본 적이 없었다. 그런데 평생 정치인의 길을 걷게 된 데는 은연중 리더십과 양성평등을 강조한 가정교육이 밑바탕이 된 듯하다.

그의 첫 직장은 모교인 한양대 사무처였는데, 5년여를 근무하면서 대학원으로 발령받았을 때 남편을 만나게 됐다. 부유한 은행가 집안 출신으로 당시 대학원 수석졸업자였던 남편을 대학원장이 중매했고, 곧 결혼했다. 이십여 년 전 작고한 남편에 대해 그는 부침이 심했던 아내의 정치 여정에 "간섭은 일절 하지 않고 언제나 묵묵히 지켜보며 외조자 역할에 충실했다."고 회상한다.

이영애의 인생 터닝포인트는 결혼 후에 찾아왔다. 현대그룹에 스카우트된 남편을 따라 현대공장이 있는 울산으로 내려갔는데, 서울대 조선학과(현 조선해양공학과) 출신으로 선박연구소에서 일하던 오빠 역시 현대그룹에 스카우트 돼 울산 현대조선소에서 근무하고 있었다. 당시 다섯 살 딸과 네 살 아들을 키우던 그는 울산에 유치원이 거의 없다는 사실을 알고 놀랐다. 부모가 모두 공장에 다녀 제대로 된 돌봄을 받을 수 없는 아이들이 골목에 방치돼 있었다. 보다 못한 그는 '골목 유치원'을 시작했다. 집 근처 골목에서 자신의 아이들을 돌보면서 겸사겸사 다른 아이들과도 함께 놀아주었는데, 소문이 급속히 퍼져 일주일 만에 250여 명의 아이들이 그가 사는 골목에 밀려들었다. 혼자 힘으론 도저히 감당 못 할 지경에 이르자 그는 현대조선소 사장에게 유치원을 만들어달라는 편지를 쓰기 시작했다. 선박 수주와 제조에 한창 바빴던 사장은 유치원은 안중에도 없었다. 사장은 그와 함께 근무하던 남편을 불러내 "옷 벗고 나갈래? 마누라 단속 잘해!"라며 엄포를 놓았다. 그는 이에 굴하지 않고 현대그룹 차원에서 공장 인근에 지역 유치원을 세워달라는 호소 편지를 계속 썼다. 무려 9차례 편지를 쓴 끝에 전무와 면담할 수 있었고, 유치원 건립을 약속받았다. 이후 일은 일사천리로 진행됐다. 현대건설에서 한 달 만에 유치원 건물을 세웠고, 아이들의 책·걸상은 계열사인 리바트가구가 책임졌다.

이렇게 기적처럼 유치원을 세우고 난 후, 이영애는 아예 유치원을 세우고 운영하는 일에 발벗고 나서게 되었다. 울산에 머문 8년 동안 현대자동차 공장 앞에 세운 유치원을 비롯해 유치원 5개를 설립했다. 이 유치원들에서 교사 45명이 함께 일했고 원아 1,200여 명이 성장했다. 1987년 신민주공화당 창당작업에 합류하면서 정계에 본격 입문한 후에도 이영애는 어린이집과 유치원 사업을 병행하며 정치활동에 필요한 경제적 자립을 모색했다. 그는 서울로 상경한 것을 계기로 광명시에 유치원을 세웠고, 인근 인천시와 목동 등지에 학원 2개와 어린이집 5개를 운영했다. 저출산 위기로 어린이집과 유치원 사업이 내리막길을 걷기 전까지 23년간 이들 기관을 운영했으며, 1997년엔 전국어린이집연합회 회장으로 선출되기도 했다.

당시 가장 기억에 남는 일화는 유치원과 어린이집 병합을 위해 동분서주한 것이다. 유치원은 교육부, 어린이집은 복지부 소속이라 운영 효율성을 높이기 위해 유치원과 어린이집 통합추진위원회를 만들어 뛰었지만, 학제 일원화 문제와 소관 부처 간 이견으로 결국 무산됐다.

또 어린이집 수익금으로 연변 거주 조선족 심장병 어린이 환자들을 돕기 위해 도자기 전시회 등을 개최해 기금을 마련한 일도 가슴 뿌듯하게 기억하고 있다. 한국완구협회와 협력해 군부대 주둔 군인가족 자녀들에게 산타할아버지 이벤트로 장난감을 선사했다. 특별히 한립토이즈 소재규 회장의 지원으로 연변에 '완구 보내기 운동'도 전개했다. 한편으론 웅진, 예림당 등의 아동서적 전문 출판사와 손잡고 연변에 동화책을 보내주기도 했다.

신민주공화당 창당과 정계 입문

30대 초반, 이영애는 동향 여성들 중 자신을 보좌하면서 여성조직을 총괄할 인재를 찾던 김종필 전 의원(이하 JP)의 눈에 띄게 돼 함께 일하자는 제안을 받았다. 유치원 운영에 한창 역량을 발휘하며 재미를 붙였던 그로서는 다소 난감한 제안이었고, 더구나 남편의 직장이 있는 울산에서 서울로 집을 옮겨야 하는, 여러모로 결단이 필요한 제안이었다. 그러나 그를 포함해 형제들이 'JP의 장학금'으로 어려운 시기에 학업을 계속할 수 있었던 인연과 "은혜를 잊으면 안 된다."는 부모님의 강권에 못이겨 JP의 요청을 수락한다. JP와의 30여 년 동행의 시작이었다. 이는 그의 회상처럼 "JP 따라 (창당, 합당, 탈당 과정을 거쳐) 5번 보따리를 쌌다. 난 5번 시집갔다고 말하곤 한다."는 굴곡지고 험난한 정당인으로서의 삶이 시작된 것이다.

"내겐 어쩌면 잠재적으로 정치 욕심이 있었나 보다. 이게 JP와 일하면서 구체화됐다. 그리고 비전을 가지게 됐다."

이영애 의원은 자신을 전문화된 '정당 행정가'라고 소개한다. 그는

"영수증이 변변히 없어 돈이 공중에 떠돌아다니고 그래서 그걸 잡는 게 임자라는 식"으로 형편없이 정당이 운영되던 정치 격동기에, 당직자로서 현장에서 활동하면서 어떻게든 합리적으로 당이 돌아가도록 알뜰살뜰 살림살이를 챙겨왔다. 신민주공화당에서 시작해 민주자유당, 신한국당, 자유민주연합, 한나라당, 새누리당, 자유한국당, 미래통합당, 그리고 현 국민의힘에 이르기까지, 총 9개 정당을 자의 반 타의 반으로 거쳐 온 그의 당적 변천사는 군소정당의 파란만장한 애환을 대변하는 듯하다.

"정계 입문부터 워낙 군소정당에서 시작해 오히려 정치적으로 내공이 강해지지 않았나 싶다. 여러 정당을 거치며, 어려운 고비를 함께 넘다 보니 서로서로 동지애로 똘똘 뭉칠 수밖에 없어 네트워킹이 끈끈해지더라."

그는 전두환 군사독재가 끝나 민주화로 가는 과정에서 구 민주공화당 세력을 주축으로 1987년 10월 창당된 '신민주공화당'을 통해 정계 입문했다. 신민주공화당 창당은 군사정권에 의해 발이 묶여 있던 JP의 정계 복귀 신호탄이면서 충청권 보수정당의 시작을 알리는 '사건'이었다. 중앙당 여성부장으로서 JP 비서격으로 근거리에서 JP를 보좌했기에 당시 창당 과정에 밀접히 연결될 수밖에 없었다. 극도의 보안을 유지하며 창당 작업을 지휘하던 JP의 뜻에 따라 일본으로 비밀리에 건너가 창당 작업을 지원하기도 했다고 한다. 창당대회에서 당 총재이자 그해 열리는 제13대 대선후보로 지명된 JP는 대선에서 득표율 4위에 그친

| 국회 진출 후 김종필 총재와 대화하는 이영애 의원(2011년 10월)

다. 이후 1990년 신민주공화당은 민주정의당, 통일민주당과 함께 3당 합당으로 '민주자유당'이 됨으로써 자동 해체됐다.

민주자유당 시절 그는 최고위원 비서실 부장으로 근무하면서 잠깐 시의원 출마를 시도하기도 했으나 여의치 못했다. 이후 1995년 JP가 '자유민주연합'(자민련, 1995~2006)을 창당하자 이에 합류하고자 신한국당(구 민주자유당)을 탈당한다.

1992년 2월 정주영 현대그룹 초대회장은 '통일국민당'을 창당하고 제14대 대선 레이스에 뛰어들어 파란을 일으킨다. 당시 이영애는 남편과 오빠가 모두 '현대맨'이어서 정몽준 의원이 찾아와 "여성조직을 맡아달라."며 영입하려고 사력을 다했지만 끝내 이를 뿌리치고 JP 곁에 남았다.

자민련은 창당과 동시에 돌풍을 일으켰다. 1995년 6·27 지방선거에서 광역단체장 4명, 기초단체장 23명, 광역의원 86명을 당선시켰고, 이듬해 4·11 총선(제15대)에선 50석을 획득해 제2야당으로 국회 운영의 캐스팅보트를 쥐기도 했다. 그는 이 시절 JP와 강창희 사무총장이 직접 기획해 만들어 낸 '여성 사무부총장' 1호로 발탁됐다. 여성 사무부총장은 우리나라 정당사에 기록된 첫 시도였기에 획기적 아이디어로 주목받았다. 그는 첫 여성 사무부총장으로 당 살림살이를 이처럼 알뜰살뜰히 챙기며 특히 사무처가 실력파 공채 출신 인재들로 구성되도록 힘썼다. 당시 야당은 당직자들에게 월급을 못 주던 일이 다반사였는데, 자민련만은 한 번도 월급이 끊긴 적이 없었다는 사실에 지금도 그는 자부심을 느끼고 있다.

또한 특별히 여성조직 관리에 신경을 쏟았는데, 주로 전국적으로 다양한 조직을 관리하고 이를 통해 여성 득표 전략과 여성 인재 발굴에 초점을 맞추었다. 무엇보다 대선, 총선, 지방선거 등 선거 시즌마다 공표되는 여성정책의 경쟁력 강화에 집중했다.

"그때 여성 기업에 가산점을 주고, 여성 진급이 활발한 기업에 특혜를 주는 등 여성우대 정책을 공약에 적극 집어넣었다. 사실 각 당 여성정책은 대동소이하긴 했지만, 양성평등적 관점에서 자민련 여성정책이 우수하다는 평가도 많이 받았다. 그러나 보수 군소정당이라는 당의 한계 탓인지 좋은 여성정책들도 채택 안 되는 경우가 다반사였다."

자민련은 2004년 제17대 4·15 총선에서 지역구 4석, 비례대표 0석의 처참한 성적표를 받았다. 당시 총재였던 JP는 당의 급속한 세력 약화에 책임을 지고 정계 은퇴의 길을 택했다. 그는 해체 수순을 밟는 당의 운명 앞에서 자민련 사무총장을 역임한 강창희 전 의원을 따라 한나라당으로 당적을 옮기는 것을 고민했지만 끝끝내 당에 남았다. 자신마저 떠나면 사후 처리는 어찌할까 하는 염려가 컸다. 당시 당사는 경매에 넘어가기 직전이었고, 월급조차 받지 못한 직원들은 이미 다 떠난 후였다. 당 중진들도 빠져나간 텅 빈 당사에 홀로 남아 총재 사무실을 청소하고 여기저기 흩어져 있는 명함들을 낱낱이 챙겼다.

자민련과 한나라당의 합당, 그리고 비례대표 승계

"JP는 내 고향 부여가 신봉하는 정치 지도자다. 개인적으론 그의 장학금이 있었기에 우리 5남매가 학업을 이어갈 수 있었으니 은인이다. 30대부터 보좌하면서 곁에서 보니 적이 없더라. 누구든지 포용하는 반면 누구도 미워하고 그러지 않더라. 인간성이나 인간 됨됨이가 덕이 있다고 느꼈다. 김대중, 김영삼 대통령에게 배신당한 후에도 소주에 삼겹살과 설렁탕을 곁들여 말없이 술잔만 기울였지 누구를 욕하거나 원망하는 걸 못 봤다. 예전 악연으로 원수 같았던 이후락 전 중앙정보부장이 찾아왔는데, 부드러운 표정으로 안방에 들어가 함께 바둑을 두더라. 이런 JP도 이후락이 나가자마자 바둑판을 집어던지며 화를 삭이더라. 그

정도로 자제력이 강했다. 마음으로부터 존경하며, 그와 정치 인생을 함께할 수밖에 없었다.”

자민련은 2006년 한나라당과 합당한다. 이영애의 소속 역시 한나라당이 되었다. 이명박 정부에서 치른 2008년 4월 9일 제18대 총선에서 자민련 시절부터 그를 익히 잘 알았던 강창희 전 의원이 인재영입위원장으로 당 공천심사위원회에 들어가게 됐다. "30여 년간 국회가 바로 보이는 당사에 출근하면서 '언젠가 저 국회의사당에 들어갈 수 있겠지' 란 꿈을 안고 매진했던" 그는 당시 자민련의 몰락으로 상심이 깊어 고향에 내려가 있었다. 그런데 갑자기 강창희 전 의원으로부터 그를 비례대표 후보 상위권에 넣었다며 빨리 올라오라는 전화가 왔다. 그러나 엎치락뒤치락하는 공천 과정과 청와대의 의중이 작용해 순식간에 그의 순위는 27번까지 밀려나게 됐다. 그래도 30번까지는 당선 안정권이라 애써 생각하고 있었는데, 서청원 대표의 친박연대가 예상외 돌풍을 일으키면서 한나라당의 비례대표 당선은 22번에서 그치게 됐다. 그로서는 "피를 말리는" 안타까운 결과였다.

이후 2011년 김금래 의원이 여성가족부 장관에 임명되면서 공석이 된 비례대표 국회의원직을 승계, 드디어 10월 4일 꿈에 그리던 국회의원이 됐다. 30대에 정치 인생을 시작해 어느덧 딱 60세가 되어서였다.

이영애는 남에게 손 벌리지 않는 깨끗한 정치를 하기 위해 유치원과 학원을 운영하고 전자부품을 취급하는 중소기업을 경영하며 열심히 돈을 모았다. 비례대표 승계를 받았을 당시 ㈜코래곤 대표이사로 활동하고 있었고, 한나라당에선 중앙위 정보과학분과위원장, 17대 대선

| 이영애 국회의원 선서 (2011.10.)

캠프 정보과학대책위원장 등을 역임하고 국책자문위원으로 활동했다. 30여 년간 정당에 몸을 담고 있으면서 '단 하루라도 국회의원으로 일해 보고 싶다.'는 염원은 나날이 간절해졌다. 그래서 의원직을 승계받았을 때 그가 한 첫 다짐은 "남은 임기 8개월 안에 다른 의원들이 4년간 해놓은 것 못지않게 결실을 거두자"였다. 이듬해 4월 11일이 19대 총선이었으니 물리적인 시간이 절대적으로 부족했다. 다른 의원들처럼 세미나와 출판기념회를 열거나 해외 출장을 가는 건 생각할 수도 없었다. 다른 효율적인 방법이 필요했다. 그가 택한 방법은 철저히 민생 현장에 집중하는 한편 다른 의원들이 이미 진행하고 있는 일을 힘껏 도와 의미 있는 성과를 내는 것이었다.

준비된 현장 중심 질의와 대안, 첫 국정감사를 빛내다

그의 국회 첫 무대는 의원직 승계를 받은 바로 다음 날 직행한 농림수산식품위원회(농수산위) 국감장이었다. "떨리는 마음을 주체할 수 없어" 음료수 페트병에 약간의 진정제를 섞어 마셔가며 준비했다. 위원회 국감이 있는 10월 5~7일까지 세 차례 국감장을 지키면서 홍일점이지만 거침없이, 진지하게 여러 문제를 제기했다. 그의 질의와 대안 제시는 그가 얼마나 현장과 가까이 접하며 농어민들의 생생한 목소리를 듣고자 노력했는지를 단적으로 보여 주었다. 그 자신도 "짧은 기간이었지만 국감을 치르며 앞으로 의정활동을 잘할 수 있을 것이라 자신했다. 오랜 정당 생활 덕분에 당당하고 떳떳하게 그러나 노련하게 임할 수 있었다."고 회상한다.

　　10월 5일 수산업협동조합중앙회를 대상으로 한 감사에서 그는 박규석 수산업협동조합중앙회 지도경제사업 대표이사를 대상으로 나날이 늘어나고 있는 영세 양어장의 폐업율에 대한 해결책을 질의한 후 현실적인 대안 제시까지 했다. 경제적이고 환경친화적인 소수력발전을 제안하면서 2009년 제주도가 전남 공업기술연구소에 의뢰한 연구보고서를 인용하고, 일일이 전화해 알아본 양식 어민들의 폐업 이유를 설명했다. 소수력발전은 발전단위가 1만 5천kW 미만인 수력발전으로, 개천 냇가 강 등 아주 작은 공간에서도 고효율 발전이 가능하기 때문이다.

　　불가사리 퇴치사업의 위해성도 지적했다. 불가사리는 수거 비용이 1kg에 1천 원 정도 하는데, 해녀나 잠수부가 수거해 적절한 매립지에 매몰하지 않고 편의대로 바다에 다시 던져버린다는 충격적인 사실도 밝혀냈다. 그는 불가사리를 채취할 수 있는 특수어선을 지원해 불가사리를 효과적으로 채취하고 이를 통해 해외에서처럼 비료 건강기능식품 화장품 등 부가가치를 높일 수 있는 방안을 마련하라고 제안했다. 박 대표이사는 "그 부분은 미처 생각을 안 해 봤는데 한 번 검토를 해 보도록 하겠다."고 긍정적으로 답했다.[1]

　　농림수산식품부 등 13개 기관을 대상으로 한 10월 7일 농수산위 국감은 9월 19일부터 3주간 진행된 국감을 마무리하는 종합감사의 성격이 짙었다. 이날 국감에서 그는 특히 권찬호 농림수산식품부 축산정책관을 상대로 가축분뇨 에너지화 사업을 3년 동안 1건도 시행하지 못한 점에 대해 집중 추궁했다. 이와 함께 당시 서규용 농림수산식품부 장관에게 관련 예산 지원을 강력히 요구해 긍정적인 답변을 받아냈다.[2]

가축분뇨 에너지화 사업에 그가 집중한 것은 고향인 부여 백마강에 돼지 오물이 아무 제재 장치 없이 마구 흘러들어와 수질이 엉망이 된 것을 직접 목도했기 때문이다. 그는 4대강 사정도 백마강과 별반 다르지 않을 것이라 추측하면서 가축분뇨 에너지화 사업을 이에 대한 효과적인 해결책으로 생각했다. 이는 독일에서 사용하는 방법으로, 땅에 음식물쓰레기와 가축분뇨를 섞어 부으면 이것이 발효돼 메탄가스가 나오고 이를 전기에너지화해서 비닐하우스 등 농사에 필요한 에너지원으로 사용할 수 있다는 논리다. 뿐만 아니라 액체비료까지 나와 일석이조(一石二鳥)다. 그는 지금까지도 그때 강력히 문제제기를 했던 가축분뇨 에너지화 사업이 그다지 활성화되지 못한 것을 안타깝게 생각한다.

"농림부에서 당시 100개 소에 이 사업을 시행하기로 결정했는데, 아직까지 10개 소도 설치 못 한 것으로 알고 있다. 지금도 종종 담당 부서 과장에게 재촉 전화를 걸곤 한다, 가축분뇨 에너지화 사업장을 하루빨리 100개 완성시켜라, 그래야 4대강 오염과 지역에너지 문제를 함께 해결할 수 있다고."

꼭 필요한 곳에 적정한 예산을 배정하는 '실리 정치'

천리포수목원이 원장 공석 상태에서 1년여를 이사들 중심으로 운영하는 등의 경영 부실에 대해서도 지적했다. 천리포수목원은 미국에서 태어나 한국으로 귀화한 민병갈(Carl Ferris Miller) 박사가 1962년부터 구입한 16만8천 평의 땅에 힘써 조성한 우리나라 최초의 민간 수목원이다. 민병갈 박사는 수목원을 우리나라에 기증했는데, 그 고귀한 뜻이 무색하게 그의 사후 경영이 원활하지 못했다. 이돈구 산림청장은 그 주된 이유가 "이사장이 원장을 겸하도록 돼 있는 정관" 때문이라며 정관을 조속히 개정하도록 압력을 넣겠다고 답했다. 실제로 이 국감 직후 원장이 부임, 수목원 경영이 안정됐다.[3)]

이영애는 국감 중 농수산위 이슈와 무관한 '돌발' 이슈로도 관심을 모았다. 질의를 하던 중 그는 "여자 목소리가 나오면 반갑지요?"라며 "장관님, 지금 농림수산식품위원회에는 왜 여성이 하나도 없습니까? 한번 묻고 싶어요. 어제도 4개 기관이 다 오셨는데 전혀 여성이 없어요."라고 문제를 제기했다. 그의 설명인즉, 농림수산식품부에서 9급을 뽑을 때는 60% 육박하게 여성이 들어오는데 진급을 하고 올라올수록 여성이 보이지 않는다는 것이다. 그는 서규용 농림수산식품부 장관에게 여성 직원의 공정한 진급을 당부하면서, "기관장 같은 고위직에도 여성이 30% 정도 비중이 되도록 부탁을 드리겠다."고 강력히 요청했다.[4)] '여성' 의원이기에 남성들로 가득 찬 국감장에서도 양성평등 관점에서 세심히 문제를 제기할 수 있었다.

국감장 밖에서도 그는 열정적으로 현장 이슈에 매달려 결실을 맺었다. 대표적 예가 제주 한림수협에 '수산물 산지 거점 유통센터(Fishers Products Processing & Marketing Center, FPC)'로 거듭날 수 있는 예산을 확보, 한림항을 전국 3대 항으로 우뚝 서게 한 것이다. 제주도는 그와 아무런 연고가 없는 지역이지만, 2011년 언니네 부부가 미국에서 잠시 귀국하자 함께 제주도 여행을 간 것이 계기가 됐다. 숙소 근처를 산책하다가 주변

한림수협 FPC 준공식.
왼쪽에서 세 번째가
이영애 의원. (2015.04.14.)'

에 농수산위 소관 기관이 있다면 한번 현장을 살펴봐야겠다는 생각이 들었다. 그래서 한림항과 한림수협을 둘러보게 됐고, 현장 관계자로부터 냉장·냉동 저장고 등 관련 시설이 시원치 않아 애써 잡은 생선이 부패하여 버려진다는 안타까운 사정을 듣게 됐다. 이후 국회로 돌아와 한림수협을 FPC로 만들기 위한 예산 확보를 위해 백방으로 노력하게 된다. 그는 당시 서규용 농림수산식품부 장관에게 FPC 필요성을 역설하며 예산 지원을 강력히 요청하고 수협중앙회 이종구 회장과 면담하는 등 관계자 설득 작업에 적극적으로 나섰다.

2012년 9월부터 정부 예산이 투입되기 시작해 2015년 총사업비 140억 원(국비 56억 원, 지방비 42억 원, 자부담 42억 원), 부지면적 1만㎡, 건축면적 6245㎡에 1동 2층 규모로 FPC가 건립됐다. 국내 1호 FPC였다. 한림수협이 운영하는 FPC에는 수산분야 전국 최초로 저온처리시스템을 갖춘 위생작업장을 비롯해 수산물 냉동·냉장시설, 24시간 제빙·저빙시설, HACCP(위해요소중점관리기준) 산지가공시설 등이 갖춰졌다.[5] 2015년 4월 14일 수산 관련 기관과 단체, 어업인 등 2,000여 명이 참석한 가운데 한림수협 FPC 준공식이 성대히 거행됐는데, 이 결실을 맺게 한 주역인 그도 참석해 벅찬 감격을 나누었다.

한림수협 FPC 건립을 위해 그와 함께 작업했던 당시 한림수협 김시준 조합장은 기여도를 인정받아 이후 2023년까지 12년간 조합장을 연임했다. "생선이 바다에서 오면 공장으로 자동으로 뿌려져서 세척, 선별 과정을 거쳐 배를 가르고 5년 된 소금을 뿌려 건조시킨 후 포장한다. 이처럼 생산부터 유통 판매까지 원스톱으로 진행하는 이런 시스템은 대한민국에서 우리 수협이 최초"라며 자부심을 드러내는 김 전 조합장은 "이영애 의원의 그때 그 결단 덕분에 우리 수협이 최고의 수협이 됐다. 자신의 고향 일도 아닌데 사심 없이 이렇게 애써줬다는 것이 더 놀라웠다. 이 의원은 우리에게 대단한 자원"이라고 말한다. FPC 시스템을 갖추기 전엔 노후 시설과 형편없는 실적 탓에 그만 없애버리자는 주장에도 시달렸던 한림수협은 2023년 3월 그가 조합장을 퇴임할 당시 천억 원도 안 되던 자산이 3천억 원을 훌쩍 넘는 규모로까지 성장했다고 한다. 최근에 170억 원을 들여 사우나 어린이놀이방 등을 갖춘 복지관 성격의 '다목적 어업인 종합지원센터'를 완공했다. 그는 "생산 가공 유통 판매에 복지까지 다 되는 수협은 전국에서 우리 한림수협뿐"이라며 FPC 도입이 이런 발전의 씨앗이 됐다고 거듭 강조했다.

농수산위에서 같이 활동했던 고 정해걸 의원(18대, 새누리당)을 힘껏 지원해 열매를 맺은 것도 잊지 못할 기억이다. 농촌 현장에서 한 할머니가 노인정에서 쌀 한 되를 훔쳐 밥을 지어 먹다가 며느리에게 들켜 집안 망신이라며 큰 싸움이 났다는 얘기를 우연히 들은 것이 시작이었다. 마침 정해걸 의원이 경로당에 정부 관리 양곡을 할인 판매하도록 하는

[노인복지법 일부개정 법률안]을 대표 발의(2010.8.9., 대안반영 폐기)한 후 농촌 어르신 복지를 위해 뛰고 있었다. 그는 정 의원을 도와 박재완 당시 기획재정부 장관의 자택까지 찾아가 새벽 2시까지 대기하며 관련 예산의 필요성을 호소했다. 이후 2012년 2월 10일 정해걸 의원은 주요 당직자 회의를 통해 "경로당 쌀 지원, 면세유, 농사용 전기 공급 등에 대한 정부의 약속을 받아냈다."고 발표했다. 이에 따라 농어촌 읍·면 소재 경로당 4만127곳에 20㎏ 7포대가, 도시 소재 경로당 2만1,646곳에는 20㎏ 6포대가 각각 지원됐다. 전체 예산 소요액은 총 180억 원(국비 90억 원·지방비 90억 원)에 달했다.[6]

어떤 면에선 공식적인 업적으로 기록되기 힘든 이런 일에 그가 열정을 다해 매달렸던 이유는 무엇일까. 그가 2011년 말 펴낸 의정 에세이 『마음으로 읽은 세상 가슴으로 새긴 사회』의 한 구절에서 이를 짐작할 수 있다. 그는 '정치란 무엇인가?' 라고 자문한 후 답한다.

> "정치란 민초의 맺힌 부분을 풀어주고 다독이고 힘을 불어넣어 주는 역할이다."[7]

경력과 경험을 기반으로
공공기관에서 여성리더십을 발휘하다

그는 10월 국감이 끝나자마자 곧바로 이듬해 4월 11일 개최될 19대 총선 준비에 돌입했다. 부랴부랴 마련한 대표발의 법안은 2011년 12월에 발의한 '지역보건법 개정안', '의료기기법 개정안', '입양촉진 및 절차에 관한 특례법 개정안' 등 3건이다. 아쉽게도 모두 임기만료로 폐기됐다.[8] 공동발의한 법안은 32건이다.[9]

"그때는 내 이름으로 법안을 만드는 것보다 일이 되게 하는 게 훨씬 중요하다고 생각했다. 다른 의원들이 하는 일에 적극적으로 힘을 합해주니 분위기도 좋았다. 무엇보다 현장 방문에 큰 의미를 두었다. 문제를 파악해 시정 조치가 들어가고 그래서 결국 올바른 방향으로 수정되는 것을 지켜보는 것이 큰 보람이었다. 10월 국감은 끝났지만 늘 '현장 국감'을 하는 기분이었다."

그의 국회에서의 8개월은 그야말로 분투의 연속이었다. 국감이 끝나자마자 선거 사무실과 인력을 구하는 등 예비후보로 19대 총선 준비에 돌입하는 한편 의정활동에도 최선을 다하려니 몸이 견뎌내지 못했다. 아침에 국회에 출근하면 우선 침방부터 찾아가 침을 맞고, 그래도 컨디션이 난조면 시간을 쪼개 사우나를 하면서 버텼다. 어느 때는 '내가 있어야 국회도 있지….'라는 자조적인 생각도 들었다.

그러나 19대 총선 공천이 좌절되면서 그의 의정활동은 18대에서 멈춰야 했다. 부여·청양에서 19대 총선을 준비했지만 야전 사령관 출신의 김근태 후보에게 공천권이 배정되었고, 이후 당선된 김근태 의원이 선거법 위반으로 의원직을 잃은 후 치러진 재보궐 선거에서도 이완구 전 충남도지사에게 공천을 내주어야 했다. "언제나 '난 부여 여자'라는 자부심으로 살았고 그 누구보다 고향 부여를 잘 알고 사랑한다고 생각했는데…분명 총선을 준비할 때는 늘 공천 영순위로 출발한 것 같았는데 변수가 너무 많았다."는 회상에는 진한 아쉬움이 배어 있다.

한편으론 그처럼 평생을 정당 생활하면서 정치 현장 생리에 익숙한 여성에게도 지역구 도전은 극복하기 힘든 장벽임을 실감하게 된다.

18대 국회 임기를 마치고 그는 다양한 분야에서 여전히 '현역'으로 열정적으로 활동 중이다. 18대 국회 말, 국정감사장에서 이영애 의원의 활동을 눈여겨본 서규용 농림수산식품부 장관은 퇴임 후 그에게 (사)로컬푸드운동본부에서 함께 일하자고 제안했다. 이 운동은 생산 장소와 가까운 곳에서 농산물을 소비하자는 의미로 기획됐다. 농산물의 운송거리를 줄임으로써 수송에 따른 탄소배출량을 감소시키고 동시에 안전한 먹거리를 확보하는 것을 목표로 한다. 그는 서 전 장관과 함께 공동대표로 본부를 맡아 10여 년간 뛰면서 농협을 중심으로 로컬푸드운동을 전국 단위로 확대하는 데 주력했다. 2014년 6월엔 중소기업진흥공단 상임감사로 임명됐고, 2016년 4월 한국특허학회 회장에 취임했다. 2016년 11월 한국마사회 말산업발전위원회 위원장, 2019년 4월 대한민국헌정회 이사로도 활동했다. 2022년 9월 한국농수산식품유통공사(aT, Korea Agro-Fisheries and Food Trade Corporation) 상임감사에 임명됐다.

박근혜 대통령의 대선캠프에서 여성선거대책부본부장으로 일한 인연으로 맡게 된 중소기업진흥공단 상임감사 시절엔 청와대에 직간접적으로 어필하며 공공기관에 여성을 감사로 보내고자 노력했다. 특히 국립병원, 보훈병원, 건강보험심사평가원 등 350여 개 공공기관의 감사들이 연대하는 사단법인으로 '한국공공기관감사협회' 발족 작업을 주도해 감사의 질을 높이고 활발히 교류할 수 있는 창구를 만들었다. 그

청렴시민감사관 위촉 후 기념사진

는 지금도 협회 상임고문으로 활동 중이다.

특이하게도 그는 특허청 산하 사단법인인 한국특허학회 제7대 회장으로도 활동했다. 정치인으로선 유일무이한 케이스인데, 그가 그동안 전개해온 사업 아이템의 기술력을 인정받았기 때문이다. 기업 운영 경험을 살려 "우리 회사는 특허학회로부터 인정받는 기업"이라는 자긍심을 주고자 특허청장 상과 공로패를 적극 수여했다.

aT 상임감사 시절엔 특히 예산 절약에 힘썼다. 정부 상임감사 평가에서 윤리성, 도덕성, 청렴성 분야 우수상도 수상했다. 이 기세를 몰아 기존 중국 식재료 위주로 공급되던 군인 급식, 도로공사 휴게소 식당, 어린이집과 학교, 요양원 급식을 aT 납품처로 가져오는 데 기여했다. 그는 aT 퇴임을 두 달 남겨둔 2024년 7월 사직했다. "임기는 이미 정해진 것이니 aT의 원활한 경영을 위해 후임이 빨리 정착할 수 있도록 미리 자리를 비워주기" 위해서다. 또한 명절 연휴가 겹쳐 퇴임식을 하는 게 민폐라고 생각하여 내린 결정이다. 나아가 후임자 검증만 해도

2~3개월 걸린다는 것을 고려해서다. 보기 드문 퇴임 이유다.

정당 훈련 통해 여성 비례대표를 배출해야 한다

이영애는 자신의 경험을 기반으로 "정계의 여성 충원은 여성 정당인을 중심으로 이루어져야 한다."고 역설한다.

"적어도 비례대표는 정당인이어야 한다. 당에 대한 충성심은 차치하고라도 현장 경쟁력이 있다. 정당 경험이 별로 없는 초선 의원들의 경우, 헤매다 4년을 흘려보내는 경우가 많다. 자기 분야는 전문가일지 몰라도 당과 화합할 줄 알아야 '정치'가 가능한 것이다. 유대와 협력은 물론 애당심이 있어야 한다. 그래야 일을 제대로 한다. 정당에서는 순서대로 차근차근 훈련을 받아야 한다. 분과가 다양하게 여러 개 있으니 중앙위에선 각 분과별로 인력 배치를 잘해서 정책 능력을 기를 수 있도록 교육해야 한다."

국회 임기를 마무리한 지금도 그는 늘 유능한 여성 후배를 찾고 있다. 비례대표 감이란 느낌이 오면 음으로 양으로 지원하면서 스스로 정치 의지를 가질 수 있도록 독려하는 것이 그의 방식이다.

"내가 후배들을 키우는 방식은 직능별로 당으로 끌어들이는 것이다. 선거가 있기 2~3년 전부터 미리 여성단체장이나 중소기업인, 예능계 인사들을 접촉해 입당시키려고 노력한다. 막상 선거철 때는 후보들이 밀려들어 당이 포화상태인지라 그 여성에게 합당한 직책을 주기 어렵기 때문이다. 이렇게 입당시키는 것이 성공하면 '나도 30년 만에 국회의원이 됐다, 의지가 있으면 한 우물만 파면 언젠가 기회가 온다'면서 기대와 희망을 심어준다. 이는 삶의 체험을 통한 내 신조이기도 하다. 여성들의 경우 공들여서 정성을 기울이지 않으면 여간해서는 당에 들어오려 하지 않는다. 그러나 한 가지 문제는 여전히 남아있다. 어찌어찌해서 비례대표가 되는 것은 성공했지만 지역구로 다시 도전하는 것은 성공확률이 낮다는 것이다. 이 딜레마를 어떻게 해결해야 할지…"

그는 자민련 충북도 여성위원장을 역임한 정윤숙 충북도의원을 19대 국회 비례대표로, 한국여성경제인협회 회장 출신으로 중소기업진흥공단 비상임 이사를 지낸 한무경 씨를 21대 국회 비례대표로, 한국여약사회 회장 출신의 서정숙 서울시의원을 역시 21대 국회 비례대표로 적극 추천했고, 이들 모두 국회 입성에 성공했다.

그는 멘토로 존경하는 김을동 전 의원으로부터 "이영애는 땅을 파서 씨앗을 뿌려 열매를 열게 해 따먹는 여자"라는 평가를 들었다. 늘 자부심으로 기억하는 말이다. 김 전 의원이 30여 년을 정당의 크고 작은 부침과 함께 하며 정치 격동기를 헤쳐 온 그의 내공과 저력을 익히 알고 인정해줬다고 생각하기 때문이다.

이영애 제18대 의원은 정당 생활로 정치를 시작하면서 국회 진출이라는 분명한 목표를 가지게 됐고, 이 목표를 향해 30여 년을 일관되게 달려왔다. 그의 정치 여정은 정당에 여성인력이 진입해 훈련받기 시작한 정치적 흐름과 밀접히 닿아 있다. 한편으론 정치적 멘토를 만나 관계를 맺어가는 과정에서 얼마나 많은 헌신이 요구되는 지를 보여준다. 희망과 실망이 엇갈리는 경험을 허다하게 하면서 얼마나 굳은 의지로 이를 견뎌내야 하는지도 보여준다. 이러한 지난한 정치 경험이 개인의 경험을 넘어 여성 정치인 간의 연대나 후배 여성 정치인 키우기에 응축돼 투영되기를 기대해본다.

| 집필: 이은경 |

| 미주 |

1) <제18대 국회 국정감사 회의록>, 2011.10.5., "수산업협동조합중앙회 국감"
2) <제18대 국회 국정감사 회의록>, 2011.10.7., "농림수산식품부 등 13개 기관 국감"
3) <제18대 국회 국정감사 회의록>, 2011.10.7., "농림수산식품부 등 13개 기관 국감"
4) <제18대 국회 국정감사 회의록>, 2011.10.7., "농림수산식품부 등 13개 기관 국감"
5) <수산인신문>, 2015.4.17. "한림수협, 14일 국내 첫 FPC 준공식 개최"
6) <매일경제>, 2012.2.10., "경로당에 정부 쌀 공급"
7) 이영애, 『마음으로 읽은 세상 가슴으로 새긴 사회』 2011.12, 삼보인쇄공사, "자질론" p.55,
8) 여성의정, 『여성국회의원 70년, 한국의 여성정치를 보다, 1948-2017』 제4편 자료 편, 2018, "제18대 국회 (2008.5.30.~2012.5.29.)", p.451

제18대 국회의원
이정선 李貞善

장애인 인권 증진에 앞장서 온 정치인

1962	경기도 파주 출생
	상명대학교 대학원 동양화 석사
	서울시립대학교 대학원 사회복지학 석사
2003	사랑의 소리 방송 제작본부 차장
2003	조은방송(케이블) 본부장
2008	한국장애인정치포럼 이사장
2002	서울시의원
2008	18대 국회의원
2008	한나라당 인권위원회 위원
2008	한나라당 공천제도개혁강화 특별위원회 위원
2010	한나라당 중앙장애인위원회 위원장
2010	국회 여성가족위원회 한나라당 간사

'장애'를 디딤돌로 만든 부모님

이정선은 2남 1녀의 형제자매가 있으며, 비교적 유복한 환경에서 성장하였다. 이정선은 태어난 후 돌을 한 달 앞두고 감기처럼 바이러스가 몸에 들어와 신경을 마비시켜서 그만 중증 소아마비에 걸렸다.

어머니는 겨우 한 돌 지난 이정선과 기저귀 가방을 끌어안고 경기도 파주에서 서울의 세브란스 병원까지 재활치료를 받으러 다니셨다. 단 하루도 거르지 않고, 이정선이 11살이 될 때까지, 비가 오나 눈이 오나 파주에서 신촌 세브란스 병원까지의 왕복은 계속되었다. 이정선의 상태는 하루라도 재활 치료를 받지 않으면 다리가 굳어져 다리 근육이 말려 올라가 그대로 평생을 휠체어에 의존해야 하는 아주 심각한 상태였다. 그런데 이렇게 심각한 상태의 딸을 데리고 병원을 오가면서도, 어머니는 어쩌다가 이정선이 넘어지면 절대 먼저 일으켜 세우지 않고, 혼자서 일어나게끔 시간이 얼마나 걸리더라도 전혀 거들지 않으셨다. 아픔과 서러움에 징징 울어대는 이정선을 그대로 두고 어머니는 일어나라는 손짓만 할 뿐이었다. 이정선은 한참 나이 들어 생각하니, 그때 엄마의 행동의 어떤 의미인지 깨닫게 되었다고 한다.

"엄마 없이도 혼자 세상과 맞서야 할 사람은 '이정선, 바로 너'라는 것을 나에게 알려주고자 했던 것 같다."[1]

어머니는 이정선을 업고 초등학교 5학년이 다 되도록 학교에 등·하교시키곤 했다. 그리고 이정선이 초등학교 6학년이 되자 홀로 등·하교를 할 수 있도록 허락하셨다. 이정선은 초등학교와 중·고등학교 모두 일반학교에 다녔다. 그것은 어머니의 생각이었다. 일반학교를 다니면서 종종 친구들이나 선생님들의 따가운 시선을 받을 때도 있었지만, 워낙 집에서 받는 격려가 대단해서 따가운 시선은 금방 잊어버렸다. 이정선이 휠체어에 의존하지 않고 목발을 짚고서 일어설 수 있었던 것은 어머니께서 12년 동안 한결같은 뒷바라지를 해 주신 덕분이었다고 힘주어 말한다.

"어머니는 나의 영웅이다."[2]

목발을 짚고 일어서는 것은 휠체어에 의존하는 것에 비해 행동반경이 굉장히 넓어진다. 즉, 생활하는 데 있어서 많은 가능성이 생긴다는 의미다. 그런 점에서 자신의 세계를 넓혀주기 위해 애써주신 어머니께 항상 고마움을 가진다고 고백한다.

헌신적이면서도 엄격했던 어머니와 다르게, 아버지 역시 어린 이정선에게 큰 영향을 끼쳤다. 당시만 해도 집안에 장애인이 있으면 무슨 큰 죄라도 지은 듯 방안으로 숨기는 것이 일반적이었다. 그런데 이정선의 집은, 이정선의 아버지는 결코 그렇게 하지 않았다. 아버지는 집에 손님이 오면 언제나 이정선을 가장 먼저 불러 인사시키고, "장애로 몸이 불편한 아이이니, 혹시 밖에서 내 딸이 차를 못 타거나 어려운 상황에 처한 것을 본다면 어떤 식으로든 도와달라."[3]면서 간곡히 부탁하곤 했다. 딸의 장애를 부끄러워하며 숨기지 않고, 오히려 당당하게 밝히며 후원자를 만드는 아버지의 모습은 어린 이정선에게 타인에 대한 믿음과 신뢰를 배우는 계기가 되었다.

부모님은 자녀교육에 있어서도, 이정선이 장애를 가졌다는 이유로 특별대우하지 않았다. 잘못하면 다른 형제들과 마찬가지로 엄하게 꾸중하셨다. 매사 자신의 일을 스스로 하도록 가르치셨다. 즉, 부모님은 이정선이 '장애'로 겪는 어려움에 대해 기다려 주고 응원해 줄지언정 다른 자녀들이 부러워할 특별대우는 결코 하지 않으셨다. 그렇지만 부모님은 엄격한 훈육 후에 이정선을 향한 격려도 잊지 않으셨다.

"너는 특히 뭐든지 할 수 있단다. 누구의 눈치를 볼 필요도 없고, 도전하고 싶은 것이 있다면 마음껏 도전하려무나"[4]

현명하고 당당한 부모님의 사려 깊은 말씀과 훈육 덕분에, 이정선은 누구보다 강한 자존심과 독립심을 가지고 성장했다.

대학입시! 장애인에 대한 편견과 차별을 경험하다.

특별대우 없이, 그렇지만 한결같은 지지와 사랑을 받으며 자란 덕분에 이정선은 매우 밝고 무엇이든지 도전하는 적극적인 성격을 갖게 되었다. 그래서 자신이 장애인이라는 생각조차 하지 않았다. 적어도 대학교 면접을 앞둘 때까지는 그랬다.

당시에는 〈졸업정원제〉가 실시되었다. 즉, 학생들은 예비고사를 치르고 대학에 지원했고, 각 대학은 가능한 최대로 학생들을 선발하되 졸업 시에는 시험에 통과한 학생들로 정원을 맞추는 제도였다. 즉, 대학의 신입생 선발 권한이 최대한 부여된 탓에 '면접'이 매우 중요한 요소였다.

이정선의 예비고사 성적은 희망하는 대학에 들어가고도 남을 정도였다. 하지만, 결과는 불합격이었다. 이유인즉, 면접을 보는 대학마다 장애인을 가르칠 준비가 부족하다는 것이다. 그제서야 이정선은 자신이 장애인이라는 현실을 알게 되었다.[5] 가족들은 물론 스스로 장애인이라는 생각을 단 한 번도 해본 적이 없었기 때문에 이정선의 당혹감과 실패감은 크기만 했다. 하지만 이정선은 좌절하거나 포기하지 않았다. 자신의 장애를 다르게 인식하는 사람들을 만났을 뿐, 변한 것은 없었다.

몇 번의 도전과 실패 끝에 한성대학교에 입학하게 되었다. 이정선은 그곳에서 평생의 은사를 만났다. 한성대학교 면접 시 면접관이 질문했다.

"미술수업을 8층 강당에서 하고, 아시다시피 이 건물은 엘리베이터가 없습니다. 그래도 다니겠습니까?"[6]

이정선은 이제는 이판사판이라는 심정으로 당돌하게 대답하였다.

"네. 그럼요. 굴러서 가든 기어서 가든, 그 일은 제 몫입니다. 붙게 해 주시려면 그렇게 해 주시고, 떨어뜨리시려면 그렇게 하십시오."[7]

그 자리에 또 다른 면접위원이 있었다. 서양학과 교수였다. 아마도 이정선의 그림을 본 모양이다. 그 면접위원은 "이정선의 그림에는 다른 사람과 다른 고집이 있다."[8] "잘 다듬기만 하면 아주 멋진 화가가 될 수 있겠다. 자신에 대한 어떤 소신과 어떤 정신…그런 게 있네."[9]라며 호평을 해 주었다. 그 면접위원이 바로 이정선의 평생 은사이자 당시 학과장이며 화가였던 하인두 교수다.

이정선은 한성대학교 4년 내내 8층까지 온갖 미술도구를 다 챙겨서 무릎으로 기어서 다녔다. 마치 처음부터 악바리로 태어난 것처럼, 온 힘을 다해서 이정선은 학사과정을 마쳤다. 그리고 상명대학교 대학원에서 동양화 석사과정(2년)도 마쳤다.

두 번째 편견, '장애인은 아나운서가 될 수 없다?'

석사과정을 마친 이정선은 중국 유학을 준비하다가 끝내 포기했다. 저간의 깊은 사정은 알 수 없지만, 학부 4년과 석사 2년 과정을 '악바리'처럼 마친 이정선이 그토록 갈망하던 유학을 포기하는 데는 상당한 어려움이 있었을 것이다. 그리고 그런 어려움을 겪었다면 누구라도 크게 실망하여 좌절하기 쉬운데, 이정선은 전혀 다른 새로운 분야에 도전하였다. 바로 평소 관심사 중 하나였던 방송국에서 일하기를 희망했던 것이다.

당시 방송국과 연계하여 방송국에 필요한 인재를 양성하는 아카데미 코스들이 우후죽순(雨後竹筍)으로 생겨났는데, 이정선은 그중 한 곳에 등록하여 열심히 다녔다. 아나운서가 되기 위해서였다. 늘 그랬듯이 최선을 다해 준비한 이정선은 아나운서 모집공고가 날 때마다 응모하여 필기 및 실기시험을 치렀다. 필기시험은 오히려 쉬웠다. 준비한 대로 시험을 치르면 합격이었다. 그러나 매번 실기시험에서 낙방하며 최종 탈락의 고배를 맛보았다.[10] 실기시험 때마다 면접위원들은 "쟤 장애인 아니야? 장애인이 무슨 아나운서를 하겠다고 그래!"라며 편견 가득한 혹평을 하곤 했다.

사실 그 편견에 부딪히기 전까지 이정선은 "실력이 되고 도전하려는 의지와 노력이 있으면 무엇이든 할 수 있다."고 생각했다. 어릴 적부터 부모님이 그렇게 자신을 가르치셨고, 필요한 격려를 끊임없이 해 주셨기 때문에 안되는 게 없다고 믿었다. 그러나 이정선이 마주한 사회는 인습과 편견의 높은 장벽에 둘러싸여 있었다. 그러나 이정선은 포기하지 않았다. TV 아나운서가 될 수 없다면 라디오 성우라도 도전해보겠다고 마음먹었다. 이정선은 유명한 성우를 찾아가서 개인 레슨을 받는 등 최선을 다해 준비했다. 그러나 당시 라디오 방송국의 마이크 녹음시스템은 목발을 짚고 녹음을 해야 하는 장애인에게 불리했다.[11] 결국 이정선은 연거푸 탈락의 고배를 들어야 했다.

TV 방송국 아나운서, 라디오 성우 등 이정선은 준비하고, 도전하고, 떨어지기를 반복한 3년여 시간 동안 자신의 영혼과 에너지를 다 갈아 넣었다고 회고했다. 정말 지칠 대로 지쳤지만, 도리어 이상하리만치 한편에서 오기가 솟아올랐다. 어쩌면 그것은 '그래 내가 깨지나 이 사회가 깨지나 한번 해보자' 식의 오기(傲氣) 같은 게 아니었을까!

장애인 방송, 마침내 정체성에 눈을 뜨다

어느 날 KBS에서 '리포터 모집공고'가 나왔고, 리포터에 응모한 결과 이정선이 최종 합격하였다. 지난 2~3년간의 도전으로 다져졌던 실기연습이 이정선에게 큰 도움이 되었던 것이다. 비록 희망했던 아나운서나 성우가 아닌 리포터여서 다소 아쉬움이 있었지만, 이정선은 새로운 도전을 하게 된 것에 만족하며 희망을 품었다. 이정선이 리포터로서 맡은 첫 방송은 장애인을 인터뷰하는 것이었다. 그때가 1988년 서울올림픽이 개최되던 해였다. 그리고 장애인올림픽대회가 서울올림픽에 이어 연속으로 개막되었다.

방송국에서는 이정선이 장애인 방송을 맡자마자, 방송에 대한 기획에서부터 취재는 물론 전반적인 편집까지 다 알아서 하도록 재량권을 주었다. 아무런 경험이나 경력이 없는데 방송 기획과 취재·편집권을 전적으로 맡기자, 이정선은 내심 고마움이나 감사가 아니라 반감이 먼저 생겼다. '방송을 처음 해보는 사람에게 기획과 취재·편집권을 전적으로 맡기는 방송국이 과연 몇이나 될까?' 어쩌면 '장애인'이기에 다른 리포터들이 겪지 않아도 될 '시험'을 치르는 것은 아닌지 의심이 들기도 했다. 이정선뿐만 아니라 누구라도 비슷한 의문을 품기 마련이다.

이정선은 그동안 장애인이면서도 장애인이라는 사실을 부정하면서 살아왔다. 즉, '장애인은 한계를 가진다.'라는 한국 사회의 장애인에 대한 부정적인 인식과 못 배우고, 못 살고, 남들한테 폐만 끼치는 존재로 그려지는 그런 장애인이 결코 아니라고 생각했다. 이정선은 본질적으로 장애가 주는 한계를 극복 가능한 것으로 여기며 살아왔기에, 다른 사람들이 자신을 '일반적인 장애의 한계'에 가두려는 그런 반응들에서 너무나 리얼한 문화적 충격을 받았다.

비록 한참 지나고서야 알게 된 사실이지만, 방송국이 방송 초년생인 이정선에게 기획에서부터 취재는 물론 편집권까지 전부 맡기는 전무후무한 계획을 세우게 된 배경은 따로 있었다. 바로, 그동안 비장애인이 장애인을 인터뷰하면서 따라온 혹평들 때문이었다. 예를 들면, "비장애인이 어떻게 장애인의 삶을 알 수 있느냐?", "기분 나쁘다." 등의 비난과 비평 기사들이 쇄도하면서, 방송국에서도 위기의식을 느끼고 있었던 상태였다.

이정선이 장애인의 삶을 담기 위한 취재현장에 나서면서부터 그동안 방송에서 제대로 볼 수 없었던 장애인들의 속내들이 이정선의 취재 카메라에 담겨지기 시작하였다. 그리고 그 속내들은 장애인으로서의 정체성을 부정하던 이정선을 수없이 거꾸러뜨렸다. 이정선이 기획한 장애인 방송은 회차를 거듭할수록 시청자들의 큰 호응을 이끌어냈다. 더불어서 방송계에서 이정선의 인지도도 높아졌다. 그러다 보니 방송사들마다 같이 방송하자는 제의를 보내오기 시작했다. 그중, KBS 제3텔레비전의 '사랑의 소리' 장애인 전문 방송채널이 이정선을 제작부차장으로 스카우트하여 장애인 방송을 더욱 활성화하는 계기를 마련하기도 하였다. 이때부터 케이블 방송에서도 장애인 방송프로그램들이 편성되기 시작하였다.

정치권과의 첫 인연, 2002년 서울시 광역의원이 되다.

이정선이 케이블TV 조은방송의 본부장으로 영입되어 왕성한 활동을 하던 중, 우연히 정치권과 인연이 닿았다. 마침 한나라당의 중진의원이 서울시의회 광역비례대표 후보를 찾던 중이었고, 장애인이면서 서울시립대학에서 학생들을 가르치던 어느 교수의 추천이 계기가 되어 한나라당과 연결된 것이었다. 이정선에 대한 한나라당의 관심이 알려지자 장애계의 많은 사람들이 추천하기를 마다하지 않았고, 그렇게 정치권과 연을 맺은 결과, 2002년 제6대 서울시의회 비례대표 의원이 되었다.

서울시의원이 된 후, 당시 이명박 서울시장과도 인연을 맺게 되었다. 이명박 시장은 장애인 콜택시 사업 예산 등을 서울시의회에 제출하고 의회의 승인을 기다리던 중이었는데, 사업 우선순위를 따지다 보니 여야 가릴 것 없이 누구나 다 복지예산으로 편성된 예산 중 장애인 예산을 전부 삭감하는 안에 동의하였던 것이다. 이와 같은 여야의원들의 움직임을 미리 전해 듣고, 이정선 의원은 서울시의회 보건복지위원회 소속 여야 의원들을 설득했다.

> "장애인 예산은 절대 안 됩니다. 사회적 약자 중 가장 사회적 약자라 볼 수 있고 더욱이 이제야 장애인 예산이 서울시의회에서 편성되기 시작했습니다. 그러니 이 예산만은 살려내야 합니다."[12]

이와 같은 이정선 의원의 호소 때문인지, 결과적으로 장애인 예산은 원안대로 서울시의회 보건복지위원회와 예결위를 거쳐 본회의마저 통과할 수 있게 되었고, 이명박 시장은 한국 사상 최초의 장애인 콜택시 사업을 원래 계획보다 더 크게 시작할 수 있게 되었다. 이정선 의원이 장애인 예산을 지키기 위해 서울시의회 여야의원들을 설득하러 다녔던 일들을 전해들은 이명박 시장은 이정선 의원을 높이 평가하며 감사를 표시했다.

이정선 의원은 제6대 서울시의회에서 모범적인 의정활동을 펼쳐 경실련이 선정한 최우수의원으로 선정되었고, 의정대상을 수상하기도 하였다.

장애인 생활시설 전수조사 약속을 받아낸 첫 국정감사

한나라당 소속 서울시의원으로 활약한 이정선은 제18대 총선에서 한나라당의 비례대표로 추천되어 국회에 입성하였다. 그리고 보건복지가족위원회 위원으로 18대 국회 상반기 임기를 시작했다. 이정선의 국회 활동은 주로 국정감사와 주요 장애인 이슈에 대한 세미나를 개최하여 민의를 수렴하는 것이었는데, 장애계는 물론 정책결정권자들에게도 매우 유의미한 자료의 원천이 되었다.

그녀의 18대 국회 상반기 활동 중, 초보 국회의원으로서 가장 기억에 남았던 활동은 2008년 12월 10일자 보건복지부 대상 국정감사였다. 그날의 국정감사는 다양한 언론매체에 대대적으로 보도되었다. MBC

| 장애인의 권리를 위한 시위 현장에서(2011)

뉴스데스크는 2008년 12월 10일 "장애인 시설, 감독 사각지대"의 제목 하에 이정선이 제공한 자료를 다음과 같이 자막으로 내보냈다.

> "지난 5년간 전국 장애인 시설에서 1,119명이 사망했지만 사망 원인조차 제대로 밝히지 못하고 있어 입소 장애인들의 인권 보호가 절실하다."

그밖에 〈노컷뉴스〉는 2008년 10월 10일자 보도에서 "국감을 빛낸 얼굴, 이정선 의원"이라는 제목 하에 3단짜리 기사의 상당 부분을 이정선 의원 한 사람의 활동에 관한 소식으로 채웠다. 〈서울신문〉은 2008년

12월 18일자 〈국감 인물〉 코너를 통해 "지체장애 1급 한나라 이정선 의원 복지부 전수조사 약속 받아내"라는 기사를 실었다. 아울러 〈헤럴드경제〉는 2008년도 12월 19일자 보도에서 "【이사람】장애인 삶 다양… 입체적 지원 필요"라는 제목으로 2단 박스 기사를 실으면서 이정선의 사진을 함께 게재하였다.

이처럼, 이정선의 국정감사 활동을 단독으로 다룬 보도들의 대부분은 이정선의 삶을 조명하면서 동시에 장애인의 인권에 대한 시선도 놓치지 않았다는 점에서 일석이조(一石二鳥)의 효과를 가져왔다. 특히 예전에 언론이 잘 사용하지 않았던 표현들, 곧 '장애인의 삶이 다양하다', '입체적 지원 필요' 등이 새롭게 등장한 것도 이정선의 국정감사 활동이 준 파급효과라고 할 수 있다.

보건복지부 소속 기관을 대상으로 하는 국정감사에도 그녀의 예리한 질문들은 돋보였다. 여기에는 참여정부가 멜라민 함유 식품 수입 가능성에 대한 경고를 묵살했던 사건, 지난 참여정부 시절 국가 차원에서 추진된 462억 원 상당의 공공보건 정보화사업에서 각종 오류가 9,402건이나 발생하는 등 온갖 잡음에도 3년이 넘도록 은폐되었다는 것, 황열병으로 국가비상사태를 선포한 파라과이에서 현지 교민들이 백신 2천여 개를 긴급 요청했음에도 불구하고 주 파라과이 한국대사관이 이를 묵살했던 사건, 에이즈 검사 시약의 불량률과 관련하여 49만여 개의 불량제품이 사용됨으로써 에이즈가 아님에도 에이즈로 판명된 사례들이 발생한 사건 등[13)]이 포함된다. 이와 같은 이정선의 국정감사 활동들은 2008년도 10월 9일자 〈연합뉴스〉의 "국감장 뒤흔드는 여전사들 떴다", 2008년도 10월 23일 〈브레이크 뉴스〉의 "기세 등등 여성의

원, 열 男의원 안 부럽다", 2008년도 10월 24일자 〈조선일보〉의 "의원들이 뽑은 국감우수의원" 등으로 소개되었다.

이정선은 2009년 국정감사에서도 여전히 활약하였다. 이때 국정감사에서 이정선 의원이 새로 조명해 낸 문제들 가운데는 아직도 국정감사에서 단골로 지적되는 사항들이 많다. 그중 언론매체들에서 다루어진 것들만 추려보면 다음과 같다.

2009년도 10월 5일 〈국민일보〉는 "이정선 의원, '선택 진료비 부당징수 수수방관'"이라는 제목으로 "이 의원이 '선택 진료의 전반적인 제도개선은 공정위가 아닌 복지부의 책무인데, 이를 오랫동안 방치했다는 것은 복지부가 고유 권한과 책임을 스스로 포기해 타 부처에 넘기겠다는 처사와 다를 바 없다.'고 지적했다."고 보도했다. 2009년 10월 9일

YTN은 "어린이 식품 안전 우수판매업소 부실 우려"의 헤드라인 하에, "이 의원은 '우수 판매업소에 대한 혜택이 불량식품을 판매하는 것으로 얻을 수 있는 이익보다 적어 판매업소가 불량식품을 유통하는 등 실효성이 떨어지기 때문이라고 지적했다"고 보도했다. 2009년도 10월 13일자 〈서울신문〉은 이정선 의원실이 제공한 자료를 바탕으로 "중앙행정기관의 장애인 매점·자판기 우선 허가율이 9%에 불과하다."고 보도했다. 2009년 10월 19일, 〈한국경제〉는 "국민연금 잘못 지급 5년간 810억 원"의 헤드라인 하에 "이정선 의원은 '매년 국민연금이 잘못 지급되는 사례를 막으려면 연계기관의 자료 확보망을 마련하는 등 시스템 개선이 필요할 것'이라고 지적했다."라는 기사를 내보냈다.

예·결산 심의의 방향을 제시하다

국회 예산결산특별위원회에서도 활동하였던 이정선은 예결위원회의 역할이 필요한 지점마다 예·결산 심의의 주요한 문제점과 방향성을 다섯 가지로 구별하여 언급함으로써 관련 항목에 대한 각별한 관심을 촉구하였다.

첫째, 정부의 정보화 사업 일상감사 시스템 도입이 필요하다. 정보화 사업 규모가 3조 원임에도 불구하고, 현재는 각 부처가 알아서 부처별 통계나 자료를 정보화하여 전산시스템에 업로드하고 있다. 문제는 국가 정보화 사업인 만큼 각 부처에서 핵심 정보담당자들로 구성된 중앙단위의 총괄 조정기구 설치가 직제상으로 빨리 설치되어야 한다. 그리고 그 기구에서 합의된 정보화에 대한 표준화 방식 등이 선제적으로 이루어져야 한다. 그렇지 않다면 부처별로 비슷한 정보들이 전산시스템에 업로드되는 문제가 발생하게 된다.

둘째, 괜찮은 일자리 창출 사업의 컨트롤 타워가 필요하다. 지난 참여정부는 사회적 일자리 창출을 국정과제로 삼고 추진했지만, 목표치의 절반 수준에 미치는 129만 9천 개에 그쳤다. 괜찮은 일자리가 창출되려면, 이 일을 관장하는 중앙단위의 컨트롤 타워가 필요하며, 반드시 예산사항으로 투입해야 한다.

셋째, LNG는 저감효율, 안전성, 내구성 등에 있어 많은 문제점을 야기할 가능성이 크고, 이로 인해 막대한 국민 세금을 낭비할 가능성이 크다. 따라서 결코 2천억 LNG 개조사업을 서두르면 안 된다.

넷째, 300억 원 상당 원격측정장비(RSD) 도입에 대해서는 면밀하게 검토해야 한다. RSD(Remote Sesing Device)란 도로에 설치된 장치로, 주행 중인 차량의 배출가스를 비접촉식으로 측정하는 장비인데, 이 기기를 도입하면, 또 다시 이 기기를 다룰 수 있는 국내 독점 수입업체가 연구용역에 관여할 수밖에 없는 등 객관적인 사업 추진에 신뢰성을 가지기 어려운 실정이다.

다섯째, 임대형 민간투자사업(BTL) 운용을 엄격히 관리해야 한다. 임대형 민간투자사업은 민간이 먼저 시설을 건설하고 이를 국가나 지자체에 소유권을 이전하고 시설을 임대하는 방식으로 당장 요금을 낮출 수 있다는 장점과 비교적 리스크가 낮다는 장점이 있지만, 현재와 같이 8조 5천억 원 규모로 계속될 경우 그 임대비용이 증가하여 향후 국가재정에 큰 부담을 초래할 수 있기 때문이다.

여성특별위원회와 저출산·고령화대비 특별위원회

이정선은 국회 여성특별위원회 활동과 국회 저출산·고령화대비 특별위원회에서도 활약하며 이정선이기에 가능한 여러 대책들을 촉구하기도 하였다.

여성특위에서 이정선은 여성 장애인의 일자리 대책 수립 시 15개 장애 유형과 상황별(기혼 혹은 미혼, 자녀 유무와 자녀의 나이와 질병의 유무, 부양의무자 존재 유무 등) 특징들을 고려한 짜임새 있는 대책들을 마련해 달라고 주문하였다. 이는 여성 장애인이기도 한 이정선이 자신의 경험과 삶에서 유추한 문제들을 담아낸 것이다.

저출산·고령화대비 특별위원회에서는 노인·장애인·어린이 등 교통약자들을 위한 유니버설 디자인을 조속히 도입할 것과 교통약자의 편의시설 등에 대한 실질적인 보완책을 마련할 것 등을 각 부처 관계자들에게 제안하였다.

이처럼 의원으로서 당연히 해야 할 입법활동이나 상임위, 특위활동 등 국회 활동에서 이정선은 언제나 경험에서 우러나오는 공감정책을 제시함으로써 큰 호응을 얻었다. 뿐만 아니라 의원으로서 의정활동을 보완하기 위한 활동들도 소홀히 하지 않았다. 각종 토론회, 공청회, 정책자료집 발간 등은 물론이거니와, 국회연구포럼 활동 등에도 활발히 참여했다.

이러한 활동들은 단순히 '보완'하는 것을 넘어 때로는 대단히 중요한 역할을 하기도 한다. 그 대표적인 활동이 바로 정책토론회이다. 이런 형식의 정책세미나는 정책적 의제를 직접적으로 이해 당사자와 함

| 원내 부대표로 당회의 참석 (2011)

께 논의하여 발굴한다든지, 혹은 정책적 패러다임을 확산하는 기회로 만든다는 의미에서 매우 영향력이 크다. 이정선은 이러한 정책 세미나들을 1년에 6~7차례는 개최했는데, 같은 18대 국회의원들의 활약과 비교해도 상당한 강행군 일정을 소화한 것이다.

이정선은 18대 국회 상반기 동안, '장애인 정치포럼발대식'(2008), '장애인 복지전달체계 개편을 위한 간담회'(2008), '지적 장애인 자립 지원 한·일 세미나'(2008), '국내 거주 장애 외국인의 인권과 복지 공청회'(2008), '장애인 주거권 실현을 위한 정책토론회'(2008), '장애인 생활시설장·종사자와의 간담회'(2008), '장애인 문화예술축제'(2009~2011), '장애인 미인가시설 인권점검단 활동 보고대회'(2011), '인터넷 중독과 치료 관련 입법 토론회'(2010), '식품이력 관리를 통한 안전안심 먹을거리 환경

구축 토론회'(2010), '장애인 거주 지원센타 제도화를 위한 공청회'(2009), '장애판정제도 개편에 관한 토론회'(2009), '장애인 생활시설에서 지역사회 자립으로'(2011) 등 총 34건의 정책토론회 및 공청회에 참여했다.

위에서 예로 든 정책토론회의 주제들은 그동안 장애계의 중요한 관심사들이 반영된 것들이다. 이 관심사는 3가지 장애인의 패러다임의 전환과 연관이 깊다.

첫째, 장애인을 가정과 사회에서 감추고 분리시켰던 배제와 분리에서 참여와 통합으로의 전환이다.

둘째, 장애의 원인이 각 개인에게 있다는 개별모델에서 사회제도적 차원에서 장애를 가진 이들을 제대로 활동하지 못하게 그대로 방치한 사회에 문제가 있다고 보는 사회적 모델로의 전환이다. 따라서 이 모델은 그 처방 역시 사회적 차원에서 구조적·체계적으로 대처해야 한다는 것이다.

마지막 세 번째로 재활모델에서 자립생활모델로의 패러다임 전환이다. 장애를 가진 사람을 재활하는 모델은 전문가에게 의존하게 만들고, 장애인만 문제가 있는 대상으로 인식되게 한다. 그러나 장애인은 이제 재활치료 받는 환자 역할에서 벗어나 소비자로서의 역할을 수행하고, 자기선택결정권을 갖고 자립적인 생활을 할 수 있는 환경구축이 필요하다고 보는 모델이 바로 자립생활모델이다.[14]

특히 이정선은 〈장애인 문화예술축제〉에 많은 애정을 쏟았다. 그 결과 이 '축제'가 2009년부터 2011년도까지 3년 동안 개최되면서 장애인의 문화 예술적 재능과 역량을 사회적으로 널리 알리게 되었을 뿐만 아니라, 장애인과 비장애인 간 문화·예술적 교류가 보다 활성화되는 발판이 되었다.

대표발의한 2개 법안이 국회 본회의를 통과하다

이정선은 18대 국회 상반기에 몇 개의 개별 법안과 공동발의 법안에 참여하며 입법활동에도 관심을 기울였다. 이정선이 대표발의한 법안은 총 2개이며 이 2개 법안이 국회 본회의를 통과하여 법률로 만들어졌다. 하나는 [성별영향분석평가법](법률 제11046호)이며, 2011년 8월 23일 본회의에서 수정·가결되었다. 또 다른 하나는 [아이돌봄지원법](법률 제11288호)이며 2011년 12월 29일 국회 본회의에서 통과되었다.

[성별영향분석평가법]은 "국가 및 지방자치단체의 정책에 대한 성별영향평가에 관하여 기본적인 사항을 정하여 정책의 수립과 시행에서 성평등을 실현하는 것을 목적으로 한다."[15] 1995년 북경여성대회 이후 한국에서도 여성정책(현재는 양성평등정책)의 기본방향으로 '성주류화'가 채택되었고, 주류화 전략[16]의 하나로 성별영향평가가 중요하게 고려되었다. 물론 2002년에 [여성발전기본법]에 성별영향분석 평가 관련 조항이 신설된 후에 성별영향평가는 2004년에 시범사업을 시작으로 꾸준히 확대되어 왔다. 그러나 성별영향분석평가 대상이 되는 정책은 물론 평가절차는 그 결과에 대한 피드백의 미해결에 관한 명확한 법적 규정

이 존재하지 않음으로써 이 제도를 통한 정책개선 효과를 내는 데에 한계가 있었다. 바로 이러한 한계를 어느 정도 해소해 낸 것이 바로 이 [성별영향분석평가법][17]이다.

한국여성정책연구원 박선영 연구위원은 [성별영향분석평가법] 제정의 가장 큰 의의를 "첫째, 성별영향분석평가가 성평등을 목표로 한다는 점을 분명히 하였다는 점, 둘째, 성평등이 우리 법체계 내에서 처음으로 법적인 용어가 되었다는 점"이라고 강조한 바 있다.[18]

[성별영향분석평가법]이 시행된 이후 성별 통계 등의 기초 자료가 중앙행정기관, 기초자치단체 등의 공공행정영역의 정책 수립에 활용되고 있다. 그밖에 사립학교 직원의 육아휴직수당 급여에 과세를 하지 않는다든지, 어느 지방자치기구의 경우, 등록된 주민들의 성별특성을 고려하여 관광시설 등의 공간을 조성하는 것 등 '성별영향평가제도'는 우리의 일상을 많이 바꾸어 놓았다.[19]

[아이돌봄지원법]은 "가정의 아이 돌봄을 지원하여 아이의 복지증진 및 보호자의 일·가정 양립을 통한 가족구성원의 삶의 질 향상과 양육친화적인 사회 환경 조성을 목적으로 한다."[20] 특히 현재와 같은 저출산·고령화 사회에서 돌봄 이슈가 사회적 문제로 종종 등장한다는 사실에서 아이'돌봄의 사회화'[21]를 국가가 나서서 하겠다고 천명한 법이 바로 [아이돌봄지원법]이다.

이 두 가지 법은 한국의 양성평등정책은 물론이거니와 한국 사회의 삶의 질에도 상당한 영향을 주는 법이다.

사회적 약자를 위한 노력, '업무상 질병 산업재해 승인'

18대 국회 하반기에 이정선은 환경노동위원회에 배정되었다. 이정선은 2010년 9월 26일 근로복지공단 대상의 국정감사에서 업무상 질병과 관련된 산업재해의 승인율이 해를 거듭할수록 더욱 낮아지는 이유에 대해 질문하였다.

2010년 9월 26일자 국감뉴스를 다룬 〈조선일보〉는, "업무상 질병, 산업재해 인정 더 어려워져"라는 제목으로, "이정선 의원이 근로복지공단으로부터 제출받은 2008년 7월부터 올해 5월까지의 업무상질병판정위원회(질판위) 판정 현황 자료를 보면 업무상 질병과 관련한 산업재해 불승인율이 2008년 55.3%, 2009년 60.7%, 2010년 64.5%로 점차 상승한 것으로 나타났다."는 내용을 보도하였다. 이처럼 업무상 질병과 연관된 산업재해 불승인율이 높아진다는 것은, 질병판정위원회의 구성과 무관하지 않는다는 점을 고려하더라도 노동자들에게 썩 유쾌한 소식이 아니었다.

그 외에도 이정선은 석면해체제도의 부실성을 다루기도 하였다. 〈연합뉴스〉는 2010년 10월 6일자 보도를 통해 "석면 해체·제거 사업장 4.9%만 점검"이라는 헤드라인 하에 "이 의원은 '석면 해체·제거 제도가 허가제에서 신고제로 변경되고 점검인력 충원이 제대로 이뤄지지 않아 제도가 실효성을 거두고 있지 않다.'며 '4.9%라는 극소수 점검 등 부실한 점검을 계속한다면 지도·점검에 대한 형평성 문제가 제기될 것이다.'라고 말했다."는 이정선의 국정감사장 발언 내용을 알렸다.

이정선은 2010년도에 이어서 2011년도에도 지속적으로 업무상 질병과 관련 산재인정 불승인율 사안에 지속적인 관심을 기울인다. 2011년도에 환경노동위원회의 국정감사에서 이정선은 업무상 질병이 산업재해로 인정받는 승인율이 생각보다 적은 원인으로 그 절차적 문제를 제기하였다. 문제 제기의 핵심은, 그 절차가 한편으로 지나치게 엄격하면서도 그 반대로 너무나 행정편의주의적으로 운영되는 것이 산재 불승인율의 원인의 하나가 될 수도 있다고 본 것이다.

이 내용을 다룬 10월 6일자 〈메디컬 투데이〉는, "국감현장, 직업성 암 산재 인정, 주먹구구식으로 대처 말라"의 제목으로 "이정선 의원은 '이처럼 짧은 시간에 심사를 진행하면 신청인들의 구두 변론을 들을 수도 없고, 발생 질병별로 업무 관련성이 얼마나 되는지 심도 있게 검토하는 것이 어렵지 않겠느냐'며 '직업성 암에 대한 정확한 데이터 없이 주먹구구식으로 대처하지 말고 역학조사 후 현장 체증이 반드시 필요하다.'고 주장했다."는 기사를 보도하였다.

이와 같이 2010년의 국정감사에 연이어서 2011년 국정감사에서도 이정선은 산업재해 문제를 집요하게 파고들었다. 그밖에도, 기업의 친환경활동이 사실은 이미지만 내세워 이득을 취하는 것(=그린워싱)이었다는 씁쓸한 사실을 공개하고, 그에 대한 대안을 제시하기도 하였다. 이정선의 그린워싱 실태 공개는 특히 언론의 주목을 많이 받았다.

위기 아동·청소년 문제의 해법을 제시하다.

이정선은 2009년부터 아동·청소년 문제에 대해 관심을 기울이기 시작하다가 2010년부터는 아동·청소년이 직면하는 개인적이면서 사회적 문제에 의정활동[22]의 상당부분을 할애하기 시작했다.

2009년에는 아동성폭력 재발 방지를 위해 강력한 입법활동을 하였다. 아동 대상 성범죄자의 전자발찌 부착 기간을 최대 10년까지 추가 연장하는 안이 포함된 [성범죄자 위치추적 장치 부착법]과 함께 아동성범죄에 대해서는 공소시효를 폐지하는 [성폭력범죄 처벌 및 피해자보호법 개정안]을 발의했다.

이어서 2010년 1월 27일에는 청소년의 인터넷중독 문제에 대한 해결을 모색하는 입법토론회를 (사)민생경제연구소(이사장 김진홍)와 공동으로 개최했다.

한편 동년 4월 8일에 청소년들이 아무런 제재 없이 유해한 성인사이트에 접속하면서 생기는 여러 개인적·사회적 문제의 심각성에 대한 우려가 사회적으로 이미 광범위하게 퍼져있는 현실에 대한 대책의 하나로 "성인사이트 공인인증서 사용 의무화를 입법화하는 방안을 추진할 것"[23]을 밝히기도 하였다.

2011년도에 들어와서는 아동·청소년 건강과 안전 문제에 집중하면서 제도상의 허점을 파고들었는데, 2011년 10월 4일자 〈독립신문〉보도에 의하면, "한나라당 이정선 의원은 '국립환경과학원에서 어린이용품 위해성 평가를 담당하는 인력이 겨우 1명뿐'이라는 사실[24]을 밝혀내기도 하였다."

이처럼, 의정활동이 거의 막바지에 접어들 무렵에 이정선은 위기 아동·청소년 문제에 대해 진중하고 효과성 있는 목소리를 내기 시작했다. 그녀의 목소리는 언론매체에서 다루어져서 세상에 회자되고 주목을 받았다. 그럼에도 불구하고 이정선이 제안한 관련법의 개정은 18대 국회 회기 내에 이루어지기 어려웠다. 그래도 이정선은 포기하지 않았다. 왜냐하면 자신의 생각을 이어받은 여성 정치인에 의해 다음 국회에서는 반드시 이루어지리라 굳게 믿었기 때문이다.

이정선은 18대 국회가 개원하고 막을 내릴 때까지 열심히 최선을 다해 국회의원직을 수행했다. 그 기간 그녀가 받은 상만 보더라도 국회의원으로서의 활동 면면을 알 수 있다. 그중 몇 개를 소개하면, '2008년 동료의원이 뽑은 보건복지가족위원회 국감 우수의원 2위', 〈2011년 자랑스러운 장애인상〉 수상, 〈2011년 국회바른언어상〉 수상, 2011년 여성신문사 선정, 〈18대 국회 젠더마이크(성평등활동)〉 수상 등이 있다.

어머니가 남겨 주신 유산, 오늘도 사랑하며 일하며

이정선이 국회의원직을 마친 후, 이정선의 어머니에게 치매가 찾아왔다. 아주 예쁜 치매라 그나마 다행이라 생각했던 이정선은 아침·점심·저녁으로 어머니께 식사를 가져다드리면서 어머니를 챙겨드렸다. 그 식사 배달에는 남편과 아들도 동참했다. 어머니는 75세에 치매 판정을 받으셨고, 88세를 일기로 돌아가실 때까지 이정선의 보살핌을 받으셨다. 어머니를 돌보면서 자신에게 베풀어 주신 어머니의 헌신을 기억했고, 그때마다 이정선은 어머니의 귀에다 "어머니 사랑해요"라는 말을 수없이 고백했다고 한다. 이제 어머니가 돌아가시고 가슴 한편이 언제나 서늘하지만, 어머니가 주신 사랑과 헌신이 오늘의 이정선을 있게 해주었다는 사실을 늘 감사하면서 살아간다고 한다.

    그녀는 "장애인이기에 장애인의 입장에서, 장애인이지만 비장애인과 함께 가는 길을 위해"[25], 언제 어디서든 최선을 다하며 가장 보람된 오늘을 살아갈 것이라고 믿어 의심치 않는다.

| 집필: 나영희 |

| 미주 |

1) '이정선 인터뷰', 2024.09.03.
2) '이정선 인터뷰', 2024.09.03.
3) '이정선 인터뷰', 2024.09.03.
4) '이정선 인터뷰', 2024.09.03.
5) '이정선 인터뷰', 2024.09.03.
6) '이정선 인터뷰', 2024.09.03.
7) '이정선 인터뷰', 2024.09.03.
8) '이정선 인터뷰', 2024.09.03.
9) '이정선 인터뷰', 2024.09.03.
10) '이정선 인터뷰', 2024.09.03.
11) 한 마이크에 두세 사람이 같이 모여 한 사람씩 빠지면서 녹음하는데, 목발 짚는 사람은 목발 소리가 날 수밖에 없어 곤란하다는 것이었다.
12) '이정선 인터뷰', 2024.09.03.
13) <이정선 의정보고서>, 2008, "보건복지부 소속기관에 대한 국감 질의내용", p.5
14) 박창진·정지중 공저, 『장애인복지의 이해: 이론, 제도, 경험』, 2015, 양서원, pp.29~31
15) 국가법령정보센터, 2024.10.30. [성별영향평가법], "동법은 총 3장 18조와 부칙으로 구성되어 있다."
16) 성주류화전략에는 4대 전략이 있으며, 그중 3가지는 대부분 입법화되었는데, 마지막까지 입법화가 안 되었던 사항이 성별영향평가이다.
17) 여성계의 오랜 숙원사항이었던 이 법은 2018년 3월 27일에 개정되어 [성별영향평가법]으로 오늘날에 이르고 있다.
18) 박선영, <젠더리뷰>, 2011.3, 한국여성정책연구원, "성별영향분석평가법 제정 의미", pp.1~7
19) 여성가족부, 2024.08.27., '성별영향평가로 바꾸어 나가는 우리의 일상'
20) 국가법령정보센터, 2024.10.30., [아이돌봄지원법],
21) 장지연. 『페미니즘연구』 11권 2호,, 2011. '돌봄노동의 사회화 유형과 여성노동권', pp.1~47, "여기에서 '돌봄의 사회화'란 계층 간 차이가 나는 시장에 맡기지 않고, 주로 여성이 무보수로 수행하던 돌봄노동을 국가가 개입하여 돌봄을 공적 영역으로 끌어내는 것을 의미한다."
22) 이하의 내용은 <이정선, 2010 의정보고서>, <2012 의정보고서> 등에서 밝힌 내용들이다.
23) <MBN>, 2010.04.06., '인터뷰'
24) <2012 의정보고서>, 2012. p.4,
25) <2012 의정보고서>, 2012. p.8,

제18대 국회의원

이애주 李愛珠

여성·보건복지 발전을 위해 노력한 의료 전문인 출신 국회의원

1946 황해도 연백 출생
1969 서울대학교 간호학과 졸업
1969 서울대학교병원 간호사(~2003)
1977 서울대학교 간호대학 외래교수(~2003)
1994 보건복지부 의료보장개혁위원회 위원
2000 병원간호사회 회장(~2004)
2002 한나라당 보건위생분과위원회 부위원장
2008 제18대 국회의원
2008 국회 저출산고령화대책특별위원회 간사
2008 한나라당 중앙여성가족위원회 수석 부위원장
2009 한나라당 여성일자리특별위원회 위원장
2010 국회 여성가족위원회 성폭력 소위 위원장
2011 이화여자대학교 정책과학대학원 공공정책학 석사
2012 한나라당 제19대 공직자후보추천위원회 위원
2012 한국관광공사 사외이사(~2015)

황해도 연백에서 태어나

이애주는 1946년 1월 11일 황해도 연백에서 태어났다. 농부로 늘 근면 성실한 아버지와 매사 엄격하면서도 자애로웠던 어머니의 보살핌 아래 평온하게 유아 시절을 보내다가 1950년 6·25 전쟁을 맞았다. 전쟁 발발 후 피난을 생각하지 못하다가 국군의 진격에 맞춰 안정적인 일상을 회복할 것을 기대했는데, 뜻밖에도 이듬해인 1951년 중공군이 참전하면서 전쟁이 다시 격화되고 말았다. 불안한 정세를 낙관할 수 없었던 아버지는 중공군이 남침하는 난리통에 먼저 남한으로 내려갔고, 나중에 어머니와 어린 이애주가 남한으로 가기로 하였다. 아버지 없이 자유를 찾아 남한으로 가는 길은 험난했다. 인천에서 만나기로 한 아버지를 우여곡절 끝에 극적으로 상봉하면서 세 가족의 피난 생활이 시작되었다. 고향에 돌아갈 것이라는 생각에 논과 밭을 비롯하여 일상에 필요한 것들을 챙겨오지 못한 가족은 고생을 많이 해야 했다. 아버지는 돌아가시는 날까지 고향에서 가지고 온 집문서와 땅문서를 손에 쥐고 놓지 않았다.

이애주의 가족은 인천 동구 송림동 낮은 산을 허물어 급조한 피난민 수용소의 판자촌에서 지냈다. 그곳은 방 하나에 간단하게 취사할 수 있는 작은 부엌이 딸려 있었고, 여러 가구가 함께 쓰는 공중화장실은 사용하려면 한참을 기다려야 하는 등 매우 열악한 환경이었다. 이애주는 지금도 그 시절 미군들이 지어준 그 집을 잊을 수가 없다.

이애주가 전쟁과 피난 생활을 하면서 절감한 것은 인류를 위해 전쟁은 정말 없어야 한다는 것이었다. 그래서 대학을 다닐 때도 학생운동 등을 비롯한 다른 생각은 일절 하지 않았고, 오히려 "국가가 안정되고 튼튼해야 한다."는 확고한 신념을 가장 먼저 마음에 두었다.

초등학교 때 인천에서 김포로 이사 가서 중학교까지 김포에서 다녔다. 고등학교는 서울로 사람이 많이 몰림을 방지하기 위하여 서울로 진입을 못하게 하는 당시 정부 교육정책에 따라 할 수 없이 인천에 있는 인천여자고등학교에 입학하였다. 다행인 것은 이모가 인천 송현동에서 살아서 3년 동안 이모네 집에서 고등학교를 다닐 수 있었다. 특히 이모부가 도서관, 학교로 매일 저녁 마중을 나와 보살펴주었으며 이러한 이모부의 적극적인 후원으로 마음 놓고 학교에 다니며 공부를 할 수 있었다.

사람을 만나고 남을 위해 봉사하는 것이 적성에 맞아 서울대학교 간호학과 지원

아버지는 오랜 투병 끝에 이애주가 중학교에 다닐 때 돌아가셨다. 이른 이별이었다. 아버지는 살아계신 동안 이애주를 무척 애지중지하였다. 전후 어려운 경제 상황에서 실향민으로 고된 일들을 마다하지 않으면서도 딸의 초등학교 운동회에는 빠짐없이 참석하여 큰 힘이 되어주셨다. 이애주는 자신의 손을 꼭 잡고 열심히 뛰어주시던 아버지가 늘 고맙고 자랑스러웠다.

아버지가 돌아가시자 가정형편은 더욱 어려워졌다. 그럼에도 "여자들도 확실한 직업이 있어야 한다."는 생각을 가진 어머니는 항상 진취적인 사고를 가지고 딸의 마음을 이끌어주었다. 덕분에 이애주는 그

늘 없이, 공부에 집중할 수 있었다. 또한 어머니는 이애주가 고등학생 때 좋아하는 영화를 마음껏 볼 수 있도록 기회를 제공해 주시기도 했다. 그래서 당시 유행한 영화 〈맨발의 청춘〉부터 〈나바론〉까지[1] 안 본 것이 없을 정도였다.

이애주는 사람들을 만나는 것을 좋아했으며 남을 위해 봉사하는 것을 즐겼다. 그리고 그 적성과 비전을 좇아 1965년에 서울대학교 간호학과에 지원하게 된다. 늘 바른 생각을 하며 착실했던 이애주는 대학교 3학년 때 처음 간호학과 실습을 나가서 아픈 환자를 돌보며 살피는 일이 자신에게 꼭 맞는 일이라는 걸 깨달았다. 그는 중한 병에 걸린 환자들이 병원비가 없어 치료를 중단하고 집으로 가는 것을 보고, 돈 없는 사람들, 힘 없는 사람들을 위해 국가가 존재해야 한다고 생각했다. 도시와 농촌 간 심각한 의료 편차에 안타까움을 가진 이애주는 여름방학이 되면 의대생, 간호대생, 의사, 간호사 등으로 구성된 의료봉사팀의 일원으로 의료 혜택을 받지 못하는 농촌으로 봉사활동을 나가곤 했다.

선진시스템 도입을 통한
서울대학교병원 업무환경 개선에 힘써

1969년 서울대학교 간호학과를 졸업한 이애주는 같은 해에 서울대학교병원에 간호사로 입사했다. 당시 서울대학교병원은 1968년 새 병원 건립을 위해 기공식을 마친 후라 기존 병원 건물에 예산을 투입하지 않아 환경이 매우 열악하였다.[2] 환자를 돌보는 기본 업무는 물론, 환

| 획일적인 간호사 복장을 개선한 이애주 당시 간호부장(왼쪽에서 세 번째)

자 약을 타오고, 병실 용품과 린넨까지도 챙겨야 했다. 잠시 쉴 틈도 없는 고된 일상을 보내던 이애주는 1977년 김홍기 병원장의 결정으로 미국 미네소타병원으로 연수를 가게 되었다. 그는 미국의 선진 병원 환경을 보고 깜짝 놀랐다. 서울대학교병원과 달리 미국 병원에서는 출근하면 이미 린넨이 꽉 채워져 있고, 약은 환자별로 카트에 실어 전달하는 시스템이었다. 간호사는 오로지 환자의 치료를 위해 집중할 수 있었다.

연수를 마치고 귀국한 이애주는 함께 연수를 다녀온 간호사들과 뜻을 모아 병실에 필요 물품을 공급해줄 것, 환자에게 식사 메뉴 선택권을 제공할 것, 진료시간 예약제 및 환자들이 대기하는 시간에 안내 방송을 할 것, 획일적인 간호사 복장을 개선할 것 등 다양한 선진제도를 서울대학교병원에 제안했고, 병원 측이 이를 적극 수용하여 업무 환경 및 입원 환경을 선진 병원과 같이 개선하는 결실을 얻었다.

국내 최초로 임상간호 연구논문 발표회, 간호사의 역량을 제고하다.

간호사 이애주는 1993년 간호부장을 맡으면서 여러 가지 일을 기획했다. 서울대학교병원 간호사들이 불친절하다는 부정적 평가를 개선하기 위해 모든 간호사들에게 예절교육을 실시했다. 그리고 꾸준한 모니터링을 통해 서울대학교병원과 소속 직원들이 친절하다는 평판을 얻도록 힘썼다.

또한 간호사들이 일상 업무에만 그치지 않고, 임상 환자를 대상으로 간호한 결과를 정리하여 논문을 쓰게 함으로써 간호사의 역량을 강화하는 데에도 온 힘을 기울였다. 간호사들은 평소 고된 업무량으로 지쳐 엄두를 내지 못했지만, 이애주의 노력과 지원에 힘입어 재교육에 참여하기 시작했고, 결국 국내 최초로 임상간호 연구논문 발표회를 갖게 되었다. 이애주는 그렇게 신규직원 교육 강화, 병원 현장 중심의 간호방법 등을 모아 간호사를 위한 임상간호 실무지침서『간호방법』,『간호진단과 계획』,『아동의 간호진단과 계획』을 출간하였다, 간호의 전문화를 위해 중환자간호과정, 감염관리간호과정 등을 실시하여 전문간호사(현재 PA)제도를 마련하고, 2002년에는 가정간호팀을 국내 최초로 도입하였다.

간호사 감염병관리과정, 코로나 등
전염병 간호 관리의 초석이 되다.

이애주는 감염병관리과정을 마련하여 전국 최초로 서울대학교병원에서 간호사 교육에 나섰다. 그리고 이를 전국에 있는 다른 병원의 간호사들에게도 확대하여 위탁 교육도 병행했다. 이런 감염병관리 교육은 이후 메르스나 코로나 같은 감염병이 기승을 부릴 때 큰 역할을 하여 전염병을 이겨내는 데 진가를 발휘하였다.

이애주가 시행한 많은 일들은 나중에 좋게 평가를 받았지만 처음 시작할 때는 반대의견에 부딪히기 일쑤였다. 외부의 편견이나 비판은 물론이고 내부에서 반발이 거센 적도 많았다. 예를 들어, 임상 환자 중심의 연구논문을 쓰자고 했을 때가 그랬다. 연구논문에 참여하려는 간호사가 거의 없었다. 이애주는 그 필요성에 대한 이해를 먼저 구했다. 그리고 연구에 참여하는 간호사들이 성과를 거둘 수 있도록 최대한 배려하고 지원했다. 1998년에 간호사 이름표를 아크릴판으로 제작해 가슴에 다는 '간호실명제도'를 실시할 때도 거센 반대가 있었다. 이애주는 "이름을 걸고 환자를 위해 간호업무에 책임을 지겠다."[3]는 굳은 다짐의 표시라면서 주변을 설득했다. 현재 '간호실명제도'는 전국 병원에서 신뢰도를 향상하는 방법으로 채택되어 실시하고 있다.

이렇듯 이애주는 자기가 목표한 일은 제아무리 반대가 거세도 끈기 있게 설득하고 다시 도전하여 결국에는 좋은 결과로 이루어 냈다. 그는 세심하고 포용적인, 그러면서도 끈기와 열정을 겸비한 여성 리더십의 좋은 표본을 보여주었다.

〈나이팅게일 기장〉 수상

이애주가 39년 동안 일관되게 지키려고 한 가치는 "첫째, 모든 환자가 좋은 의료서비스를 받아야 한다는 것이고, 둘째, 간호사는 대한민국 의료인의 얼굴이라는 자부심"이었다. 처음 간호부장을 맡았을 때 병원 간호사들이 모두 모인 자리에서 "우리는 대한민국 의료인의 대표 간호사여야 한다."라고 강조했다. 이애주는 항상 동료 간호사들이 책임감을 가지고 환자 치료에 집중할 것을 강조했다. 환자들에게 제공되는 좋은 약, 좋은 환경 등이 중요하지만, 무엇보다 간호사들을 통한 전문 치료가 밑바탕이 되어야 환자가 건강을 회복할 수 있다고 믿었기 때문이다.

또한 전문인으로서 자부심을 가지고 스스로 역량을 제고하는 노력을 기울일 것을 주문하기도 했다. 당시 의사에 비해 간호사에 대한 인식이 낮은 상황에서 이애주의 신념은 간호사들에게 큰 동기부여가 되었다. 그는 서울대학교병원 간호부문이 대한민국의 간호본부라는 자부심을 갖고, 모범이 되어 줄 것도 당부했다.

그리고 이애주는 타인에게 당부하는 데 그치지 않고 자신부터 솔선수범했다. 간호부장 업무를 하면서도 1977년부터 2003년까지 서울대학교 간호대학 외래부교수로 후배들을 가르쳤다. 감염관리 전문간호사 제도를 마련하고 이를 제도화하여 감염관리의 기틀을 마련하기도 했다. 또한 1969년 서울대학교병원에서 간호사로 첫 근무를 시작해서 2003년에 퇴직할 때까지의 시간을 정리하여 『걸어온 길에 남겨진 이야기들』이라는 책으로 발간하였다. 이 책은 총 열 가지의 이야기로 구성되었는데 '특별한 사람들의 특별한 이야기', '죽음의 예감', '친절함이

| 제46회 '나이팅게일 기장' 수상자 축하연 (왼쪽에서 7번째)

란', '잊을 수 없는 사람들' 등 병원에서 근무하는 간호사의 따뜻한 마음을 느낄 수 있는 내용 등과 1970년 가을 전국을 떠들썩하게 했던 간호사 파업의 현장도 담담하게 기록되어 있다.

이애주는 2017년 국제적십자위원회에서 주관하는 제46회 〈나이팅게일 기장〉[4]을 수상했는데, 이는 39년간 간호 현장에서 근무하며 국내에 감염관리 전문간호사 제도를 최초로 제도화시켜 감염관리의 기틀을 마련하고 18대 국회의원으로서 파독 간호 평가사업을 펼치는 등 병원 간호 발전의 역사적, 사회적 위상을 높인 공로를 인정받은 것이다.[5]

'우연한' 정치입문, 그러나 '목적을 이루는' 의원활동

이애주는 1994년 서울대학교병원 간호부장을 하면서 보건복지부 산하 '의료보장개혁위원회 실무위원', 1999년 국무조정실 보건의료정책자문위원회 위원, 2002년 한나라당 보건위생분과 부위원장으로 활동하였다. 그는 1977년 미국 연수 중 경험했던 선진 요양시설에 착안하여 우리나라도 이런 제도를 도입해야 한다고 국무조정실 의료보장개혁위원회에서 여러 번 주장했으나 받아들여지지 않았다. 지금은 요양병원도 생기고 요양원도 생겼지만, 당시 이애주가 제안했던 모델은 이와 달리 '미국의 시니어타운'에 더 가까웠다. 그곳은 아픈 사람을 모아두는 것이 아니라 아픈 사람, 안 아픈 사람이 어우러져 공동으로 식사를 하고 각자 자기 몸 상태에 따라 치료도 하고 운동도 하며 자기가 좋아하는 취미활동 등 다양한 활동이 가능한 활기가 넘치는 곳이었다. 이애주는 먼 미래를 이미 보고 있었던 것이다.

이애주는 한나라당 대통령 후보 상임특보단 직능정책본부장 및 보건의료위원회 부위원장을 역임하였는데, 그동안 위원업무를 수행하는 것을 보고 당에서 높이 평가하여 비례대표 17번을 주었다. 비례대표 제안을 받고 고민을 많이 하였다. 평생 환자를 위해 간호업무만을 해왔기에 쉽지 않은 도전이었지만, '그래 환자를 위해 한번 시도해보자'라고 결심하였다. 자신이 환자를 위한 법안을 만들면 그 혜택이 결국 환자에게 돌아갈 것이라고 믿었다. 그래서 '장기이식 의사 면허제' 등 전문 의료인이 아니면 생각조차 할 수 없는 일들을 여럿 추진하고자 했다.

이애주는 평생 따뜻한 마음으로 환자와 고통을 함께해 온 간호사이자 서울대학교병원 간호부장의 경험을 살려 국민의 마음을 살피기 위해 제18대 국회의원을 시작했다. 제18대 국회 전반기에는 보건복지가족위원회, 여성위원회 위원으로 활동하였으며. 후반기에는 보건복지위원회, 여성가족위원회 위원으로 의정활동을 펼쳤다. 보건복지위원으로서 중앙부처 피감기관인 보건복지부, 식품의약품안전청 등에게 질의를 통해 여러 현안을 문제제기하고 개선하였으며, 여성가족위원회에서도 피감기관인 여성가족부(양성평등교육진흥원 포함)가 여성문제에서 실천적이고 효과적인 정책을 개발하고 시행하도록 요청하였다. 그밖에 도시재생선진화포럼, 국회보건의료포럼, 빈곤퇴치연구포럼 등의 연구단체에서도 활약했다.

법안 발의도 매우 활발하게 하여 2008년도에는 [아동복지법개정안], [노인장기요양보험법 개정안], [의료법 개정안], [화장품법 개정안]을 발의하였으며, 2009년도에는 [결혼중개업의 관리에 관한 법률 개정안], [장기등 이식에 관한 법률 전부개정 법률안] 등 9개, 2010년도에는 [응급의료에 관한 법률안], [입양 촉진 및 절차에 관한 특례법 개정안] 등 11개, 2011년도에는 [의료기기산업 육성 및 지원에 관한 법률안], [청소년보호법 개정안] 등 9개까지, 총 32개 법률안을 발의하였다.[6]

보건복지전문가로서 발의한 법안을 자세히 살펴보면, 2008년도에는 의학, 치의학 전문대학원 졸업(예정)자들에게 의료인면허시험 응시자격을 부여하고, 환자의 동의없이 배우자 및 직계 존비속 등에게 진료정보를 임의로 누출하지 못하게 방지하는 [의료법 일부개정 법률안]을, 국가 및 지자체의 공공시설 내 유휴공간을 국공립보육시설 확충에 활용할 수 있도록 [영유아보육법 일부개정 법률안]을, 아동학대 발생 의심 시 24시간 내 신고 의무를 강화하는 [아동복지법 일부개정 법률안]을, 국내에 체류하면서 근로하는 외국인노동자들이 장기요양보험료만 납부하고 현실적으로 수급대상자가 될 수 없는 현실을 고려하여 납부면제요건을 마련한 [노인장기요양보험법 일부개정 법률안] 등을 발의하였다.[7]

2009년도에는 1973년 이후 한 번도 이루어지지 않은 의료인 면허 재등록을 실시하여 의료인력 실태 파악과 함께 국민에게 양질의 의료서비스를 제공하기 위한 [의료법 일부개정 법률안]을 대표발의하였다. 이에 대해 의료계의 반발이 거셀 것으로 예상한 이애주는 2009년 6월 12일 국회에서 '의료인 면허재등록 및 취업신고 의무화를 위한 정책토론회'를 개최하는 등 노력을 기울였고, 그 결과 2011년 4월 28일 [의료법 일부개정 법률안]을 공포하는 성과를 거두었다.[8]

또한 약사 및 한약사 면허소지자에 대한 철저한 실태 파악을 통해 국민에게 양질의 서비스를 제공하고자 [약사법 일부개정 법률안]을, 국민건강보험공단이 보유하고 있는 개인정보를 다른 기관에 제공할 시에 적절한 기준을 마련해 가입자의 사생활 보호와 인권 침해를 방지하고자 [국민건강보험법 일부개정 법률안]을, 의료기사 등이 5년마다 보건복지가족부 장관에게 면허재등록을 신고하도록 하여 의료기사 실태 파악 및 국민에게 양질의 의료서비스를 제공하도록 [의료기사 등에 관한 법률 일부개정 법률안]을 발의하는 등 보건복지 전문가로서 역량을 유감없이 발휘하였다.

장기기증, 생명나눔에 한몫을 하다.

이애주 의원은 2009년 3월 25일 서울대학교병원 본관 앞에서 진행된 '장기기증 생명나눔' 나무 식수 기념식에서 축사를 통해 "장기기증 활성화를 목표로 [장기 등 이식에 관한 법률 개정안]을 마련하여 제출했다."며 장기기증의 의미를 국민에게 알리고 참여를 유도함으로써 생명나눔 문화가 정착되도록 국회에서 최선의 노력을 다하겠다고 다짐했다.[9] 이 개정안은 뇌사로 추정되는 환자가 있을 시, 환자를 담당하는 의료인 또는 기관장이 신고하도록 하는 뇌사 추정자의 신고제 도입과 뇌사판정위원회를 폐지하고 '뇌사판정 전문의료인 제도'를 도입하도록 하고 있다.

당시 장기이식 대기자는 계속 증가하고 있으나 장기기증자가 부족하여 장기수급 불균형이 심각한 실정이었다. 따라서 뇌사자 장기기증 활성화는 꼭 필요한 대안이었다. 이애주는 뇌사 판정 대상자 통보 및 장기기증의사 확인 절차를 도입하고 장기구득기관을 통한 능동적인 장기구득체계를 구축함으로써, 뇌사 추정자가 발생할 경우에 장기기증이 보다 신속하게 이루어질 수 있도록 하는 [장기 등 이식에 관한 법률 일부개정 법률안]을 발의하여 법제화하였다.[10] 그리고 이 법률안을 토대로 '한국장기기증원'이 2009년 5월 7일 개소하였다.

2010년 4월 28일, [장기 등 이식에 관한 법률 전부개정 법률안]이 국회 본회의를 통과하여 수만 명의 이식 대기 환자에게 희망을 주었다. 처음 법안을 발의한 후 1년 2개월 만의 일로, 이로부터 뇌사 추정자에 대한 의료기관의 신고를 의무화하여 장기기증 기회를 증가시키고 장기

한국장기기증원 개소식 및
현판 제막식에서 축사하는
이애주 의원

구득기관을 통해 뇌사자들의 장기기증 전 과정을 관리하는 구체적 방안이 마련됐다. 뇌사자 기증은 생체기증이 불가능한 심장과 폐 이식도 가능하고, 한 명의 뇌사자 기증으로 최대 7~8명까지 혜택을 볼 수 있어 상대적 파급력이 컸다.

아동, 여성 등 언제나 약자의 편에서 생각하고 행동

이애주 의원은 특히 아동, 여성 등 약자의 편에서 법률을 개정하는 데에도 게을리하지 않았다. 근친에 의한 성폭력은 가중의 정도를 높여 처벌하고자 [성폭력 범죄의 처벌 및 피해자보호 등에 관한 법률안]을, 입양기관의 불충분한 입양 상담을 방지하기 위해 입양기관이 입양 상담 시에 제공하여야 하는 양육과 입양에 관한 정보의 제공 내용을 법률에 규정하는 [입양 촉진 및 절차에 관한 특례법 일부개정 법률안]을,

경력단절 여성을 일정 수준 이상 고용하는 사업주에게는 고용지원금을 지급하여 경력단절 여성의 경제활동에 실질적인 지원책을 마련할 수 있도록 [경력단절 여성 등의 경제활동 촉진법 일부개정 법률안]을, 5년마다 아동종합실태조사를 시행하고 아동복지서비스를 법제화하여 아동정책을 효과적으로 수행하기 위한 [아동복지법 일부개정 법률안]을 발의하였다.

2011년에도 부모의 양육비용 부담 경감을 위해 표준보육과정을 운영하도록 하고, 24개월 미만의 영아와 일정 시간대에 특별활동 프로그램 운영을 제한하도록 하는 [영육아보육법 일부개정 법률안]을, 경찰이 가정폭력신고를 받고 출동 시 행위자의 말에만 의존하지 않고 직접 피해자의 안전 여부 등을 확인하도록 하여 피해자의 안전을 확보하고자 하는 [가정폭력 방지 및 피해자 보호 등에 관한 법률 일부개정 법률안]을 발의하였으며, 노인복지주택 분양 및 임대 시 입소자격 등을 고지하여 불이익을 당하지 않도록 방지하는 [노인복지법 일부개정 법률안]을, 국가나 지자체가 도시 저소득주민 밀집 주거지역이나 산업단지에 국공립 보육시설을 우선적으로 배치하여 근로자의 육아 부담과 기업의 인력관리 어려움을 덜고자 하는 [영유아보육법 일부개정 법률안] 등을 발의하였다.

이와 같은 활발한 입법활동에 대해 2010년 8월 7일 〈헤럴드경제〉는 "한나라당 복지위 3인방 의정활동 비지땀"[11]이란 제목으로 이애주 의원, 손숙미 의원, 원희목 의원 등이 함께 보건·복지 분야에서 시급히 필요한 법안을 발의하거나 폐해가 심각한 문제에 대한 정부의 대책을 촉구하는 등 열정적 의정활동을 하고 있음을 보도하였다. 또한 〈한국일보.)에서도 "맹탕 국감(2010년) 속 '매운맛 28인' 돋보였다."며 보건복지위원회 소속 한나라당 이애주 의원이 국내 유일의 법정모금 기관인 사회복지공동모금회 직원들의 공금 유용 실태를 밝혀냈음을 알리기도 하였다.[12]

한편, 이애주는 이렇게 왕성한 입법활동을 위해 늘 연구하고 공부하는 의원으로 유명했는데, 2011년 2월에는 국회도서관 전자도서관 이용 부문에서 박선영 의원(자유선진당)과 함께 최우수 의원으로 뽑히기도 하였다.[13] 이런 이애주 의원을 두고 '꽉 찬 수레'라는 별칭이 생기기도 했다.

'파독간호사에 대한 역사적·사회적 재평가' 국민에게 알려

이애주는 2008년 의정활동과 함께 파독간호사들에 대한 재평가 작업을 시작하여 2011년 3월 31일, 『파독간호사에 대한 평가연구 보고서』를 완성하였다. 파독간호 프로젝트는 1960~1970년대의 한국 간호계에 큰 영향을 미쳤다. 특히 간호 인력의 장기적 수급계획과 간호보조원제도에서 가장 크게 나타났다. 한국의 경제 발전에 기여하였고, 유럽과 북미의 한인사회를 만들어간 중요한 계기를 마련하기도 했다. 또한 한국뿐 아니라 서독의 지속적 경제 발전에도 상당한 기여를 하였다.[14] 이 시기는 한국의 간호계의 제도적 형성기에 해당한다고 할 수 있다.

이애주는 1960년대 독일로 건너갔던 파독간호사들의 역할과 삶에

좌 2010.2.24. 남해마을 거주 파독간호사들과 심층 면담 후 기념사진(앞줄 4번째)
우 『파독간호 평가사업 최종보고서』

대해 2년여 동안 추적하여 역사학적·인류학적·사회학적·간호학적 가치를 재평가하고, 간호사들의 업적을 널리 알리고 보존하며, 현재까지도 계속되는 여러 문제들을 풀어내기 위해 노력했다. 그는 2008년 8월부터 파독간호 보고를 위한 자료 수집과 분석을 시작으로 2009년 2월 16일부터 5차례 걸친 파독 간호사들과의 좌담회를 실시하고, 남해 독일인 마을을 방문하여 그곳에서 거주하고 있는 파독간호사와 심층 면담도 실시하였다. 2010년 6월 17일에는 '파독간호사 45년 역사를 묻는다'라는 주제로 정책 세미나를 열고, 같은 해 7월에는 독일 프랑크푸르트, 본, 뮌헨, 함부르크 등에서 거주하는 파독간호사들을 직접 만나 심층 면담을 실시하는 등 각고의 노력 끝에 파독 간호사들에 대한 가치를 재평가하고, 그들의 업적을 전 국민에게 알리는 계기를 마련하게 되었다.[15]

당시 김황식 국무총리는 국가가 해야 할 일을 이애주 국회의원이 해주었다며 칭찬을 아끼지 않았다. 파독 간호사들은 50여 년의 세월 동안 고국에서 잊혀진 존재로 노후를 맞았다. 떠나온 고국에 뿌리를 두고 있다고 믿었기에 자신들의 존재를 고국이 잊지 않고 평가해주기만을 바랐다. 간호사 출신 국회의원이었기에, 이애주는 이러한 파독간호사들의 마음을 누구보다도 잘 공감했고, 마침내 파독간호사들에 대한 역사적·사회적 재평가를 이끌어 낼 수 있었다.

날카로운 질의, 합리적인 대안 제시로 베스트 의원이 되다.

이애주는 2009년 11월 9일 교육·사회·문화 분야 대정부질문을 통해 주당 20시간 이상 일하는 산후조리원 종사자에게도 정규직과 같은 4대 보험을 적용하고, 산모와 아이의 건강을 위해 산후조리비용 지원 범위를 확대할 것과 세 자녀 이상 가정의 자녀를 위해 30년간 한시적 대입특례제도를 도입할 것 등 여성의 경제활동 지원과 다자녀 가족을 위한 혜택을 확대할 것을 제안했다. 그 결과 대통령 직속 기관인 미래기획위원회에서는 이애주 의원의 제안대로 "자녀 대학 입학 특별전형 및 취업 시 우대방안을 적극적으로 검토하겠다."는 계획을 발표했다.

한편 이애주는 간호 인력 부족과 관련하여 총 간호사 면허소지자는 21만 명 이상인데, 이중 의료기관에 종사하고 있는 간호사 수는 약 10만 명 정도로 현장에서 일하는 간호사 비율이 낮음을 지적하였다. 이는 곧 중소병원 간호사 부족 문제로 직결되는데, 이러한 문제를 해결하기 위해 수도권 대형병원의 증축 제한, 중소병원과 대형병원 간 2배 이상의 임금격차 해소, 공휴일 근무 및 24시간 교대근무 개선 등 중소병원의 임금과 근무 환경을 개선하기 위한 질의에 힘을 쏟았다. 또한 유휴

국회 국정감사에서 질의하는
이애주 의원

간호사의 재취업이 간호 인력 부족을 해결하는 확실한 대안이라면서 9만 여 명에 이르는 유휴 간호사들의 재취업을 돕기 위한 정부의 구체적인 방안을 촉구했다.

이렇게 4년 동안 국정감사 등에서 꼼꼼하고 날카로운 비판과 함께 합리적인 정책대안까지 제시한 이애주는 시민단체와 언론인으로부터 인정을 받았다. 무엇보다 함께 일하는 동료 의원들로부터 '베스트 의원'이라는 평가를 받았는데, 이는 끊임없이 연구하고 노력한 대가였다. 이애주 의원은 국정감사NGO모니터단이 뽑은 '2010년 우수 국감의원', 2010년 동료 의원이 뽑은 '베스트 국감의원', 한국일보 선정 '국정감사 여·야 베스트 의원', 2010년 한나라당이 선정한 '국정감사 베스트 의원' 등에 선정되었다. 또한 2011년 6월 22일 국회 헌정기념관에서 〈대한민국 헌정상〉 우수상을 받았다. 〈대한민국 헌정상〉은 법률소비자연맹이 18대 국회의원들을 대상으로 의정활동 중 본회의 출석률, 대정부질문

재석률, 의안 표결 참여율, 법안 발의 현황 등 10가지 항목을 종합 평가해 수여하는 상이다.[16]

한편, 이애주는 2011년 여성계가 선정한 〈18대 국회 젠더마이크〉에도 선정되었다. 여성신문사 주관으로 18대 국회에서 활동 중인 여성의원 45명 가운데 대정부 질문과 국정감사 질의를 분석한 결과에 의해 여성의 권익을 위한 발언을 열심히 한 12명이 선정되었는데, 그중 한 명으로 이애주 의원이 뽑혔다.[17] 이를 두고 정치학자인 김형준 명지대 교수는 "'젠더마이크' 여성의원은 여성을 대변하는 목소리를 낼 책무가 있으며 그런 점에서 성평등 의식이 높은 여성의원들을 '젠더마이크'로 선정하여 격려하는 것이 의미가 있다."고 평가하였다.

사회적 약자 보호를 위한 실제적 대안 마련을 위한 노력

이애주는 여성, 청소년, 다문화 가정 등 우리 사회에서 약자로 구분되는 사람들을 위해 실제적인 대안을 마련하려고 노력했다.

그는 2010년 10월 보건복지위원회 국정감사에서 보건복지부를 향해 국민연금이 원칙 없이 투자되고 있는 현실을 지적하고 쇄신안 마련을 요구하였다. 또한 횡령 및 과다 지출이 의심되는 다문화지원센터 예산의 문제점을 지적하고 관리 매뉴얼 마련을 촉구하는 한편, 양육수당과 기초노령연금 부당수급자 등 사회복지급여 부당 지급에 대한 대책 마련을 촉구했다. 그리고 대형병원과 지방 중소병원 간 간호 인력의 부인부 빈익빈 현상을 지적하고 간호등급제 개선안 마련, 종합병원의 수술 건수 공개를 통한 환자들의 선택권 보장의 필요성을 지적하고 사회·경제적 수준에 따른 의료서비스 이용의 불평등 관행을 개선할 대책 마련을 요구했다. 그밖에도 성매매·성희롱 등 성적 비위를 저지른 공무원들에 대한 적절한 징계 규정 개정 요구, 민간 보육시설의 식자재 관리가 철저하게 이루어지도록 질적 수준 향상을 위한 대책 마련을 촉구하기도 했다.

식품의약품안전청 국정감사에서는 "약국에서 환자·보호자에게 의약품을 조제·판매할 때 복약 설명서를 반드시 지급하도록 해야 한다."고 지적함으로써 의약품 오남용으로 발생하는 피해를 줄이기 위한 대책을 마련했다.

여성가족부 국정감사에서는 10대 청소년 성폭력 문제의 심각성을 지적하고, 청소년의 성폭력범죄를 근절하기 위한 홍보물 제작과 교육 등 실효적 방안을 강구해 줄 것을 요청하는 한편, 청소년이 술, 담배 등에 쉽게 노출되지 않도록 예방대책을 수립할 것을 건의했다.

이상에서 살펴보듯, 이애주는 늘 사회적 약자들에 필요한 대책을 찾아 동분서주하였다. 그는 국정감사를 준비하면서 민생과 관련한 가장 시급한 문제를 먼저 해결하도록 요청하였으며, 답변을 위한 답변이 아닌 실제적인 대안이 마련되도록 집요하게 묻고 또 물었다.

이애주의 국정감사 활약은 여성의 권리 향상에서도 두드러졌다. 2011년 10월 보건복지위원회 보건복지부 국정감사에서 보건복지부 26명 간부급 직원 중 여성이 단 1명임을 지적하고, 전문성과 경험을 두루 갖춘 여성 간부들이 임명되어 책임감 있게 일할 수 있도록 공정한 기회를 제공하도록 요청했다.

그밖에도 장기이식 수술을 위해 한국을 방문하는 외국인의 경우 기증자와 수증자가 함께 오는 경우가 많은데, 이때 필요한 의료절차를 마련해 줄 것과 항생제 오남용 대책, 국민연금 여성가입자 비율 확대 방안 마련, 병원 감염관리 강화 방안 마련, 다문화가정 이주여성 교육문제 등을 질의하여 다양한 인권이 보장되고 확대될 수 있도록 기틀을 다졌다.

일하는 국회, 연구하는 국회를 만들기 위해

이애주는 살아있는 정책을 만들기 위해 6권의 정책자료집을 꾸준히 발간하였다. 2009년 10월 『10대 성폭력 피해자 임신중절수술 현황과 정책과제』 자료집에 성폭력 피해자에 대한 대책을, 『항생제 처방 감소정책의 문제점과 대안』 정책집에는 정부의 항생제 처방 감소정책에도 불구하고 노인층의 항생제 처방이 오히려 증가하고 있는 현실을 지적했다.[18] 이외에도 『건강보험 재정 안정화 과제』, 『유명 연예인의 자살로 인한 사회적 영향과 대책』, 『근로빈곤층을 위한 자활사업 실태와 정책적 과제』 등을 정책자료집에 담아 개선방안을 모색하였다.

또한 2009년 10월에는 '간호사 근무 형태 다양화와 근로환경 개선을 위한 정책토론회'를 개최하여 저임금, 3교대 근무 형태, 육아 지원시설 부족으로 일을 그만두는 유휴 간호사 9만 명에 대한 일과 가정 양립을 위한 해법 마련을 위한 토론회 등을 개최하였다. 2009년 11월에는 대한간호협회와 함께 '간호사, 왜 중소병원을 떠나는가'라는 주제로 정책토론회를 열어 간호사들이 중소병원을 떠나지 않도록 낮은 임금과 열악한 근무환경 등을 개선하는 일, 간호관리료의 원가 보전 현실화, 야간 및 휴일 간호관리료의 신설 등을 논의하여 공감대를 확산시키기도 하였다. 2010년 9월에는 '별정직 보건의료원 일반직화를 위한 여야 합동 공청회'를 한나라당 이인기 의원, 민주당 양승조 의원, 백원우 의원, 자유선진당 이명수 의원 등과 공동으로 주최하기도 하였다.

이외에도 '의약분업 시행 10년 평가와 발전 방안 모색', '병원 인력의 현실과 새로운 해법 모색', '일하는 여성의 노후소득 보장 국민연금의 가입에서 수급까지' 등 다양한 주제를 가지고 정책토론회를 개최함으로써 항상 현장에서 국민의 목소리를 청취하고, 이를 정책에 반영하기 위해 애썼다.

이애주는 "국회는 국가와 국민만을 생각하며 일하는 조직이다."라는 신념을 가지고 살아왔다. 때문에 그는 "국회의원은 개인의 욕심을 버리고 오로지 국가를 위하고 국민에게 봉사하는 마음으로 의정활동을 하는 것이 바람직하다."라고 주장한다.

특별히 비례대표 국회의원의 중요성을 강조한 이애주는 "국회가 다양한 분야에서 실제적이고 효과적인 정책을 개발하기 위해 교수, 연구자, 노동자, 여성 등 사회 각 영역에서 경력을 쌓은 능력 있는 인사를 더 많이 확충함으로써 더욱 전문성과 대표성을 강화해야 한다."고 역설했다. 즉, 정당의 입맛에 맞는 인사를 무분별하게 추천하는 비례대표 공천을 개혁하여 실질적으로 전문성을 갖춘 의원들이 의정활동을 수행할 수 있도록 적절한 기준을 마련해야 한다는 얘기다. 그는 지역주의, 학벌주의 등 인습적 관행을 철폐하고 지역만을 위한 의정활동이 아닌 범국가적인 차원의 정치를 할 수 있는 전문인들이 등용되길 희망했다.

자신의 경우만 봐도 '39년의 전문 간호인의 경험'이 의정활동에 참으로 유효했기 때문이다.

국회의원을 마무리하면서, 우리나라 [의료법]이 1951년 법률 제221호로 제정되어 매우 오랜 역사를 갖고 있지만, 어려웠던 당시와는 다르게 지금은 많은 발전과 변화가 있는 만큼, 현실에 맞는 국민의 건강권 보장을 목표로 개정하기를 바랐는데 이를 실현하지 못한 것을 최대의 아쉬움으로 꼽았다. 그리고 자신의 뒤를 이어 국회를 책임지는 후배 국회의원들에게 간호업무 관련해서 "의료 혜택이 부족한 지역의 임산부를 위하여 조산사 훈련과정을 부활시켜 전문 조산사를 육성해 달라"고 부탁하는 것을 잊지 않았다.

이애주는 간호사 출신 국회의원으로서 '일하는 국회, 연구하는 국회'를 만들기 위해 끝까지 노력했다.

세계와의 활발한 교류를 통해 정책의 폭 넓혀

이애주는 세계와의 교류에도 적극적으로 나섰다. 2010년 3월 1일부터 2일까지 2일간 미국 뉴욕 유엔본부에서 개최된 제54차 유엔여성지위위원회 의원회의에 신낙균 의원 등과 함께 참석하여 여성권리 향상과 관련된 주요 이슈를 청취하고, 국내 입법 과정에 적극적으로 반영하기 위한 방안을 마련했다. 한편, 국내법의 선진 사례를 소개하여 국제사회에서 한국의 위상을 제고하는 등 큰 성과를 거두기도 하였다.

특히 이애주는 2세션에 참가하여 국제적으로 관심이 높아지고 있는 '성별영향평가', '성인지예산', '성인지통계' 등의 지원을 위한 법적 근거, 정책 등을 소개함으로써 대한민국이 국제적 관심사에 적절히 대응하고 있음을 알리는 기회를 가졌다. 아울러 반기문 유엔 사무총장을 예방하여 여성권익 신장 및 여성폭력 근절에 대한 폭넓은 의견을 교환하였으며, 동포 여성 지도자 육성 방안도 논의하였다.[19]

2011년에도 미국 뉴욕 유엔본부에서 개최된 제55차 유엔여성지위위원회 의원회의에 최영희 의원 등과 참석하였다. 그는 '여성 및 여아의 교육, 훈련, 과학, 기술에의 접근 및 참여 기회를 높이기 위한 의회의 역할'이란 주제로 열린 ICT(정보통신기술, Information & Communication Technology) 관련 회의에서 여성의 대표성을 확보하고 정책 전반에 성평등 관점을 통합시키려는 우리 정부의 의지를 소개하고, 다양한 계층의 여성들에게 실질적으로 도움을 줄 정보화정책의 필요성을 역설하였다.[20]

이애주는 2009년 12월 16일부터 23일까지 한나라당 송광호 국회의원 등 4명과 함께 러시아 모스크바, 상트페테르부르크에서 열린 '제9차 한·러의원외교협의회 합동회의'에 참석하여 북핵문제를 비롯한 6자회담 등 외교 현안 해결을 위해 러시아와 한국 간 관계의 중요성을 역설하였다. 또한 양국 간 경제, 자원 협력에 있어 연해주 지역에서 활동하는 우리 농업기업의 어려움 등을 설명하고 협력방안을 논의하였다.

2011년 1월 18일부터 14일까지 스페인, 그리스를 방문하여 스페인 마드리드 자치대학 Gerardo Meil 사회학과장 면담과 그리스 노동사회보장부 Anna Dalara 부장관 및 노동사회보장위원회 면담을 통해 방문국의 연금제도, 무상급식제도, 사회복지제도 관련 사안에 대한 의견을 교환하였다.

정치활동 이후 손주들에게
마음을 나누는 한 달에 두 번씩 손편지 써

이애주는 4년간의 국회의원을 마치고 한국관광공사에서 3년간 사외이사를 하였다. 국회의원으로 재임할 시에도 한국의료관광포럼에도 참석하는 등 관심이 많았던 분야여서, 이사업무를 하는 동안 한국의료관광에 대한 개선사항을 꾸준히 연구하고 현장에 접목하기 위해 노력했다. 그는 고부가가치를 낳는 의료관광산업을 활성화하기 위해 의료서비스산업의 발전이 선행되어야 한다는 것을 거듭 강조하였다.

이애주는 39년간의 간호업무와 4년간 국정 업무를 수행하면서 자신의 아이들과 함께하지 못한 미안함이 늘 마음에 걸렸다. 일하는 엄마여서 아이들하고 숙제도 같이 못 하고, 각종 발표회, 운동회, 소풍 때에도 동행 못 한 미안함이 가득했다. 그래서 그동한 못 한 자식 사랑을 손주들에게 쏟고 있다.

이애주는 지금도 5명의 손주들에게 한 달에 두 번씩 손편지를 쓴다. 이 손주들이 아주 어렸을 때부터 손편지를 시작해, 아들, 딸이 대신 읽어주기도 했다. 이 손편지는 손주들에게 할머니의 사랑을 확인하는 선물이자 더 넓은 세상을 향해 나아가는 지표가 되고 있다. 평생을 다른 사람들을 위하는 마음으로 헌신하며 살아낸 이애주의 정신이 이제는 손편지에 담겨 손주들에게 전수되고 있다.

| 집필: 박경순 |

| 미주 |

1) 이애주, 『걸어온 길에 남겨진 이야기들』 2004, 도서출판 현문사, p.103.
2) 서울대학교병원, 『History of Nursing(1906~2020)』 2021, p.62.
3) 서울대학교병원, 『History of Nursing(1906~2020)』 2021, p.62.
4) 나이팅게일 기장은 1850년대 영국, 프랑스, 터키 등의 연합군과 러시아군이 크림반도와 흑해를 둘러싸고 벌인 '크림전쟁' 당시 부상자 간호에 헌신한 영국 간호사 나이팅게일의 업적을 기리며 제정한 상이다. 이 상은 나이팅게일 탄생 100주년이 지난 1920년부터 2년마다 한 번씩 간호활동에 큰 업적을 이룬 이들을 국제적십자위원회가 전 세계 50명 이내로 선정해 수여한다.
5) 〈한국일보〉, 2017.5.16.
6) 여성의정, 『한국의 여성정치를 보다』 제4편 자료편, 2018. pp.448~450
7) <2008년 이애주 의정보고서>
8) <2009년 이애주 의정보고서>
9) <국민일보>, 2010.3.23.
10) <2010년 이애주 의정보고서>
11) <헤럴드경제>, 2010.8.7.
12) <한국일보>, 2010.10.23.
13) <서울경제>, 2011.2.17.
14) 이애주 등, 『파독간호 평가사업 최종보고서』 2011, 맑은 기획.
15) <2011년 이애주 의원 종합 의정보고서>
16) <뉴시스>, 2011.6.22.
17) <경향신문>, 2011.12.4.
18) <2011년 이애주 의원 종합 의정보고서>
19) <제54차 유엔여성지위위원회 의원회의 참석 결과보고서>, 2010.6.
20) <제55차 유엔여성지위위원회 의원회의 참석 결과보고서>, 2011.8.

제18대 국회의원
이영애 李玲愛

생명존중과 생명윤리에 앞장선, 최초 여성 부장판사 출신 국회의원

1948 서울 출생
1971 서울대학교 법과대학 졸업
1971 제13회 사법시험 합격
1977 미국 하버드 로스쿨 법학 석사(LL.M.) 취득
1993 언론중재위원회 제1중재부 부장
1999 서울고등법원 부장판사 (~2004)
2004 춘천지방법원 법원장
2005 삼성생명공익재단 이사 (~2013)
2006 법무법인 바른 고문 변호사 (~2013)
2008 제18대 국회의원
2008 국회 지식경제위원회 위원
2010 국회 환경노동위원회 · 기획재정위원회 위원
2010 국제존타 32지구 총재
2012 국가인권위원회 정책자문위원 (~2016)
2014 법무법인 산지 고문 변호사 (~현재)

형제 많은 집안에서
서로 돕고 배려하는 방법 미리 터득해

이영애는 1948년 9월 21일 서울에서 아버지 이경호, 어머니 진종순의 4남 3녀 중 둘째 딸로 태어났다. 보건사회부 장관을 역임한 아버지는 원리원칙을 매우 중요시하였으며 공부하는 것을 좋아해 평생을 헌법 연구하는 데 전념하였다. 어머니는 경성여자의학전문학교[1] 1회 졸업생으로 일하는 여성, 여의사 1세대였다. 개업하여 의사를 하다가 자녀들을 양육하기 위하여 의사를 그만두었다. 그러나 일하는 여성에 대한 자부심은 매우 강했으며, 어머니는 자녀들이 많았음에도 일일이 간섭하거나 구속하지 않고 자유롭게 본인의 생각을 키울 수 있도록 집안 분위기를 만들었다. 어머니는 의사라는 직업에 자부심이 매우 컸으며 적극적인 성격을 가지고 있었으나 딸이 직장을 갖는 것을 권장하지는 않았다. 일과 가정을 병행하면서 본인이 직접 어려움을 느꼈기 때문이었다.

이영애는 이러한 반듯한 집안 분위기에 맞는 모범적인 학생으로 성장하였다. 학교에서나 가정에서나 규칙을 잘 지키고 도리에 어긋나는 일은 하지 않았다. 이영애는 본인이 좋아하는 것을 집중해서 깊이 있게 공부하는 것을 무척 즐겼다. 일곱 명이나 되는 형제들끼리의 삶이 북적북적하였지만 서로 도와주고 격려해주는 가정이 사회생활을 미리 체험할 수 있는 좋은 사회훈련소가 되었다.

사법고시 '수석 합격'. 여성 최초의 기념비를 세우다.

이영애는 경기여고 시절 공부 잘하고 학교 규칙을 잘 지키는 모범생이었다. 평소 앞에 나서지 않고 말없이 조용히 지내는 이영애는 책이 많지 않던 시절임에도 문학 전집이나 역사책을 즐겨 읽었다. 대학교 때에는 『사기(史記)』 번역서를 즐겨 읽었는데, 그때 많은 책을 읽은 것이 나중에 생각을 깊게 하고 멀리 보며 사는 데 큰 도움이 되었다.

이영애는 대학에 진학할 때 법학과를 선택했다. 독서를 통해 논리적 사고를 키워 온 데다, 차분히 연구하는 천성 탓에 법학과의 주요 전공 과목들을 공부하는 데 어려움이 없었다. 당시 서울대학교 법과대학에 진학한 동기 160명 중 여학생은 단 2명이었다. 늘 책을 놓지 않는 성실함으로 공부한 이영애는 제13회 사법고시에서 대한민국 여성 최초로 수석 합격의 영광을 안았다. 아울러 서울대학교 법과대학 수석 졸업도 이영애의 몫이었다. 사람들은 수석 졸업과 동시에 수석 합격을 차지한 이영애를 두고 '기념비적 업적'이라며 칭찬했지만, 정작 이영애 자신은 연거푸 수석의 영광을 차지하리라고는 전혀 예상 못 했다. 그는 수석의 공부 비법을 묻는 질문에 "수업을 열심히 듣고 기본을 튼튼히 하면 어떤 문제가 생겨도 다 해결할 수 있다는 평범한 진리를 믿었다."며, '단순하지만 그래서 더 비범한' 답변을 하여 주변을 놀라게 했다.

1971년부터 1973년까지 2년간 사법연수원 생활을 마치고, 드디어 서울민사지방법원 판사로 발령이 났다. 이후 3년간 판사로 바쁜 일상을 보내던 이영애는 공부에 대한 욕심과 더 넓은 세상을 경험하고 싶은 소원에, 마음의 결단을 내리고 미국행 비행기를 탔다.

1977년 미국 Harvard Law School LL.M. 과정에 입학하였다. 이영애는 무엇보다 Law School에 여학생이 많은 것에 놀랐다. 자신이 경험한 서울대학교 법과대학에서는 학부 정원 160명 중 여학생이 2명에 불과했는데, Harvard Law School은 여학생 비율이 20~25%에 달했다.[2] 뿐만 아니라 남녀차별 없이 똑같이 활동하는 것도 부러웠다. 미국에서 만난 사람마다 "미국인이라면 법을 잘 지켜야 한다."는 의식이 매우 강했고, 일상에서 발생하는 어려운 문제를 법을 통하여 해결하려고 노력했다. 그렇게 이영애는 미국에서 공부하고 생활하며 새롭고 넓은 세상에 눈을 떴다.

'여성 최초'의 길을 개척한 이영애 부장판사

Harvard Law School에서 법학 석사학위를 취득하고 귀국한 이영애는 1978년 서울민사지방법원 판사로 복직하였다. 이후 1980년~1982년에는 서울형사지방법원 판사, 1982년~1986년까지 서울가정법원, 인천지방법원, 서울고등법원 판사를 두루 역임하였다. 그리고 대법원 재판연구관을 거쳐 1988년 여성으로는 처음으로 수원지방법원 부장판사로 발령을 받았다. 당시에는 여성이 부장판사에 임명된 사실만으로도 큰 화제가 되었다. 하지만 이것이 끝이 아니었다.

1991년에는 서울지방법원 동부지원 부장판사를 역임하고, 1992년 여성 최초의 사법연수원 교수 등을 거치면서 '여성 최초'라는 수식어를 달고 다녔다. 1993년에 서울민사지방법원 부장판사를 거쳐 1995년 8월에 대전고등법원 부장판사에 임명되었는데, 한국 근대 사법 100년 사상 고등법원 부장판사로 여성이 임명된 최초 사례였다. 이러한 업적에 힘입어, 이영애는 그해 10월 한국여성단체협의회가 수여하는 〈올해의 여성상〉을 수상했다.

1998년에 특허법원 부장판사, 1999년에 서울고등법원 부장판사에 임명되었으며, 이후 2004년 2월 최초의 여성 법원장으로서 춘천지방법원장에 임명되었다.

이영애는 2004년 8월 퇴임하기 전까지 30여 년간 판사로 재직하며, 민사·형사·가정·조세·행정 등 거치지 않은 분야가 없었다. 그는 이론과 실무 모두에 능하면서 뛰어난 법적 균형 감각마저 가진 것으로 정평이 났다. 이영애는 판사는 비록 소수이지만 그들이 내리는 판결은 개인으로부터 사회 전반에 큰 영향을 주기 때문에 그만큼 큰 책임감을 가져야 한다고 강조한다. 그는 "내가 내린 판결로 누군가의 일생이 뒤바뀔 수 있다고 늘 생각하고 있다. 때문에 공정한 판결을 내리기 위해서는 무엇보다도 인간에 대한 이해와 성찰이 필요하다."고 말했다.

"판사는 본인만의 철학이 아니라 보편타당한 가치관을 가져야 하고, 기본적인 법의 정신을 충실히 따르고 있으면 답이 나온다. 법의 기본이 무엇인지에 대해 항상 공부하고 생각도 많이 하고 책도 많이 읽음으로써 자신의 가치관이 정립되어 있어야 그때그때 올바른 결론이 나온다."[3]

부녀 국회의원, 부부 국회의원

이영애는 2008년 자유선진당에 입당하면서 정계에 입문하여, 제18대 총선에서 비례대표 1번으로 국회의원이 되었다. 이는 제15대 감사원장과 제26대 국무총리를 역임하고 자유선진당을 창당한 이회창 총재와의 인연이 계기가 되었다. 당시 '대쪽 판사'라는 별명으로 유명했던 이회창 총재가 사법연수원에서 교수와 제자로 만난 이영애를 기억하여 영입한 것이다.

당시 이회창 총재는 제15대, 제16대 대통령 선거에서 연거푸 낙선했지만, 2008년 2월 자유선진당을 창당하면서 함께할 인재를 영입하려고 분투하고 있었다. 그는 뛰어난 제자이자 동료였던 이영애에게 국회에서 나라와 국민을 위해 함께 일하자고 제안하였다. 그리고 이영애는 스승이자 지표와 같은 선배 판사 이회창 총재를 믿고 수용하여 국회의원이 되었다. 이로써 아버지 이경호 의원(제10대)과 남편 김찬진 의원(제15대)에 이어 이영애까지 국회의원이 되자, 사람들은 '부녀 국회의원' 혹은 '부부 국회의원'이라며 가족의 매우 특별한 역사를 칭찬했다.

정치입문의 계기를 묻는 기자의 질문에, 이영애는 "처음 국회의원 권유를 받았을 때 나는 정치와 안 맞는 사람이라고 생각을 굳게 하고 있어서 사양하였다. 그러나 당시 우리나라의 보수주의가 너무나 힘을 잃고 있어서 보수주의를 추구하는 정치세력이 반드시 필요하다는 생각을 했다. 또한, 보수주의의 핵심은 '인간의 존엄을 최고의 가치로 삼고 그 가치를 지키기 위하여 기본권을 존중하는 것'이며 '기본권 중의 기본권이 생명권'이라는 생각이 나를 여의도로 이끌었다."고 답했다.

국민의 생명과 안전을 최우선 하는 의정활동

2008년 제18대 국회의원이 된 이영애는 무엇보다 '국민의 생명과 안전'에 의정활동의 초점을 맞추었다. 전반기에는 지식경제위원회, 후반기에는 환경노동위원회와 기획재정위원회 위원으로 활동하였으며 어느 위원회에서나 국민의 생명권 보호와 안전에 관련된 정책을 질의하고 대안을 마련하고자 노력하였다.

상임위원회 활동 외에도 각종 세미나를 개최하여 학계의 연구와 시민의 의견을 수렴하고, 이로부터 필요한 정책을 마련하기 위해 연구를 게을리하지 않았다. 이영애는 '국회현장경제연구회', '선진정치경제포럼', '미디어정치2.0' 등의 연구단체에 참여하면서 한 번 주어진 과제는 기필코 해결한다는 각오로 최선을 다했다.

이영애는 2008년 국정감사에서 환위험관리, 중소기업 지원창구 단일화 필요성, 중소기업 정책자금 지원기준, 러시아 PNG사업, 바이오에너지, 해외 지원개발사업 등에 대해 질의를 했으며, 2009년에는 중소기업 지원, 재래시장 현대화 사업, 신성장동력 사업, 녹색성장, 원전시설 밀집도, 외국 특허관리 전문회사 등에 대한 질의를 하였다. 2010년도에는 여성고용의 질, 경력단절 여성 재취업문제, 산전·후 휴가급여, 노동시장 유연성, 풍력발전소문제, 유전자 변형 안전관리 등에 대한 질의를 하였다. 2011년도에는 물가관리, 대형유통업체수수료, 공공기관 여성임원 비율, 체납세액 징수, 불법낙태약 회수, 식품안전 관련 통계, 가축분뇨 에너지화 시범사업 등에 대한 질의를 하였다.[4]

이영애는 4년간 국회의원을 지내면서 특히 '생명존중'에 많은 노력을 기울였다. 이영애는 '인간의 존엄'이라는 헌법의 최고의 가치를 믿었고 천주교 서울대교구 생명위원회의 〈Pro-Life 운동〉에 참여하면서 생명의 침해가 얼마나 여러 곳에서 다양한 형태로 자행되는지를 알게 되었다. '생명존중운동'이야말로 보람 있고 가치 있는 일이라는 것을 깨달은 것이다.

2000년대 초 인간배아 줄기세포로 치료제를 만들기 위해 인간의 배아를 파괴해야 하는 것이 윤리적으로 괜찮은가에 대한 논의가 우리 사회를 들끓게 했다. 이때 천주교회는 '생명존중'이라는 교회의 기본 가치를 적극적으로 수호하고자 교구장 정진석 추기경 주도 하에 '천주교 서울대교구 생명위원회'를 설립했으며, 이영애는 '법조위원장'의 임무를 맡아 함께하게 되었다. 천주교회는 인간의 배아는 세포가 아닌 생명이라며, 이를 파괴하는 것은 '살인'과 같은 범죄라고 단언했다. 이영애는 이러한 생명윤리에 관한 문제의식을 가지고 국회에서 [생명윤리 및 안전에 관한 법률 개정안], [모자보건법 개정안], [유전자 변형생물체의 안전성 확보에 관한 법률 제정안], [보조생식에 관한 법률 개정안] 등 4건의 법안을 발의하였다.

이영애가 발의한 [생명윤리 및 안전에 관한 법률개정안]은 당시 시행되던 [생명윤리 및 안전에 관한 법률]이 생명공학의 안전성 확보라는 측면에서 효과가 있지만, "인간의 존엄과 가치 보호, 자율성 존중, 취약한 대상자 보호 등 생명윤리의 기본원칙"에 관한 배려는 매우 미흡하고, "배아 및 줄기세포, 유전자에 한하여" 생명윤리적 문제를 규율하고 있어서 이를 적극 개정하여 생명윤리적 문제 일반을 다룰 수 있도록 개선한 것이다.

인간 생명 존중과 관련된 국가정책 및 재정지원 대안 제시

이영애는 2008년 국회 지식경제위원회 산하 특허청 국정감사에서 줄기세포 특허 출원과 관련하여 질의했다. 그는 세계적으로 생명과학과 인간의 존엄에 대한 국제적 심사 기준은 상업적 이용을 목적으로 공공질서와 윤리에 반하는 발명을 한 경우 특허를 부여할 수 없도록 규정하고 있는데, 우리나라 특허청의 심사 기준은 생명윤리 위반 여부에 대하여 판단하기에 충분하지 않음을 날카롭게 지적하였다. 생명공학 관련 특허에서는 다른 무엇보다 먼저 생명윤리 위반 여부를 심사해야 하고, 모든 법과 제도는 헌법에 명시된 '인간의 존엄과 가치'를 최우선으로 삼아야 함을 주장한 것이다.

이어서 2008년 10월 24일 국회 지식경제위원회 산하 지식경제부 국정감사에서는 '바이오스타 프로젝트' 생명윤리 심사와 관련하여 엄격한 심사와 관리의 필요성을 제기했다. 2001년 3월에 [유전자변형생물체의 국가간 이동 등에 관한 법률]이 제정되고, 2005년에는 [생명윤리 및 안전에 관한 법률]도 제정되었는 바 산업화와 고부가가치만 좇다 보면 인류는 재앙을 맞이할 것이라고 경고했다. 아울러 지식경제부의 고시인 '바이오스타 프로젝트 과제' 선정 기준에 기술성 요소(50%)와 사업성 요소(50%)만 있어서 의료윤리 문제나 생명윤리 문제를 평가할 항목이 전혀 없음을 지적하였다.

2009년 2월 25일 지식경제위원회 전체 회의 지식경제부 업무보고에서는, 선진국의 경우 나노기술의 위험성을 경고하는 의견에 따라 '나

| 지식경제위원회 국정감사에서 질의하는 이영애 의원 (2008.10.9.)

노기술 연구 프로그램'을 만들어 나노소재가 우리 환경과 건강, 안전에 미치는 위험을 연구하는 입법을 추진하거나 안정성을 분석하는 등 활발하게 대안을 마련하고 있는데, 우리나라에서는 신소재를 개발할 때 위험성, 안정성을 어떻게 분석하고 어떻게 정책에 반영하는지를 질의하고 제도적으로 철저히 챙겨줄 것을 당부했다. 또한 이영애는 2009년 10월 23일 지식경제부 국정감사 시 무균돼지 생산 지원과 관련하여 생명윤리에 관한 정책을 챙겼다.

"장기이식 대기자가 1만8천여 명에 이르고 이중 이식받는 사람은 10%에 불과합니다. 이식장기 부족을 해결하기 위하여 이종장기 및 이식술에 대한 연구 개발이 진행 중이고 최근에는 면역 거부반응이 없는 '형질전환 복제 미니돼지'가 생산되기도 하는바, 지식경제부는 이와 관련하여 실용 가능한 바이오 인공 췌장 생산 및 상업화 기반을 마련하고자 올해 6월부터 5년간 약 19억5천만 원의 연구비를 지원하는 것으로 알고 있습니다. 또한 당뇨병 치료와 관련하여 형질이 전환된 미니돼지의 췌장 세포를 이용한 이종 이식제재가 생산될 것으로 예상됩니다. 그런데 이러한 생명공학 연구사업에서 '생명'에 대한 윤리적 기준을 준수하고 또 안정성을 검증할 체계가 부족하다는 지적이 많습니다. 여기에 더 신경을 써 주시길 바랍니다."

아울러 나노기술이 인체의 건강과 환경에 미칠 위해성에 대한 이해가 부족하고 기술적 통제 또한 불확실하다고 지적하며 이와 관련된 대책 마련을 요구하였다. 이영애의 이러한 '생명윤리와 안전성'에 대한 관심은 일회성이 아니라 지속적이고 끈질긴 노력으로 이어졌다. 그는 2009년 11월 16일 제284회 정기회 지식경제위원회 전체 회의 지식경제부 소관 2010년도 예산안 심사 시에도 거듭 주장하였다.

일과 가정 양립을 위한 여성 지원사업 개발

이영애는 여성의 일과 가정 양립을 위하여 2010년 10월 8일 환경노동위원회 서울지방고용노동청 국정감사에서 "일과 가정 양립 지원사업으로 직장 내 보육시설이 필수사업이고 정부가 발표한 제2차 저출

| '한일·일한 여성의원 포럼'에 참석한 이영애 의원 (2011.7.23)

산, 고령화 대책에도 직장 내 보육시설 미설치 업체 공개방안도 수립하고 있다. 2010년 8월 말 기준 의무 이행 대상 사업장 182개 중에 137개 소가 의무 이행을 한 것으로 나와 있다. 45개 소는 의무 이행을 하지 않았다."며 구체적인 조사 결과를 토대로 질의하였다. 이에 서울지방고용노동청은 본부에 건의해서 법 개정이나 강제성을 도입하도록 하겠다는 답변을 내놓을 수밖에 없었다.

또한 여성들이 출산을 꺼리는 이유와 관련하여 육아휴직을 마치고 직장에 복귀하면 승진 등 불리한 대우를 받는 것과 같은 경력단절 문제가 있다는 것을 지적하였다. 60일간의 산전·후 휴가 급여는 기업이 부담하도록 규정되어 있는데, 이것이 기업 입장에서 여성의 고용을 꺼리는 이유 중 하나라고 지적했다. 이영애는 이러한 어려움을 해결하기 위해 고용보험을 통해 산전·후 휴가 급여를 전액 보장해 줄 것을 고용노동부에 건의하는 등 여성 지원사업을 마련하는 데 최선을 다했다.

유전자변형생물체의 안전성 확보를 위한 노력

이영애는 유전자변형생물체의 안전성 확보를 위해 꾸준히 자료조사, 상임위원회, 대정부 질문 등을 통해 노력하였다. 2010년 10월 4일 환경노동위원회 환경부 국정감사에서 이영애는 다음과 같이 지적한다.

> "우리나라 나노기술이 2008년 기준 미국 대비 75% 수준으로서 세계 4위이다. 산업 경제적인 측면에서 보면 선두주자에 속한다고 할 수 있다. 그런데 나노기술은 물질 특유의 물리화학적 특성 때문에 유해성 문제가 있다."

이영애는 환경부의 나노물질 유해성 연구에 사용되는 예산이 0.1%로 턱없이 부족하다면서, 유전자변형생물체(LMO)의 안전관리를 위해 보다 적극적인 예산을 사용해야 한다고 강조했다. 당시 유럽연합의 경우 1990년대 초반부터 유전자변형생물체에 대한 규제를 시행하고 유전자변형생물체를 사용한 식품 및 사료에 대하여는 표시제도와 이력추적제도를 엄격히 시행하고 있으며 또한 OECD와 CAC 등 유전자변형생물체를 담당하는 국제기구는 유전자변형생물체 위해성 평가 자료 수집 및 위해성 평가지침 마련을 위한 세부적인 로드맵을 마련 중이었다.

이영애는 이러한 선진국들의 앞선 연구와 제도 등 현황을 근거로 질의함으로써 환경부 장관이 유전자변형생물체의 국가 간 이동 등에 대한 법률을 개정할 때 적극 반영하겠다는 대답을 받아냈다.

이영애는 생명공학의 발달로 인해 유전자변형생물체의 사용이 증가함에도 불구하고, 이에 대한 관리 법규가 불충분하며 또한 안전기준과 관리가 체계적이지 못함을 지적하고 '바이오 안전성에 관한 카르타헤나 의정서' 비준으로 인하여 제정된 [유전자변형생물체의 국가간 이동 등에 관한 법률(법률 제8852호)]이 규율하지 못하는 내용을 보완하고, 유전자변형생물체의 취급과 관련된 안전 및 관리 기준을 정하는 한편, 유전자변형생물체 취급자의 의무와 책임의 범위를 구체적으로 규정하여, 유전자변형생물체로 인한 장래의 위험을 방지하고, 안전성을 확보하고자 하였다. 2011년 11월 1일 '유전자변형생물체의 안전성 확보에 관한 법률안' 대표발의하였는데, 아쉽게도 임기 만료로 폐기되었다.

모자보건법 개정 추진

이영애는 낙태의 문제점에 관하여 관심을 가지고 낙태에 관련된 토론회도 여러 번 개최하였다. 이영애는 2008년 9월 3일 양창수 대법관 후보자 인사청문회에서도 "인간배아 복제 및 실험, 낙태, 장기이식, 안락사 등과 같이 인간의 생명과 관계된 사건이 증가할 것으로 예상되는 바, 생명 현상과 관련된 법률관계가 발생하였을 때 어떤 이해와 입장으로 대할 것인가를 질의하고 생명 파괴를 허용하는 낙태 자유화를 내

국회에서 대정부 질문을 하는
이영애 의원

용으로 하는 [모자보건법] 제14조는 폐지되어야 한다."는 주장에 대한 대법관 후보자의 생각을 물어 그 중요성을 강조하였다.

 2009년 2월 18일 교육·사회·문화 분야 대정부 질문에서 전재희 보건복지가족부 장관에게 "프랑스의 출산율은 1.89명, 아일랜드의 출산율은 1.96명, 미국은 2.05명으로 우리나라보다 월등한데, 프랑스는 육아·아동수당, 출산·육아 휴가제도 등 출산율을 높이기 위한 각종 지원정책이 잘 준비되어 있고, 아일랜드는 낙태가 금지된 국가이며, 미국의 경우 라틴아메리카 이민자 대부분이 가톨릭 신자로서 낙태를 기피하고 있다."라고 밝혔다. 그는 낙태방지를 강조했으며[5], [모자보건법] 제14조를 삭제하는 법 개정안에 관하여 질의하였다. 이에 대하여 보건복지부 장관은 법 개정 문제를 생명 포럼을 통해 논의 중이고, 교육과학부와 협의해서 생명존중에 관한 교육, 낙태방지에 관한 교육을 반영하고자 고려 중이라는 답변을 받아내기도 하였다.

이영애는 2010년 10월 28일 [모자보건법 일부 개정 법률안]을 대표 발의하였는데, 이는 현행 [모자보건법] 제14조는 [헌법]에서 천명하고 있는 생명존중의 원칙을 위태롭게 하는 내용을 포함하고 있고, 세계인권선언을 비롯한 기타 국제규범에 위반되는 '우생학'과 같은 표현을 담고 있어 개정할 필요가 있다고 주장하였다.

이영애는 낙태방지를 통한 생명권 보호를 위하여 국회에서 꾸준히 토론회를 개최하였다. 2010년 5월 7일 국회도서관 소회의실에서 '낙태와 여성건강'이란 주제를 가지고 토론회를 가졌다. 이영애는 "인간의 생명은 수정된 때부터 시작되고 수정 후 22일에는 심장이 뛰고 44일에는 뇌파가 감지되고 5주 후에는 손발이 발육을 시작하고 7주가 되면 발차기와 유영을 시작하는데, 이러한 '생명을 죽이는 것이 낙태'"라는 것을 알리고, 태아는 자신의 권리를 주장할 수 없는 연약한 존재이지만 엄연한 생명을 가진 존재이며 이 생명권은 어느 누구도 침해할 수 없는 절대적 권리라고 강조했다.

이영애는 2010년 6월 18일, 국회도서관 소회의실에서 '낙태, 사회경제적 사유의 문제점[6)]'에 대해 토론회를 개최하였다. 2010년 8월 13일에도 국회도서관 소회의실에서 '태아는 생명이다'라는 주제를 가지고 토론회를 가졌으며, 같은 해 10월 27일 국회도서관 소회의실에서 '생명윤리와 자기결정권'이란 주제를 가지고 토론회를 개최하였다. 이영애는 자기결정권에는 한계가 있고 자기결정권의 한계 중 가장 중요한 것은

좌 '안락사와 존엄사'란 주제로 토론회를 개최하는 이영애 의원(2008.12.22.)
우 국제존타 창립 89주년 기념식에 참석한 이영애 의원(앞줄 오른쪽 두 번째, 2008.11.20)

"생명을 해치는 행위는 허용되지 않는 것"이라고 주장했다. 그러나 이러한 끊임없는 낙태를 금지하고자 했던 노력에도 불구하고 '모자보건법 개정안'은 임기 만료에 따라 2012년 5월 29일 자동으로 폐기되었다.

인간배아 줄기세포 연구의 문제점 지적

"줄기세포 연구는 대체로 세 가지로 분류된다. 인간배아 줄기세포, 성체 줄기세포, 역분화 줄기세포로 우리가 하지 말아야 할 분야가 인간배아 줄기세포 연구이다. 인간배아 줄기세포는 인간의 생명을 파괴한다는 것 때문에 윤리적인 문제가 있다. 국가 예산이 비윤리적이고 투자가치가 없는 연구에 투입되지 않도록 신경을 써야 한다."

2008년 12월 22일 국회 헌정기념관 2층 대강당에서 국회의원 변웅전(국회 보건복지가족위원회 위원장)과 이영애는 '안락사와 존엄사'란 주제로 토론회를 개최하였다. 여기서 인간의 존엄이라는 최고의 가치를 최대한 존중하는 것을 전제로, 인간의 죽음은 과연 어떤 모습이어야 할지에 관하여 활발한 논의의 장을 열었다. 2009년 4월 16일 국회의원회관에서 열린 '국회생명과학연구포럼 창립기념 토론회'에서 이영애는 "줄기세포 연구는 부작용과 윤리적 문제가 적은 성체줄기세포와 역분화줄기세포로 가야 한다."라고 의견을 제시했다.[7]

이영애는 2009년 9월 5일 국제존타 32지구[8] 제2차 지구대회에서 "지구 온난화가 홍수, 가뭄, 폭풍, 화재, 열파 등 각지에서 발생하는 자연재해로 이어져 녹색성장의 필요성이 대두되고 있다. CO_2의 배출량을 줄이기 위하여 화석 연료를 사용하는 대신 태양열, 풍력, 조력 발전이 연구되고 있으며, 식량부족을 타개하기 위하여 유전자 조작 식품을 개발하기도 하고 복제동물을 만들기도 한다. 그러나 우리가 관심을 모아야 할 과제는 녹색성장의 그늘에 관한 것이다. 녹색성장 기술 중에는 과학 기술, 특히 생명과학 기술이 중요한 위치를 차지하고 있다. 각종 신약을 개발하여 새로운 치료제를 만들기 위하여 유전자 조작 기술을 사용하고, 장기이식의 재료를 얻기 위하여 인간의 유전자를 주입한 동물을 만들기도 하고, 식량 증산을 위한 유전자 조작 식품, 복제동물을 생산하기도 한다."고 자신의 주장을 이야기했다.

"국제존타는 여성 지위 향상을 모토로 출발하였는 바, 존션[9]들은 이제 비단 여성뿐만 아니라 인류 전체의 생명을 보호하는 분야로 시선을 돌려야 한다. 여성은 생명의 잉태와 출산과 양육을 담당하는 특권을 가진 존재로 생명의 현장을 지키고 생명의 보호에 한층 노력을 기울여야 할 책임을 가져야 한다."고 주장하였다.

인간존중을 의한 활동

이영애는 2012년 2월 10일 [보조생식에 관한 법률안]을 대표발의했다. 그는 많은 난임 부부들이 보조생식 시술을 받고 있는데, 이와 관련한 [생명윤리 및 안전에 관한 법률] 등의 법률에서는 비배우자 간 보조생식이나 대리모 문제와 같은 중요한 사항에 관하여 명확한 규정이 없기 때문에 가족관계의 혼란, 대리모 여성의 도구화 등 많은 사회적 문제들이 방치되고 있다고 지적했다. [보조생식에 관한 법률안]은 이러한 상황을 개선하는 한편, 보조생식에 있어 금지되어야 할 사항을 규정하고, 잔여 배아가 발생하지 않도록 보조생식 시술의 횟수를 제한할 뿐 아니라, 보조생식 시술 대상자에게 미리 설명해야 할 사항을 규정하여 여성의 건강을 보호하고, 이를 통해 인간 배아가 부당하게 훼손될 수 있는 위험성을 방지하려고 하였다.

이영애는 인간존중을 위한 다방면의 활동을 전개하였다. 2009년 2월 교육·사회·문화 분야 대정부 질문에서 "존엄사의 법제화보다는 호스피스 제도를 확산시키도록 지원하는 것이 죽음을 맞이하는 인간을 위한 적절한 제도"라고 주장하며 이에 대한 "체계적인 육성과 지원을 확충할 계획"을 질의했다. 이에 대하여 전재희 보건복지부 장관은 말기환자의 호스피스 기관은 현재 34개로 18억 원 정도 지원하고 있으며 연차적으로 예산 지원을 확대하고 법적 근거 마련을 위해 [암관리법] 개정을 추진 중이라고 답변했다.

또한, 2010년 10월 5일 환경노동위원회 고용노동부 국정감사에서 나노물질을 취급하는 사업장에서 나노물질제조 취급 근로자 안전보건에 관한 기술 지침이 권고사항으로 되어있지만 강제성이 없어 근로자의 건강 보호에 전혀 도움이 되지 않음을 지적하고 적극적인 대책을 마련하도록 정책 제안하였다. 2010년 10월 21일 환경노동위원회 환경부 국정감사 시 풍력발전소의 인체와 환경에 대한 유해성과 관련하여 영향평가뿐만 아니라 피해 상황 조사도 실시하여 국민이 피해를 받지 않도록 해줄 것을 당부하였다.[10]

중동에 의존하는 원유 도입의 문제점

이영애는 2009년도 10월 9일 지식경제위원회 석유공사 국정감사에서 원유 도입 중동 의존도가 지나침을 지적했다. 중동 편중 현상의 심화는 고유가와 맞물려 도입 비용이 비교적 저렴한 중동지역을 선호한 때문인데, 비용만을 고려한 나머지 중동에 대한 의존도가 상승할수록 우리나라는 에너지 안보 위기에 고스란히 노출될 수 있다는 사실을 지적한 것이다.

이영애는 정부가 중동 이외 지역에서 원유를 도입하는 기업들에게 운송비 일부를 보전해 주는 '원유도입선 다변화 지원제도'를 시행했으나, 2004년부터는 단 한 건의 지원 실적도 없었음을 지적하고, 이를 현실성 있게 보완함으로써 중동 의존도를 낮추면서도 안정적으로 석유를 도입할 대책을 마련해야 한다고 강조했다. 이영애는 석유에 대한 의존도가 높은 우리나라의 경우 원유 도입 여부가 국가 존망과 관련된 매우 중요한 문제이기 때문에 이를 최우선 과제로 정하고 정부 차원의 대응이 필요함을 거듭 강조했다.[11]

현장의 소리가 반영되는 정책 토론회

이영애는 2010년 1월 28일 국회의원회관 1층 소회의실에서 이화여자대학교 생명의료법연구소와 공동으로 '이종이식[12] 임상시험 규제 마련을 위한 공청회'를 개최하였다. 이영애는 이날 개회사에서 "이종이식은 동물의 장기를 환자에게 공급하여 만성질환자를 구제한다는 면에서는 환상적인 방법이지만, 반면에 인류에게 예상치 못한 위험을 가져다주는 재앙이 될 수 있으며, 그 대표적인 예가 인수공통감염병 발생의 우려가 있음"을 이야기했다. 이어서 "이를 예방하기 위하여서는 피험자를 평생 추적 관리할 필요가 있고, 전염의 우려 때문에 피험자 주위 사람도 관찰의 대상이 되어야 하는데 여기에는 사생활 침해라는 측면이 고려되어야 한다."고 주장하였다.

또한 2010년 5월 14일에는 국회입법조사처와 공동으로 'NANO 세미나(Ethical, Legal, Societal Issues)'를 개최하였다. 서울시립대 철학과 이중원 교수가 '나노기술의 윤리적, 법적, 사회적 쟁점과 위험 거버넌스'란 주제를 발표하고, 문정숙 한국환경산업기술원 전문위원(녹색개발실)이 '미래를 여는 나노기술의 위험 거버넌스'라는 주제로 발표하였다. 또한 이상희 박사(국립환경과학원 환경건강위해성연구부 위해성평가과) 등 3명의 토론자가 나노의 위험성 등에 관한 토론을 벌였다.

이영애는 인사말에서 2008년 [나노기술 개발 촉진법] 제정 이후 지식경제부 등을 통해 나노기술개발에 지원되는 예산이 5조 원에 이르는 반면, 나노기술의 안전성 확보에는 단지 10억 원이 배정되었음을 지적하며, 정부 부처를 통틀어 나노물질 관련 안전대책이나 관련 가이드라인이 없을 뿐만 아니라, 산·학·연·정부의 협의체를 통해 나노물질 안전관리를 위한 사회적 합의 도출이 필요함에도 해결책이 없는 상황임을 지적하고, 다학제적인 융합연구와 범부처적인 대책이 필요함을 이야기했다.

국회의원의 책무責務는
정책과 법률로 국민을 만족하게 하는 것

이영애는 제18대 국회의원을 마치고 현재는 '법무법인 산지'에서 변호사로 일하고 있으며, 2012년 5월부터 2016년 6월까지 그의 풍부한 법관 경험을 살려 국가인권위원회 정책자문위원으로 인권의 보호와 향상을 위하여 활동하였다.

이영애는 법관 생활을 마무리하고 국회에 들어와서 보니 법이 너무 쉽게 제정되는 것을 보고 놀랐다. 국민이 필요로 하는 정책을 더 신중히 연구해서 법률로 제정하기를 희망했다. 또한 정치적 입장에 따라 법률의 내용이 달라지는 일이 없어야 할 것을 주장하고 의원 발의 법률안이 실제로 어떤 효과를 가져올 것인가를 사전, 사후에 평가하는 시스템이 없음을 아쉬워했다. 아울러 "국회의원으로 활동해보니 우리 사회에 법조인들이 할 일이 많음을 알았다. 역량 있는 여성 변호사들이 많이 정계에 진출해 활동하면 좋겠다."고 덧붙였다.

이영애는 후배 여성 정치인들을 향해 "진정으로 내가 왜 정치를 하고 싶은가? 왜 해야만 하는가?에 대한 본인의 확실한 철학을 가지고 정치를 시작해야 한다."고 조언한다. 이영애가 경험한 정치 현장은 늘 갈등과 다툼으로 점철되어 본래의 목적인 '국민'이 잊혀지기 십상인 곳이었다. 때문에 그는 "정치는 결코 쉬운 것이 아니고, 넘어야 할 고비도 수도 없이 많이 존재한다."며 자기만의 확고한 목표와 끝없는 연구, 그리고 인내를 가지고 소통하려는 노력이 필요하다고 당부했다.

이영애는 인간에 대한 이해와 성찰이 필요함을 늘 마음에 새겼다. 제18대 국회의원 의정활동 내내 국민의 생명권 보호와 안전에 온 힘을 기울였다. '인간의 존엄'을 최고의 가치로 삼고 그 가치를 지키기 위하여 '생명존중과 생명윤리'를 법안이나 정책에 반영시키고자 최선을 다해 노력한 시간이었다.

| 집필: 박경순 |

| 미주 |

1) 1964년에 발족된 사립종합대학교로 근대 초기 (1900년대)에 미국인 여의사 홀(Hall,R.S)이 설립한 경성여자의학강습소를 1938년 4월 김종익이 인수하여 우석학원을 조직, 경성여자의학전문학교로 출발, 우석대학교에 개편되었다가 1971년에 고려대학교에 합병됨. (출처:네이버, 2024.11.2.)
2) Women as Lawyers and Leaders, Article, May/June 2015, (https://clp.law.harvard.edu/knowledge-hub/magazine/issues/women-as-lawyers-and-leaders/women-as-lawyers-and-leaders/)
3) <데일리안 인터뷰>, 2008. 4. 16.
4) 여성의정, 『한국의 여성정치를 보다 1948-2017』 제2편 의정활동편, 2018. pp.429~430.
5) <연합뉴스>, 2009.2.18.
6) <여성신문>, 2020.6.25.
7) <디지털타임지>, 2009.4.16.
8) 국제존타(International Zonta)는 각 분야의 직업인이 모여 활동하는 오랜 전통의 범세계적 봉사단체로서, 1919년 미국 뉴욕에서 창설된 이래 지구촌 곳곳에 만연한 성차별의 종식과 여성의 지위 향상을 위한 봉사와 지지-옹호 활동, 교육지원 사업에 정진해 오고 있음. 국제존타 32지구는 한국 존타의 단독 지구로서 현재 3개의 지역(Area)에서 총 21개 클럽이 활동하고 있음. 이영애는 국제존타 서울1클럽 회장 32지구 총재를 역임했음.
9) 존타클럽의 회원을 '존션'이라 함.
10) 생물다양성협약(ABS 협약: Access to genetic resources and Benefit-Sharing): 유전자원, 생물자원을 이용하기 위해 접근하려면 유전자원 제공국에 사전 통보 후 승인을 얻어야 하며 이로부터 발생한 이익을 상호의 조건에 따라 제공자와 공유해야 한다는 개념.
11) <아시아경제>, 2009.10.9.
12) 이종이식: 동물의 장기나 조직을 환자에게 이식하는 행위.

| 참고자료 |

1. 여성의정, 『한국의 여성정치를 보다』 제1편 총편, 여성의정, 2018.
2. 여성의정, 『한국의 여성정치를 보다』 제2편 의정활동편, 여성의정, 2018.
3. 여성의정, 『한국의 여성정치를 보다』 제4편 자료편, 여성의정, 2018.
4. 이영애, 생명윤리와 법치주의, 국회의원 이영애 의정활동 자료집, 2012.

18·20·21대 국회의원

전혜숙 全惠淑

국민건강지킴이,
약사 출신 보건의료전문 정치인

- 1955 경북 칠곡군 왜관읍 출생
- 1978 영남대 약학대 졸업
- 2009 성균관대 보건사회약학 석사
- 1996 새정치국민회의 보건의료정책특별위원회 부위원장
- 1997 제2건국추진위원회 상임위원 (~1999)
- 1998 경북 약사회장 (~2004)
- 2003 제16대 대통령직 인수위원회 사회문화여성분야 자문위원
- 2006 건강보험심사평가원 상임감사 (~2008)
- 2008 제18대 국회의원
- 2016 제20대 국회의원
- 2020 제21대 국회의원

좋은 약사가 되기로 마음 고쳐먹고

전혜숙은 1955년 경북 왜관에서 태어났다. 결혼 후 오랫동안 자녀를 얻지 못했던 그의 부모님은 정성으로 불공을 드린 끝에 무남독녀 전혜숙을 얻었다. 어머니가 불공을 드리던 중 스님이 "6개월 후에 임신하여 딸을 얻을 텐데 서운하게 생각하지 마라. 열 아들 못지않은 훌륭한 사람이 될 테니 꼭 끝까지 공부를 시키라."고 했다고 한다. 부모님은 어린 전혜숙의 머리를 짧게 깎고 남장을 하여 키웠다. 여자아이를 몰래 데려다 남의 집에 팔거나 주어버리는 폐습이 있기도 했거니와 전혜숙이 남동생을 보기를 바라는 마음도 담겨 있었을 것이다.

전혜숙은 독서를 좋아했다. 초등학교 시절부터 도서관에 가면 문 닫을 때까지 책을 읽었다. 특히 역사책을 좋아했다. 역사책에서 "간신이 권력을 잡으면 나라가 망하고 바른 사람이 잡으면 나라가 부강해지는" 것을 보면서 나라가 잘되려면 바른 정치를 하는 좋은 사람이 필요하다는 교훈을 얻었다.

고등학교 시절 흥사단 활동을 하면서 "주인 없다고 탓하지 말고 스스로 주인이 되라."는 무실역행(務實力行) 사상을 마음 깊이 새겼다. 미국에서 화장실 청소를 하면서도 지도자로서의 모범을 보인 안창호 선생 같은 지도자가 되어 좋은 정치를 해보고 싶다는 꿈을 갖게 되었다. 그래서 정치를 하려면 법대에 가야 한다는 당시의 통념에 따라 법대 입시를 준비했다.

그러나 아버지는 전혜숙을 대학에 보낼 마음이 없었다. 관습대로 딸자식은 고등학교만 마치고 바로 시집 보내면 그만이라고 생각했다.

남장을 하고 어머니와 함께

잘해야 졸업하고 은행에 취업하면 최고로 치던 시절이었다. 마침 고등학교 졸업을 앞두고 전혜숙은 국민은행 지점장의 스카우트 제의를 받았다. 전혜숙은 대학에 갈 예정이라고 단번에 거절했지만, 아버지는 은행에 가든지, 대학에 가려면 약대를 가든지 둘 중 하나를 선택하라고 했다. 아버지는 자신의 건물에 세 든 약국의 여약사를 보고 부러웠던지 약대가 아니면 대학에 보내줄 수 없다고 단호하게 말했다. 꼭 대학에 가고 싶었던 전혜숙은 대학에 들어가는 것이 먼저라는 생각에 아버지 말씀을 따랐다. 법대에 가기 위해 문과 공부를 하다 하루아침에 이과 계열인 영남대 약대 시험을 치렀다. 힘들었지만 보란 듯이 합격했다.

그토록 바라던 대학에 들어갔지만 전혜숙은 마음을 잡지 못했다. 단지 대학에 가기 위해 선택한 약대였기에 공부에 흥미가 생기지 않았다. 그러다가 3학년이 될 무렵 기독교 신앙을 갖게 되면서 전혜숙은 세상에 태어난 자신의 사명에 대하여 다시 생각하게 되었다. 이왕 약대에 와서 약사가 될 수밖에 없다면 사람들에게 필요한, 병 잘 고쳐주는 '좋은 약사'가 되자고 마음을 고쳐먹었다. 생각을 바꾸니 사명감이 생겼다. 그때부터 무섭게 공부하는 한편 학생회 일에도 적극 나섰다.

타고난 리더십

전혜숙의 어릴 적 별명은 '빈 깡통'이었다. 하고 싶은 일을 못 하게 하면 할 수 있게 될 때까지 굽히지 않고 시끄럽게 했다고 해서 붙은 것이다. 한번은 여자가 문턱에 앉으면 재수 없다는 얘기를 듣고 왜 여자만 재수가 없는지 합당한 이유를 알려주기 전에는 계속 문턱에 앉겠다고 하여 어머니를 곤란하게 한 적도 있었다.

독서를 좋아했던 전혜숙은 혼자 읽는 데서 그치지 않고 학급문고를 만들어서 친구들에게도 책 읽기를 강권했다. 학습 진도를 따라가지 못하는 친구는 방과 후에 남게 해서 공부를 가르쳐 주었고, 아침 자습 시간에는 공석이 된 수학 선생님을 대신해 친구들에게 수학을 가르쳐 주기도 했다.

전혜숙이 다니던 중고등학교는 남녀공학이었는데 남학생 후배들이 여학생 선배들을 희롱하는 것을 보고 겁 없이 다가가 남학생들 이름을 적고 혼내주겠다고 으름장을 놓아 사과를 받아내기도 했다. 뿐만 아니라 친구들 대신 교무실에 들락거리며 친구들의 민원을 선생님께 전달하곤 했다. 전혜숙이 반장을 하거나 학생회 간부였던 것이 아니다.

누가 시키지 않아도 문제를 보면 상대를 가리지 않고 다가가서 타고난 포용력과 공감력으로 해결하는 그의 '오지랖' 때문이었다. 덕분에 대학에 들어가서 학생회 학예부장을 맡아 학교 행사를 진행할 때도 친구들의 도움을 많이 받을 수 있었다. 평소 전혜숙에게 도움을 받았던 친구들이 학교 행사 때마다 전혜숙이 도움을 청하면 적극 나서주었던 것이다. 그런 리더십은 약사일 때나 국회의원일 때도 유감없이 발휘되었다.

'한약파동'의 중심에서

전혜숙은 결혼 후 경주 안강에서 약국을 개업했다. 전혜숙은 돈을 벌게 되자 고등학교 동창들과 함께 어려운 아이들에게 장학금을 주는 한편 봉사약국을 만들어 노숙자들을 돕는 수녀님들과 함께 무료 투약 봉사를 시작했다. '좋은 약사'가 되기 위한 첫걸음이었다.

그 외에도 전혜숙은 '좋은 약사'가 되기 위해 다방면으로 노력했다. 전혜숙은 아파도 돈이 없어 병원에 가지 못하고 약국만 찾을 수밖에 없는 이들에게 한약이 큰 도움이 될 뿐만 아니라 한약의 효용성도 크다고 확신하고 있었다.[1] 당시는 약대에서 한약에 대해서도 가르쳤고 법적으로도 인정하고 있었기 때문에 약국에서도 한약을 판매하고 있었다. 전혜숙은 한약에 대한 지식을 더 얻기 위해 스터디그룹에 참여하여 "한약과 양약의 장점을 살릴 수 있는 자신만의 처방"을 만들기 위해 노력했다. 전혜숙은 그 연구 내용을 독점하지 않고 천리안, 하이텔 등을 통해 동료 약사들과 나누었다. 그의 동료들은 전혜숙이 처방한 한약은 일반

한약파동 투쟁 현장

한의사나 한약방이 처방한 것과 비교하여 가격도 싸고 약효도 더 좋았다고 기억했다.[2]

그러던 중 세칭 '한약파동'이 일어났다. 1993년 1월 30일, 보건사회부는 한방 의약분업을 염두에 두고 "약국에는 재래식 한약장 이외의 약장을 두어 이를 청결히 관리할 것"이라는 사문화되었던 조항을 삭제하는 '약사법 시행규칙 개정안'을 발표했다. 한의학계는 이 개정안이 약사의 한약 조제를 인정하는 것이라고 판단했다. 개정안에 반대하는 한의대생들의 수업 거부가 전국에서 일어났다. 한의학계의 반대 여론이 비등해지자 이번에는 개정안을 지지하는 전국의 약국들이 두 차례에 걸쳐 동시에 문을 닫았고 이를 주도한 대한약사회장 직무대행은 구속되었다. 한약파동의 중심에는 당시 등장한 PC 통신을 적극 활용한 청년약사들이 있었다.[3] 30대 후반의 전혜숙도 그 중심에 있었다.

한약파동을 겪으면서 전혜숙은 대한민국 보건의료 문제를 해결하기 위해 직접 나서기로 결심했다. 1996년 새정치국민회의 보건의료정책특별위원회 부위원장을 맡았다. 대부분의 지역 약사회 회장들이 여당에서 활동했지만 전혜숙은 야당을 택했다. 한약파동 중에 한의사 편에 선 여당에게 약사들의 힘을 보여주고 싶었다. 함께 활동하던 젊은 약사들이 모두 전혜숙을 따라서 야당에 입당했다.

최초, 그리고 최연소 여성 약사회장

이와 같은 전국적인 활동으로 리더십을 인정받은 전혜숙은 1997년 12월 30일, 경북약사회 회장으로 선출되었다. 처음으로 선거를 통해 선출된 43살의 최연소, 최초의 여성 약사회장이었다. 그러나 선거 과정은 순탄하지 않았다. 여당과 공무원이 개입하여 공식·비공식으로 "전혜숙은 김대중 대통령 당선자 편이니 빨갱이다. 지지하지 말라." 하면서 선거를 방해하였다.

온갖 방해에도 굴하지 않고 약사회장에 당선된 전혜숙은 회원들과 함께 평소 신념대로 "수해지역 봉사약국, 농어민 무료 투약, 장학금 지급, 소아심장병 치료, 지역 파출소와 지소에 구급의약품 공급, 사랑의 쌀 공동 모금, 대구 지하철 화재 현장 봉사, 마약 퇴치 운동" 등 많은 봉사활동을 하여 주민에게 봉사하는 약사상을 제시했다.[4]

나아가 전혜숙은 인터넷 커뮤니티 〈대한약사통신〉을 만들고 전국의 젊은 약사들에게 약국에 PC 모뎀을 달게 했다. 이 커뮤니티를 통해 의학 정보도 나누고 보건의료정책에 대해 토론했다. 젊은 약사들을 하나로 묶기 위해 대구·경북에 있는 젊은 약사들과 함께 부산, 경남, 서울

등지를 다니며 교류했다. "한방분업이나 의약분업 같은 현안뿐만 아니라 약사들도 혁신해야 한다", "약사들도 공부하여 실력을 갖추고 환자들에게는 친절하고 어려운 이웃을 돌보는 '좋은 약사'가 되자"는 취지의 이야기도 나누었다. 공감한 약사들이 늘어나고 젊은 약사들을 중심으로 집단적 힘을 발휘하게 되자, 전혜숙은 그 힘을 모아 대구 경북에서 1998년 15대 대선과 2003년 16대 대선에서 김대중 대통령과 노무현 대통령이 바람을 일으키는 데 일조했다. 김대중 대통령이 당선되자 전혜숙의 어머니는 "이제 내 딸이 감옥에 가지 않아도 되겠구나." 하면서 펑펑 울었다. 전혜숙은 보수의 텃밭에서 야당 활동을 하는 딸을 보며 마음 졸이며 살았을 어머니에게 처음으로 "그동안 불효했구나"라는 생각을 했다.

여기서 그치지 않고 전혜숙은 보건의료 문제에 대한 올바른 정보를 주고 해결방안을 찾기 위해 국회, 보건복지부, 식약처, 언론사 등 가리지 않고 찾아가 설득했다. 그런 전혜숙을 보고 어느 국회의원이 보건복지부 장관에게 저 사람은 누구냐고 묻자 보건복지부 장관이 "경북약사회 회장이지만 대한약사회 회장으로 보면 된다."고 답했다는 일화가 있을 정도였다.

오뚜기 정치 인생

전혜숙은 2004년 17대 총선에서 비례대표를 신청했으나 심사과정에서 당선권 순번에 들지 못했다. 그러나 전화위복이랄까 전혜숙에게 새로운 길이 열렸다. 2006년 1월, 임기 3년의 건강보험심사평가원(이하

건강보험심사평가원
상임감사 취임식

심평원)의 초대 상임감사가 되었다. 최초의 여성 감사이기도 했다.

전혜숙 앞에는 심평원의 새로운 업무 방향을 제시하고 보험재정 절감과 국민건강을 개선할 제도를 실현하기 위해 심사인력을 약 200명 증원하는 묵직한 과제가 기다리고 있었다. 전혜숙은 보건복지부 장관에게 인력증원이 필요한 이유를 브리핑하고 끈질기게 설득하여 결국 인력증원을 얻어냈다. 인력증원은 원장이나 이사가 해야 할 업무였지만 미국 등에서 수준 높은 심사시스템을 보고 연구한 전혜숙은 심평원의 발전과 혁신을 위해 직접 나선 것이다.

또한 의약품안전사용정보시스템(DUR, Drug Utilization Review) 구축을 제안하고[5] 여직원의 수유공간을 확보하며 장애인 복지시설 봉사를 하는 등 감사 업무의 범위를 넓혀 전혜숙은 전국 기관평가에서 감사 업무 1(A)등급을 받았다. 심평원 상임감사직을 마치고 전혜숙은 18대 선거에서 비례대표로 국회에 입성했다.

2009년, 김대중 대통령이 서거했다. 매일 의원들이 당번을 정해 시청 앞 분향소를 지켰는데 새벽 시간에는 당번이 없었다. 전혜숙은 빈

분향소가 걱정되어 새벽마다 나가 빈소를 지켰다. 그 모습을 본 서울시당의 어느 고위 당직자가 2010년 6·4 지방선거를 앞두고 공석이었던 광진구(갑) 지역위원장으로 전혜숙을 추천했다. 광진구는 야당 구청장은 물론 시의원이나 구의원이 한 명도 없는 험지였다. 비례대표 초선 의원 전혜숙은 연고도 없는 광진구에서 지역위원장이 된 지 3개월 만에 치른 선거에서 구청장과 시의원 각 1명, 구의원 3명 당선이라는 대승리를 거두었다. 이제 전혜숙의 앞길이 환히 열린 듯했다.

그러나 순탄하리라 여겼던 19대 국회의원 지역구 출마는 예상치 못한 일로 좌절되고 말았다. 선거법을 위반했다는 누명을 쓰고 확정되었던 공천이 취소되었다. 지난한 재판을 거쳐 2013년 대법원에서 무죄판결을 받고 민주당 수석대변인의 공식 사과도 받았다. 이에 힘입어 2014년 광진구청장에 출마하고자 했으나 다시 한번 무산되고 말았다. 전혜숙의 인생 중 가장 힘든 시간이 시작되었다. 공천을 박탈당한 억울함과 비통함의 시간을 견디며 전혜숙은 이를 악물고 매일 거리로 나가 주민들을 만났다. 슬픔 속에서도 전혜숙의 친화력은 죽지 않고 큰 힘을 발휘했다. 그것을 본 광진구 주민들은 "나는 야당도 아니고 여당도 아니고 전혜숙당이야." 하면서 전혜숙의 눈물을 닦아주고 따뜻하게 손을 잡아주었다. 주민들의 위로가 다시 전혜숙을 일으켜 세웠다.

마침내 2016년 20대 총선에서 단수공천을 받아 재선에 성공했으며, 연이어 2020년 21대 총선에서 당선되어 3선 의원이 되었다. 그리고 2021년 여성 인센티브 없이 자력으로 더불어민주당 최고위원으로 당선되었다. 그러나 2024년 22대 총선을 앞두고 전혜숙은 또 한 번 쓴맛을 보아야 했다. 2024년 경선에서 탈락하며 4선 도전의 꿈을 접어야 했던 것이다.

의료민영화 저지와 국민건강보험 보장성 강화 노력

전혜숙은 3선, 12년의 의정생활을 하는 동안 다양한 상임위에서 활동하면서 수많은 법안을 발의했지만 추구했던 가치는 단 하나, '국민의 생명과 안전을 지키는 보건의료의 공공성'이었다. 전혜숙은 '국민건강지킴이'를 자처하며 의료민영화 저지, 국민건강보험 보장성 강화, 의약품 안전사용 정보시스템의 정착, 공정한 의약품 거래 등 보건의료 공공성의 보장 및 확대를 위해 활약했다.

2008년 의원 초년생 전혜숙이 처음 맞닥뜨린 문제는 오래된 이슈인 의료민영화였다. 국민건강보험이 도입된 1990년대, 수도권 내 대형병원은 증가하고 공공의료기관은 축소되거나 경쟁력이 약한 상황이었다. 그러자 국민건강보험은 보장성이 낮으니 민영보험을 확대해야 한다는 주장이 제기되었다.[6] 2000년대 들어서서는 전국경제인연합회를 중심으로 "국내 의료산업 선진화를 위해 의료기관을 영리법인으로 운영할 수 있도록 허용해야 하며, 민간의료보험 활성화 및 경제자유구역 내 외국인병원 설립 촉진 방안 등이 시급하다."는 주장이 나왔다.[7] 그러자 건강권 실현을 위한 보건의료단체연합과 같은 시민단체들이 "의료기관의 영리법인화는 의료체제를 시장화 체제로 고착시켜 정부의 책임과 규제를 완전히 해체하려는 시도"라고 강력히 반대하면서[8] 의료기관 영리법인화와 국민건강보험 보장성 이슈가 큰 쟁점으로 떠올랐다.

2008년 민주당은 이 문제를 해결하기 위해 '의료민영화 저지 및 건강보험 보장성 강화를 위한 보건의료제도 개선 특별위원회'를 조직했다. 전혜숙은 그 위원으로 활동하면서 국민건강권을 위협하는 영리

병원 저지에 앞장섰다. 전혜숙은 언제 어디서나 사명감을 갖고 의료기관 법인화를 막겠다고 공언했다.[9] 의료민영화를 시도하는 법안들을 막아내는 한편 2009년 한 해 동안 격주로 아침마다 모여 국민건강보험의 확대 강화 방안을 찾기 위해 분투했다. 이 세미나에는 이상이 복지국가소사이어티[10] 공동대표 등 10여 명의 보건의료 전문가가 참여했다. 그 논의내용을 모아 국민건강보험에 관한 전문서『오바마도 부러워하는 대한민국 국민건강보험』(2010)을 출판했는데,[11] 이 책은 지금도 서점과 인터넷에서 판매되고 있다.[12] 전혜숙은 의료민영화를 저지한 공로를 인정받아 〈2010 의료민영화 저지 투쟁 보고대회〉에서 감사패를 받았다.

의약품 거래의 공정성 확보

전혜숙은 의약품 거래에서도 공정성이 확보될 수 있도록 노력했다. [약사법]에 따르면 의료기관 개설자(의료기관이 법인인 경우 그 임원 및 직원)는 의약품 도매상 허가를 받을 수 없다. 그러나 법인 형태의 의약품 도매상에 대한 허가, 결격사유가 명확하지 않아 도매상의 지분을 다량 보유한 의료기관 개설자가 도매상을 사실상 지배하거나 운영하는 경우가 발생하곤 했다. 이러한 도매상은 의약품 실거래가를 부풀리고, 우월적 지위를 남용하여 다른 도매상의 경쟁을 부당하게 제한하거나 제약회사에 부당한 거래를 강요하는 등 의약품 유통 질서를 해칠 가능성이 크며, 의료기관은 도매상의 경제적 이익을 위해 과다 처방, 조제·투약할 가능성도 있다는 문제점을 안고 있었다.[13]

전혜숙은 이런 문제가 결국 국민 의료비 부담을 가중하고 건강보험 재정에 악영향을 미치게 된다고 판단했다. 전혜숙은 법인 형태로 설립되는 의약품 도매상에 대한 의료기관 개설자 등이 과다하게 지분을 소유할 수 없도록 제한하는 법적 근거를 마련하고, 이른바 리베이트라 하는 부당한 고객 유인 행위를 처벌하고 관리하는 전담부서를 만들게 하였다.

또한 전혜숙은 국민들이 안심하고 약을 복용하기 위해서 의약품안전사용정보시스템이 반드시 필요하다고 확신했다. 전혜숙이 심평원 상임감사 시절 제안하여 도입했던 의약품안전사용정보시스템은 10년이 지나도록 적절하게 활용되고 있지 못했다. 전혜숙은 의사·약사에 대한 유인책이 없기 때문에 의약품안전사용정보시스템이 활성화되지 않는다고 보고 정당한 수가 인상과 건보료 인상을 제시했다.[14] 한편 식품의약품안전처가 주요한 허가사항을 의약품안전사용정보시스템 정보로 제공할 때 복잡한 고시로 하던 것을 손쉬운 공고로 변경하고 의약품안전사용정보시스템 점검을 의무화하되 의사 및 치과 의사도 의약품안전사용정보시스템을 통해 의무적으로 의약품 정보를 확인을 의무화하자고 제안했다.

그러나 의료계는 의사의 의약품안전사용정보시스템 의무화가 "약계의 숙원인 대체조제 활성화와 성분명 처방으로 가기 위한 목적"이라며 강력하게 반대했다.[15] 결국 21대 국회에서도 의약품안전사용정보 확인 의무화는 달성하지 못했다. 그러나 의약품안전사용정보시스템은 의외의 분야에서 빛을 발했다. 코로나19 초기 환자별 백신 접종 관리와 마스크 대란을 막는 데 큰 역할을 한 것이다.[16]

K방역의 숨은 주역

전혜숙의 보건의료 전문성은 팬데믹 시기에 빛을 발했다. 전혜숙은 20대 국회에 복귀하자마자 사스, 메르스와 같은 감염병에 의한 팬데믹 가능성을 경고했다. 백신 개발 시간을 단축할 수 있도록 시스템을 구축해야 한다고 주장하는 한편, 매번 깎이는 백신 개발 예산을 살리느라 고군분투했다. 무엇보다 의료기관이 음압병실을 적극적으로 확보해야 한다고 목소리를 높였다. 그러나 음압병실[17]에 대한 이해가 전무한 상태에서 음압병실을 만들자는 전혜숙의 호소는 번번이 무시당했다.

전혜숙은 초선 의원 시절부터 10년 넘게 끈질기게 노력한 끝에 2019년 [감염병의 예방 및 관리에 관한 법률]을 개정하여 병원 관리규정에 음압병실을 포함시켰다. 그 결과 2017년 71개에 불과했던 음압병실이 코로나19 발생 두 달 전에는 793개로 늘어나 있었고, 코로나19가 발생했을 때 음압병실이 제 역할을 충실히 할 수 있었다.

또한 전혜숙은 코로나19의 유일한 방역 대책이었던 마스크를 원활하게 보급하는 데 기여했다. 정부는 전 국민에게 강력하게 마스크 착용을 종용했으나 마스크 생산은 수요를 따르지 못했고 돈이 있어도 마스크를 살 수 없었다. 결국 마스크 대란이 일어났다. 전혜숙은 코로나19 방역을 진두지휘하고 있던 총리에게 전화를 걸었다. "총리님, 마스크 판매를 약국으로 일원화하고, 심평원과 약국이 구축하고 있는 의약품안전사용정보시스템 서비스를 이용한다면 공적 마스크의 중복구매를 막고 국민 모두 공정하게 불만과 불안 없이 마스크를 구입할 수 있을 것입니다."[18] 이 방안에 따라 의약품안전사용정보시스템을 활용해 국민

| 국회의원들의 임상시험 참여 독려하는 전혜숙

의 출생연도에 따라 요일별로 마스크를 판매하자 마스크 구매를 위한 줄서기가 사라졌고, 모든 국민이 쉽고 공평하게 마스크를 확보할 수 있게 되었다.

    마지막으로 코로나19 진단키트를 긴급 승인할 수 있는 법률을 준비했다.[19] 2017년 전혜숙은 [의료기기법] 등 관련 법률과 부처 간 이해관계에 묶여 이중규제를 받고 있었던 진단키트에 대해 안전성은 강화하되 불필요한 규제는 완화할 수 있도록 하는 [체외진단의료기기에 관한 법률안]을 만들었다. 코로나19가 발생하자 이 법을 근거로 코로나19 진단키트를 긴급 승인받을 수 있었으며 각종 전염병 진단키트를 신속히 생산할 수 있게 되었다. 코로나19로 하늘길이 막혔을 때도 진단키트만은 수출길이 열려 있어 K방역의 우수성을 전 세계에 알릴 수 있었다.

전혜숙은 민주당 최고위원을 하면서 백신치료제특별위원회 위원장도 맡았다. 덕분에 이 시기 주 2~3회 열리는 민주당 최고위원회는 제2의 코로나19 방역대책본부를 방불케 했다. 백신 개발 기업들의 가장 큰 난제는 대조약을 구하고 임상실험을 하는 것이었다. 전혜숙은 동료 국회의원들에게 임상시험에 참여하자고 호소하여 144명의 동의서를 받아냈다. 나아가 백신 접종률을 높이기 위해 국회의원들이 앞장설 수 있도록 독려하고 잔여 백신 접종에 동참하도록 설득했다. 또한 백신 접종 현황을 관리할 수 있도록 질병관리청에 QR코드를 도입하자고 제안했다. 마침내 우리나라는 세계에서 백신을 가장 잘 접종한 나라가 되었고 정부와 기업이 합심하여 토종 코로나 백신 기술을 확보하게 되었다.

이렇게 전혜숙은 코로나19 시기 음압병실 확보, 마스크 대란 해결을 위한 의약품안전사용정보시스템 활용, 코로나19 진단키트 개발 및 생산 확대, 국산 백신 개발 등에 기여하여 "K방역의 숨은 주역"이란 평가를 듣게 되었다.[20]

국민의 숨 쉴 권리를 위해

2017년 우리나라는 미세먼지와 사투를 벌이고 있었다. 국회에 '미세먼지대책특별위원회'가 구성되었고 전혜숙은 초대 위원장으로 선출되었다. 심각한 미세먼지가 전국을 덮었고, 서울·인천·경기·세종·충청 등에서 7일 연속 미세먼지 비상저감조치가 발령되었다. 전혜숙은 사무실에서 서류만 보기보다 현장에서 답을 찾는 것이 먼저라고 생각하고 현장으로 달려갔다. 인천 영흥화력발전소, 기상청, 보령 LNG터미널, 보령화력발전소 순으로 현장을 시찰하고, 환경부를 비롯한 7개 기관의 업무보고를 받아 정부의 미세먼지 대책에 대한 문제점을 파악했다. 6개월 동안의 활동을 토대로 '미세먼지 문제 해결을 위한 정부대책 촉구 결의안'을 제출했다.

이런 노력의 결과로 2018년 미세먼지(PM10)와 초미세먼지(PM2.5) 농도의 환경기준이 강화되었다. 특히 초미세먼지(PM2.5)는 건강에 직접적으로 영향을 미치기 때문에 그 의미가 매우 크다. 초미세먼지와 미세먼지의 기준이 세계보건기구(WHO) 권고 수준으로 조정되어 미세먼지 예보의 신뢰도가 높아졌다. 이후 방송을 포함한 정부기관에서 초미세먼지 기준을 발표하게 되었고 그동안 미루어졌던 미세먼지 환경 관련 법안들이 통과될 수 있었다.

노인·아동·장애인 복지 확대

전혜숙은 보건의료의 공공성 확보뿐만이 아니라 노인, 아동, 장애인 등 취약계층의 복지 확장에도 큰 관심을 기울였다. 먼저 노인장기요양보험제도[21]를 안착시켰다. 우리나라는 고령화가 빠르게 진행됨에 따라 치매·중풍 등으로 일상생활이 어려운 노인들이 증가하고 있는 상황이다. 그러나 핵가족화와 여성의 사회참여 증가 등으로 장기 요양이 필요한 노인을 가정에서 돌보는 것이 어렵고 그 가정의 비용부담이 과중하여 노인장기요양보험제도의 도입은 시급한 문제가 되었다.

전혜숙은 보건복지가족부, 보건사회연구원, 한국노인요양보호협회, 한국사회복지사협회, 대한간호협회 창업특위, 한국간호조무사협회 등 관련 기관들의 의견들을 종합하여 노인장기요양보험제도의 미비점을 보완했다. 즉 도서·벽지·농어촌 등 일정 지역에 거주하는 자에 대하여 장기요양급여 본인일부부담금의 50%를 감경했다. 또한 요양보호사 자격시험제도를 도입하고, 자격시험 도입에 따른 결격사유와 자격 취소 사유에 관한 규정을 마련하며, 요양보호사 교육기관을 신고제에서 시·도지사가 지정하는 지정제로 변경하여 전문성을 갖추게 하였다.

또한 전혜숙은 기초노령연금을 20만 원에서 30만 원으로 인상하는 [기초연금법 개정안]을 20대 국회 첫 법안으로 발의하였다. 국민연금제도는 노후소득보장제도의 핵심으로 1988년 도입되어 1999년 전국민으로 확대되었다. 그러나 고령자 중에는 국민연금에 가입하지 못한 무연금자와 가입 기간이 짧거나 본인 소득수준이 낮아 연금액이 적은 저연금자 등이 많았다. 이들의 노후소득보장 수준을 제고하기 위해 2008년 국민연금을 보완해 기초노령연금(현 기초연금) 제도를 도입했다. 전혜숙은 우리나라의 노인빈곤율이 OECD 국가 중 최하위를 기록하고 있고, 경제적 이유에 의한 노인자살률은 1위, 노인학대 신고 건수는 날로 증가하는 등 많은 노인들이 불행한 노년을 보내고 있어 기초노령연금의 효과가 작다는 점에 주목하여 기초연금액을 인상하도록 개정한 것이다.

아동수당도 확대했다. 2000년대 이후 우리나라는 초저출생 현상이 지속되고 있고 이는 인구감소로 이어지고 있다. 정부는 실질적인 출산·양육 지원 정책으로 이 문제를 해결하고자 소득·재산 기준 하위 90% 가정의 만 6세 미만 아동에게 아동수당을 지급했다. 전혜숙은 이를 더 강화하여 5세 이하의 모든 아동에게 월 10만 원의 아동수당을 지급하도록 2017년 [아동복지법]을 개정하였다.[22]

중증장애인에 한정된 부양의무자제도 폐지는 사회복지계의 숙원이었다. 전혜숙은 2016년부터 '부양의무자 폐지법'을 꾸준히 발의했지만 21대 국회에서야 비로소 [국민기초생활보장법]을 개정할 수 있었다. 이로써 중증장애인의 기초생활을 개인 단위로 지원할 수 있게 되어 중증장애인이 포함된 가구의 생계를 적극적으로 보장할 수 있게 되었다.

여야 합의로 미투법 통과

전혜숙의 경력을 보면 '최초', '초대'라는 표현이 많다. 그만큼 여성의 사회 진출이 힘들었다. 여성의 활동을 가로막는 유리천장이 견고했고 사회생활 하는 여성을 곱지 않게 바라보는 시선이 따가웠다. 전혜숙은 활동하면서 "아이는 누가 키워요? 집안 살림은 누가 하나요? 남편이 사회생활을 허락하던가요? 나 같으면 아내 다리를 분질러 집에 주저앉히겠어요." 하는 질문을 수없이 받았다. 더욱 견디기 어려웠던 것은 여성을 성희롱해도 범죄가 되지 않는 것이었다. 그러나 사회가 바뀌었다.

2018년 1월 29일 서지현 검사가 JTBC 뉴스룸에 나와 자신이 검찰의 고위 간부들에게 성추행당하고 인사 불이익을 받았다고 공개했다. 이를 계기로 문단, 연극계, 정계, 학계, 교육계 등 각계각층에서 자신이 성폭력 당했다고 공개하는 '미투(Me Too)운동'이 걷잡을 수 없이 번져 나갔다. 이 시기 전혜숙은 국회 여성가족위원장으로서 "피해자들의 용기 있는 외침에 국회가 응답"해야 하며, 법이 바뀌어야 잘못된 사회 풍조를 바꿀 수 있다고 생각했다. 상임위에는 관련된 법 개정안들이 쏟아졌으나 여야의 의견이 다르고 관련 부처나 여성단체, 여타 민간단체들의 입장이 대립하였다. 게다가 여야 대치 정국이 계속되어 상임위는 중단되었다.

전혜숙은 관련 법 개정의 시급성과 중요성을 직감했다. 전혜숙은 여야 의원들을 한 사람씩 만나 피해 여성들의 고통을 생각하여 다른 법은 계류시키더라도 이 법들만큼은 속히 통과시키자고 읍소했다. 전혜숙은 여당이었지만 야당의 입장을 이해하고 배려하고자 했다. 여당 의원들에게는 야당 의원들의 입장을 이해해보자고 달랬다. 마침내 싸우지 않는 국회를 만들고자 했던 전혜숙의 노력이 결실을 맺었다.

2018년 9월 14일, 여성가족위원회가 열리고 상임위에 상정된 23개의 관련된 개정안을 조율하여 만든 이른바 '미투 3법'[23]이 위원회 안으로 본회의에 상정되었다. 다른 법들은 모두 홀딩 되었으나 유일하게 '미투 3법'만 통과되어 미투운동으로 드러난 여성폭력 피해들을 해결할 수 있게 되었다.

아차산을 사랑한 "광진구 행복배달부"

전혜숙은 의정활동으로 바쁠 때나 절망적인 상황에 놓였을 때나 아차산을 자주 올라 힘을 얻었다. 온달과 평강공주의 이야기가 깃들어 있는 아차산은 광진구와 구리시에 걸쳐 있는 해발 287m의 아담한 산이다. 아차산 홍련봉에는 사적 455호로 지정된 16개의 보루군이 있다. 고구려, 백제, 신라가 벌인 한강 쟁탈전이 벌어졌던 역사적인 장소로 이 보루들은 대부분 고구려의 유적들로 추정된다. 18대 국회 문화체육관광방송통신위원회 위원이었던 전혜숙은 광진구의 향토사학자 등 지역 주민들과 함께 이곳에 국립고구려박물관 건립을 추진했다.

전혜숙은 문화관광부 장관이 세 번씩 바뀔 때마다 집요하게 찾아가 면담했다. 서울에 국립박물관을 두 개나 둘 수 없다는 문화관광부의 반대 논리는 완강했다. 전혜숙은 궁리 끝에 방법을 찾아냈다. 국립중앙박물관 산하에 '국립고구려역사문화체험관'을 설립하는 것이었다. 2011년 기획재정부 장관부터 담당 사무관까지 만나 피말리는 설득 끝에 체험관 설립 타당성 조사 용역비를 확보했다. 2020년 21대 국회에서 총사업비 300억 규모의 '아차산 홍련봉 유적전시관 건립 사업'의 예산 대부분을 확보했고 2026년 6월 완공을 앞두고 있다.

중곡동에 있는 국립정신건강센터는 광진구 주민들이 오랫동안 이전을 요구하고 있던 민원 지역이었다. 2017년 정부는 1년여에 걸친 민관협의를 통해 병원 부지에 종합의료복합단지를 개발하기로 합의하였고 2021년 완공하였다. 전혜숙은 이 단지에 국립정신건강연구원 및 임상센터 등 보건복지부 산하 4개 기관과 국립트라우마센터를 유치하여 지역 개발의 토대를 마련했다.

전혜숙은 경북 왜관에서 태어나 광진구 토박이가 되었다. 잘못된 것을 바로잡고 어려운 사람들에게 작은 도움이라도 되겠다는 마음으로 시작한 활동이 정치인의 길을 걷게 했다. 정치인 전혜숙이 아니라 지역 주민들과 소탈하게 정을 나누는 좋은 이웃 전혜숙, '광진구 행복배달부'

| 아차산 홍련봉 발굴 현장

가 되고자 노력했다.

잠시 쉬는 시간을 가져보니 지난 30여 년간 하루도 쉬지 않고 새벽부터 밤까지 정신없이 뛰어다닌 자신이 보인다. 전혜숙은 국가와 국민을 위해서 할 수 있는 한 최선을 다해서 그리고 인기에 연연하지 않고 진정성 있게 필요한 국회의원이 되기 위해서 최선을 다해 열심히 살았다고 자부한다. 특히 의료민영화를 저지하고 팬데믹 시기 K방역의 숨은 주역이 되는 등 국민의 생명과 안전을 지키는 보건의료의 공공성을 지키는 '국민건강지킴이' 역할을 해냈다.

향후 정치 일정이나 계획은 없다. 예전보다 더 많은 시간을 지역주민들과 어울릴 수 있는 현재에 만족할 뿐이다. 아쉬운 것이 하나 있다면

계획만 세웠던 자립 준비 청년들을 지원하는 재단을 만들지 못한 것인데, 기회가 생긴다면 이 일을 해보고 싶다고 말한다. 좋은 정치인, 좋은 약사, 국민건강지킴이, 행복배달부로 정체성을 창조하며 살아온 전혜숙의 다음 행보를 기대한다.

| 집필: 박인혜 |

| 미주 |

1) 이런 생각에서 전혜숙은 2009년 한약재이력추적관리제도의 법제화를 추진했으나 실패했다.
2) 전혜숙, 『광진구의 행복배달부, 잘 지내시지요?』 2015, 올벼, p.173
3) <약사공론>, 2018.4.24., "약사회 수장의 구속 치욕적 상처의 기록…'한약파동'"
4) 전혜숙, 『광진구의 행복배달부, 잘 지내시지요?』 2015, 올벼, p.190
5) <건강보험심사평가원 홈페이지>, 2024.11.29., "DUR이란 '의사 및 약사에게 의약품 처방·조제 시 금기 등 의약품 안전성과 관련된 정보를 실시간으로 제공하여 부적절한 약물사용을 사전에 점검할 수 있도록 지원하는' 제도로 '실시간으로 환자의 투약 이력까지 점검하는 세계 유일의 의약품 안전점검시스템'이다."
6) <복지동향>, 2024.9.1., 참여연대, "보건의료운동과 함께한 참여연대 사회복지위원회 30년"
7) <머니투데이>, 2004.12.14., "의료기관 영리법인화 허용해야"
8) <뉴시스>, 2005.6.15., "'의료기관 영리법인화'는 '살인 합법'과 같은 논리"
9) <메드월드뉴스>, 2009.10.11., "영리법인화 국회통과 반드시 저지"
10) <복지국가소사이어티 홈페이지>, 2025.4.5., "복지국가소사이어티는 '사회경제 민주화를 통해 역동적 복지국가'를 추구하는 단체로 국회 사무처에 등록된 사단법인이다."
11) 전혜숙 편저, 『오바마도 부러워하는 대한민국 국민건강보험』 2010, 도서출판 밈, p.13
12) 전혜숙, 『광진구의 행복배달부, 잘 지내시지요?』 2015, 올벼, pp.197~198
13) 대한민국 국회 의안정보시스템, 2024.10.27. 검색
14) <의협신문>, 2017.10.24., "의·약사 수가 줘서 DUR 살려라"
15) <의협신문>, 2019.3.6., "전혜숙 의원 DUR법, 성분명 처방 도입법"
16) <파이낸스 뉴스>, 2023.2.8., "인터뷰 - 전혜숙 국회의원 '보건·복지·의료의 달인'…'사회적 약자 소외 막을 것'"
17) 음압병실은 병원 내부의 병원체가 외부로 퍼지는 것을 차단하는 특수 격리 병실을 말한다.
18) 전혜숙, 『힘내라 대한민국, 전혜숙의 코로나19 극복기』 2023, ㈜이앤디컴, p.12
19) 진단키트란 검출물을 몸 밖에서 검사하는 체외진단의료기기를 말한다.
20) <파이낸스 뉴스>, 2023.2.8., "인터뷰 - 전혜숙 국회의원 '보건·복지·의료의 달인'…'사회적 약자 소외 막을 것'"
21) 노인장기요양보험제도란 고령이나 노인성 질환 등으로 혼자 일상생활을 수행하기 어려운 65세 이상의 노인에게 신체 활동이나 가사를 지원하기 위해 장기 요양 급여를 제공하는 사회 보험 제도이다.
22) 2019년 1월부터 모든 아동에 대한 보편지급으로 확대되었고, 2019년 9월부터는 만7세 미만으로 연령을 확대했으며, 2022년 4월 25일부터는 만8세 미만으로 연령을 확대했다.
23) [성폭력방지 및 피해자보호 등에 관한 법률 일부개정 법률안], [아동·청소년의 성보호에 관한 법률 일부개정 법률안], [양성평등기본법 일부개정 법률안]

18·19대 국회의원

정미경 鄭美京

보수의 가치를
지켜나가는 정치인

1965 강원도 화천 출생
1989 고려대 법학과 졸업
1999 사법연수원 제28기 수료
1999 서울지검 의정부지청, 부천지청, 군산지청, 수원지검,
     부산지검 검사 (~2007)
2006 여성가족부 법률자문관 (~2007)
2008 제18대 국회의원
2009 한나라당 원내부대표
2010 한나라당 대변인
2014 제19대 국회의원
2014 새누리당 홍보위원장
2019 자유한국당 최고위원
2021 국민의힘 최고위원
2022 국민의힘 대통령선거대책위원회 홍보미디어 총괄부본부장

정미경은 1965년 8월 14일 강원도 화천의 한 산동네에서 태어났다. 아버지는 육군 소위로 월남전에 참전한 참전용사였고, 친어머니는 동생을 낳다 돌아가셨다. 키워주신 어머니는 독실한 기독교인으로 늘 잠자기 전 찬송을 부르며 가족을 지켜달라고 기도를 했다. 정미경은 어머니가 새어머니라는 사실을 스무살 무렵에야 알았을 정도로 어머니의 사랑을 받고 자랐다.[1] 다만 경제적인 형편은 무척 어려웠다. 어릴 때는 군인인 아버지 때문에 자주 이사를 다녀야 했고, 아버지가 퇴역 후 벌인 사업에 실패하며 공동화장실을 쓰는 집에서 살아야 했지만, 정미경은 그때의 어려운 환경 역시 정치인으로서의 장점이 될 수 있었다고 했다.

"어려운 가정환경에서 자라 어려운 사람들과 사는 삶이 익숙하고 편안하다. 자라온 삶이 그 사람의 가치관이나 지향하는 것, 행동하는 것에 영향을 많이 미칠 수밖에 없다. 그러다 보니 열정이 많고 감정이입이 잘 된다. (사람을 만나면) 이 사람의 어려운 것이 내 마음에 와닿는 순간 그건 내 일이 된다. 남의 일이 아닌 거다. 지역구 일이 모두 내 일이 된다. 누가 시켜서 하는 게 아니라 그게 정치인으로서 가장 좋은 장점이 될 수 있었다고 생각한다."[2]

창동초, 도봉여중, 덕성여고, 고려대 법학과를 졸업한 정미경은 고시공부에 몰두했다. 월남전 참전 후 고엽제 후유증과 생활고에 시달리던 아버지가 "딸이 판검사가 되는 것이 평생 소원"이라고 했기 때문이다. 결국 1996년 제38회 사법시험에 합격해 1999년 사법연수원을 제28

기로 수료했다. 첫 부임지는 서울지검 의정부지청이었다. 이후 인천지검 부천지청, 전주지검 군산지청, 수원지검, 부산지검 등에서 8년 반 동안 검사생활을 했고, 사법연수원 동기인 이종엽 판사와 결혼해 두 아들을 낳았다.

화제의 책 저자로 유명해져

2007년 펴낸 저서 『여자 대통령이 아닌 대통령을 꿈꿔라』(랜덤하우스코리아)는 검사 정미경을 유명하게 만들었지만, 결국 검찰을 떠나게 하는 계기가 됐다. 정미경은 책을 쓰고 펴낼 당시 여성가족부 장관 법률자문관으로 파견근무 중이었다. 그는 여성가족부에서 근무하면서 젠더(gender)의 의미, 그리고 젠더와 성(sex)의 차이점을 깨닫고 책을 썼다. 사회적인 편견과 맞서온 삶의 이야기, 여성 후배들에게 들려주는 조언을 담은 책이다.

"우리가 누구를 역할 모델로 삼으려 할 때 그 사람이 남자인지 여자인지가 중요한 것이 아니라 존경할 만한 인품과 실력을 갖췄는가를 중요하게 생각한다. 개인의 성별은 잊어버리고 개인의 특성을 살릴 수 있도록 전진하자. 여자들도 남자들도 다시 태어나도 여자로, 남자로 태어나겠다고 자랑스럽게 말할 수 있는 날, 그날은 금방 온다."[3]

책은 여성들이 사회의 편견과 싸우며 당당히 리더로 살아가기 위해 어떤 리더십을 가져야 하는지 설명한다. 그러면서 '최초의 여성'들을 사례로 들어 최초의 여성 법무부 장관 강금실, 최초의 여성 총리 한명숙, 최초의 여성 헌법재판소장 후보 전효숙 등을 언급했다. 특별히 강전 장관에 대해서는 상당히 비판적인 입장을 보였는데, 이 내용이 많은 언론에 알려지면서 정미경은 '강성 여검사'로 유명세를 타게 됐다. 정미경은 책을 쓰게 된 과정에 대해 한 월간지에서 자세하게 설명했다.

"검찰에 있다가 여성가족부에 지원해 파견을 나왔다. 파견 나와 있는 동안 대학원에 다니며 여성학을 공부했는데, 학교 다녀서 좋은 건 책 한 권을 읽더라도 그와 관련한 내 경험을 '리포트'라는 형식을 빌려 '정리'할 수 있는 거였다. 리포트를 돌려 보면서 내용이 참 좋다는 반응이 많았고, 강의 요청과 책을 써보라는 권유를 받았다. 과연 내가 잘할 수 있는 일인지 고민했지만, '내가 해야 할 일이다'라는 생각이 들고 나니 더 고민할 게 없었다. 살면서 고민한 것들을 후배들과 나누고, 미래를 준비하는 새로운 전략을 함께 짜보자는 얘기를 한 것이었다. 그 책이 이렇게 문제가 될 줄은 전혀 몰랐다."[4]

여성가족부 파견을 마치고 검찰로 돌아온 그에게 돌아온 것은 부산지검 발령이었다. 원래 근무하던 수원으로 다시 돌아가야 한다고 해서 기차와 버스를 타고 서울로 출퇴근하던 그였다. 그런데 한마디 말도 없이 부산지검으로 발령이 난 것이다. 이것은 문책성 인사라고밖에 생각할 수 없었다. 강 전 장관을 비판한 데 따른 법무부의 문책성 인사라고 생각한 그는 고민 끝에 사표를 쓰고 검찰에서 나왔다. 당시 언론도 그의 사직을 앞다퉈 보도했다.

"강금실 전 법무장관 등 '최초'라는 수식어를 단 여성지도자들을 비판했던 정미경 검사가 돌연 사표를 제출했다. 여성가족부 법률자문관으로 파견됐던 정 검사는 올해 6월『여자 대통령이 아닌 대통령을 꿈꿔라』라는 책을 내면서 한명숙 전 총리, 강금실 전 장관, 전효숙 헌법재판소장 후보자들에게 '얼굴마담', '철없다', '코드인사의 한계였다'라는 파격적인 발언을 해 눈길을 끌었다. 정 검사의 이런 발언들은 검찰 조직 내 상당한 파장을 일으키기도 했다. 법무부는 지난달 31일자로 정 검사를 원래 근무지인 수원지검이 아니라 부산지검으로 발령냈다. 책 발간과 무관하지 않다는 게 법조계 안팎의 평가다. 강금실 전 장관에 대한 비판적 논조가 결국 문제가 돼서 사퇴하라는 압박까지 간 게 아닌가 하는 지적이다."[5]

검사에서 여당 국회의원으로 변신

검찰에서 나온 시점은 2008년 제18대 총선을 몇 달 앞둔 때였고, 주변으로부터 출마 권유를 받기 시작했다. 어느 날 충남 청양에서 농사를 짓고 있던 시아버지가 그의 집을 방문했다. 정미경이 정치 이야기를 꺼내자 시아버지는 "나라를 위해 일하고 싶어도 못하는 사람이 많은데 네(며느리)가 하겠다면 찬성"이라고 말했다. 정치를 반대하던 남편이 "아버지는 왜 이 사람 편만 드느냐?"고 묻자 시아버지는 남편에게 "너 만한 남자는 쌔고 쌨지만, 이만한 여자는 없다."고 답했다.

"정말 시골에서 농사만 짓던 분이시거든요. 그 말씀을 듣고 눈물이 핑 돌 정도로 고마웠어요. 심지어 총선 때는 수원에 상주하면서 명함 돌리기까지 나서서 하셨어요. 충청도 촌로(村老)의 모습을 하고 '청양에서 왔시유'라면서 명함을 돌리는 모습에 친근감을 느낀 충청도 분들이 힘을 모아 도와주셨고, 충청도 표가 결집되는 결과도 있었습니다." 가족의 지원과 사랑이 지금의 저를 만들었다고 생각합니다."[6]

한나라당에 입당한 정미경은 검사 생활을 했던 경기 수원 권선에 공천을 신청한다. 한나라당엔 이미 10여 명의 후보가 난립하고 있었고, 총 11명이 공천을 신청해 전국에서 가장 공천 경쟁이 치열한 지역구로 꼽혔다. 해당 지역에서 국회의원을 지낸 유력 경쟁자 등을 제치고 공천을 받은 정미경은 '지역 간 경제 불균형 해소, 맞벌이 부부 보육문제 해결, 아이들이 뛰어놀 수 있는 안전한 권선'이라는 3대 정책기조를 발표하고 지역을 누비며 표심 잡기에 나섰다. 언론에서는 초박빙의 접전이라고 보도했지만, 결과는 41.23%를 얻어 현역 의원이던 통합민주당 이기우 후보(38.16%)를 여유 있게 꺾고 당선됐다. 한나라당은 경기지역 51개 선거구에서 62.7%인 32석을 얻어 압승을 거뒀다.

아동·청소년 문제에 관심

당선소감에서 "살기 좋은 권선, 우리 아이들이 행복한 권선"을 강조한 신인 정치인 정미경은 원래 아동 문제에 관심이 많았다. 그는 언론 인터뷰에서 정치 입문 동기에 대해 "수원지검 시절 만난 경기도 아동학대보호센터 자원봉사자들이 '계속 우리를 도우려면 정 검사가 정치를 해야 한다.'고 강하게 권유했기 때문"이라고 했다.[7]

"국회의원이 되면 아동권리를 위한 법 제정을 하고 싶다."던 정미경은 보건복지위원회를 희망했고, 복지위 위원이면서 동시에 한나라당 제5정책조정위원회(보건복지) 부위원장을 맡아 관련 법안을 발의했다. 2008년 11월 대표발의한 [청소년의 성보호에 관한 법률개정안], 2009년 대표발의한 [국민건강증진법 개정안]과 [응급의료에 관한 법률 개정안] 등이다.

2009년 9월 9일에는 국회에서 '학업중단 청소년을 위한 종합지원대책 토론회'를 개최했다. 학업중단 청소년이 7만여 명에 달하는 데다, 매년 4만여 명씩 증가하고 있어 정부 차원의 통합적 지원체계 구축이 필요하다고 그는 판단했고, 이들에게 지원체계와 사회안전망을 제공할 수 있는 법률 제정을 모색했다.

2010년 12월 30일에는 아동학대에 대한 처벌과 피해 아동에 대한 지원을 강화하는 내용의 '아동학대 방지 및 피해아동의 보호·지원 등에 관한 법률안'을 대표 발의했다. 정미경은 이 '정미경 법안'을 만들기 위해 보건복지위를 지원했다고 말할 정도로 이 법안에 그동안 쌓아온 역량을 쏟아부었다. 법안은 아동을 매매하는 행위나 아동의 신체건강 및 발달에 해를 끼치거나 신체에 손상을 주는 학대행위 등을 아동학대범죄로 규정해 처벌할 수 있도록 하고, 아동학대의 특수성을 고려해 경찰과 검찰에서 아동학대범죄 수사 시 피해아동에 대한 전담조사제를 실시토록 했다. 이 법률안은 언론과 관계 기관 등의 높은 관심을 받고도 국회 내 무관심으로 임기만료 폐기됐지만, 이후 어린이의 인권 관련 법, 아동학대 관련 법에 대한 관심이 높아지는[8] 계기가 됐다.

의정활동, 지역구, 당 대변인까지 1인 3역

정미경은 복지위에서 국민건강증진과 관련한 법률을 다수 대표 발의했다. [의료법 일부개정 법률안], [응급의료에 관한 법률 일부개정안], [전염병예방법 일부개정 법률안], [국민건강증진법 일부개정 법률안], [국민연금법 일부개정 법률안] 등을 대표발의했다. 또한, 국가유공자와 공무원, 노인 등의 복지를 위한 법안도 다수 발의했다. [국가유공자 예우 및 지원에 관한 법률 일부개정안], [노인장기요양보험법 일부개정안], [공무원연금법 일부개정 법률안] 등이다.

2008~2009년 복지위에서 활발한 의정활동을 하던 정미경은 2010년 1월 한나라당에서 대변인으로 임명받았다. 당시 한나라당은 남녀 대변인 1인씩을 두고 있었는데 역대 여성 대변인은 주로 비례대표 의원이었고, 지역구 의원이 여성 대변인이 된 경우는 정미경이 처음이었다. 지역구 활동과 의정활동, 당 대변인까지 한꺼번에 해내기는 쉽지 않았지만, 여성 대변인이 남성 대변인보다 못하다는 소리를 들을 순 없었기에

2010년 2월 4일 국회 한나라당 대표실에서 정미경 대변인이 정몽준 대표로부터 임명장을 받고 인사를 하고 있다.

이를 악물고 노력했다. 밤낮없이 업무에 시달리는 대변인으로 일하면서 아이들과 함께 식사 한 번 제대로 못 한 것이 후회될 정도였다.

"여성 의원이나 여성 대변인이라는 게 화제가 되지 않으려면 그 분야에서 남성과 여성이 비슷한 비율을 차지하면 된다. 하지만 현실적으로 그렇게 되기까지 시간이 걸리기 때문에 그때까지 여성들은 무조건 자기 분야의 업무를 '잘'해야 한다. 어렵지만 여성 선배로서 꼭 해야 할 일이라고 생각한다."[9]

같은 해 6월에는 한나라당 최고위원에 도전한다. 7월 열리는 전당대회를 앞두고 당내 친이계-친박계의 갈등이 이어지는 상황에서 정미경은 "한나라당은 지금 우리가 비판했던 참여정부처럼 책임이 뒷받침 되지 않고 구호만 외치는 모습이라는 것을 깨달아야 한다."며 "책임지는 지도자가 나와야 하고, 책임지는 정당으로 거듭나야 한다."고 출마의 뜻을 밝혔다.[10] 이때 정미경은 당선되지 못했지만 이 같은 경력을 바탕으로 2019년 자유한국당 전당대회, 2021년 국민의힘 전당대회에서 최고위원에 당선된다.

국방위의 유일한 여성 위원

18대 국회 후반기에는 국방위원회 위원으로 활약한다. 국방위의 유일한 여성의원이었지만, 국방 문제에 대해 깊이 파고드는 모습으로 주목받기도 했다.

> "국방위 내에서 군 출신, 국방 전문가가 아닌 유일한 여성의원인 정미경 의원은 독도 수호를 위해 울릉도에 해군전진기지를 건설해야 한다는 점을 꾸준히 질의해왔고, 올해 국정감사에선 정부가 이 같은 지적을 반영해 2015년까지 울릉도 사동항에 이지스함을 배치할 수 있는 해군기지를 만들기로 했다는 사실을 밝혀내 주목을 받았다."[11]

국방위에서는 [전염병예방법 일부개정 법률안], [의료법 일부개정 법률안](이상 2009년), [군인사법 일부개정 법률안], [군수품관리법 일부

개정 법률안], [국군조직법 일부개정 법률안](이상 2011년) 등 대표발의한 법안이 대안을 반영한 법안으로 통과됐다.

    2011년 12월 대표발의한 여권법 일부개정안은 세간의 관심을 끌었다. "반국가단체를 구성하거나 이에 가입한 사람은 여권 발급을 제한한다."는 규정을 골자로 한 개정안이다. 2012년 총선부터 재외국민투표가 실시되는 상황에서 조총련계 재일동포들이 투표권을 갖게 되고 조직적으로 선거에 개입할 수 있다고 판단했기 때문이다. 해당 법안은 임기만료 폐기됐지만 보수진영에 정미경이라는 정치인을 각인시키는 계기가 됐다. 정미경은 또 국방위에서 지역구인 권선구 주민의 숙원이던 수원비행장 활주로 문제와 고도제한 해제 문제 해결에 앞장서 지역구민들로부터 큰 호응을 얻었다.

    국방위에서의 활약으로 정미경은 19대 국회에서도 국방위원회에서 일하게 됐고, '최초의 여성 국방위원장 후보'[12]로 불리기도 했다.

뜻밖의 컷오프와 무소속 출마

    18대 국회에서 초선의원 같지 않다는 평가를 받을 정도로 활발한 활동을 보였고 지역구에서도 숙원사업을 해결하며 인기를 누리던 정미경이었지만, 2012년 4월 19대 총선을 앞두고 새누리당 공천에서 뜻밖의 컷오프를 당한다. 그의 지역에 전략공천을 받은 인물은 서울 한 지역구에서 출마를 준비하던 여성 비례대표 의원이었다.

    정미경은 "돌려막기식 공천은 공정하지 않다."[13]며 새누리당을 탈당했고, 19대 총선에서 수원 권선 지역구에 기호 8번 무소속으로 출마했다. 정미경은 무소속임에도 불구하고 초반 여론조사에서 선두를 달렸고, 선거 결과 무려 23.77%를 획득했다. 사람들은 기대 이상의 득표율이라며 놀라워했지만 정미경은 당선되지 못한 것에 실망했다.

"19대 총선에서 23.77%를 얻었다. 대한민국 정치구조에서는 정말 놀라운 득표였다. 대한민국 헌법에서 정당정치를 하라고 하는 건 그걸 악용하라는 게 아니었다. 공천권을 악용하고, 주민들을 정당의 거수기로 만들어버리지 않았나. 그 때 우리 주민들이 저를 당선시켜 주지는 못했지만 정치인 정미경을 살렸다."[14]

정미경은 그 힘으로 2년 후 보궐선거에서 공천을 받을 수 있었고, 상대 후보를 큰 표 차로 이길 수 있었다고 했다.

보궐선거에서 완승

기회는 다시 한번 찾아왔다. 민주통합당 신장용 의원이 공직선거법 위반으로 대법원에서 당선무효형을 선고받고 의원직을 상실한 것이다. 새누리당은 이전 선거에 출마했던 당협위원장이 이미 인사도 없이 떠난 상태였고, 새로운 당협위원장은 경쟁력이 부족하다는 평가가 나왔다. 새누리당은 무소속 상태였던 정미경에게 "보궐선거 경선에 참여해 달라"고 부탁했고, 정미경은 경선에서 상대방을 압도적인 표 차이로 이겼다. 새정치민주연합에서는 다양한 후보군을 놓고 고민한 끝에 백혜련 전 변호사를 전략공천했다. 언론은 여검사 대 여검사의 대결을 주목했지만, 지역은 이미 정미경의 텃밭이나 마찬가지였다.

"경기 수원을(권선)은 여검사 출신 정치인의 대결이 성사된 이색 지역이다. 여성 후보의 맞대결이라는 것 외에도 양측은 '흥행성'있는 공통점이 많다. 정 후보는 사시 38회, 백 후보는 사시 39회에 합격한 후 검사 생활을 시작했다. 두 후보는 공직 마무리도 비슷했다. 정 후보는 노무현 정부 시절인 2007년 6월 강금실 전 법무장관을 비판하는 책을 출간하고 검사직을 그만둔 뒤 18대 국회의원이 됐다. 백 후보는 지난 2011년 11월 이명박 정부 당시 대구지검 검사를 지내다 '정치 검찰이 부끄럽다'면서 사표를 내고 당시 야당을 택했다. 대학도 같아 정 후보가 백 후보의 고려대 1년 선배로 동문이다."[15]

언론은 여성 후보, 검사 선후배의 경쟁구도로 몰아갔지만 결과는 전 동(洞)에서 정미경 후보의 완승이었다. 지역을 속속들이 잘 알고 있으면서도 지난 총선에서 억울하게 공천배제를 당했던 정미경은 "저예요, 정미경"이라는 친근한 슬로건으로 주민들에게 다가갔고 주민들은 그를 따뜻하게 맞았다. 특히 세류동과 평동에서는 70%에 육박하는 TK급의 몰표가 쏟아졌다. 이 지역은 수원비행장 소음과 열악한 생활환경 등으로 어려움을 겪는 주민이 많은 지역이었는데, 정미경은 이들의 불편을 해소하기 위해 주민들과 함께 살았다고 할 수 있을 정도로 많은 시간

2014년 7·30 재보궐 선거를 하루 앞둔 29일 경기 수원시 권선구 입북동 일대에서 새누리당 정미경 수원을 국회의원 후보가 유세차를 타고 유세를 하고 있다.

을 들어 고충을 경청하고 문제 해결에 집중했기에 어찌 보면 당연한 결과라고 할 수 있었다.

제18대 대통령 선거와 경기도지사 선거에서 야당에 밀렸던 곡선동, 입북동에서도 승리했다. 최종적으로 정미경은 55.69%를 얻어 38.20%를 얻은 새정치민주연합 백혜련 후보에게 압승했다. 7·30 보궐선거는 국회의원들이 지방선거 출마를 위해 대거 사퇴하고 의원직을 상실한 의원도 많아 전국 15곳에서 열렸고, '미니 총선'으로 불릴 정도로 각 정당이 총력을 기울인 선거였다. 이때 새누리당은 국회의원 재보궐선거 15곳 중 11곳에서 승리하는 압승을 거뒀다.

재선의원으로 활약

여당 재선의원으로 더 힘을 얻은 정미경은 19대 국회에서 국방위원회 소속으로 의정활동을 시작했다. [군인연금법] 중 사병복무기간 가산에서 제외된 [퇴직군인의 연금 지급에 관한 특별 법안]을 대표발의했고, [군형법 일부개정 법률안], [범죄피해자보호법 개정안], [특정 범죄신고자등보호법 개정안]을 비롯해 다양한 분야의 법안을 대표발의했다.

이 시기는 정미경이 의정활동보다 새누리당 홍보기획본부장 겸 홍보위원장으로 활약한 시기이기도 하다. 19대 국회에 들어온 2014년 8월, 새누리당은 그를 홍보 총책임자로 임명했다. 세월호 사고로 민심이 흉흉하고 경제가 침체된 상황에서 여당으로서 정부의 경제활성화 정책에 발맞춰나가는 모습을 보이는 것, 땅에 떨어진 정치권에 대한 신뢰를 회복하는 것이 그의 과제였다. 7·30 재보궐선거 압승으로 모처럼 사기가 오른 새누리당에 활력을 불어넣는 것도 당이 그에게 원하는 과제였다. 정미경은 무엇보다 '민생'을 우선하겠다는 전략을 세운다.

"솔로몬의 이야기처럼 자기가 생각하는 가치나 이념을 위해 아이를 둘로 나누는 우를 범해서는 안 된다. 이제 세월호는 시간을 갖고 풀어나가고, 나머지 민생 경제를 위해 법안을 처리해야 한다. 그게 국민의 생각이다."[16]

세월호 후 한동안 민심에서 멀어졌던 새누리당은 2015년 4월 29일 재보궐선거에서 국회의원 4석 중 3석을 차지하는 압승을 거둔다. 당시 새누리당은 홍보전략으로 '새줌마(새누리와 아줌마의 합성어)'라는 신조어를 만들고 김무성 대표에게 빨간 두건과 앞치마를 입혀 '새줌마'로 변신시켰고, "상황이 아무리 나빠도 맛있는 밥상을 차려서 국민 앞에 내놓겠다."고 강조했다. 새누리당의 변신은 유권자들의 시선을 끌 수밖에 없었다. 변신을 이끌어 낸 사람이 바로 정미경이었다.

> "TV프로그램 '삼시세끼' 프로그램의 '차줌마' 캐릭터가 인상적이었다. 유해진이 물고기도 제대로 잡아오지 못하고 재료가 엉망인데도 차승원이 제대로 음식을 만들어낸다. 여당은 그래야 한다. 어떤 상황이라도 맛있는 요리를 국민에게 내놔야 한다. 어떤 상황이 와도 지역일꾼은 그 지역을 위해 일을 해준다는 것이 이번 선거에서 유권자를 향한 메시지였다."[17]

홍보의 귀재 탄생

한 언론은 새누리당의 승리 원인이 생활밀착형 전략이었다고 평가했다.

> "정미경 의원은 지난해 7·30 재·보궐선거에서 '저예요, 정미경입니다.'라는 감각적인 홍보물로 여의도에 재입성한 뒤 당에서 홍보본부장을 맡았다. 평소 홍보와 언어, 사람 심리에 관심이 많은 정 의원에게 김무성 대표가 '꼭 맞는 옷'을 입힌 셈이다. 그

가 홍보본부장을 맡은 뒤 당 홍보국은 180도 달라졌다. 회의를 위한 회의가 아닌, 자유로운 토론 속에서 탄생한 것이 김 대표가 '로봇연기'를 선보이며 화제를 모은 정치참여 애플리케이션 '온통방통' 홍보 동영상과 '새줌마'다. 성완종리스트 파문이 정가를 강타했지만 민심은 새줌마를 선택했다. 영리하게 생활밀착형 정치를 선보인 새누리당의 전략이 제대로 통한 것이다."[18]

정미경은 SNS가 젊은이들과 일부 IT 관련 종사자들의 전유물처럼 여겨졌던 이 시절 SNS 활용 조직인 '소셜프로단'을 만들었다. 정치에 관심이 많으면서 SNS에 익숙한 젊은이들을 모아 조직을 만든 것이다. '프로단'이라는 이름은 공모된 이름 중 정미경의 눈에 '프로'라는 명칭이 쏙 들어오면서 지은 것이다. 검사들이 사석에서 서로를 '프로'라고 부르곤 하는데, 이 명칭을 사용하면 남들이 들을 때 무슨 프로냐고 물어볼 것이니 관심을 끌 수 있다는 의미가 있다는 것이었다. 홍보기획본부장 겸 홍보위원장으로 일하며 정미경은 새로운 시대에 발맞춰가는 홍보 전문가로 인정받는다. 2016년 20대 총선 당시 새누리당 대표였던 김무성 대표는 정미경을 다음과 같이 소개했다.

"정미경 의원이 실력을 발휘해 '일하는, 우리 동네를 지키는 새줌마' 콘셉트를 만들어서 지난 재보궐선거를 압승을 했다는 사실을 여러분 알고 계신가. 국회에서는 이 자그마한 몸을 가지고 불도저 같은 추진력으로 일 잘하는 의원으로 높이 평가받고 있다. 정미경 후보가 힘 있는 집권 여당의 3선의 중진의원이 되면 대한민국 국회 최초의 여성 국방위원장이 될 것이 틀림없다. 그렇게 수원이 안고 있는 최대의 지역 숙원, 민원사업인 수원비행장 이전 문제를 대한민국의 최초의 여성 국방위원장인 정미경 여성 국방위원장이 해결할 것이다."[19]

20대 총선 낙선, 최고위원 당선

2016년 20대 총선에서 정미경이 3선 고지에 오르는 것은 당연지사로 보이는 상황이었다. 그러나 그는 선거구 조정 과정에서 '폭탄'을 맞고 말았다. 수원 인구가 포화상태여서 수원 선거구는 4곳에서 5곳으로 늘어났는데, 하필 정미경의 권선구가 이리저리 조각난 것이다. 알토란처럼 키워왔던 선거구가 사실상 사라졌고, 그는 다른 후보가 자리잡은 지역에서 선거를 치르는 상황이 되고 말았다. 정치권에서도 권선구가 선거구 개편 최대의 희생 지역으로 평가받았고, 정미경 역시 희생양이 되면서 낙선했다.

이듬해 박근혜 전 대통령 탄핵사태로 한동안 정치적 혼란이 이어졌고 그가 속한 자유한국당은 최대의 정치적 위기를 맞았다. 자유한국당이 위기에 몰렸던 2018년 6월 제7회 전국동시지방선거에서 정미경은 홍준표 자유한국당 대표의 간곡한 부탁으로 자유한국당 수원시장 후보로 출마했지만 낙선했다.

원외에 머물던 정미경은 그동안 당 홍보본부장, 대선캠프 홍보본부 TV본부장 등의 경험을 바탕으로 종편과 지상파 등 방송의 정치-시사 패널로 활동했다. 특히 TV조선 〈강적들〉을 통해 전국적으로 인지도를 얻었다. 그 외에도 각종 방송에서 문재인 정부를 비판하고 보수정당의 입장을 강한 어조로 대변하면서 보수진영으로부터 "속시원하다."는 평가를 받았고, 인지도와 인기도 높아지기 시작했다. 2019년 2월 자유한국당 전당대회에 최고위원 후보로 출마한 정미경은 "자유한국당의 마이크로 분명, 명확하게 야당답게 문재인 정권과 싸우겠다."고 포부를 밝혔다.[20] 그에게는 속사정이 있었다. 남의 눈에는 활발한 방송활동을 하는 것처럼 보였지만 문재인 정부의 방송환경은 이미 기울어진 운동장이었고, 방송국들은 여당의 눈치를 볼 수밖에 없는 상황이었다.

"다시 정치 일선으로 나가야 한다는 생각이 뭉클뭉클 들기 시작하면서 점점 솟구치고 있었다. '마이크'가 필요했다. 인민재판으로 몰리는 국민께, 그리고 이성적이고 합리적인 언론인들에게 내 생각을 그대로 전달하고 싶었다. 삭제되지도 않고 편집되지도 않는 마이크, 자유한국당의 마이크가 필요했다."[21]

TV 출연 등으로 당원들에게 인지도가 높았던 정미경은 4명을 선출하는 최고위원 경선에서 조경태 의원에 이어 2위로 당선됐다. 최고위원 중에서는 유일한 원외였다. 당 지도부에 입성한 정미경은 더욱 활발하게 언론 및 법률 관련 활동에 나서 대여투쟁에 앞장선다. 특히 문재인 정부를 향해 격한 언사를 사용하며 비판해 민주당 지지자들로부터 비난을 받기도 했지만, 보수우파로부터는 '보수의 여전사'라는 평가를 받았다.

"노무현 정권은 좌파정권으로서 실험으로 김대중 정권보다 조금 더 나갔다면 지금 문재인 정권은 대놓고 하는 것이다. 또 노무현 정권은 문재인 정권에 비해 실용적인 측면이 있었다는 것이다. 노무현 정권은 국가를 망가트리는 데 눈치를 봤다면 지금은 전혀 눈치를 보지 않는다."[22]

또다시 최고위원으로

정미경은 2020년 4월 제21대 총선에서 경기 수원시 을에 자유한국당 공천을 받았지만 19대 보궐선거 당시 맞붙었던 더불어민주당 백혜련 후보에게 패배했다. 정미경이라는 정치인을 응원하는 유권자들은 많았지만, 자유한국당을 향한 싸늘한 민심을 극복하기엔 역부족이었다.

이후 2021년 6월 열린 국민의힘 전당대회에 최고위원 후보로 출마해 당선됐다. 당시 대표에는 30대의 이준석 대표가 당선됐고, 선출직 최고위원 4명 중 여성이 3명(조수진, 배현진, 정미경)에 달해 국민의힘에 변화와 혁신의 바람이 불어오고 있다는 언론 보도가 이어졌다.

"국민의힘 6·11 전당대회에서 선출직 최고위원 4명 중 3자리를 여성 정치인이 차지했다. 청년 돌풍으로 30대 당 대표가 탄생한 데 이어 거센 여풍까지 불어닥치며 남성 중진 중심의 보수 정당을 강타한 것이다. 11일 공개된 최고위원 경선 결과를 보면, 조수진 의원(24.11%), 배현진 의원(22.15%), 정미경 전 의원(10.72%)

이 각각 1·2·4위를 기록하며 당당하게 지도부에 입성했다. 국민의힘 당헌·당규에서는 여성 후보가 4위 안에 들지 않아도 최고득표자 1인을 최고위원에 할당하지만 이번 전대에서는 그런 우대가 필요 없었다."[23]

2022년 3월 서울 서초갑 재보궐선거에 도전하려 했지만 후보 경선에서 패배해 실패했고, 같은 해 8월 이준석 대표가 대표직에서 물러나면서 정미경을 포함한 최고위원들도 함께 사퇴했다. 재기의 기회를 노리던 정미경은 2024년 4월 22대 총선을 앞두고 서울 양천갑에 공천을 신청한다. 공교롭게도 현역 비례대표인 조수진 의원과 친한동훈계 구자룡 변호사가 같은 지역에 공천을 신청했다. 재선 출신 전직 최고위원(정미경), 현역 초선의원(조수진), 현재 지도부인 비상대책위원(구자룡) 등 후보들이 경선에서 맞붙어 세간의 관심이 집중되기도 했다. 정미경은 경선에서 패배해 공천을 받지 못했다.

현재는 꾸준히 방송 패널과 유튜브를 통해 활동하며 더불어민주당의 다수 의석을 앞세운 독주 행태와 이재명 대표의 사법리스크를 공격하는 등 국민의힘과 보수진영의 스피커로 자리잡고 있다.

'여성 정치인'이 아닌 '정치인'

정미경은 어떤 경우든 '여성'이라는 구분을 두는 것을 불편해했고, 그런 시선에서 벗어나기 위해 실력을 키워야 한다고 믿었다. 그를 정치에 뛰어들게 한 저서 『여자 대통령이 아닌 대통령을 꿈꿔라』에서 시작한 이런 인식은 정치를 하는 20여 년간 계속됐다.

"여성 장관이 일을 잘 하면 그 장관이 일을 잘 하는 것으로 여겨지지만 일을 잘 못 하면 '여성은 다 저렇다.'면서 여성의 대표선수로 평가를 받게 된다. 그래서 일선에 있는 여성은 아직까지 대표선수로서의 여성임을 잊지 말아야 한다. 각 분야에서 여성이 많아져서 남성 여성 구분이 의미가 없어질 때까지 여성은 대표선수다. 그래서 국회의원으로서 내 역할을 다하고 싶고, 여성 후배들에게 길을 열어주고 싶다."[24]

18대 의원 시절인 2011년 여성신문에 기고한 글에서는 고위공직자의 발언을 지적하며 여성 전문직의 고충을 토로했다.

"최근 김준규 검찰총장이 '남성들은 출세를 지향하지만 여성들은 행복을 지향한다. 남자 검사는 집안일을 포기하고 일하는데, 여자 검사는 애가 아프면 일 포기하고 간다.'고 말해서 논란이 되고 있다. (중략). 남자 검사에겐 아내가 있다. 검사 일만 열심히 하면 된다. 집안일이나 아이들 돌보는 일은 아내가 전적으로 책임져준다. 그런데 여자 검사에겐 아내가 없다. 여자 검사가 출세보다는 행복을 지향해서 그렇다는 검찰총장의 발언도 가볍다는 느낌을 지울 수 없다. 일하는 엄마 검사들이여, 차라리 이렇게 말해 버려라. '검찰총장님, 저에게도 아내가 필요하다고요'라고."[25]

정미경이 여성 정치인으로 갖는 의미를 꼽자면 20여 년간 자신의 기준을 지키면서 꾸준히 도전하는 정치인이라는 점, 또 젠더에 대한 고찰로 시작해 정치에 뛰어들었고 여성 후배들을 위해 노력해 온 점 등이 있을 것이다. 대부분의 전문직 여성들이 어느 정도 위치에 오르기까지는 남녀의 차이를 생각할 겨를도 없이 달리다가 정신을 차려보면 차별이나 불공정을 인지하고 혼란이 오는 것이 보통이다. 정미경은 그 상황에 굴하지 않고 스스로 세상을 바꾸는 길을 찾았다.

보수의 가치 지켜나가는 여성 중진 정치인

정미경은 만 43세라는 비교적 이른 나이에 국회에 입성해 국회의원 두 번, 당 최고위원 두 번을 역임한 관록의 정치인이다. 여느 보수정

| 2021년 5월 25일, 국민의힘 제1차 전당대회 최고위원 후보자 비전발표회, 누리꿈스퀘어 국제회의장.

당 정치인들처럼 정치 상황 격변에 따른 역경과 우여곡절도 적지 않았지만, 방송활동을 적극적으로 하면서부터는 법조인 출신답게 명확한 논리로 상대방과 논쟁을 펼치고 설득에 나서는 모습을 보였다. 진보진영 일각에서는 비판을 받지만 보수진영에서는 인기를 누리는 이유다. 언젠가부터 보수정당에서 중진 여성 정치인을 찾기 힘든 현실에서 정미경은 보수의 가치를 지켜나가는 정치인으로 자리매김하고 있다.

| 집필: 권세진 |

| 미주 |

1) <국민일보>, 2014.9.11., "가난한 참전용사의 딸, 검사에서 국회의원으로"
2) <오마이뉴스>, 2014.7.14., "지역주민들이 정치인 정미경을 살렸다"
3) 정미경, 『여자 대통령이 아닌 대통령을 꿈꿔라』 2007, 랜덤하우스코리아.
4) <신동아>, 2007.10.
5) <매일경제>, 2007.8.5., "강금실·한명숙 비판한 女검사 사표"
6) <월간조선>, 2010.6., "정당 여성 대변인의 세계"
7) <조선일보>, 2008.4.29., "수원 권선 정미경; 검사 시절 강금실 前법무 비판 책으로 화제"
8) <머니투데이>, 2012.5.5., "국회 단골 찬밥 '어린이 입법'"
9) <월간조선>, 2010.6., "정당 여성 대변인의 세계"
10) <경인일보>, 2010.6.24., "정미경 전대 출사표, 소통정치에 방점"
11) <문화일보>, 2011.10.5.일., "주목 이 의원: 독도 수호 軍기지 주장, 男다른 집요함 '눈길'"
12) '새누리당 보도자료', 2016.4.1.
13) <평화방송>, 2012.3.19., '열린세상, 오늘'
14) <오마이뉴스>, 2014.7.14., "지역주민들이 정치인 정미경을 살렸다"
15) <연합뉴스>, 2014.7.13., "與 정미경 野 백혜련…같은 대학 1년 선후배, 사시도 1년차"
16) <경인일보>, 2014.9.2., "정치 유망주 정미경 새누리 홍보기획본부장"
17) <더300>, 2015.5.10., "정미경 '여당은 차승원처럼 요리해야'"
18) <파이낸셜뉴스>, 2015.6.11. "새줌마의 생활정치로 내년 총선 준비"
19) '새누리당 보도자료', 2016.4.1.
20) <뉴스1>, 2019.1.27., "정미경 '한국당 마이크 될 것' 2·27 전대 최고위원 출마"
21) 정미경, 『겁 없는 여자』 2019, 북솔루션.
22) <미래한국>, 2019.7.4., "文정부는 경제·사법·입법 베네수엘라 모델 추구…이명박, 박근혜는 너무 순진했다"
23) <한겨레>, 2021.6.11., "국민의힘, '청년+여성' 돌풍"
24) <일요시사>, 2008.10.24., "릴레이인터뷰: 정미경 의원"
25) <여성신문>, 2011.5.26., "특별기고: 김준규 검찰총장께"

18대 국회의원

정영희 丁英姬

화합하고 품위 있는 국회를 만들기 위해 애쓴 여성정치인

- 1945 충남 예산 출생
- 1967 서울여자간호대학 졸업
- 2011 연세대학교 법무대학원 졸업(경영법무학 석사)
- 1996 서울여자간호대학 총동문회장 (~2000)
- 2001 서울여자대학 총동문회 이사 (~현)
- 2002 대선 이회창 후보 캠프 여성위원회 수석 부회장
- 2008 친박연대 여성위원장 (~2010)
- 2008 제18대 국회의원
- 2008 친박연대 최고위원
- 2010 미래희망연대 최고위원 겸 여성위원장 (~2012)
- 2008 국회 교육과학기술위원회 위원
- 2008 지식경제위원회 위원
- 2008 윤리특별위원회 위원
- 2008 가축전염병예방법개정특별위원회 위원

간호사로 활동하다 60대에 정계 입문

정영희는 교육열이 높은 가정에서 성장했다. 부모님은 아들딸을 차별하지 않고 교육에 아낌없이 투자했다. 그는 충남 예산에서 철근 사업을 크게 한 아버지 덕분에 부유한 어린 시절을 보냈다. 아들 넷, 딸 넷의 다복한 8남매 중 셋째로 태어났다. 학교를 제대로 다니지 못했던 아버지는 자식들의 교육을 열정적으로 뒷바라지하며 자신의 한을 푸셨다. 예산에서 중학교만 졸업하면 무조건 서울로 유학을 보냈다. 자식들이 많다 보니 집 하나를 통째로 전세 내 형제자매가 모두 함께 모여 공부하도록 했다. 덕분에 동생들 뒷바라지를 하던 큰언니만 빼곤 모두 대학에 진학했다.

정영희가 서울여자간호대학에 진학한 것도 출산이 잦았던 어머니를 따라 병원에 자주 다녔던 경험이 영향을 미쳤다. 어머니는 틈날 때마다 그에게 "넌 상냥하고 성격이 부드러우니까 간호사가 잘 맞을 것 같다."며 은근히 간호학교 진학을 권하곤 했다. 그가 70년 역사의 서울여자간호대학에 진학한 이유다. 졸업 후 시립 중부병원(현 서울특별시 서북병원)과 청량리 소재 가톨릭대 성바오로병원 등에서 직장생활을 했다. 그러다가 친구를 만나러 찾아온 당시 인턴이었던 남편을 만나 24세에 결혼하면서 병원을 그만뒀다. 이처럼 결혼으로 인해 '경력단절'이 시작됐지만 역설적으로 결혼으로 인해 경력이 다시 이어졌다.

남편은 필동 성심병원(사단법인 한국의과학연구소 부속 성심병원)에서 레지던트 과정을 밟고 전문의 자격증을 딴 후 1970년대 말 서울 강북구 수유동에 산부인과 병원을 개원했다. 그는 수술실에 들어가 남편을 보조하는 것부터 하루 다섯 끼에 이르는 산모들의 젖밥과 건강식을 챙기고 돌보는 일까지 새벽부터 밤 10시 넘어서까지 숨 쉴 틈 없이 병원 일을 해냈다. 남편의 실력에 그의 헌신적인 노력이 더해져 분만하는 산모만 한 달 평균 백여 명이 몰릴 정도로 병원은 성황을 이루었고, 개업한 지 3년 만에 작게나마 병원 전용 건물을 지을 수 있었다.

60대 중반에 18대 국회의원이 되기 전까지, 그는 이처럼 인생의 반은 간호사로 남편을 도와 병원을 운영하고, 또 인생의 반은 아내로, 아들 셋의 어머니로, 가정주부로서의 삶을 열심히 살았다. 덕분에 간호사 특유의 헌신과 배려가 몸에 배었고 이는 후에 그가 정치활동을 하는 내내 큰 이점으로 작용했다.

"결혼 전엔 월급을 타면 그걸로 환자들에게 떡 등 간식을 사다주곤 했다. 남편과 병원을 운영할 때는 사정이 어려워 보이는 환자를 만나면 입원비를 남편 몰래 대폭 깎아주거나 아예 돈을 안 받고 '탈출'시킨 경우도 쏠쏠히 있었다. 남에게 과시하기 위한 선행이라기보다 그렇게 남을 조금이라도 도와줄 수 있다는 게 그저 참 좋고 행복했다. 남편도 나의 이런 성격을 잘 알아서 '보기 드문' 여자라고 말하곤 했다."

정영희가 늘 기분 좋게 회상하는 간호사 시절 추억이다. 그러나 3년제 간호대학을 나왔다는 사실은 그에게 늘 뭔가 부족한 결핍감을 안겨주었다. 병원 운영이 안정되고 아이들도 어느 정도 큰 후엔 건국대 2학년에 편입해 사회복지학을 전공하고 연세대 법무대학원에 진학해 경영법무학 석사학위를 취득했다. 이런 일련의 배움 과정이 그렇게 신날 수가 없었다고 한다. 좀체 정치와 연이 닿지 않을 듯한 그가 60대 나이에 뒤늦게 정계 입문을 한 것도 어찌 보면 이와 일맥상통한다.

From 대선 캠프, To 대한민국 국회

2002년 제16대 대통령선거를 준비하던 한나라당 이회창 후보는 전국 각지에서 여성 인재를 모아 여성조직을 만들었다. 이 과정에서 서울여자간호대학 측에 동문회장 추천을 요청했고, 당시 엄순옥 총장은 총동문회장을 하면서 역량을 인정받은 정영희를 추천했다. 지금도 이

| 2004년 5월 개교 50주년 기념식에 총동문회 이사로 참석한 정영희(오른쪽에서 다섯 번째).

십여 년째 서울여자간호대학 총동문회 이사로 활동 중인 그는 후원금 모금은 물론 전국 방방곡곡의 동문을 찾아다니며 동문회 행사를 성황리에 치러내곤 했다. 이렇게 해서 그는 이회창 캠프 여성위원회 수석부회장으로 정계에 첫발을 내디뎠다. 그러나 대선캠프에서 그가 맞닥뜨린 현실은 평소 꿈꾸었던 '정치'와는 상당히 동떨어졌다.

"아침에 출근하자마자 하는 일은 이회창 후보를 지지할 가능성이 있는 주변 사람들의 명단을 제출하는 것이었다. 난 꼭 이 후보를 지지하겠다는 의사를 피력한 사람들만 적어내다 보니 기껏해야 백여 명 정도의 명단만 제출하게 되는데, 다른 사람들은 상가, 아파트 등에서 대규모 명단을 입수해 수천 명 단위의 명단을 제출하는 것 아닌가. 이처럼 보여주기식의 형식적인 것은 나하고는 안 맞았다. 정말 '내 사람'이 될 명단을 만드는 것이 중요하지…난 이런 일 못 하겠다고 거절하자 중앙위원회 지도위원으로 발령을 내더라. 처음엔 정치가 뭔지도 모른 채 그 세계에 들어갔는데, 차츰 적응해 나가면서 '정치가 이렇구나' 알게 되니 오히려 정치에서 발을 못 빼겠더라. 중앙위원회가 어떻게 돌아가나 매일매일 궁금하고, 많은 사람들에게 도움이 되도록 내가 역할을 잘해야지 하는 의욕이 무럭무럭 생기더라. 5~6년간의 정당 생활을 통해 정치 생리를 어느 정도 체험적으로 알게 됐다. 만약 이런 경험조차 안 해보고 비례대표로 국회에 들어오면 의정활동 초반부터 수많은 어려움에 직면하게 될 것이다. 이 시기, 보수 하나 받지 못하고 자원봉사자로 뛰었지만 정치의 즐거움을 알게 됐고, 국회의원을 해보는 것도 보람차겠다고 막연히 생각하기 시작했다."

그의 존재가 당내에 알려지게 된 본격적인 계기는 2006년 한나라당 전당대회 때다. 당시 그는 강재섭 의원의 당대표 선거를 돕고 있었다. 어느 날 점심 무렵 허름한 옷차림의 노인이 찾아와 강 의원을 소개해달라며 자리를 뜨지 않았다. 직원들은 점심 먹으러 하나둘 나가는데, 노인을 차마 사무실에 혼자 두고 나갈 수 없었던 그는 근처 곰탕집으로 노인을 모시고 가서 정성스레 대접했다. 후에 알고 보니 이 노인은 거대 후원조직을 운영하는 '회장님'이었다. 노인이 방문한 이튿날 그 후원조직의 총무라는 사람이 전화를 걸어와 "회장님이 정 선생님 대접에 너무 감동받아서 무조건 선생님을 도와주라고 하셨다. 우리 회원들을 적극 동원해 선생님이 미는 강재섭 의원을 전당대회에서 무조건 대표로 밀어주기로 했다."는 말을 전했다. 그해 당원 투표가 70%를 차지하는 전당대회에서 강 의원은 승리, 당대표(최고위원)로 선출되었다.

이회창 후보 대선 캠프 때부터 정영희를 눈여겨본 당시 친박연대 공동대표였던 서청원 의원은 2008년 4월 총선에 그에게 친박연대 여성위원장 역할을 맡겼다. 그리고 비례대표 후보 7번에 배정했다. 정작 박근혜 의원은 이 친박연대에 합류하지 않았지만, 총선 결과 친박연대는 돌풍을 일으켰다. 득표율 13.2%로 자유선진당을 제치고 지지율 3위를 기록하는 기염을 토했다. 지역구에서 6석을 획득, 비례대표 8석을 포함해 총 14석의 의석을 확보하기에 이르렀다.

온화한 성품과 변함없는 초심으로
국회의원의 책임을 다하다

정영희는 18대 국회 개원식에서 "나는 헌법을 준수하고 국민의 자유와 복리의 증진 및 조국의 평화적 통일을 위하여 노력하며"로 시작하는 국회의원 선서를 하며 마음속으로 이에 덧붙여 또 하나 다짐한 게 있다. '의정활동은 치열히, 그러나 태도는 항상 웃음을 띠고 입가엔 미소를 머금고 부드러운 말씨로 대응하자.'는 것이었다. 그동안 국회에서의 여야 간 충돌 사태가 날 때마다 언론을 통해 보았던 "여성의원들의 악쓰는 모습이 진절머리나게 싫었기 때문"이다.

"(국회 들어오기 전) 평생대학원(한경대)에서 '삶의 질 향상'과 함께 우울증과 치매예방 치료 관련 강의를 해왔고, 늘 맑고 밝은 삶을 살려고 노력했다...중략...예전부터 국회의원의 고압적인 자세가 별로 좋아 보이지 않았다. 대정부 질의나 국정감사 등에서 강한 모습과 이미지를 보여야만 잘하는 것 같이 느끼는 것 같은데, 부드럽고 낮은 자세로도 얼마든지 질의를 할 수 있다고 생각한다."[1]

그는 자신의 상임위(전반기 교육과학기술위원회, 후반기 지식경제위원회) 활동은 물론 국감장, 대정부 질의 등에서도 특유의 부드러운 화법으로, 고성으로 치닫곤 하던 분위기를 일순간 식혀놓기도 했다. 대표적인 실례가 최중경 지식경제부 장관 후보자 인사청문회장에서의 '내의' 발언이다.

2011년 1월 18일 열린 인사청문회에서 최 후보자의 머뭇거리며 힘없는 목소리로 답변하는 태도와 부동산 투기 의혹 등을 둘러싸고 야당 의원들뿐만 아니라 여당인 한나라당 의원들도 거세게 그를 밀어붙였다. 당시 미래희망연대 소속이었던 정영희는 에너지 바우처 관련 질문을 하며 갑자기 "내의를 입었느냐?"는 질문을 던졌다. 그러자 최 후보자는 "오늘은 땀이 많이 날 것 같아서 안 입었다."고 답변했다. 청문회장 곳곳에서 웃음이 터졌고, 잠시 '휴전' 분위기가 만들어졌다. 반면 "대표적인 고환율론자인 최 후보자가 키코(KIKO) 피해를 키운 원죄가 있지 않느냐?" 등의 예리한 질문도 마다하지 않아 언론의 주목을 받기도 했다.[2]

18대 국회 임기 내내 그는 이 '부드러운 대화'에 대한 초심을 고수했다. 여기에 타고난 친화력이 더해져 여야 의원 모두에게 인기가 높았다. 여야 간 중재 역할에도 적극적이었다. 이런 정치적 '스킨십'은 발의 법안 통과, 국회 세미나와 포럼 활동, 해외순방 등 그의 의정활동 전반에 긍정적인 영향을 미쳤다.[3]

그가 임기 중 대표발의한 법안은 총 18개인데, 그중 본회의를 통과한 법안은 5개다.[4] 초선의원으로선 상당한 성과다. 그중 2007년 기준 연 14조 원이 넘는 부담금에 대한 국회 심의 강화를 골자로 하는 [부담금 관리 기본법 일부개정 법률안]은 그의 1호 법안으로, 원안 가결됐다. [국가재정법 일부개정 법률안](기획재정위원회, 2009.2.9.)은 수정가결, '한국주택금융공사법 일부개정 법률안'(정무위원회, 2009.3.26.), '학교 안전사고 예방 및 보상에 관한 법률 일부개정 법률안'(교육과학기술위, 2010.3.2.), '야생 동·식물보호법 일부개정 법률안'(환경노동위원회, 2010.3.22.) 등은 대안반영 폐기됐다. 이중 '한국주택금융공사법 일부개정 법률안'은 실버주택(노인

복지주택)까지도 담보로 주택연금을 받을 수 있도록 함으로써 노인복지의 사각지대를 없애고자 했다는 점에서 다수 언론에 보도되는 등 관심을 모았다. 의료시설이 낙후된 나라에 설립된 재외학교 학생들의 의료혜택을 보장하기 위해 재외 한국학교에도 학교안전공제 가입을 허용하자는 '학교 안전사고 예방 및 보상에 관한 법률 일부개정 법률안'도 주목받았다.

간호대학교육 4년제 일원화를 위한 전방위 노력

정영희의 의정활동 중 큰 업적으로 꼽히는 것은 3년제와 4년제로 혼재되어 있는 간호대학교육 과정을 4년제로 일원화할 것을 골자로 하는 [고등교육법 개정안] 통과다. 이는 간호학계의 오랜 숙원과제인 동시에 그 자신이 간호사 출신이기에 그동안 현장에서 느낀 문제의식이 고스란히 투영된 이슈이기도 하다. 임기 초반부터 간호사와 의료계 인사들을 정기적으로 만나 소통하며 현장에서의 문제점을 파악해 온 영향도 있었다. 어찌 보면 이 간호교육의 개혁을 위해 상임위 선택 시 보건복지위원회를 마다하고 교육과학기술위원회(교과위)를 택했나 싶을 정도였다. 그러나 국회를 통과한 이 [고등교육법 개정안]을 그가 대표발의한 것은 아니다. 물론 그도 이 같은 내용의 '고등교육법 일부개정법률안'(교과위, 2011.3.7.)을 제출했지만, 결과적으론 그에 앞서 대표발의한 안상수·김춘진·김영진 의원의 개정안이 합쳐져 대안반영됐다. "누구보다 열심히 간호교육 학제 일원화를 위해 뛰었는데…."라며 아쉬워하

'병원간호사회' 대의원 총회에
참석한 정영희
(왼쪽에서 다섯 번째).

는 주변 사람들에게 그는 "내 이름이 법안 발의에 들어가는 것이 뭐가 중요하느냐?"고 되묻곤 했다. 그는 현장 실무 스타일로 법안 통과를 위해 전력을 다했다. 공청회를 개최하고 여야 의원들에게 법안의 필요성을 설명하고 설득하는 외교력을 발휘하며 법안이 회기 내 통과될 수 있도록 전방위로 뛰었다.

가장 대표적인 사례가 그의 소속 당명이 '미래희망연대'로 바뀐 후 2011년 2월 28일 교과위에서 함께 활동한 서상기(한나라당)·안민석(민주당) 의원과 공동으로 국회의원회관 대강당에서 '간호교육 학제 일원화를 위한 공청회'를 대대적으로 개최한 것이다. 당시 박희태 국회의장도 참석해 각별한 관심을 나타냈고 수많은 언론들이 집중 보도했다. 공청회는 간호교육 학제가 전문대학 졸업(3년) 또는 대학 졸업(4년)으로 이원화돼 있어 3년제(전문대학) 출신 간호사들이 급여와 승진, 해외취업 등에서 불이익을 받고 있다는 대한간호협회의 문제의식을 대변했다. 전문대학이나 대학 졸업 간호사 모두 1년이란 수련 기간의 차이를 빼면 교육과정이 비슷하고 면허시험도 동일하며, 졸업 후 진로도 같다. 선진국의 경우 학제가 4년으로 일원화되어 있어 국내의 3년제 출신 간호사들의 해외 취업 활동이 여의치 않다는 문제도 제기됐다. 때문에 국내 간호교육의 국제표준을 마련하기 위해서라도 간호교육 학제 일원화는 시급한 과제였다. 당시 간호교육기관은 173개로 이중 4년제는 102곳, 3년제는 71곳으로 파악되었다.

정영희는 공청회 개회사를 통해 "의대에 이어 약대도 6년제로 전환된 만큼 사실상 대다수 간호사들이 4년 과정을 이수하고 있는 실정에 맞추는 게 바람직하다."며 "국내 5대 대형병원 최고 간호사 직함이 예전의 간호부장에서 최근 간호부원장, 간호본부장으로 바뀌는 등 간호사의 위상이 높아지고 역할이 증대된 만큼 지금이 학제 일원화의 적기"라고 역설했다. 그는 간호교육 제도 개선에 실질적으로 큰 기여를 했다는 평가를 받아 2011년 10월 25일 대한간호협회(회장 신경림) 창립 88주년 기념식에서 〈간호대상〉을 받았다.

그는 국감에선 여성·아동의 권익과 인권, 그리고 복지 서비스에 특히 힘을 기울였다. 그가 제기한 문제들은 국민 실생활과 맞닿아 있어 언론에 자주 보도되며 이슈화됐다.

2009년 10월 16일 열린 교과위 국감에선 저조한 여교수 임용률을 차근차근 지적했다. 그는 "올해 부산대와 경상대의 여교수 비율은 각각 12.7%, 10.9%로 40개 국공립대학 여교수 평균비율인 11.6% 수준에도 미치지 못한다"고 비판했다. 이어서 "부산대와 경상대는 여학생 비율이 각각 38%와 32%에 달하고 최근 10년간 여성 박사학위 취득 비율이 지난 1999년 20.5%에서 2008년 29.5%로 급증했으나 부산대와 경상

좌 '한국천문연구원' 방문 기념사진. (앞줄 오른쪽에서 세 번째가 정영희).
우 '한국원자력연구원' 현장 시찰 모습 (앞줄 오른쪽에서 두 번째).

대의 여교수 비율은 답보상태에 있다."며 여교수 비율을 확대하기 위한 대책마련을 촉구했다.[5]

아동성폭행에 대한 정부의 미온적인 대처도 끈질기게 지적했다. 2009년 10월 6일 열린 교육과학기술위원회 국감장에서 당시 막 이슈화되기 시작한 '나영이 사건'(조두순 사건)에 이어 '제2의 나영이 사건'으로 공분을 사고 있는 지적장애아동 성폭행 사건에 교육부가 미온적으로 대처하고 있음을 질타했다.

사건은 경북 포항시 한 마을에서 지적장애 아동이 열한 살이던 2006년부터 동네 어른과 청소년들에게 2년간 성폭행을 당해오다 담임교사에게 이를 고백하면서 알려지기 시작했다. 교사는 피해아동 보호를 위해 백방으로 뛰었지만 도움을 받기는커녕 '문제교사'로 낙인까지 찍혔다. 이 교사는 한 인터넷 사이트에 '나영이를 보고'란 글을 올려 "허술한 사회 안전망과 무관심에 절망을 느껴 삶의 의욕마저도 꺾여간다."고 토로했다. 사건은 KBS 〈추적 60분〉에 자세히 보도되기도 했지만 별

진전이 없었다. 당시 정영희는 출석한 교과부 안병만 장관이 사건을 인지하고 있는지를 우선 확인한 후 구체적인 조치가 나오지 않자 "제자의 성폭행 사건 해결을 위해서 이 교사가 동분서주하는 동안 교육 당국은 무엇을 하고 계셨냐?"며 질타했다. 이어서 "지금 장관님 말씀하시는 것은 정말 내용이 부실하기 그지 없다."고 꼬집으며 종합감사일 전까지 해당 사건에 대해 세부 내용과 교과부의 대책을 마련해서 보고해달라고 요청했다.[6] 이후 이 사건과 조두순 사건을 국회에서 공론화시키고자 지속적으로 노력했다.[7]

여성권익·의료인 전문성·서민생활에 초점을 맞춘 국정감사

의료인으로서의 전문성도 유감없이 발휘했다. 대표적인 사례가 서울대학병원의 공공의료 역할이 기대에 못 미친다는 문제 제기다. 이는 2009년 10월 21일 국립대 병원에 대한 교과위 국감과 관련해 보도자료를 통해 발표한 것으로, 오히려 더 큰 주목을 받았다. 그는 서울대학병원의 저소득층, 의료급여 환자 등 공공 의료환자 진료비율은 4.1% 수준으로, 국립대학 병원 전체 진료비율인 7.3%는 물론 사립대학 병원의 9.7%에도 미치지 못하는 수치라고 지적했다. 또 6인실 이상 병상 보유율은 50.6%에 그쳐 사립대학 병원 평균인 57.5%를 밑도는 것으로 나타났다고 발표했다. 그는 "건강보험의 적용을 받는 6인실 등의 일반 병실을 줄이는 것은 국가 중앙병원으로서 적절하지 못하다."고 일갈했다.

서민을 위한 일반 병실을 오히려 늘리라고 촉구했다.[8]

전국 13개 국공립대 병원을 대상으로 한 국감에서 원내 의약품 입찰 현황을 분석해 보험 상한가 대비 낙찰가 비율이 90%가 넘는다는 사실을 들어 약값 인하를 위한 대책 마련을 촉구하고, 충북대학병원이 다른 국공립대 병원과 달리 6대 장기이식 수술, 부정맥 수술 분야 어디에서도 우수 병원으로 선정되지 못한 이유를 집요하게 파고 들기도 했다.[9]

2010년 2월 10일 교육·사회·문화 분야 대정부질문에서도 의료계의 대표적인 불합리한 관행, 임신중절수술의 현실적 문제를 날카롭게 지적했다. 그는 무엇보다 임신한 여성과 의사 모두를 범법자로 만들어 버리는 임신중절수술 관련 법규를 정비해 사회적 혼란을 줄여야 한다고 주장했다. 당시는 '프로라이프 의사회'가 불법 낙태시술을 한 산부인과 의료기관 3곳을 서울지검에 고발한 사건을 계기로 낙태 이슈가 한창 뜨거울 때였다. 그는 "매년 수십만 건이 시술되고 있는 임신중절수술을 정부가 불법행위로 무작정 방치할 것이 아니라 시대의 흐름과 가치관의 변화를 반영해야 한다."고 촉구했다. 이에 정운찬 국무총리는 "의료계·종교계 등 사회적 합의를 거쳐 합법적으로 허용할 것은 허용하고 이외의 부분에 대해선 엄격히 규제하는 방안에 동의한다."고 답했다.[10]

교육 현장에서의 문제점도 학생과 교사 양쪽 입장에서 현실적으로 세세히 짚어냈다. 아들 셋을 치열한 입시경쟁을 뚫고 대학에 보내며 체감한 개인적 고민도 녹여냈다. 2008년 10월 6일 열린 교과부(소속기관 포함) 국정감사에선 당시 안병만 장관에게 초·중·고등학생의 사교육비가 총 20조 400억 원(2007년 기준)으로 교과부 1년 예산의 50%에 육박하는 현실을 들어 "사교육비 부담이 적은 교육 선진국가로 만들기 위한 청사진"을 강력히 요구했다. 이를 위해 그가 든 사례가 많은 언론의 관심을 모았다. 그는 "박지성 선수가 축구를 잘하는 것은 벌판을 뛰어다녀서가 아니라 축구장이라는 제한된 플레이그라운드 안에서 뛰기 때문"이라며 "수험생과 가족에게 필요한 것은 국가가 입시시험장에도 축구코트 그리듯이 출제 범위와 기준을 그려주고 그 안에서 뛰도록 해주는 것"이라고 역설했다. 사교육비가 발생하는 것은 "입학시험의 기준과 출제 범위가 무제한적이고 불명확하기 때문"이라는 것. 그가 제시한 "명확한 출제범위"는 (1) 학교에서 가르치는 교과과정, (2) EBS에서 강의하는 교과과정, (3) 국가가 제공하는 사이버 가정학습이었다. 이에 안 장관은 "의원 지적을 참고해서 범위 선정에 신중을 기하도록 하겠다."고 답했다.[11]

학비가 상대적으로 비싼 사립초등학교에서 오히려 비정규직 교사가 급증하고 있다는 문제 제기도 이목을 집중시켰다. 그는 교과부가 제출한 '1999~2008년 전국 시·도별 교사 고용 유형별 현황' 자료를 통해 지난 10년간 전국 사립초등학교에서 기간제 교사 및 시간강사 등 비정규직 교사의 비중이 10배 가까이 늘어난 사실을 밝혀냈다. 이에 따라 전국의 사립초등학교 비정규직 교사 비중은 5명 중 1명꼴이다. 특히 서울지역 사립초등학교의 비정규직 교사 비중은 10년 전에 비해 16배 급증, 교사 4명 중 1명은 비정규직이었다. 그는 "비싼 학비를 받는 사립학교에서 비정규직 교사 비율이 크게 늘어난 것은 난센스"라며 "하루가 멀다 하고 교사가 바뀌는 교육 환경에서 학생들이 과연 안정적으로 공부할 수 있겠느냐?"고 우려했다.[12]

알뜰 주부의 감각을 살려 매의 눈으로 공공기관의 부실과 이로 인한 세금 낭비를 대차게 지적하기도 했다. 대표적인 사례가 부채 급증에도 불구하고 성과급은 올려받은 에너지 공기업들의 행태를 지적한 것. 그는 상임위 소관 부처인 지식경제부로부터 자료를 제출받아 지식경제부 산하 에너지 공기업인 한국전력을 비롯한 12곳의 부채가 2006년 대비 2010년에 45조 원이 증가했음에도 불구하고 직원들의 성과급은 부쩍 올렸다는 사실을 지적했다. 그는 이를 공기관의 "도덕적 해이의 전형적인 모습"이라 일갈하며 "공기업들이 방만부실 경영을 멈추지 않으면 머지않아 막대한 부채와 국민의 세금 부담이라는 부메랑으로 돌아오는 만큼 조속한 대책을 마련해야 한다"고 강력히 촉구했다.[13]

한국수력원자력이 잦은 발전기 고장으로 최근 10년간 3,237억 원의 손실을 본 것도 밝혀냈다. 그가 입수한 한국전력공사 발전자회사들로부터 제출받은 국정감사 자료에 따르면, 2001년부터 2010년까지 한국수력원자력에서 비계획정지(고장) 83건이 발생해 1만 38시간(약 418일) 동안 발전이 정지됐고, 손실액은 3,237억 원에 달한 것으로 집계됐다. 한국전력공사 발전자회사 6곳의 손실액 3,441억 원의 94%에 해당하는 금액이다. 이에 그는 "3,441억 원이란 손실은 고스란히 국민의 부담"이라고 강조하며 "철저한 정비체계 구축, 부품의 적기 교체, 외부환경 위험에 대한 예방 등 적절한 조치를 통해 발전시설 정지로 인한 손실을 최소화해야 한다."고 촉구했다.[14]

의원실에서 작성한 '2011년 상반기 유사석유를 팔다 적발된 주유소 리스트'를 입수한 한 주간지는 이를 토대로 기획기사를 내보내기도 했다.[15]

정책·연구·외교 등 다양한 의원 활동

그는 국회 연구단체 중 '서민금융 활성화 및 소상공인 지원포럼', '클린 디젤자동차포럼', '다문화가족정책연구포럼' 등에서 활동했다. 이 중 다문화가족정책연구포럼은 '연구책임의원'을 맡을 정도로 애정이 컸다. 국회에 들어오기 전의 경험과도 무관하지 않다. 남편을 도와 산부인과를 운영하면서 결혼이주여성들의 출산 전후를 도와준 경험이 풍부했기 때문이다. 언젠가는 한 베트남 여성이 아이를 낳고 퇴원했는데 집에까지 찾아가 산후조리를 도와준 적도 있다. 미역국 끓이는 법부터 아기 목욕시키기, 예방접종에 이르기까지 가르쳐줄 게 너무 다양하고 많다는 것을 체감했다.

"이런 케어는 내가 좋아하고 또 잘하는 일이긴 하지만 결혼이주여성에겐 단순히 호의와 친절만으로 접근할 순 없는 문제라는 것을 그때 절감했다."

2010년 2월 10일 '다문화가족정책연구포럼'이 발족해 참여를 권유받았을 때 망설이지 않고 합류했다. 국회에 등록된 다문화 연구단체로는 첫 번째인 이 포럼은 같은 친박연대 소속 김혜성 의원이 주도했고 여야 의원 12명이 참여했다. 포럼은 급속하게 진전되는 다문화사회에 대비하기 위해 국회 차원에서 다문화 문제의 정책적 해법 마련을 목적으로 결성됐다. 창립식에선 다문화가족 의료지원 서비스의 실태와 해법을 모색했다.

| 제20차 아시아·태평양 의회포럼(APPF) (일본 동경, 2012.1.9.)

그는 의원 외교활동 분야에선 주로 의원친선협회를 중심으로 활동했다. 한·아프가니스탄 의원친선협회 회장, 한·알제리 의원친선협회 이사, 한·튀니지 의원친선협회 부회장 등으로 활동했다.[16] 이를 통해 2011년 1월 29일부터 27일까지 세네갈과 튀니지 의회를 방문해 외교활동을 폈다.[17]

"외유니 뭐니 말들도 많지만, 목적에 합당하고 충실한 의회 차원에서의 해외순방을 통한 외교는 꼭 필요하다고 본다. 외교라는 게 정치적 스킨십 아닌가. 나는 뜻하지 않게 해외순방단에 홍일점으로 많이 초청받은 편이다. 가장 기억에 남는 일은 2012년 1월 박희태 국회의장의 해외순방길에 동행해 일본, 우즈베키스탄, 아제르바이잔, 스리랑카 등을 10박 11일 일정으로 공식 방문한 것이다. 당시 김충환 외교통상통일위원회 위원장(한나라당), 김용구 의원(자유선진당)이 나와 함께 초청받았다. 일본에서 제20차 아시아·태평양 의회포럼(APPF) 총회에 참석한 후 각국 대통령과 국회 의장단을 예방하며 좀 더 가까운 거리에서 친밀한 외교를 펼쳤다. 그중에서도 우즈베키스탄 카리모프 대통령과의 만남이 특히 기억에 남는다.

우즈베키스탄이 석류 산지라는 것을 주제 삼아 '석류가 보배'라며 수출입 얘기까지 오고 갔다. 카리모프 대통령은 나보고 한국에서 석류 사업을 하면 적극 도와주겠다는 농담까지 했다. 외교란 게 다방면으로 좋은 관계를 맺어 국익으로 부드럽게 연결될 때 가장 좋지 않나 싶다. 외교가 꼭 물물교환식으로 진행되는 교류 관계를 넘어 사람과 사람 사이의 관계로 나아갈 때 정말 원활하게 진행되는구나, 느끼면서 이런 점이 외교에서 참 중요하다는 것을 실감했다. 후에 카리모프 대통령이 내한해 국회를 방문했을 때(2012. 9. 21.) 어찌나 반갑던지! 우리 집에 초대하고 싶을 정도였다. 후에 그의 부고(2016. 9. 2) 소식을 들었을 땐 마치 가족이나 가까운 지인의 부고 소식을 들은 것처럼 마음이 아팠다. (중략) 외교도 역시 인간 삶의 한 부분인데 빡빡하게 형식적인 틀에만 박혀 교류할 게 아니라 자연스럽게 가까운 관계가 돼야 하지 않을까?"

그에게 18대 국회 임기 동안 가장 아쉽고 가슴 아픈 일은 무엇이었을까?

좌 UAE 주재 알아인 아크 부대 방문 (2012.1. 앞줄 왼쪽에서 세 번째)
우 우즈베키스탄 카리모프 대통령 예방 (2012.1. 박희태 국회의장 해외순방 동행)

아마 그의 정치적 멘토인 서청원 전 의원의 18대 국회의원직 상실과 이어진 수형생활일 것이다. 친박연대는 18대 총선을 통해 원내 제3당이 되었지만 총선 과정에서 대표인 서청원 전 의원이 공천 명목으로 '특별당비'를 받은 혐의로 기소돼 2009년 5월, 징역 1년 6개월의 대법원 확정판결을 받았다. 그해 7월 서청원 전 의원은 지병인 심근경색 악화로 3개월간 형집행정지를 받는 등 잠시 교도소를 떠났지만 2010년 2월 의정부교도소에 재수감됐다. 이 사건으로 서청원 전 의원을 포함해 3명이 의원직을 상실, 당은 창당 1년여 만에 절박한 위기에 처했다.

이 사태 앞에서 그는 정말 심정이 복잡하고 불안하기 그지없었다고 한다. 서청원 전 의원은 수형생활 중 공황장애까지 와서 그는 서청원 전 의원의 부인과 함께 수시로 면회를 가곤 했다. 한편으론 기회 있을 때마다 국회에서 구명운동을 펼쳤다. 2010년 2월 10일 국회 본회의장에서 열린 교육·사회·문화 대정부질문에서 그는 "서청원 전 대표가 산소호흡기를 착용할 정도로 몹시 위중한 상태"라며 당시 정운찬 국무총리와 이귀남 법무부 장관을 상대로 서청원 전 의원의 사면을 요청했다. 그와 친박연대 의원들은 국회에서 피켓 시위를 벌이고 이튿날인 11일엔 서청원 전 의원의 특별사면과 복권을 촉구하는 기자회견도 열었다. 서청원 전 의원을 위해 이들이 전개한 서명운동엔 여야 국회의원 220여 명이 참여했다.

"이회창 총재 선거 캠프에서 측근인 서청원 전 대표를 알게 됐다. 나와 같은 충청도 출신(천안)이라 친근했고, 산악회 활동을 함께 하면서 가까워졌다. 서청원 전 대표는 이해타산적인 면이 전혀 없고, 과묵하지만 포용성이 커서 오랜 세월 사람들과 같이 가는 깊은 정이 있었다. 내가 정계 입문하고 지금까지 곁에서 그분의 정치하는 모습을 하나하나 눈여겨보면서 '진짜 정치인'이란 생각을 하곤 했다. 늘 정치에 혼신의 힘을 다하고 있다는 느낌을 받았다. 80대 접어들어서도 아침에 2시간을 들여 모든 신문을 자세히 보는 루틴을 엄격히 지키고 있고, 후배 정치인들이 조언을 구하면 명확한 판단력으로 도움 되는 말씀을 해주시곤 한다."

그는 60대 중반 다소 늦은 나이에 국회에 진출했기에 19대 총선이 다가와도 출마할 생각이 별로 없었다. 반면 그의 보좌진들은 "의원님 역량에 18대로 임기를 끝내기는 너무 아깝다."며 지역구 출마 준비를 시작하자고 간청했다.

"처음 국회의원이 됐을 땐 4년 동안 어떻게 하면 국가와 나에게 도움이 되는 역할을 할 수 있을까, 그것만 생각했다. 사심 없이 최선을 다했기에 이 4년 의정활동으로 만족했다. 나 자신을 잘 알고 있는데, 정치욕심이 강한 사람이 아니다. 정치를 하면 필연적으로 할 수밖에 없는 입씨름도 정말 싫었다. 임기 첫 1년은 국회의원이란 이런 거구나 익히는 시기였고, 2~3년이 지나고 나니 국회의원이 할 일이 진정 무엇인지 어느 정도 파악이 됐고 이제야 소신껏 일을 할 만하다는 생각이 들더라. 그러니 임기 4년이 짧다면 짧을 수도 있겠다."

그는 보좌진을 비롯한 주변 지인들의 19대 도전 권유에 밀려 서청원 전 의원에게 19대 총선 출마에 대해 자문을 구했다. 서청원 전 의원은 비례대표와 달리 지역구에 출마하는 것은 정말 쉽지 않은 일이라며 이제까지 비굴하지 않게 소신껏 정치를 해왔는데 뭐가 아쉬워 공천 경쟁부터 선거운동에 이르기까지 진흙탕 싸움에 들어가느냐며 만류했다. 이후 그는 더 이상 미련을 두지 않고 의원생활을 마무리했다.

주관과 소신이 뚜렷한 여성정치인을 바라며

그는 의원생활 내내 구태의연한 관행을 따르지 않았다.

첫째, 후원회를 두지 않았다. 더 정확히 말하면 명목상 후원회는 있었지만 실질적으로 운영하지 않았다. 후원회 모임은 물론 후원 권유 메시지조차 보낸 적이 없다.[18]

"처음부터 욕심 부리지 말고 의정활동을 하자고 다짐했다. 말이 날래야 날 수가 없을 정도로. 처음엔 동네 병원들에서 '사모님이 의원님이 되셨다.'며 후원하겠다는 요청이 답지했지만 다 거절했다. 후원금을 받으면 그만큼 답례 인사가 따를 텐데, 부담스러웠다.…세비도 4년간 한 번도 집에 가져온 적이 없다. 다 내 용도로, 의원실 활동에 썼다. 어쩌다 특강 강의료를 받으면 의원실 식구들과 나누었다. 그 시절, 참 재미있게 살았다."

다음으로, 출판기념회를 일절 하지 않았다. 글 쓸 능력이 안 되니 대필작가를 써야 한다는 것 자체가 너무 부끄러웠고, 설령 그렇게 책이 나온다 해도 누가 관심 있게 보겠느냐고 생각했다. 무엇보다 상임위원회 산하기관에서 눈치껏 반강제로 책을 구입해야 한다는 것과, 바쁜 시간에 공직자들이 틈을 내 출판기념회에 와야 한다는 사실 자체가 영 맘에 들지 않았다.

그리고 4년 내내 보좌진을 교체하지 않고 '변함없는 원 팀(One Team)'을 유지했다. 의원실마다 보좌진 부침은 정도의 차이는 있지만 늘 있어왔기에 당시 의원회관에선 이를 신기하게까지 받아들였다.

"보좌진은 서청원 대표를 비롯해 여러 지인에게 추천받아 꾸렸다. 서울대와 미국 유수 대학에서 박사학위를 딴 두 명의 보좌관이 양쪽에서 자리를 잘 잡으며 의원실의 균형을 맞춰주었다. 행운이었다. 그래도 고비는 있었다. 욱하는 성격에 여성 보좌진과 심하게 싸운 남성 보좌진이 있었는데, 그날로 사표를 써서 내게 왔다. 난 '마음을 식히고 한 달만 쉬어본 후 결정하라.'고 사표를 받지 않았다. 이렇게 고비를 넘기고 의원실에 다시 돌아온 그 보좌진은 이후 내 임기 끝까지 함께 했다. 보좌진 중엔 대학교수가 된 이도 있고 헌정회 여성국장으로 간 이도 있는데 간혹 '정 의원이 잘 가르쳤다. 일을 잘한다.'는 말을 들으면 정말 보람차다. 난 끝이 중요하다. 처음엔 그 사람을 잘 모를지라도 오래 사귀며 장단점을 잘 보완해 나와 맞춰나가야 한다는 생각이다. 그래야 내 힘이 되는 사람이 되지. 처음 의원실을 꾸릴 때부터 보좌진의 부족한 것은 내가 커버해주자 생각했고, 그들의 의견을 가능하면 수용하고자 노력했다."

18대 국회의원 생활을 마무리한 후엔 제일기획 고문으로 2년간 일하면서 남편을 도와 "숨도 못 쉴 정도로" 바쁘게 병원을 운영했다. 헌정회 고문으로 활동하며 회원들의 진료비 지원 심사를 맡아 하기도 했다. 서울여자간호대학의 이사로도 여전히 20년째 활동 중이다.

개인적으론 그동안 못 가졌던 재충전 시간을 가질 수 있어 감사하다. 2014년 남편이 산부인과 전문의 현역에서 은퇴하면서 지방 요양병원 원장으로 초빙되자 남편을 따라 군산과 구례로 내려가 9년여를 제2의 신혼처럼 정말 재미있고 여유롭게 보내고 지난해 말에 다시 서울로 돌아왔다. 지방에서도 그의 정 많고 친근한 '외교력'은 병원을 중심으로 한 다양한 커뮤니티에서 발휘됐다. 떠나지 말라고 못내 아쉬워하는 이들을 뒤로 하고 "차 트렁크가 닫히지 않을 정도로 마음 담긴 소소한 선물"을 함께 싣고 왔다.

"의원 활동 내내 머릿속을 맴돌며 떠나지 않는 생각은 '다들 왜 경청하지 않을까'였다. 싸우고 무조건 아집으로 밀고 나가는 것은 정말 나와 맞지 않았다.…반듯한 정치인을 보기 참 힘들다.…다양한 모든 사람을 아울러 감싸줄 수 있는 사람이 법도 만들고 국회의원도 되고, 그리고 대통령도 될 수 있는 그런 사회가 되길 간절히 바란다. 올바른 정치, 의외로 소박하다고 생각한다. 국가가 편하고 국민이 편하고 또 주변 사람들이 편하도록 하는 것 아니겠는가. 특히 여성 정치인은 이해타산적으로 이리저리 휩쓸리지 않고 자기 생각과 주관이 뚜렷해야 한다. 법안 하나를 만들더라도 수에 집착하지 말고 이 법의 장단점이 무엇인지, 어떤 영향을 미칠 것인지를 정확히 판단하고 파악할 수 있는 능력 있는 여성 정치인이 많이 나왔으면 좋겠다."

정영희의 18대 국회 입성은 정당이 어떠한 관점으로 여성 인력을 발탁하는지, 또 이 여성 인력을 어떻게 활용하고자 하는지를 엿보게 한다. 그 과정에서 남성 멘토의 역할이 절대적이라는 것도 시사한다. 그러나 꼭 이런 수동적인 측면만으로 여성의 국회 진출을 평가할 수는 없다. 정영희의 의정활동이 보여주듯 여성 스스로의 의지로 "깨끗하고 품위 있는 국회"를 위해 마음을 비우고 최선을 다할 수 있는 가능성도 물론 열려 있다.

| 집필: 이은경 |

| 미주 |

1) <데일리안>, 2008.10.8., "일본 교과서 왜곡? 우리를 돌아보라"
2) <국민일보>, 2011.1.18., "최중경 사면초가 - 정영희 '내의 입었느냐?' 최중경 '땀이 많이 날 것 같아서 안 입었다'"
3) 유병욱 교수(경희대학교 경영대학원), 18대 국회 정영희 의원실 보좌관
4) 여성의정, 『여성국회의원 70년, 한국의 여성정치를 보다, 1948-2017』 제2편 의정활동 편, 2018, "제18대 국회 (2008~2012) 입법활동", pp.370~393.
5) <제18대 국회 국정감사 회의록>, 2009.10.16., '부산대· 경상대 국감'
6) <제18대 국회 국정감사 회의록>, 2009.10.6. '교육과학기술부 본부와 그 소속 기관 국감'
7) 유병욱 교수(경희대학교 경영대학원), 18대 국회 정영희 의원실 보좌관
8) <뉴시스>, 2009.10.21., "서울대병원 공공 역할 미미...평균 못 미쳐"
9) <제18대 국회 국정감사 회의록>, 2009.10.21., '강원대학교병원, 경북대학교병원, 경상대학교병원, 부산대학교병원, 서울대학교병원, 전남대학교병원, 전북대학교병원, 제주대학교병원, 충남대학교병원, 충북대학교병원 이상 10개 국립대학교병원 국감'
10) <국민일보>, 2010.2.11., "메디포뉴스 - 임신여성과 의사를 모두 범법자로 만든다"
11) <제18대 국회 국정감사 회의록>, 2008.10.6., '교육과학기술부(소속기관 포함) 국감'
12) <국민일보>, 2008.9.21., "서울 사립초 교사, 4명 중 1명이 비정규직"
13) <뉴시스>, 2011.9.19., "에너지공기업, 부채 늘어도 성과급 올려"
14) <뉴시스>, 2011.9.23., "한수원, 발전기 고장으로 최근 10년간 3237억 손실"
15) <주간조선>, 2011.8.2., "서울서 '가짜 휘발유' 판매하는 불량업소, 강남·서초구엔 하나도 없었던 이유는…"
16) 여성의정, 『여성국회의원 70년, 한국의 여성정치를 보다, 1948~2017』 제2편 의정활동 편, 2018, "의원친선협회", pp.464~467
17) 여성의정, 『여성국회의원 70년, 한국의 여성정치를 보다, 1948~2017』 제2편 의정활동 편, 2018, "제18대 국회 의원친선협회 방문외교 여성의원 참가 현황", pp.469
18) 유병욱 교수(경희대학교 경영대학원), 18대 국회 정영희 의원실 보좌관

18대 국회의원

정옥임 鄭玉任

국내외 정세를
쉽게 풀이해주는 국민 해설사

1960	서울출생
1978	고려대학교 정치외교학과 입학
1995	고려대학교 대학원 국제정치학 박사
1995	미국 스탠포드대학 박사후과정 (~1996)
1996	미국 후버연구소 객원 연구위원 (~1997)
1999	미국 브루킹스연구소 동아시아정책연구센터 연구위원 (~2000)
2000	청와대 국가안전보장회의 정책전문위원 (~2002)
2001	KBS 객원 해설위원 (~2002)
2003	KBS <라디오 정보센터 정옥임입니다> 진행
2008	18대 국회의원
2013	남북하나재단 이사장 (~2015)
2015	방송인 (~현재)

"솔직히 정치가 처음부터 나의 필연은 아니었다."[1]

정옥임은 정치권에 입문하여 처음 의정활동에 임하면서도 "정치활동은 어떻게 해야 하는지"에 대한 자신의 소신을 당당하게 밝힌다. 한국 정계에서 자신의 소신을 당당하게 밝히고 그 신념대로 살기 위해 맞서는 사람이 드물다는 점에서, 정옥임의 이러한 직설적인 언명[2]은 그의 본모습을 짐작할 수 있는 중요한 실마리가 된다.

정옥임은 1960년 1월 25일 생으로 서울에서 태어났다. 정옥임은 중산층 가정의 4남매 중 장녀였으며, 어렸을 때 어머니를 떠나 외할머니와 또래 이종사촌 자매들과 함께 자라났다. 정옥임은 어렸을 적부터 병치레를 많이 해서 손이 많이 가는 데다, 그녀 밑으로 연년생인 남동생이 둘이나 있었기에 어머니로서는 병약한 딸까지 키울 엄두가 나지 않았기 때문이다. 어린 나이에 엄마와 떨어져 낯선 환경에서 살다보니, 정옥임의 낯가림은 더욱 심해졌고 내성적인 성격이 되었다. 이종사촌들과 부딪치면서 사는 환경이 내내 버거워서 혼자 늘 무엇인가를 읽는 것이 다반사였다. 그런 연유인지, 같은 또래의 친구들과 다르게 정옥임의 언어구사력은 꽤나 어른들을 탄복시키곤 했다. 외할머니는 그런 정옥임을 "조조보살"이라고 불렀다. 이는 어린 나이에 어울리지 않을 만큼 뛰어난 언어구사력과 명민함으로부터 비롯된 별명이다. 할머니는 생전에 정옥임의 어린 딸들을 볼 때마다 "너희들이 아무리 총명해도, 네 어미는 못 따라갈 거다."[3] 하시면서 정옥임에 대한 지극한 애정을 표현하시곤 했다.

정옥임의 명민함은 유치원시절부터 대학교까지 쭉 이어졌다. 그렇기에 학업성적은 늘 전교에서 앞자리를 놓치지 않았다. 고려대학교에 특차 수석장학생으로 입학한 그녀는 졸업할 때도 역시 정경대 수석을 차지하여 당시 김상협 고대 총장으로부터 금메달을 받았다. 자타공인 '공부의 신'이라 불릴 만했다.

그렇지만, 정옥임은 호불호가 강한 성격이어서, '이게 아니다' 싶으면 지위고하를 막론하고 직언을 하여 많은 불이익을 받기도 하였다. 물론 모든 이에게 다 그런 것은 아니다. 올곧은 사람이나 마음이 통한다 싶은 사람을 만나면 활기와 생동감이 절로 배가되기도 한다. 물론 그러한 성격으로 인해 사회 활동을 하며 손해를 보는 일이 많았으나 시비곡직과 정의와 불의를 따지고 가리는 성격은 나이가 들어도 여전히 그대로다.

세 딸을 데리고 미국 유학길에 오르다

마냥 인생이 탄탄대로처럼 풀려갈 것이라고 생각하는 사람은 없다. 그러나 정옥임은 늘 스스로에게 부끄럽지 않게 최선을 다해 노력했기에, 자신의 성공을 믿어 의심하지 않았다. 그러나 정옥임의 인생은 스물서너 살 무렵 결혼을 하면서부터 어이없게도 엄청난 시련을 겪기 시작한다. 그 후 근 20년 동안, 정옥임은 다양한 시련과 도전, 불합리를 계속해서 감내해야만 했다.[4]

정옥임이 마주한 다양한 시련들은 대부분 한국 사회에 깊이 뿌리 내린 인습과 성차별, 배신과 기만, 상식적인 수준에서의 부부관계와 가족관계 조차가 불가능한 삶에서 비롯되었다. 정옥임은 그런 삶을 두고 "뼛속까지 아프고 참담한 잘못된 결혼의 경험이었다."[5]라고 표현하기도 했다. 이런 상황에서, 정옥임 스스로 자신을 추스르고 일으켜 세울 수 있었던 힘은 본인의 강하디 강한 자의식과 독립심도 있었지만, 세 딸의 엄마라는 책임감과 "섭리의 도움"이었다.[6] 특히 자녀들에게는 언제나 최고의 어머니가 되고자 노력했다.

    정옥임은 27살에 다시 대학원에 진학하여 공부에 매진함으로써 이미 엉클어진 가족관계를 잠시 잊을 수 있게 되었다. 그리고 박사학위 취득 후 세 딸을 데리고 미국 유학길에 오르는데, 1년 동안 스탠포드대학교 아태연구소 연구원으로 박사 후 과정을 이수하게 된 것이다. 연이어 1999년 미국 브루킹스연구소 동북아정책센터 초빙 연구위원으로 일하면서 미국 학자들은 물론 중국, 일본, 대만, 러시아에서 온 많은 학자들과 교류할 수 있었다. 브루킹스연구소는 미국의 핵심적인 싱크탱크였기에 정옥임은 한국의 위상을 객관적으로 점검해 볼 수 있는 전문적 식견을 주고받으며 성장할 수 있었다.

    정옥임은 한국에서 온 초빙 연구위원의 자격으로 한반도 및 동북아 안보 이슈에 관한 세미나에 단골로 초청되었다. 정옥임은 패널로서 늘 명쾌하고도 통찰력 있는 분석으로 그 분야를 평정하였다. 특히 관련 분야 세미나에서 "언제나 쟁점을 정확하게 짚어내고, 직설적이면서 명쾌한 화법으로 토론을 주도한다."고 당시 미국 전문가들 사이에서 정평이 나 있었다.[7] 그래서 붙여진 별명이 바로 '크루즈 미사일'이다.

제18대 국회, 한나라당 비례대표에 입후보하다.

　유학을 마치고 정옥임이 한국에 들어온 2002년도 전후로 한반도는 요동치는 동북아 정세와 함께 도전과 응전의 파고를 겪는 시기[8]였다. 이 무렵 북한의 핵 개발 소식이 국제사회에 알려지면서 유엔안전보장이사회를 비롯한 국제사회가 긴장 속에 들어갔기 때문이다. 정옥임은 귀국 전부터 이미 북한 핵과 미사일, 한미동맹 등 동아시아를 둘러싼 안보 이슈에 대하여 국내외에서 연구논문과 저서를 지속적으로 발표하며 이름을 알렸다. 유난히 쟁점이 많던 시기에 민감한 안보문제를 다루는 여성 전문가인 정옥임은 KBS 객원 해설위원으로서는 이례적으로 KBS 9시 뉴스 해설을 담당했고, 라디오 시사프로그램을 진행하기도 하였다.[9] 그러다 보니 언론매체로부터 출연 요청이 적지 않았으며, 2004년도 전후로 하여 여당과 야당 모두에게서 비례대표 제의를 받기도 했다.

　한나라당과의 인연은 2006년 여의도연구소 주최 세미나에 정옥임이 패널로 참석하면서 시작되었다. 이 세미나에서 정옥임은 한미관계는 물론 다른 주변국들과의 관계에 대하여 우리 정부가 취해야 할 정책 방향을 평소 소신대로 피력하였다. 즉 미국을 어떻게 활용해야 하는지, 북한에 대해서는 불가피하게 핵문제와 인권문제를 동시에 고려하는 인게이지먼트(engagement)[10]로 가야 하는 이유는 무엇인지, 나아가 미일군사동맹의 강화에 대응하는 중국을 관리하여 실질적으로 미국과 협조할 수 있는 대안은 무엇인지를 세세하고도 설득적인 논조로 개진하였다.

　그런데 정작 결정적인 기회는 다른 곳에서 열렸다. 정옥임을 겨냥하여 비판한 어느 "골수 우파 패널"[11]의 발언에 대해 정옥임은 반대토론의 기회를 얻었고, 진심을 다해 당파와 이념에 편향되지 않는 전략적 관점을 강조했다. 정말 지금 이 시기에 필요한 보수의 지혜가 무엇인지 반대와 비판을 아랑곳하지 않고 소신껏 역설한 것이다.

> "여러분이 저 아무개 박사와 같은 주장만 되풀이하며 경색된 입장만 보인다면, 국민으로부터 영원히 '수구꼴통' 소리를 듣고 외면당할 것입니다. 국제정치에는 영원한 동맹도 영원한 적도 없습니다. 문제는 실리적 국익입니다. 가장 비용효과적인 대안을 고민하십시오. 미국을 지렛대로, 주변 강국을 활용하되 미국에 대한 희망적 관측에만 매몰되는 것도 바람직하지 않습니다."[12]

그의 발언이 끝나자, 누구 하나 일어나지 않을 정도로 무겁게 내려앉는 듯 하던 장내 분위기가 잠시 후 뜨거운 호응으로 바뀌었다.[13] 당시 한나라당 강재섭 당대표와 김형오 원내대표가 이구동성으로 "우리가 듣고자 했던 목소리가 바로 정 박사의 합리적인 소신발언이다."라고 칭찬을 아끼지 않았던 것이다. 다른 참석자들의 반응도 뜨거웠다. 그리고 그와 같은 참석자들의 호응은 결국 한나라당의 대통령 후보 경선 관리 및 검증위원회의 민간위원 초빙으로 이어졌고,[14] 자연스레 제18대 국회로 가는 길이 열리기 시작했다.

정옥임은 당시 민간관리위원과 검증위원으로 활동한 경험이 매우 짜릿했다고 기억한다. 즉 선거에서의 핵심적인 3가지 분야인 조직, 기획, 홍보 관련 일들이 유기적으로 얽히면서 전체 선거판을 전망하고,

| 북한 도발에 대해 토론하는 정옥임

분석하고, 전략을 수립하는 매우 수준 높은 경험을 할 수 있었기 때문이었다. 그리고 이러한 배경을 바탕으로 선문대학교 교수로서 한나라당 비례대표의원직에 공천을 신청[15]하여 18대 국회에 입성하게 되었다.

그런데 하필, 왜 정치권이었을까?

사실, 정옥임은 국제정책 분야에서 일하기를 원했다. 스스로 그 누구보다도 국제외교 분야 전문가로서 역량을 발휘할 수 있다고 확신했다. 그래서 결혼으로 미룬 학업을 10년 만에 다시 시작했고, 세 딸을 데리고 미국 유학도 다녀왔고, 지속적으로 국제적 학술저널에 논문을 발표했다. 그 커리어를 바탕으로 국내에서 국제정책 분야 교수가 되고 싶었다. 그런데 대학교수 채용에 응모하기 위해 추천장을 받으러 간 자리에서 "정 박사가 국내 박사라서 말이야…"[16]라는 은사의 지적을 듣고 충격과 좌절에 빠졌다. 그 당시 한국 사회에서 교수 채용은 응모자의 연구능력 여부와 관계없이 대부분 외국에서 취득한 박사학위 소지자를 선호하고 있다는 방증이기도 했다.

이런 좌절을 뒤로하고, 다양한 외교안보 관련 활동을 통해 여성으로서는 보기 드문 외교안보전문가로 국내·외에 널리 알려진 정옥임은 '인텔리겐치아'로서 사회로부터 받은 것을 사회로 환원해야 한다는 소명에 대해 고심하던 차에 정치 분야에서 그 소임을 하고자 했던 것이다. 그녀의 말처럼, 외교 및 정책 분야에서 일하고 싶었으나 그쪽으로 직진할 수가 없다보니 우회한 것이다.

18대 국회 전반기, 인터뷰로 시작하여 인터뷰로 마무리하다

정옥임은 상임위로 외교통상특별위원회에 배정되었다. 그리고 18대 전반기 국회 활동은 외교·안보·북핵과 대북관계 관련 인터뷰로 시작하여 인터뷰로 마무리되었다.

18대 국회의원 시절을 같이 보낸 당시 박희태 국회의장은, 정옥임의 자서전 『정치? 사람이다, 사랑이다』의 추천사에서 정옥임의 국회 활동을 다음과 같이 평가하였다.

"지금 우리 사회는 여성 대 진출시대를 맞고 있다. 입학이나 입사, 각종 자격시험 등에서 여성파워는 갈수록 커지고 있으며 금녀의 영역은 하나하나 사라지고 있다. 정치에서도 여풍이 거세다. 국회에 진출한 여성의원들의 활약은 눈부실 따름이다. 여성과 가족 분야부터 보건, 복지, 행정 분야까지 다양한 상임위에 포진하여 국민과 국익을 위하여 헌신하는 그들을 지켜보노라면 절로 감탄과 찬사를 연발하게 된다. 하지만 아직도 미진한 분야가 하나 있다. 바로 대한민국의 생존과 번영을 논의하는 외교와 통상, 안보와 통일 영역이다. 거시적인 국가 정책을 고민하고 논의하는 자리에서 우리 여성의원들의 맹활약을 보았으면 하는 아쉬움이 있었다. 이런 갈증을 한번에 풀어주신 분이 바로 정옥임 의원이다. 한미 FTA 비준, 북한핵문제, 연평도 포격 등 국가적 현안이 있을 때마다 정연한 논리와 명쾌한 화술로 국민의 이해를 도와주는 이가 바로 정옥임 의원이다"[17]

18대 전반기 국회 활동 내내 정옥임은 한반도에 영향을 미치는 다양한 정치, 외교, 국제 문제에 대해 한나라당을 대표하여, 국민의 이해를 도와주는 거의 전적인 국민해설자 역할을 하였다. 또한 국민의 관심이 높은 문제이다 보니 생방송 뉴스쇼에서 다루어지는 일이 많았다. 뉴스쇼의 메인 앵커는 대부분 엄청난 내공의 베테랑들이었다. 정치학 박사들도 많았다. 외교에서 북핵문제에 이르기까지 상당한 전문성이 있어야 하는 것은 두말할 필요가 없었다. 하나같이 강대국 및 남북한의 이해관계가 얽혀 있어서 세밀한 연구와 통찰력 있는 실시간 분석이 요구되었다. 아울러 베테랑 앵커들과의 기 싸움에서 밀리지 않고, 실수 없이 당의 입장을 국민에게 잘 설명해 낼 수 있는 정확한 전달력도 갖추고 있어야 했다. 만약 생방송 도중 실수가 생기게 되면, 그 실수는 인터뷰 당사자도 당사자이지만 한나라당의 지지도와도 곧바로 연결된다는 점에서 언론매체와의 실시간 뉴스 인터뷰는 항상 긴장 속에 진행된다. 바로 이 점에서 정옥임은 절대 강자로서의 면모를 유감없이 보여주었다.

노련한 인터뷰 대상자로서 언론매체에 대한 이해가 깊고 경험이 풍부한 정옥임은 18대 국회가 개원하고 난 2008년 5월 27일부터 2010년 12월에 이르기까지 2년 6개월 동안 총 33건의 굵직한 현안 이슈들에 대해 뉴스쇼를 통해 국민에게 정확한 사실을 잘 전달하려고 노력했다. 또한 한나라당 당직도 겸했는데, 2008년에는 정책조정위원회 제2조정위원회 부위원장으로, 2009년에는 원내 대변인을 맡아서 최선을 다했다.

남북관계는 다각적인 정치지형에서 관찰해야

정옥임이 인터뷰한 이슈들 대부분은 그 당시 정세와 밀접한 관련이 있었다. 정세의 형국을 본다는 것은, 현상에 대한 정보만 아는 것이 아니라 그 배경이 되는 원인을 분석하고, 그 이슈의 향후 발전방향에 대한 포괄적이면서 다각적인 시각에 기반한 예측까지를 의미한다. 그런 점에서 정옥임의 인터뷰를 통해 그의 전문가적 식견과 탁월한 분석능력을 엿볼 수 있다.

2008년 7월 28일 〈YTN 강성옥의 출발 새 아침〉과의 전화인터뷰가 일례이다. APF(아시아태평양안보대회포럼)의 폐막식 직후 포럼의 결론을 대외적으로 알리는 의장성명서가 배포되는데, 폐막 직전에 의장성명서가 수정되자 야당에서 외교사에 유례없는 재앙이라며 당시 외무장관의 경질을 요구하는 사태가 발생했다. 진행자는 이 사건의 배경과 한나라당의 입장을 정옥임에게 질의했다. 당시 집권 여당인 한나라당의 제2정책조정위원회 부위원장을 맡고 있던 정옥임은 "사건의 발단이 된 의장성명서 초안에 들어있던 내용이 '10·4공동선언에 기초해서 남북대화를 하는 것을 강력히 지지한다.'이다. 그런데 이 문장 중 '기초해서'까지의 대목에 관하여 이명박 정부에서 반대하여 삭제했다. 조선소 건설이나 고속도로 개보수 등 북한 인프라 건설 비용을 남한 국민이 고스란히 지불해야만 하는 구조였기 때문이다. 바로 이것이 국민에게 부담되기 때문이다."[18]라고 설명함으로써 문구 조정을 통해 설득력을 확보했다. 그러나 상세하고 정교한 설명에도 불구하고 "관련 문구 조정(삭제)이 '노무현 정신'을 의도적으로 삭제하려는 의도에서 비롯되었다."는 등 대내외적인 정치적 공방이 있었다.

이 인터뷰를 통해 정옥임의 또 다른 특장점도 드러나는데, 당시 앵커가 "'10·4공동선언에 기초하여'라는 대목에 이명박 정부에서는 상당히 거부감을 보이셨는데요. 정부 정책이라는 게 연속성이 있을 수밖에 없는데 말이죠. 그런 차원에서 노무현 정부와의 차별화를 지나치게 강조하다가 초래된 것 아닌가요?"라며 기습성 질문을 하자, 정옥임은 "'거부감'이라는 표현을 하셨는데요. 보다 정확한 표현은 '부담감'일 겁니다."[19]라는 식으로 앵커의 표현을 정정함으로써 인터뷰를 능숙하게 풀어나갔다.

또 다른 사례는 2008년 7월 28일 〈MBC 손석희 시사집중〉과의 전화인터뷰에서 찾아볼 수 있다. 그동안 독도에 대해 한국의 실효적 지배를 인정해 온 것으로 알고 있던 미국지명위원회가 독도를 분쟁지역으로 표기한 사실과, 이 사실을 뒤늦게 앎으로써 어떤 대응도 하지 못한 주미 한국대사관과 현 정부(이명박 정부)의 뒷북 대응에 대한 경위 등을 전화 대담으로 진행한 것이다. 인터뷰 대상자에게 주도권을 주지 않는 것으로 유명한 손석희 아나운서와의 인터뷰는 역시 쉽지 않았다. 손석희만의 특별한 진행방식에 끌려가지 않도록 정옥임은 처음부터 긴장을 놓지 않았다. 정옥임은 이 인터뷰에서 인정할 것은 당당하게 인정하고, 현 정부의 늑장 대응을 야당보다 앞서 질타하는 방식으로 노련미를 보여주었다.

2008년 7월 30일 〈SBS 백지연의 SBS 전망대〉와의 전화인터뷰에서는 미국지명위원회가 독도를 한국령에서 '주권 미지정령'으로 바꾼 것과 관련하여 한나라당에서 논의한 대책의 주요 내용 소개와 아울러 조속한 한국령으로의 복원 요청 소식에 관하여 소개했다. 여기에서도 정옥임은 논의의 출발점으로, 독도영유권은 그 복원이 아니라, 미국이 잘못한 것이기에 바로잡는 차원으로 봐야 한다는 점을 명확히 했다. 그리고 국제법에 근거하여 한국이 독도의 실효적 지배권을 가지려면 시기별로 나누어서 이를 입증하는 증거를 확보해야 하는 등 국제법적 시각에서 짚어야 할 중요한 방법론적 접근을 상기하면서, 이 역시 당과 정부에서 고려하는 대책들 중의 하나임을 설명하였다. 이 인터뷰에서 놓치지 않고 살펴야 할 지점은 모든 국제조약이나 국제법의 조항들은 자구 하나에 따라 해석을 달리한다는 것이다. 따라서 문맥에 따라 어떤 자구(子句)를 선택하여 넣고 빼는가의 문제는 이해 당사국들의 국익과 직결될 수밖에 없다. 바로 이 지점에서 정옥임은 백지영 앵커가 비록 한나라당 대변인이 복원이라는 단어를 썼다 하더라도, 잘못 사용되었음을 지적하고, 시정이라는 차원으로 명명되어야 한다는 것을 강조한 것이다. 국제정치에서 자구(字句) 하나가 경우에 따라서 상반된 결과를 가져올 수 있다는 냉정한 현실을 알고 있는 정옥임이었기에 당연한 언사라고 평가할 수 있다.

한편, 대북관계에 관한 전화인터뷰는 2009년에만 17건이 진행되었다. 대부분 국제관계나 안보 문제여서 이를 둘러싼 지형들은 매우 복잡하며, 숨어있는 함의를 찾아내기가 쉽지 않은 경우가 많다. 다자간 관계의 문제인지라 셈법이 매우 복잡했다. 그중에서도 대북관계는 우리 정부와 밀접한 이해관계를 가지고 있기에 중층으로 복잡해지는 경우가 많다. 그런 면에서 정옥임은 대북관계 접근 시 견지해야 할 시각이나, 고려해야 할 셈법 등에 대해 매우 유용한 정보 제공자이면서도 정책 방향을 제시하는 데 있어 탁월했다. 대북관계 뉴스쇼 인터뷰에서 북한 도발의 숨어있는 의도들을 파악하는 것은 물론 그런 의도가 남북관계에 미치는 영향을 정확히 예측해냈기 때문이다.

2009년 2월 2일 YTN 〈강성옥의 출발 새 아침〉과의 전화인터뷰가 그 사례이다. 이 인터뷰의 주제는 북한이 갑자기 남북 간 정치·군사적 대결상태 해소와 관련한 모든 합의사항을 무효화 한 것, 즉 서해 NLL(Northern Limit Line, 북방한계선)과 관련된 조항들의 폐기를 선언한 의도와 향후 남북관계 전망이었다. 이 인터뷰에서 정옥임은 북한의 의도를 북한 내부 단속, 새로 들어서는 미 행정부와의 관계 재정립, 미국과의 관계 재정립에서 남한의 위상 격하 시도, 그리고 남한 내부의 분열을 노리는 것 등 네 가지로 분석하였다. 그리고 이명박 정부 역시 남북 간 대화를 통한 화해·교류를 지속적으로 원함에도 북한이 군사행동 운운하는 것은 마치 바둑판의 말처럼 남한의 온건파 인사들을 움직여 남한의 내부적 분열을 꾀하고자 하겠다는 것으로 해석될 수밖에 없다는 점 등을 설명하였다. 그런 점에서 정옥임은 단순하게 전달자로서 인터뷰를 하는 사람이 아닌 정책 이면에 담긴 함의까지 설명하는 '국민 해설사'이면서 동시에 정부의 정책적 입장을 잘 전달하는 메신저로서의 위상도 공고히 하였다. 이러한 정옥임의 자리매김은 다른 인터뷰에서도 확인된다.

2009년 4월 20일 〈MBC 손석희 시선집중〉과의 전화인터뷰가 좋은 예가 된다. 인터뷰 주제는 거의 1년여 만인 2009년 4월 21일 북측이 느닷없이 개성공단에서 남북 당국자 간 접촉을 제의해 왔는데, 이와 관련하여 북측의 의도를 추론해보고, 추론의 종류에 따라 남북관계에 미치는 영향 등에 대해 가늠해보는 것이었다. 마침 북한이 남북 간 접촉 제의를 했던 시기가 대한민국이 PSI(Proliferation Security Initiative: 대량살상무기확산방지구상)에 가입하려던 시기와 맞물려 있었고, 이 구상에 한국이 참여하는 것에 대해 북한은 엄청난 거부반응을 내보였던 시기인 만큼 모든 것이 매우 조심스럽기만 했다.

이와 같은 상황에서 예측되는 북한이 취할 태도에 관한 질문에, 정옥임은 "예상하기도 어렵지만, 예단하는 것도 좀 위험할 수가 있는데요."[20]라는 깔끔하면서 함의가 담긴 답변으로 운을 뗀 뒤, "개인적으로는 굉장히 긍정적 제안이 나오리라곤 보지 않기 때문에 더 우려하고 있습니다. 특히 한국 정부로 하여금 굉장히 곤란한 결정을 하도록 강요할 가능성이 있는 게 아닌가 하는 생각이 들고요."[21] 라며 답변을 이어갔다. 물론 이와 같은 정도의 우려를 정옥임만 하고 있었던 것은 아니다. 다른 대북 관련 전문가나 신문들에서도 비슷한 논조의 칼럼과 기사들을 쏟아내고 있었다. 다만, 정옥임의 분석은 스펙트럼이 훨씬 넓어서 시청자들이 객관적이고 종합적인 분석 하에 판단할 수 있도록 인식의 범주를 넓혀준다는 데에 있었다. 즉, 당시 대부분의 신문들이 주로 남북관계에 한정하여 분석하는 데 그쳤다면, 정옥임은 주변 강대국들과의 관계 등 국제관계까지 통찰하여 한국 정부의 대응방식을 제안하고 있었다. 이는 앵커와의 이어지는 인터뷰 내용에서 잘 드러난다.

(손석희 앵커), "우리 정부가 PSI 참여 발표를 계속 미루다 보니…전략적으로 미뤘다는 평가도 있지만, 보기에 따라서 우왕좌왕했다는 평가도 나올 수 있는데…사실상 문제점이 대외관계에도 있는 것이 아닌가라는 분석도 있습니다. 예를 들면 중국은 한국의 PSI 전면 가입에 대해 강한 우려를 전달했고…러시아 역시 비슷한 입장을 전달했고…미국은 북한과의 대화를 통해서 핵과 미사일 문제를 풀겠다라는 입장을 분명히 했고…이게 우리 혼자 할 수 있는 문제는 또 아니기 때문에 분명히".

(정옥임) "…러시아는 PSI 전면 참여국이고요. 중국은 전면 참여는 아니지만 자기들의 항구, 공항 검색에 상당히 협조적인 그런 입장을 보여주고 있죠. 그리고 미국 오바마 행정부는 이 PSI를 국제규범화하고 특히 아시아에서 몇몇 중요한 나라와 긴밀한 네트웍을 하겠다는 입장입니다. 그래서 그건 어디서 나온 얘긴지 모르겠으나 근거있는 얘기는 아니고요. 그 다음에 이 PSI에 대해 우리나라가 정식으로 참여한다는 것이 8가지 활동에 전면

참여한다는 의미가 아닙니다."[22]

　이 인터뷰에서 알 수 있듯이, 정옥임은 앵커가 우려하는 국제관계에 대한 정확한 정보를 전달하는 한편, PSI의 한국 참여 관련하여서는, 대북관계는 물론 국제관계까지 이미 계산에 넣고 한국 정부의 입장이 신중하게 움직인다는 점을 아주 설득력 있게 잘 전달하고 있다. 정옥임은 집권 여당의 정책을 정확하게 전달하는 한편, 상대방의 잘못을 지적하는 이른바 한 번에 두 마리 토끼를 잡는 형식을 취하는 팩트 해설자이자 정책 전달자였다.

　이와 같은 정옥임의 활동은 의원외교가 필수인 국제외교무대에서 단연 돋보인다. 실상 정옥임도 가장 자신 있는 분야가 '외교'라고 주저 없이 말한다. 그렇기에 정옥임은 "지금이라도 당장 외교 일선에 나가 국가 난제를 처리하거나 어려운 흥정 상대와 협상을 하라는 소임이 주어진다면 신명나게 일할 것 같다."[23]고 말한다. 당시 박희태 국회의장은 정옥임의 외교활동에 대하여, "무엇보다 정 의원의 유창한 영어와 글로벌 리더십은 우리 국회가 가장 필요로 하는 부분을 채워주고 있다. 우리 국회 사상 최대의 외교행사인 G20 국회의장회의나 IPU 세계의원연맹 총회 등 각종 국제회의에서 대한민국을 대표하여 의원외교를 활발히 펼친 주인공이 바로 정의원이다.[24] 가히 대한민국 국회의 산소 같은 존재라고 해도 부족함이 없는 분이다."라는 평으로 소감을 밝히기도 하였다.

　이상에서 보듯이 정옥임은 18대 국회 전반기가 시작된 지 한 달이 지난 2008년 7월 초반부터 2010년 12월 끝자락이 보이는 날까지 거의 이삼일 건너 쉴 새 없이 밀려드는 인터뷰를 최고의 '국민 해설사'답게 잘 소화해냈다. 그 외에도 그녀는 국정감사는 물론 정책토론회도 2~3회 개최하였다. 그런 활발한 국정감사 활동으로 정옥임은 2008년부터 2010년까지 연속하여 3년 동안 'NGO 모니터단 선정 우수 국회의원'으로 선정되기도 하였다.

북한이탈주민의 남한 정착의 곤고한 상황에 눈을 돌리다.

정옥임은 대북관계 등 안보 관련 전문가로서 활동한 탓에 자연스레 북한이탈주민의 인권에 대해서도 관심을 갖게 되었다. 그런데 보다 본격적으로 관여하게 된 것은 상임위가 국회 운영위원회, 정무위원회, 정보위원회로 변경된 18대 국회 하반기부터이다. 상임위가 변경되다 보니 북한이탈주민 뉴스와 정책 자료들을 그 이전보다 자주 접하게 되었기 때문이다. 또한 집권 여당의 '북한 인권 및 탈북자·납북자 대책위원회'의 위원장직을 2010년도부터 맡고 있었기에, 2011년도 국회 외교통상통일위원회 국정감사 시에 북한이탈주민과 관련한 현안들에 대하여 많은 질의를 했다. 그 과정에서 정옥임이 참고한 자료들, 즉 『2010 북한이탈주민 기초설문조사 분석보고서』(한국사회과학데이터센터, 2010), 『2010 북한이탈주민 경제활동 실태』(북한이탈주민지원재단) 등에 근거한 데이터와 정부측 자료들을 정리한 질의 내용은 언론매체의 관심을 끌기에 충분했다.

특별히 국회 외교통상통일위원회 국정감사에 보고되었던 한 자료가 언론의 뜨거운 관심을 받았는데, 그것은 강제 북송되는 임신한 여성들에 대한 고문 현장을 스케치로 묘사한 그림들[25]이었다. 그 그림들은 너무 원색적이면서도 야만적인 모습으로 그 참혹한 현장을 적나라하게 보여주고 있었기 때문이다.

이러한 자료에 기반하여 정옥임은 국정감사 내내 북한이탈주민의 인권개선이 필요하고, 이를 시급히 추진해야 한다고 강도 있게 주장했지만, 속도는 더디기만 했다. 그러는 와중에 아쉽게도 18대 국회가 마무리되고, 19대 총선이 눈앞으로 다가왔다.

19대 총선, 강동구을에 도전하다

비례대표 국회의원으로서 정옥임은 현재 대한민국의 정치계에 하고 싶은 말이 많다. 대표적으로, "정치의 선진화를 이루기 위해서는 가치 추구가 일관되게 이루어져야 한다."고 주장한다. 정옥임은 "사람을 움직일 수 있는 힘은 누구나 공유할 수 있는 신념과 가치에서 비롯된다."며, "이러한 올바른 신념과 가치가 우선되어야 정치가 선진화될 수 있다."고 주장한다. 정옥임은 "부끄러움도 없이 영혼 없는 정치가 팽배할 때, 개인의 영달과 신분 상승을 위해 수단과 방법을 가리지 않고 구태정치를 반복하거나 유치한 수준의 줄서기와 짝짓기가 계속될 때, 우리나라 정치에 더는 희망이 없다."고 강하게 지적한다.

그래서 정옥임은 새로운 개혁의 바람을 일으키고자 새누리당의 이름으로 19대 국회의원 선거(강동구을)에 출마하였지만, 결과는 쓰라린 패배였다.

남북하나재단(북한이탈주민지원재단)과 북한이탈주민의 인권

제19대 국회의원 선거에서 패배한 후, 잠시 휴식을 가진 정옥임은 2년 임기의 남북하나재단 이사장으로 취임하였다. 임기는 2013년 11월부터 시작되었고 2015년 6월까지 재직하였다. 정옥임 의원이 임기 중 작성한 특별 기고들[26]을 통해 남북하나재단의 조직과 성격, 2015년 기준 탈북자 구성원들의 현황과 탈북 이후 한국에 정착하는 절차 및 재단의 기본사업 내용, 그리고 현재 주요하게 추진 중인 사업을 살펴볼 수 있다.

"남북하나재단(북한이탈주민지원재단)은 북한이탈주민의 정착과 자립을 지원하며 통일환경을 조성하기 위해 2010년 설립된 정부 공공기관이다. 북한이탈주민지원재단은 법률명칭이며, 남북하나재단은 대외 별칭으로 사용되고 있다."[27]

"국내에 입국한 북한이탈주민은 '70%' 이상이 함경북도 출신에, 여성이며, 무직 부양상태의 20대~40대 청장년층이다. 북한이탈주민은 무정부, 전쟁, 자연재난 등으로 발생하는 난민과 대비되는데, 두만강 접경지역 및 압록강변 혜산에서 비교적 탈출이 용이한 여성들이 핍박이나 기근을 피해 이탈하고 있다.

북한이탈주민 인권 강의

　대한민국에 입국한 북한이탈주민들은 국정원의 합동심문센터에서 일정 기간 조사를 받은 후, 통일부 하나원에서 3개월의 적응 훈련을 받는다. 소정의 과정을 마치면 정부가 제공하는 주택, 정착지원금 지원을 받고 본격적인 '한국살이'가 시작되는데, 이 과정에서 필요한 의료, 교육, 취업, 정서 상담 등 제반 지원을 하는 곳이 바로 북한이탈주민지원재단이다.

　재단은 북한이탈주민 정착에 대한 연구와 실태조사를 통해 통계추이와 정책 대안을 제시하고, 각종 홍보와 SNS를 통해 북한이탈주민에 대한 인식을 제고하는 업무도 한다. 또한, 탈북청소년의 방과 후 공부방, 그룹홈, 대안학교 지원에서 장학금, 멘토링, 탈북대학생 통일교육에 더해, 여성쉼터, 취약계층 보호, 경조사비, 출산 도우미, 부업과 자활 지원, 영농 및 창업, 통일형 예비 사회적 기업 지정·지원, 취업 알선 및 전문직 특화 훈련에 이르기까지, 북한이탈주민지원재단의 업무 내용은 방대하면서도 다양하다.

남북하나재단(북한이탈주민지원재단)은 2014년부터 북한이탈주민 지원사업의 허브화를 추진, 공·사 영역의 주요 기관과 MOU를 체결하여 탈북민 지원사업을 효율화하고 있다. 비용 대비 효과는 높이고 중복사업은 줄이며, 탈북민에 대한 인식은 개선하기 위함이다. 특히 그간의 균분주의적이고 일률적인 물적 지원이 오히려 삶의 동기와 비전을 심어주는 데 장애가 되어 왔다는 전문가들의 지적에 따라, 자본주의 시장 경제, 자유민주주의 및 법치의 시민의식을 심어주는 일에도 주력하고 있다."[28]

정옥임은 남북하나재단(북한이탈주민지원재단)의 이사장으로서의 임기가 마무리되면서 관련 사업에서도 손을 떼었다. 하지만 여전히 대북관계와 안보 혹은 외교와 정치 관련 이슈에 대해 요청이 있는 곳에서 전문가로서 혹은 방송인으로서 활약하는 정옥임을 만날 수 있다. 그는 오늘도 또 내일도 올바른 신념과 가치를 확산하는 국민 해설사로서 최선을 다하고자 노력한다.

| 집필: 나영희 |

| 미주 |

1) 정옥임, 『정치? 사람이다. 사랑이다: 신념과 실천의 정치인』 2011, 마고북스, p.243
2) 정옥임은 2011년 10월 말 큰 뇌수술을 받고 난 뒤에 본인이 살아온 궤적과 활동을 정리하면서, 이러한 취지의 발언을 언급하였다.
3) 정옥임, 『정치? 사람이다. 사랑이다: 신념과 실천의 정치인』 2011, 마고북스, p.213
4) 정옥임, 『정치? 사람이다. 사랑이다: 신념과 실천의 정치인』 2011, 마고북스, pp.223~226.
5) 정옥임, 『정치? 사람이다. 사랑이다: 신념과 실천의 정치인』 2011, 마고북스, p.223
6) 정옥임, 『정치? 사람이다. 사랑이다: 신념과 실천의 정치인』 2011, 마고북스, p.226
7) 정옥임, 『정치? 사람이다. 사랑이다: 신념과 실천의 정치인』 2011, 마고북스, p.233
8) 2002년도 전후의 정치적 지형들은 대략 다음과 같다. 우선 2000년 김대중 대통령과 김정일 국방위원장의 정상회담 이후, 남북관계는 일시적으로 개선되었다. 그러나 2002년에는 북한의 핵 개발 문제가 불거지면서 긴장이 다시 고조되었다. 2002년 6월, 남북 간의 경제 협력과 사회·문화 교류가 지속되었지만, 북한의 핵문제로 인해 대화가 위축되었다. 한편 2002년 10월, 미국은 북한이 비밀리에 우라늄 농축 프로그램을 개발하고 있다는 정보를 공개했다. 이로 인해 한반도 긴장이 급격히 상승했다. 북한의 핵 개발에 대해 국제 사회는 강력한 반발을 보였고, 유엔 안전보장이사회가 관련 논의에 들어갔다(출처: 모니카, 크롬 무료인공지능 검색, 2024.10.14.).
9) 정옥임, 『정치? 사람이다. 사랑이다: 신념과 실천의 정치인』 2011, 마고북스, p.237.
10) 대북 인게이지먼트란, 국제정치 이론에 기반하여 북한의 핵 문제와 인권 문제를 동시에 고려해야 한다는 관점을 강조하는 것이다(출처: Monica, Chrome 인공지능, 검색일 ,2024.10.18). 여기에서 인게이지먼트는 '관여'라는 뜻으로, 단계별로 관여의 정도를 달리 해나가야 함을 의미하기도 한다.
11) 정옥임, 『정치? 사람이다. 사랑이다: 신념과 실천의 정치인』 2011, 마고북스, p.239
12) 정옥임, 『정치? 사람이다. 사랑이다: 신념과 실천의 정치인』 2011, 마고북스, p.240
13) 정옥임, 『정치? 사람이다. 사랑이다: 신념과 실천의 정치인』 2011, 마고북스, p.240, "정옥임 의원의 최종 발언이 끝난 직후에도 단 한 명의 의원도 자리를 뜨지 않을 정도였기 때문에 내심 반향이 컸던 것으로 생각된다."
14) 정옥임, 『정치? 사람이다. 사랑이다: 신념과 실천의 정치인』 2011, 마고북스, p.240
15) 정옥임, 『정치? 사람이다. 사랑이다: 신념과 실천의 정치인』 2011, 마고북스, p.236
16) 정옥임, 『정치? 사람이다. 사랑이다: 신념과 실천의 정치인』 2011, 마고북스, p.233
17) 정옥임, 『정치? 사람이다. 사랑이다: 신념과 실천의 정치인』 2011, 마고북스, p.6
18) <YTN 강성옥의 출발 새 아침>, 2008.07.28. '전화인터뷰'
19) <YTN 강성옥의 출발 새 아침>, 2008.07.28. '전화인터뷰'
20) <정옥임 정책자료집>, 2009, p.2
21) <정옥임 정책자료집>, 2009.
22) <정옥임 정책자료집>, 2009.
23) 정옥임, 『정치? 사람이다. 사랑이다: 신념과 실천의 정치인』 2011, 마고북스, p.221
24) 정옥임, 『정치? 사람이다. 사랑이다: 신념과 실천의 정치인』 2011, 마고북스, p.6
25) 그 그림들에는 강제낙태-운동장(그림13), 유아살해-복도(그림14), 유아살해-들개(그림15), 뽐쁘(그림16) 등이 있다

26) 『통일과 법률』 제22호, 2015, 법무부, "특별기고, 북한이탈주민의 통합: 법치가 우선이다"
27) <남북하나재단 홈페이지>, 2025.3.4., https://www.koreahana.or.kr/home/kor/contents.
28) 『통일과 법률』 제22호, 2015, 법무부, "특별기고, 북한이탈주민의 통합: 법치가 우선이다"

18대 국회의원

최영희 崔英姬

호랑이의 기상과 뚝심으로
노동현장에서 국회까지

1950 전북 전주출생
1969 이화여고 졸업
1973 이화여대 사회학과 졸업
1973 인천기독교도시산업선교회 노동교육담당
1980 도서출판 석탑 대표
1993 (주)내일신문 발행인 겸 대표이사
1995 (사)청소년을 위한 내일여성센터(탁틴내일) 설립
2002 학교폭력대책 국민협의회 상임대표
2005 국가청소년위원회 위원장
2008 통합민주당 18대 국회의원(비례대표),
       국회 여성가족위원회 위원장
2012 탁틴내일 이사장

6·25 동이로 태어난 당당하고 활발한 최영희

최영희는 1950년 7월 전북 전주의 방공호에서 6·25 동이로 태어났다. 4남 3녀 중 위로 아들 넷에 첫 딸이었고 여동생과 터울이 길어 사랑받으며 성장했다. 초등학교 5학년 때 아버지의 사업이 어려워져 가족이 큰 위기를 맞게 되었다. 부모님은 농촌으로 들어갈 수밖에 없었고, 고등학생인 두 오빠와 전주에서 자취를 했다. 그런데 갑자기 서울에서 입주 가정교사로 대학을 다니던 오빠가 이화여중 입학원서를 보내주어 시험을 봤더니 합격했다. 최영희는 만약 그때 서울에 올라와 오빠들의 희생을 딛고 학교에 다니지 않았다면 중학교 진학은 불가능했을 것이라고 회상했다.

이화여고에 입학해서는 신문반 '거울'에서 기자로 활동하게 되었다. 주간 신문이라 몰입해야 하는데 최영희에게는 매우 적성에 맞는 일이었다. 천안에 가서 유관순 열사의 막냇동생 유관복 할아버지를 직접 인터뷰하기도 했다. 만세운동으로 부모와 누나가 죽고, 형까지 감옥에 갇힌 '어린아이'의 기막힌 생애를 듣고, 개인의 삶이 국가 운명과 얼마나 깊은 관계가 있는가를 처음 깨닫고 전율을 느끼기도 했다. 진로 문제는 쉽게 결정했다. 수학 선생님과 인터뷰를 했는데, "넌 천상 기자다. 기자하면 참 잘하겠다."는 칭찬을 하며, 사회학과 진학을 추천하셨다.

이효재 선생님을 만나다

1969년 이화여대 사회학과에 진학한 최영희는 입학 직후 신입생 개별 면담 시간에 당시 학과장이던 이효재 선생님을 만났다. 선생님은 고등학교 때 '거울'에서 기자 활동을 했던 것에 관심을 보이시며 사회학과 신문을 격월간으로 만들 것을 제안하였다. 선생님은 이대 사회학과 학생들에게 학교를 넘어선 사회·정치 소식을 전하여 인식의 지평을 넓혀 주려는 계획을 갖고 계셨다.

이때 만난 친구가 노무현 정부에서 여성부 장관을 한 장하진이었다. 장하진과는 이후에도 수많은 활동과 인생 여정을 함께한 평생 동지이자 친구가 되었다. 사회학과 학보인 만큼 먼저 타 대학의 사회학과 활동을 모니터링하기 시작했다. 당시 사회학과는 이화여대, 고려대, 서울대, 경북대에만 개설되어 있었다. 최영희는 서울대를, 장하진은 고려대 사회학과 활동을 주기적으로 모니터링하여 연구주제, 세미나 등의 활동에 관한 소식을 전하게 되면서 점차 사회·정치적인 문제에 관심을 갖게 되었다.

이효재 선생님은 외부의 각종 세미나 및 프로그램, 활동 등에 최영희와 장하진 등을 보내며 사회 인식의 확장과 정치의식을 높여내도록 끊임없이 지지하고 격려했다. 1학년 때 빈민촌 조사 프로젝트에 참여하여 목동 뚝방촌, 청계천 판자촌, 사당동 빈민촌 등에 가서 실태조사를 하며 빈민들의 절박한 상황들을 목격하고, 사당동을 비롯한 처절한 철거 투쟁에 대해서도 알게 되었다.

전태일 분신과 〈새얼〉모임 창립

사회문제에 관심이 커지던 2학년 말 1970년 11월 전태일 열사 분신 소식과 맞닥뜨리게 되었다.

"그게 70년도에 그 전태일 사건 나고 나서 정말 가슴이 울렁거리더라고요. 왜냐하면 우리 집 사업 망했을 때, 우리 오빠들이 나를 만약에 중학교를 서울로 끌어오지 않았으면 난 무엇을 하고 살았을까…내가 바로 그 평화시장 노동자일 수도 있고…이제 대학생이 되었는데, 전태일은 '내게 만약 대학생 친구 한 명만 있었다면' 했는데…나를 포함한 그 대학생들은 지금 무슨 생각을 하고 사는가…그런 거에 미안함과 분노가 차오르기 시작하더라고요."[1]

편집부에서 의견이 잘 맞던 3학년 박미호 선배와 허름하게 옷을 입고 평화시장을 찾아갔다. 신문에 난 대로 다락방에서 어린 시다들이 화학약품 냄새로 눈뜨기도 어렵고 원단이 잔뜩 쌓인 좁은 곳에서 따가운 눈을 비비며 일하고 있었다. 충격적인 현장을 목격한 후, 앞으로 노동운동이 전태일 사건을 계기로 전환점을 맞이할 것으로 판단했고 뭔가를 해야 한다는 결심이 섰다. 양심의 가책 속에서 최영희는 이미 뜻이 맞아온 장하진, 박미호와 함께 주변의 동료들, 이화여대 학생들부터 변화시키는 일을 하자고 생각했다.

함께 활동할 사람들을 찾기 시작했다. 먼저 등굣길 버스에서 만난 여고동창인 이미경(제15~19대 국회의원)과 의기투합했고, 학보사 기자인 이미경의 언니 이옥경 선배를 만나면서 힘을 얻기 시작했다. 편집부 후배들과 각 단과대학 학생들의 지원으로 3학년이 되던 1971년 3월 '새날' 모임을 창립하고 초대회장을 맡게 되었다. 김민기가 멋지게 써준 〈새날〉 제호를 걸고 첫 활동을 시작했다. 〈새날〉 1호지를 변화해야 할 학생회와 현모양처 양성소로 변한 학교를 비판하는 내용으로 제작해 2,500명이 참여하는 대강당 채플 시간에 배포했다. 대학 당국은 긴장했다. 학교에서는 〈새날〉지 사건을 계기로 개명을 요구하며 합법적인 동아리 등록을 요청했다. 결국 〈새날〉 2호지 부터는 〈새얼〉로 변경하고, 이효재·현영학 교수를 지도교수로 모시고 이화여대 최초의 사회문제에 관심을 갖고 참여하는 합법적인 동아리로 등록하였다.

〈새얼〉지는 정기적으로 발간됐고, 시국 세미나와 정치 및 노동운동 관련 특강도 개최했다. 새얼이 주최한 시국 세미나에는 400명 정원인 대강의실의 통로와 복도까지 꽉 차는 경우가 생기기도 했다. 당시 유명한 학자와 지도자들, 이영희, 함석헌, 박현채 선생 등이 직접 와서 새얼 멤버들만의 연구모임에 강의도 해주었다. 무엇보다도 이효재 선생님은 새얼 멤버들의 활동상을 들으며 항상 감탄하고 끊임없이 격려하며 계속 활동할 수 있도록 지원했다. 학생과 교수가 서로 지지하며 함께 성장하던 시기였다.

본격적인 노동운동에의 투신, 투쟁과 격정의 시기

6월에 들어서서 새얼은 동일방직 어용노조를 한국 최초의 민주노조 여성지부장으로 바꿔낸 인천도시산업선교회(이하 산선) 조화순 목사님을 초청해 노동문제에 관한 특강을 개최했다. 다른 시국 강연과 달리 참여자는 새얼 멤버뿐이었다. 이를 통해 노동 현장의 척박한 현실을 깨닫게 된 최영희, 장하진, 이미경은 여름방학 한 달 동안 공장 노동과 빈민 현장을 체험하였다.

본격적으로 노동운동에 투신하게 된 것은 1972년 4학년 여름방학 때 조화순 목사의 요청과 이효재 선생님의 은근한 압박으로 인천도시산업선교회(이하 산선)에서 노동자 교육을 맡게 되면서였다. 아무도 가지 않은 길을 가야 한다는 두려움과 함께 자신감도 부족했지만 과감하게 첫발을 떼었다. 오빠들의 지원으로 대학까지 다녔기에 졸업 후 동생들의 학비 등 가족을 위한 취직이 시급했지만, 고민 끝에 내린 무거운 결정이었다. 부친은 노동운동을 하겠다는 선언에 '호적을 파가라'며 대노했고, 최영희는 "호적 파 주세요." 라며 입장을 굽히지 않았다.

산선 활동은 전철이 없던 시절이라 서울에서 새벽 6시 반에 출발해 버스와 기차를 2~3번 갈아타며 하루 왕복 5시간이 넘는 고달픈 출퇴근길과 함께였다. 이때 발에 걸린 동상으로 고생을 많이 했다. 처음 노동자 교육을 하는데 3교대로 일하는 동일방직 노동자를 대상으로 하다 보니 식사는커녕 밤낮도 없었다. 기껏 교육받은 여성 노동자들이 다른 공장으로 가버리거나 결혼하면 퇴직하니 운동의 연속성을 확보하기도 어려웠다. 최영희는 활동의 전환을 새롭게 모색하게 되었다.

인천도시산업선교회 앞에서
실무자들과 함께(1976)

    1973년 가을부터 활동 지역을 부평 수출공단으로 넓혀 독자적으로 노동운동을 시작했다. 처음에는 동일방직을 떠나 미도파섬유로 옮긴 노동자를 매개로 해서 주변 4개 회사로 확대했다. 한 회사에서 노조가 결성되면 다른 회사들은 이에 대비하거나 어용노조를 미리 만들기 때문에 네 개 회사에서 동시에 노동조합을 결성할 예정이었다. 이때 교육받던 반도상사 한순임은 뛰어난 지혜와 언변, 조직력으로 교육 시작 두 달 만에 장현자를 포함한 동료 20여 명을 데려와 당초 계획과 달리 별도로 교육해야 했고 독자적인 파업을 추진하게 되었다.

    1974년 2월 26일 긴급조치 하에서 노동운동 역사상 한 획을 그은 반도상사 파업이 치밀한 계획과 조직력에 기반해 일어났다. 파업은 전체 노동자 1,400여 명 전원이 참여해 엄청난 결집력을 보였고, 단 14시간 만에 근로조건 개선을 담은 요구조건을 관철하며 성공한다.[2] 하지만 이는 시작에 불과했다. 1차 파업 이후 반도상사는 불법·부당한 탄압 및 섬유노련과 짜고 어용노조 설립 시도 등을 획책하였다. 노동자들은

3월 5일 어용노조 설립일에 맞춰 2차 파업에 돌입하였다. 파업은 다음날 경찰 출동으로 강제 해산되었고, 중앙정보부와 부평경찰서 대공과는 최영희를 빨갱이와 간첩으로 몰며 파업 주도자를 구타하고 협박하며 분열시켰다.

이 시기 중앙정보부의 고문과 협박, 경찰의 회유 등에 반신반의하는 한순임과 노동자들 간의 분열을 막고 노동조합 결성을 위해 최영희가 한 활동은 그의 뚝심과 추진력을 잘 드러낸다. 2차 파업 이후 최영희는 자신의 몽타주 전단이 공단에 뿌려지고, 탄압과 집요한 회유 속에서 한순임마저 흔들린다는 소식을 듣고 이들을 만나야 했으나 방법이 없었다. 불현듯 장현자가 가톨릭 신자였던 것이 떠올라 매주 일요일마다 부평지역의 전 성당들을 찾아다녔다. 결국 한 성당에서 홀로 기도하고 있는 장현자를 찾아냈다. 공포에 질린 장현자에게 자신은 간첩이 아님을 역설하며 한순임을 중심으로 노동자들 간의 분열을 막고 노동조합을 결성해야 한다고 설득했다. 수많은 우여곡절을 겪은 후, 결국 반도상사는 4월 15일 한순임을 위원장으로 한 민주노동조합 결성에 성공하게 된다.[3] 최영희가 23세 때 일이었다.

최영희는 70년대 대표적인 민주노조 운동인, 1976년 7월 25일 일어난 동일방직 나체시위 사건에도 중심에 있었다. 극단적인 폭력 앞에서 민주노조를 지키기 위해 나체시위까지 불사하는 노동자를 지원하고 수습하는 과정에서 과로가 누적된 최영희의 건강은 급격하게 악화되었다. 그 결과 산선 활동은 휴지기를 맞게 된다.

평생 동지이자 반려의 만남

남편 장명국을 만난 것도 노동운동에서였다. 전태일이 대학생 친구 한 명만 있으면 좋겠다고 한 것은 [근로기준법]이 모두 한문으로 되어있었기 때문이었다. 이에 가톨릭 단체에서는 노동자들을 돕기 위해 한글로 된 '근로기준법 소책자'를 준비하고 있었다. 최영희는 4학년 여름방학에 이 작업에 자원봉사로 참여하고 있었다. 그때 말년 병장이었던 장명국은 선배 부탁으로 군복무 중 틈틈이 [근로기준법]을 한글로 고쳐서 가톨릭 사무실로 가져왔다. 이미 이옥경 선배로부터 소개시켜 주겠다는 언질을 받은 바 있어 이름은 알고 있었.

"[근로기준법] 작업을 하다 너무 지겨워 건물 계단에 나와, 아이 더워! 아이 더워! 하고 있는데, 어떤 군인이 올라 오더라구…이쁘게 생긴 남자가 아기 같은 눈을 두리번 두리번거리며 올라오면서 저 여기가? 명찰을 봤더니 장명국이라고 써 있어. 아 저 사람이구나 했는데…나하고 키가 비슷해. 아이 틀렸다. 나는 키 큰 사람이 첫 조건이었거든요."[4]

그날은 거기서 끝났는데 졸업을 앞두고 이옥경 선배가 "장명국은 절대 키가 작지 않다."며 한 번만 만나보라 압박했다. 결국 둘은 만났고 함께 〈닥터 지바고〉 영화를 봤다. 장명국은 3시간짜리 영화를 본 후, 다방을 옮겨가며 8시간 동안 러시아 혁명사를 이야기해 주었다. 배울 점이 많은 사람이란 생각이 들었다. 둘의 관계를 뗄 수 없게 만든 결정적인 계기는 김대중 납치사건이었다. 최영희는 이 사건의 실체를 알려야 한다는 생각으로 유인물을 써서 장명국과 함께 제작해서 뿌렸다. 장명국이 잡혀가 최영희가 한 일을 혼자 뒤집어썼고, 엄청난 고문을 받아 신장염에 걸려 풀려나게 되었다. 최영희는 웃으며 장명국에게서 도망갈래야 도망 갈 수가 없게 되었다고 말했다.

이처럼 함께 활동하고 어려움도 나누며 애정을 쌓았던 이들은 1975년에 결혼했다. 둘은 노동운동가로서 그리고 석탑출판사, 최초의 사설 노동상담소인 석탑노동상담소, 석탑노동연구원, 내일신문 창간까지 모든 삶의 과정을 함께했다. 최영희가 "남편과 결혼하지 않았다면 운동을 포기하고 다른 삶을 살지 않았을까?"[5] 라고 생각할 만큼 장명국은 평생 동지와 반려로서 함께하였다.

노동운동에서 여성운동으로

건강 악화로 산선 활동은 쉬게 되었으나, 노동자 야학, 노동 상담, 노조 결성과 지원 활동은 계속했다. 이러한 활동 중에 1978년 '동일방직 똥물 사건'을 접하게 되었다. 사건 당일 최영희 후임으로 산선에 들어가 활동하던 후배로부터 관련 집회에서 사용할 유인물을 써달라는 전화가 왔다. 최영희가 아기 젖 주다 말고 시아버지께 아기를 맡겨 놓고 부엌방에 엎드려 분노를 쏟아 낸 것이 그 유명한 '아무리 가난하게 살았어도 똥을 먹고 살지는 않았다.'였다.[6]

이후 1980년, 산업선교회에 복귀하기 위해 장위동에서 개봉동으로 이사까지 했지만, 이미 산업선교회는 빨갱이의 대명사가 되어 더 이상 '하나님의 빽'이 작동되지 않았다. YH 사건이후 '도산(도시산업선교회 약자)이 들어가면 도산(倒産)한다'라는 악선전과 감시 때문에 산업선교회와 같은 기존 센터 중심의 운동은 어렵다고 판단했다. 이때부터 남편과 함께 집에서 노동자 교육을 시작했다. 더 좋은 교육 여건을 만들기 위해 다시 이사하기도 했다.

최영희는 점차 남편 장명국과 함께 남성, 중화학 공업 노동자 중심의 운동으로 옮겨갔다. 앞으로 노동운동은 큰 기업 노동자들이 중심이 되고 장기전이 되어야 한다는 판단이 크게 작용하였다. 그리고 석탑출판사를 설립해 노동자들이 쉽게 읽고 활용할 수 있는 『노동법 해설』을 출판한다. 이 책은 남편 장명국의 끈질긴 요청과 최영희가 노동 현장에서 만난 여성 노동자들 때문에 만들어질 수 있었다. 법 전공을 하지 않아 쓸 수 없다고 버티던 최영희에게 남편은 이렇게 설득했다.

"그전에는 노동자에게 그것만 주면 좋겠다고 그랬잖아. 이제 기회가 왔는데 왜 못한다는 거야. 법학자들은 우리가 원하는 건 못써. 노동자의 수준을 가장 잘 아는 사람만이 쓸 수 있어."[7]

이 같은 장명국의 설득도 있었지만, 최영희는 "한문 투성이인 대학 교재를 갖고 씨름하던 전태일과 초등학교도 졸업하지 못하고 나이 많은 동네 언니들의 이름으로 공장 다니던 어린 여성 근로자들까지도 이해할 수 있는 책의 필요성"을 누구보다 잘 알고 있었다.[8] 최영희는 현장 노동운동가였던 조명자 등과 함께 공부하고 발로 뛰어 자료를 찾으며,

2년 만에 『노동법 해설』을 완성하게 된다. 전태일 열사 분신 이후 10여 년이 지난 1982년 말 발간된 『노동법 해설』은 노동조합 간부들에게는 필독서가 되었으며, 1987년 이후에는 노사협상장에 노조와 경영자 측이 같이 들고 나오는 책이 됐다. 최영희는 이 책을 갖고 전국을 누비며 노동자들을 위한 강의와 상담을 하면서 노동운동을 이어 나갔다.

최영희는 1987년 9월 이효재 선생님을 회장으로 추대하며 창립된 한국여성민우회(이하 민우회) 부회장으로 여성운동에 참여하기 시작했다. 87년 민주항쟁을 겪으며 사무직 여성노동자들도 결혼퇴직, 승진 등의 차별에 문제의식을 갖게 되면서 여성노조활동이 활발해지기 시작했다. 노동운동 없이 여성운동이 가능하지 않고, 특히 사무직 노조에도 여성운동이 필요하다고 생각했다. 지금까지 해 온 노동 현장에서의 교육과 상담은 여전히 물밀듯이 쏟아졌으나, 민우회 활동의 일환인 사무직 여성노동자 대상의 교육과 상담도 감당해 갔다. 그러나 80년대 말부터 90년대 초반에 걸쳐 노동운동의 폭발적인 분출, 폭주하는 교육, 노조 결성 및 상담 요청으로 전국의 노동 현장을 돌아다녀야 하는 상황에서 민우회 활동을 계속하기 어려웠다. 결국 2년 6개월 만에 민우회 활동은 접을 수밖에 없었다.

청소년 운동, 청소년 성교육의 새로운 지평을 열다

최영희와 장명국은 군사정권이 종식되고 문민정부가 들어선 1993년 10월 〈내일신문〉을 창간한다. 최영희는 내일신문 사장으로서 여성주주들에게 "여성운동가가 하는 여성운동이 아니라 생활 현장에서 뛰는 여성운동, 즉 여성들이 운동가가 되게 해야겠다."며, 신문 창간 2년째 되던 1995년 〈내일신문 여성문화센터(현 탁틴내일)〉를 설립했다. 여성문화센터에 모인 주부, 엄마들의 최대 관심사는 아이들 문제였고, 특히 아동·청소년 성 문제가 가장 핵심이었다. 마침 부회장인 구성애는 성교육 전문가였다. 즉각 한국 최초의 전문 성교육센터를 열어 부모와 전문강사 교육을 실시하고 아우성상담소를 열어 아동·청소년 성(性) 상담과 교육을 시작했다.

최영희는 청소년 운동에서도 특유의 뚝심과 추진력으로 사업을 전개하고 정책을 발전시켰다. 탁틴내일은 여러 단체들과 함께 신상공개를 도입한 [아동·청소년 성보호법] 제정운동을 위시해 아동·청소년의 성가치관 확립, 건강한 성문화 조성과 인권 신장을 위한 운동과 정책 활동으로 확대해 갔다. 탁틴내일은 저연령 아동과 장애아동을 위해 특화된 성교육 교재도 전국에 확산시켰다. 아울러 최초로 시청각 성교육을 위한 청소년성문화센터를 설립해 이를 모델로 삼아 전국 지자체에 58개가 설립되도록 했다.

당시 성인 남성 중심의 한국의 성 담론에서 무성적인 존재로 여기던 청소년들의 성문제를 제기하고, 성교육의 필요성을 전국적으로 알린 것도 최영희의 강력한 추진력의 결과였다. 터키탕 퇴출 운동이 한 예가 될 수 있다. 당시 터키탕은 반라의 여성이 남성의 세신과 마사지를 하는 곳이었다. 그러나 실제는 성매매 업소로 자리 잡아 한국의 왜곡된 성문화의 민낯을 드러내는 곳이었다. 터키탕에 여성 입욕보조자를 둘 수 있도록 허용한 보건복지부 조항 때문이었다. 탁틴내일 회원들은 즉

각적으로 터키탕을 관장하는 복지부에게 퇴폐의 온상이니 조항을 삭제하라 항의했으나 돌아오는 것은 비상식적인 답변뿐이었다. 시위를 계속해도 복지부는 움직이지 않았고, 결국 터키대사관에 전화해서 작금의 한국 터키탕의 현실을 전하며 터키의 목욕문화가 동일한지 확인했다. 당시 주한 터키대사는 일주일 전에 임명된 데리야 딩겔테페라는 여성이었다. 대사는 한국의 터키탕 소식을 듣자마자 터키에 없는 문화라며 정부에 강력히 문제제기하고, 신문에도 '터키탕에 대한 유감'이란 기사를 투고하는 등 여론화하였다.[9] 결국 한국에서는 더 이상 터키탕이란 명칭을 사용하지 못하게 되었고 해당 조항도 삭제되었다.

다음 해 SBS 주병진의 〈나이트 라인〉에서 터키탕 퇴출 1주년을 기념해 이 사건을 다루고자 최영희에게 출연 요청이 들어왔다. 최영희는 당시 탁틴내일 부회장이며 청소년성교육센터 소장인 구성애를 대신 내보냈다. 구성애는 터키탕보다 더 심각한 문제는 아동·청소년 성 문제임을 주장하며 제대로 된 청소년 성교육의 필요성을 강조했다. 이 프로그램을 MBC가 봤고 구성애의 출연을 요청했다. 최영희는 출연조건으로 MBC에게 구성애의 성교육을 시리즈로 방송할 것을 요구하였다. 구성애의 성교육은 대성공을 거두고 청소년 성교육을 지하에서 지상으로 끌어 올렸다. 아동·청소년 성교육의 필요성에 대한 인식도 전국적으로 확산시킬 수 있었다. 이로써 한국의 아동·청소년 성교육은 새로운 전환점을 맞이하게 되었다. 청소년 성교육에 대한 수요가 폭증해 온라인 시스템을 구축해 교육청이 인정하는 최초의 학교 교사 대상 성교육 전문강사 양성 교육을 실시하였다.

최영희는 국무총리 산하 청소년보호위원회에서 청소년성문화대책위원장을 맡아 2년여 동안 관련 단체들과 함께 국회를 설득하고 압박해 2000년 2월에는 가해자 신상 공개 조항을 담은 [아동·청소년성보호법]을 통과시켰다. 신상 공개 조항은 국회 법제사법위원회의 보수성 및 가해자의 인권 주장 등으로 극심한 진통 끝에 통과되었으나 시행령 제정 때 규제개혁위원회가 발목을 잡아 약화되었다. 그러나 아이들의 희생을 딛고 법은 점점 강화되었다. 최영희는 이 과정들을 거치며 정책은 한꺼번에 목표하는 대로 만들어지지 않는다는 것, 방향을 잃지 않고 단계별로 사회가 수용하는 만큼 전진해야 한다는 것을 받아들일 수밖에 없다고 생각했다. 이후 국회의원으로서 정책 추진에 있어서도 동일한 입장을 견지하여 한발씩 나아갔다.

청소년정책의 밑그림을 그리고 위기 청소년지원시스템을 구축하다

노무현 정부는 정부혁신위원인 최영희에게 청소년 정책의 밑그림을 새로 만드는 임무를 맡겼다. 최영희는 문광부의 청소년국, 복지부의 아동복지국, 총리실 산하 청소년보호위원회를 통합하는 정부조직개편을 추진했다. 그러나 복지부의 반대에 부딪혔고, 총리는 타협안으로 청소년보호위원회와 문광부의 청소년국을 우선 합치고 나머지는 시간을 갖고 통합하자고 했다. 최영희는 이렇게 탄생한 국가청소년위원회의 초대 위원장으로 2005년 취임했다.

국가청소년위원장으로서 '대한민국 청소년을 세계의 주역으로'를 기치로 걸고, 가장 심혈을 기울인 정책은 "낙오자를 만들지 말자"는 생각, 즉 위기 청소년 지원시스템을 전국적으로 구축하는 것이었다. 위기 청소년들의 상담과 지원을 위해 핫라인 '청소년1388 전화 개설', '상담·복지·의료지원 체계' 마련, '장단기 쉼터 확대와 역할 구분' 등을 추진해 갔다. 특히 방과후 홀로 방치되는 청소년들을 위한 방과후 프로그램 구축과 학대받고 폭력에 희생된 아이들의 정서·행동 장애 문제 해결을 위해 노력했다. 이 치유를 위한 전문센터 기반은 극적인 반전을 통해 구축했다. 국가청소년위원회의 위기 청소년 보호 관련 회의에 한덕수 총리가 참여했고, 예산 지원 노력을 하겠다는 답변을 받아냈다. 그런데 예산 마감 날, 치유센터 예산이 반영되지 않은 것을 알게 된 최영희는 곧바로 총리를 찾아 나섰다.

> "기사에게 총리 퇴근했는지 알아보라 했더니, 기사는 '아니요 지금 퇴근하려는지 차가 앞에 있는데요' 하는 거야. 근데 총리는 17층에서 내려오고 나는 3층이야. 내가 먼저 뛰어 내려왔어. 자동차 앞에서 총리를 막아서며 애들 치유센터 해준다고 그랬잖아요. 그거 지금 안 하면 안 돼요. 내일 마감이라네요. 그랬더니 지금 안 된대. 빨리 행사에 가야 된다는 거야. 나는 안 돼! 안 돼! 하며 지금 모든 청소년계가 다 이것만 바라보고 있다, 제발 해달라며 길을 비키지 않았어. 한 3분 정도 지나니까 안 되겠나 봐, 국무조정실 신 차장을 찾더라고. 그래서 50억씩 3년에 걸쳐서 짓도록 로또기금에서 150억 원을 확보했어."[10]

국회 입성, 민주통합당의 저격수가 되다

처음 국회 입성 제안은 2000년 제16대 총선에서 새천년민주당(더불어민주당 전신)이었다. 당시 최영희는 〈내일신문〉 사장으로서 언론인이었기에 국회의원이 되는 것은 적절치 않다고 판단했다. 또한 수많은 운동권이 정치권에 들어갔음에도 한국 정치는 답보상태였기 때문에 '자신이 정치권에 발을 들여놓는다고 뭐가 달라지겠나'라는 자조적 심정이었다. 그런데 2008년 1월 말쯤 손학규 대표가 비례 1번을 제안하며 강력하게 국회 입성을 제안했다. 당시 이명박 당선자는 정부조직 중 위원회는 모두 없앤다고 하고 있었다. 최영희는 못 가는 이유가 여러 가지이지만 지금은 어떤 자리라도 곧 사라질 국가청소년위원회를 던져두고 절대로 갈 수 없다고 했다.

2월 28일 국가청소년위원회는 보건복지부와 통합되었다. 손학규 대표가 다시 비례를 제안해 왔다. 당시 민주당은 여당에서 야당으로 정치적 위치가 바뀐 어려운 시기였다. 남편 장명국은 내일신문이나 탁틴내일 등의 조직이 망가진다며 절대로 안 된다고 반대했다. 손 대표는 남편을 설득했다. 최영희는 남편이 반대하니까 오히려 국가청소년위원장을 하며 못 마친 정책을 마무리하고 싶은 생각도 들었고, 정부 일을 해보니 국회의원이 아주 독하게 마음먹으면 많은 것을 할 수 있을 것이란 생각도 들었다. 결국 최영희는 한 번만 하기로 결심하고 비례를 받았다. 의원이 된 후 혹시 마음이 변할까봐 누가 물어봐도 국회의원은 한 번만 열심히 하고 나오겠다고 말하고 다녔다.

18대 국회 출범 당시 민주통합당의 국회의원은 81명으로 여당에 비해 소수였다. 이명박 정부 출범 후라 수에서 밀린 야당은 국회에서 할 수 있는 일이 없었고 끊임없이 투쟁해야 하는 전쟁터였다. 최영희는 평생 약자를 위해 활동해 왔고, 지역구 표 얻을 일이 없으니 자연히 18대 국회 민주통합당의 저격수가 되었다. 최영희는 임기 내내 보건복지위원회와 여성가족위원회 위원으로 활동했고, 2010년부터 여성가족위원회 위원장으로 여성정책을 이끌었다.

아동·청소년 (성)보호와 복지, 위기 청소년 교육지원 정책에 앞장

최영희가 국회의원을 받은 직접적인 계기는 아동·청소년 보호와 복지, 교육 지원 정책을 발전시키고 싶었기 때문이었다. 이를 반영하듯 의정활동 중에 대표발의 총 61건 중 유아·아동·청소년 관련이 17건으로 1/3을 차지했고, 통과된 법률은 33건으로 50%가 넘었다.

먼저 최영희는 학령기 아동·청소년 보호와 교육지원에 대한 정책의 기본 틀을 마련하고자, 2008년 7월 10일 [학령기 아동·청소년 보호와 교육 지원에 관한 법률안]을 대표 발의해 2011년 4월 9일 통과시켰다. 이로써 '국가는 이들의 보호와 교육 지원에 관한 기본계획을 5년마다 수립하고 관계 중앙행정기관장 및 시도지사는 매년 연도별 시행계획을 수립'하게 되었다.

다음으로는 청소년 성보호에 관한 정책을 집중적으로 추진하였다. 이 시기에는 '정성현 사건', '조두순 사건' 등 상상을 초월한 폭력을

동반한 아동·청소년 대상 성범죄가 증가했다. 먼저 2008년 9월 16일 [청소년 성보호에 관한 법률 일부개정 법률안]을 대표 발의하고 2009년 4월 30일 국회 본회의에서 통과시켰다. 개정 핵심은 "아동 및 청소년 대상 모든 성범죄자에 대해서는 교육상담을 받을 수 있도록" 하고, "13세 미만의 아동 및 청소년을 대상으로 한 성범죄자에 대해서는 집행유예선고 제한", "신상등록정보의 열람기간을 5년에서 10년으로 확대하고, 취업제한 기간도 확대"하는 것이었다.

2009년 1월 22일에는 [청소년 성보호에 관한 법률 일부개정 법률안]과 [아동복지법 일부개정 법률안]을 동시에 대표 발의해, 가해자가 피해 아동·청소년의 친권자나 후견인인 경우, 그리고 아동복지시설의 장과 아동보호 전문기관의 장 및 [초·중등교육법]에 따른 교원은 친권상실 선고 또는 후견인 변경 결정을 청구하는 내용을 담아 2009년 4월 30일 통과시켰다. [아동복지법]도 '친권상실선고의 청구 주체 확대와 청구 사유에 아동학대도 추가' 내용을 담아 개정안을 2011년 6월 29일 통과시켰다. 특히 아동·청소년 성범죄와 관련한 제도 전환을 결정적으로 가져오게 한 사건은 2008년 12월에 발생한 '조두순 사건'이었다. 최영희는 조두순 사건을 통해 드러난 현행법의 한계를 보완하기 위해, 2009년 11월 5일 [성폭력 범죄의 처벌 및 피해자보호 등에 관한 법률 일부개정 법률안]과 [청소년 성보호에 관한 법률 일부개정 법률안]을 대표발의하고, 두 법률안을 2010년 3월 31일 국회 본회의에서 통과시켰다.

전자의 핵심 내용은 해외 선진제도를 조사·수집하여 '아동·청소년 성범죄 피해자인 경우 수사단계부터 보호받을 수 있도록 전문가 참여 제도 도입, 모든 아동·청소년 대상 최적의 진술녹화제도 도입, 신뢰관

| '청소년 모의국회' 참가자들과 함께한 최영희 위원장(2010)

게 있는 자의 동석제도, 성폭력범죄 전담재판부 확대 지정하여 전문성에 기반한 재판이 이루어지도록 한다' 등이었다. 후자의 핵심내용은 '음주 또는 약물로 인한 심신장애 상태의 성범죄 감경 금지' 했고 관련 [형법]도 함께 개정하도록 한 것과, '아동 및 청소년 대상 모든 성범죄자에 대하여 교육 상담을 받을 수 있도록' 하였다. 이외에도 아동청소년 대상 성매수 유인행위만으로도 처벌하고, 아동청소년 성폭력 2차 피해 예방을 위한 [국민참여재판법]을 개정했다.

2011년 9월 영화 〈도가니〉의 개봉을 계기로 장애인 대상 성범죄가 사회적인 이슈로 부각 되었다. 아울러 도가니 사건의 성폭력 가해자들에 대한 법원의 솜방망이 처벌에 대한 국민적 분노와 비난이 제기되었다. 최영희는 이 사건을 계기로 양형위원회에서 '13세 미만 대상 성범죄 형량 기준 강화', '장애인 대상 성범죄 형량 상향 기준 마련' 이 이루어지도록 노력하였다. 그리고 성범죄의 친고제 폐지와 공소시효 문제는 성범죄 처벌을 가로막는 큰 장벽을 무너뜨리는 숙제였다. 최영희는 법무부 장관과 담판을 짓고자 하였으나, 장관은 법조계의 반대가 심하니 이번에는 반의사 불벌죄까지만 가자고 했다. 최영희는 아쉽지만 이 안을 수용하여 일단 아동·청소년 관련법에서만 반발자국을 내딛기로 했다. '공소시효 폐지' 법안도 아이들의 처절한 희생이 있었기에 통과될 수 있었다.

입양제도를 사적영역에서 공적영역으로 제도화, 양부모의 자격기준을 높이며 입양숙려제 도입

최영희는 2010년 5월 11일 '입양의 날'에, 1년여에 걸쳐 관련 단체, 입양 당사자들, 정부 당국자들과 함께 연구·조사·토론 후 만든 [입양 촉진 및 절차에 관한 특례법] 전부 개정 법률안을 대표발의했다. 당시 한국은 세계 경제 10위권에 있었음에도 한해 2,000명이 넘는 아이들을 해외로 입양시키는 '아동 수출 대국'이라는 오명을 듣고 있었다. 당시 입양아의 97%가 미혼모 아이였다.[11] 가족 형태도 빠르게 다양화되는 시대인데 법은 여전히 입양 촉진에 방점을 두고 있었다. 최영희 법안은, '헤이그 국제아동입양협약'을 기준으로 아동이 원가족 안에서 보호될 수 있도록 국가에서 복지시책을 마련하는 내용을 골자로 하고 2016년부터는 해외입양을 금지하자는 것이었다. 핵심적으로 국내·외 모든 입양은 사적 기관을 통해서가 아니라 가정법원의 허락을 받고, 양친의 자격조건에 아동학대·성폭력·가정폭력 등의 범죄나 마약·알코올 등 약물 중독의 경험이 없을 것을 조항에 추가하였다.[12] 입양절차의 책임과 관리 감독을 강화시킴으로써 입양법을 근본적으로 변화시키는 것이었다.

최영희가 가장 심혈을 기울인 것은 '아동의 복리'를 최우선으로 하여, 미혼모의 인권 보호와 함께 아이를 키울 수 있도록 지원 시스템을 강화하고, 입양시에는 외국처럼 한 달간의 '입양숙려제도'를 도입하는 것이었다. 이에 사설 입양기관은 미혼모 시설을 운영할 수 없게 하고 원가족이 키우는 모자원으로 개선하도록 했다. 그러나 국회 여성가족위원회에서도 개정안에 대한 합의가 쉽지 않았다. 특히 여야간의 쟁점은 입양숙려기간과 미혼모 지원 금액에 대한 것이었다. 입양기관들 대부분은 초대형 사립복지기관으로 지금까지의 특혜를 유지하고자 여성가족부를 앞세워 당시 여당이던 한나라당 의원들에게 사력을 다해 로비를 했다.

법안 발의 당시 입양대상 아이에 대한 정부지원금은 한 달 기준으로 친생모인 미혼모가 키우면 5만 원, 입양가정은 10만 원, 시설은 25만 원이었다. 사실상 시설은 주거시설과 인건비 운영비 등을 합하면 보육시설은 104~110만 원, 위기 청소년이 있는 그룹홈은 114만 원이었다.[13]

최영희는 이 불합리한 지원제도를 개선하고자 여당 의원과 관계자들을 설득했다. 그러나 여야간 입장 차이는 좁혀지지 않았고 전면개정이 물거품이 될 상황까지 되었다. 결국 미혼모 지원은 15만 원으로 증액하고 입양숙려제는 한 달에서 일주일로 축소된 안을 수용하기로 했다. 더불어 입양기관이 운영하는 미혼모 시설을 3년 후인 2015년 8월까지 모두 폐쇄하라는 내용을 담아 2011년 6월 29일 [입양 촉진 및 절차에 관한 특례법]을 [입양특례법]으로 전면개정하였다.[14] 이로써 사설 입양기관 주도의 사적 영역에 방임되어왔던 한국의 입양제도는 국가가 개입하는 공적 영역으로 제도화되었다.

4대강 예산 저지하다 손가락 부러지다

"4대강을 처음에 내가 터뜨렸어…예결위가 열린 뒤 며칠 후 갑자기 오늘 오후부터 예결위에 들어가야 된 대요. 내가 예결위에 들어갔다고 하니 누군가가 나한테 제보를 한 거야…한강 옆 건물에서 비밀 작업을 하는데 4대강 그거를 하고 있다는 소문이 있었거든. 그러니까 1년 전 온 국민의 반대로 포기 선언했던 운하가 확실한 거지. 2008년 11월 26일, 날짜도 잊지 않아."[15]

4대강 사업에 대한 최영희의 폭로에도 국토부는 계속 발뺌했고, 이미 운하를 포기했다고 알고 있던 민주통합당 역시 '설마' 하며 관심을 보이지 않았다. 최영희는 복지위원이었음에도 할 수 없이 '4대강 하천정비사업, 무엇이 문제인가'라는 주제로 정책 토론회를 개최하여 4대강 사업을 공론화시켰다. 세 번의 토론회에서 "4대강 정비사업, '막무가내 대운하 사업일 뿐' 막대한 재정 탕진과 자연파괴를 자행할 것"이라고 규탄하고 이 문제를 국토위와 환경위로 넘겨주었다. 하지만 대통령의 4대강 예산 사수 특명이 떨어지고, 국토위로 넘어간 초기예산 3조5천억 원이 기습처리 되었다. 2009년에도 2010년에도 예산 싸움은 계속

4대강 예산 저지 운동(2010)

됐다. 마지막 4대강 예산 싸움이 다가왔다. 상황은 절박해 당시 국회 앞에 가톨릭 신부님과 수녀님 수백 명이 몰려와서 "민주당 의원님들이 4대강 예산 막지 못하시면 국회에서 죽어서 나오십시오. 꼭 죽어서 나오십시오."라고 했다.[16)]

2010년 12월 8일, 예산 통과 마지막 날. 최영희는 4대강 예산을 막기 위해 국회의장석에 앉아 있었다. 단상에는 의장석을 에워싸고 여야 의원들이 뒤엉켜 있었다. 중과부적으로 민주당 의원들이 모두 끌려나가고 혼자 남았을 때, 손가락을 부러뜨린 공포의 여성의원을 포함한 10여 명의 한나라당 여성의원들이 지도부의 지시로 한꺼번에 의장석으로 몰려왔다. 최영희가 계속 버티자 강제로 끌어내리는 과정에서 손가락이 부러졌다.[17)] 기자들이 채증한 사진을 증거로 민주당이 고발했으나, 그 여성의원이 19대 총선에 출마하겠다고 사정해 고소 취하해 주었다. 비록 이때 4대강 예산은 막지 못했으나, 이후 최영희는 '법과 원칙'이 무시된 4대강 정비사업 반대 활동을 활발하게 전개했다.

'여성·평화·안보'를 위한 안보리 결의 1325호에의 젠더 관점 통합과 실질적 이행 촉구

최영희는 여성 의제도 소홀히 하지 않았다. 2011년 2월 22일부터 5박 7일 동안 여성가족위원장이자 대표단장으로서 김금래·이애주 의원과 함께 제55차 유엔여성지위위원회(CSW) 참석 및 기관 시찰을 위해 뉴욕과 로스앤젤레스를 방문하였다. 대표단의 세 의원은 각 의제마다 관심을 갖고 회의에 적극 참여하고 주제 발표를 하며 대한민국의 여성 정책을 소개하였다.[18] 또한 국내·외 평화단체와 유엔회의에 참석한 주요 인사들을 초청하여, 주 유엔 대한민국대표부 대회의장에서 '여성·평화·안보에 관한 유엔안전보장이사회 결의안 1325호'의 실질적 이행을 촉구하기 위한 국제토론회를 개최하였다. 지난 2000년 유엔안전보장이사회에서 채택된 1325호 결의는 평화·안보 분야의 모든 의사결정에서 여성의 참여를 보장하고, 성인지 관점이 통합된 조치를 취할 것을 요청하고 있었다.

최영희 위원장은 "평화가 없으면 경제 발전도, 민주화도, 성평등도 없다."고 강조하며 "발의된 지 10년이 지났고 그간 40여 개국이 국가행동계획을 세웠음에도 불구하고 세계 유일의 분단국이자 1325호의 관심국(Friends of 1325)으로서 우리나라도 평화를 위한 국가행동계획을 적극 추진하겠다."고 말했다. 평화 안보에 대한 논의에 있어 젠더관점 통합의 중요성을 부각하고 세계 유일의 분단국으로서 국가행동계획의 필요성에 대한 대한민국의 의지를 표명하였다.[19] 최영희는 회의 참석기간 동안 대표단장으로서 선진적인 여성·청소년정책 사례 수집과 한국의 정책홍보를 위하여 초당적으로 협력하여 의원외교의 모범을 보인 것으로 평가받았다.[20]

귀국 후 즉시 정부가 안보리 결의 1325호 대한민국 국가행동계획 수립 촉구 결의안을 발의해 국회 외교통일위원회에서 직접 설명하여 통과시킨 후 본회의에서도 만장일치로 통과시켰다. 1년 후 국회가 재결의했고 우리나라 국가행동계획은 2014년 5월에 발표하고 유엔에 제출되었다.

4년 연속 국정감사 우수의원으로 선정, '정책의 끝판왕'

최영희의 의정활동이 철저히 정책 중심적이었음은 의정활동 기간 내내 보건복지위원회 국정감사 우수의원으로 선정된 것에서도 잘 드러난다. 당시에 경제정의실천시민연합은 국감 우수의원을 한 상임위에서 단 한 명만 선정했다. 최영희는 4년 연속 우수의원으로 선정되었고, 4년 연속으로 선정된 의원은 299명 중 3명뿐이었다.[21]

최영희의 보건복지위원회 국감 활동 중 대표적인 것을 꼽자면 다음과 같다. 먼저 국민건강보험보장률이 64%라고 했으나, 전수 조사 결과 상급종합병원과 종합병원의 건강보험 실제 보장률은 52.7%, 55.7%로 건강보험 보장률이 실제보다 부풀려진 점을 밝혔다.[22] 또한 참여연대 제안으로 서울역 양동 쪽방촌 하루살기 참여 후, [국민기초생활보장법]을 일부 개정해 부양의무자 규정을 삭제했다.

그리고 의료사고 피해자 가족들의 간절한 소망을 담아 '피해자가 의사의 과실을 입증하던 것을 의사가 무과실을 입증해야 하는' [의료사고 피해구제에 관한 법률안]을 2009년 5월 22일 대표발의 했으나, 의사집단의 강력한 저항과 여당의 반대로 무산위기에 봉착했다. 복지부는 대안으로 제출한 [의료사고 피해구제 및 의료분쟁 조정 등에 관한 법률안]으로 대체하자고 최영희를 설득했다. 의료분쟁조정중재원을 설립하고 입증책임을 제3의 중재 기구에서 입증하게 한 것이다. 최영희는 고민하며 여러 가지 수정 보완할 것을 정리하고 피해자 단체의 의견을 물었다. 그들도 고민 끝에 우선 이렇게라도 받겠다고 했다. 최영희는 보건복지상임위에서 이 법을 통과시킨 후 눈물을 쏟으며 발언을 했다.

"내가 피해자 가족들을 만났을 때, 가족을 잃고 병원 앞에서 떼쓰는 폭력배 취급을 받는 가족들에게 무엇을 해줄지…이런 일 없게 하자고 법안을 만들었는데…한계가 있더라도 합의를 통한 피해구제의 길을 열기 위해 제 의견을 포기할 수밖에 없었습니다. 이와 똑같은 기구가 노동부의 노동위원회입니다. 힘없는 노동자들이 법정까지 가지 않도록 만든 노동위원회가 수많은 노동자들의 피눈물을 쏟게 하는 위원회였습니다. 이 기구도 사람이 누구냐에 따라 달라질 텐데 이 기구도 그때의 노동위원회가 될까 두렵습니다."[23]

그때 모든 의원들이 속기록에 선서하듯이 돌아가면서 "자기들이 잘 감시하겠다."고 발언하며 위로했다. 2012년 4월 9일, 최영희는 한국의료분쟁조정중재원 개관식에 축사를 하러가서 초대 원장으로부터 역시 공정하게 하겠다는 다짐을 받았다. 그리고 의약계의 상상을 초월한 반대를 무릅쓰고 [리베이트 쌍벌죄법]을 통과시켰다. 또한 2011년 5월에 고려대 의대생 집단 성추행사건 이후 기존의 의료법에 의료인의 결격사유에 성범죄자를 포함시키고, [아동·청소년 성 보호법]에 성폭력 범죄 시 의료기관에 10년 동안 아동·청소년 관련 기관 취업제한 대상자에 의료인도 추가하는 법안을 발의했다. 의사들의 격렬한 반대운동과 의료계 출신 의원들의 저항이 있었지만 12월에 무난히 법안은 통과됐다. 전국의사총연합회는 의사를 잠재적 성범죄자로 매도했다고 최영희 정치후원금 계좌에 욕을 담아 18원씩 후원금을 넣는 운동도 전개했다.

최영희의 의정활동은 '단 한번'이라는 약속도 지키고 철저히 약자를 위한 정책 중심 활동이었다. 이 과정에서 국회입법조사처에 질의하고 요청한 자료들이 600쪽짜리 책으로 총 11권이나 되었다. 관련 기관 종사자들에게는 "입법정책에 대한 태도에 진정성과 열정이 남다르고 일관성이 느껴지는 '정책의 끝판왕'"이란 소리도 들었다.[24] 그 결과 최영희는 18대 국회의원 299명 중 최우수의원 2위에 선정되었다.

다시 청소년 운동으로, '함께 하는 삶'

최영희는 국회의원으로 소임을 다한 후, 다시 탁틴내일 이사장으로 돌아와 아동·청소년 운동을 조용히 지원하고 있다. N번방, 딥페이크 등 최근의 디지털 성범죄에 사법경찰 관리가 신분 비공개 및 위장 신분을 이용해 위장 수사할 수 있도록 청와대 청원, 언론 홍보를 통해 법제정에 앞장서 입법에 성공했다. 그루밍을 범죄로 인정받는 데도 십수년이 걸렸지만 이 법도 통과시켰다. 이를 위해 여전히 청소년 현장의 소리를 끊임없이 들어가며, 상담과 교육을 하고 국제협력 사업도 추진하고 있다. 도미니카에 이어 베트남에도 해바라기센터를 모델로 폭력피해 여아 및 여성 예방 보호를 위한 원스톱센터 설립 컨텐츠 제공과 전문가 역량강화 훈련을 했다. 최근에는 라오스에 여성폭력대응센터 설립과 피해자 통합지원 모델 개발 및 역량강화 사업도 잘 마무리했다.

최영희는 지금까지 50년 넘게 노동, 여성, 청소년 현장에서 치열한 삶이 가능했던 것은 오랜 세월 뜻을 같이한 동료들과 수시로 수사기관에 괴롭힘을 당하면서도 신뢰하고 지지해 준 부모 형제들과 시부모님, 특히 한 길을 같이 간 남편이 큰 힘이 되었다고 말한다. 평생을 함께 해준 삶의 동지였던 그들에게 고맙다며 "활동에 대해 함께 이야기하고 힘들 때 서로 격려하며 박수 쳐 주고, 막힐 때 대안을 제시해 주는 이런 친구가, 동지가 있어야지 버티는 일이라..." 하며 '함께 하는 삶'을 강조했다.

| 집필: 강남식 |

| 미주 |

1) <인천산업선교회 녹취록>, 2021.11.25., '최영희 인터뷰', p.4
2) <인천산업선교회 녹취록>, 2021.11.25., '최영희 인터뷰', p.34; <민주화운동기념사업회 오픈 아카이브>, "반도상사 노동자들, 근로조건 개선을 요구하며 파업"
3) <인천산업선교회 녹취록>, 2021.11.25., '최영희 인터뷰', pp.38~40
4) '최영희 선생님과 인터뷰', 2024.10.11. p.18
5) '박인규의 집중 인터뷰: 청소년위원회 최영희 위원장', 출처: https://m.blog.naver.com/PostView.naver?blogId=tnt62sik&logNo=130000326945&proxyRefer=https:%2F%2Fwww.google.com%2F&trackingCode=external
6) <인천산업선교회 녹취록>, 2021.11.25., '최영희 인터뷰', pp.70~71, "이때 유인물을 가지러 온 사람은 감옥에서 갓 나온 김병곤이었고, 그는 이 유인물 사건으로 다시 감옥에 갔고 끝까지 본인이 쓴 것으로 함구했다고 한다."
7) <인천산업선교회 녹취록>, 2021.11.25., '최영희 인터뷰', pp.75~76, "이 책은 처음에 장명국 편저로 출판되었다."
8) <최영희의 희망컬럼>, 2008.11.12., "최영희의 생각 하나 - 운동의 장(場)을 스스로 만들자"
9) 당시 터키대사의 투고는 각 신문에서 다루었다. <중앙일보>, "駐韓 터키대사관 자국 명예훼손 '터키湯'에 대한 항의"(1996.8.8.); <서울신문>, "나라 명예 훼손…'터키탕' 이름 바꿔라"(1996.8.8.); <조선일보>, "주한 터키여대사, '터키탕 명칭 바꿔주세요'"(1996.8.7.) 투고 등.
10) '최영희 선생님과 인터뷰', 2024.10.11. p.35
11) 『보건복지부통계연보』 2011, 보건복지부
12) <최영희 의원 블로그>(https://blog.naver.com/yhchoi2077/40115089662), 2010.9.27., "법무부의 입양허가제 도입을 위한 민법개정추진 환영"
13) https://naver.me/xQe196gM
14) 정소라(2016), 『민족연구』 65호, "한국입양법 변화의 사회적 의미", pp.46~61
15) <중앙일보>, 2008.11.27., (http://articlejoins.com/article.asp?ctg=10&total_id=3394924)
16) '최영희 선생님 인터뷰', 2024.10.11. p.51
17) '최영희 선생님 인터뷰', 2024.10.11. p.54
18) <제55차 유엔여성지위위원회(CSW) 의원회의 참석결과 보고서>, 2011.2.23., 국회사무처 국제국 미주과
19) <여성신문>, 2011.2.23., "제55차 유엔여성지위위원회 개막", (https://www.womennews.co.kr)
20) <제55차 유엔여성지위위원회(CSW) 의원회의 참석결과 보고서>, 2011.2.23., 국회사무처 국제국 미주과
21) <18대 국회 국정감사 4년 총괄평가 및 연도별 우수의원 종합>, 2011.10.13., 경제정의실천연합
22) https://blog.naver.com/yhchoi2077/40140103333
23) <서울신문>, 2009.12.31
24) '차인순 전 국회 여성가족위원회 수석 인터뷰', 2024.11.25.

부록

역대 여성 국회의원 현황

1대~22대 여성국회의원 현황

*이름은 가나다 순

구분	계	6선	5선	4선	3선	재선	초선
인원(명)	293	1	6	8	20	41	217
성명		추미애	박순천 박근혜 이미경 김영선 나경원 조배숙	김영주 박영선 심상정 김상희 서영교 한정애 남인순 진선미	김옥선 김윤덕 김정숙 전재희 한명숙 김현미 박순자 유승희 이혜훈 전혜숙 권은희 인재근 전현희 김희정 백혜련 이재정 이언주 송옥주 김정재 임이자	(생략)	(생략)

구분	최초당선	대별 인원(명)			초선의원
		계	지역	비례대표 등	
합계	365	427	167	260	
1대	1	1	1	-	임영신
2	1	2	2	-	박순천, 임영신
3	1	1	1	-	김철안
4	1	3	3	-	김철안, 박순천, 박현숙
5	0	1	1	-	박순천
6	0	2	1	1	박순천, 박현숙
7	2	3	1	2	김옥선, 박순천, 이매리
8	5	5	-	5	김옥자, 김윤덕, 김현숙, 모윤숙, 편정희
9	9	12	2	10	구임회, 김옥선, 김옥자, 김윤덕, 박정자, 서영희, 윤여훈, 이범준, 이숙종, 이승복, 정복향, 허무인
10	5	8	1	7	김영자, 김옥렬, 김윤덕, 박현서, 신동순, 서영희, 윤여훈, 현기순
11	9	9	1	8	김모임, 김정례, 김행자, 김현자, 문용주, 이경숙, 이영희, 이윤자, 황산성

12	5	8	2	6	김영정, 김옥선, 김정례, 김장숙, 김현자, 박혜경, 양경자, 한양순
13	3	6	-	6	김장숙, 도영심, 박영숙, 신영순, 양경자, 이윤자
14	3	8	1	7	강부자, 강선영, 김정숙, 이우정, 정양숙, 정옥순, 주양자, 현경자
15	9	12	3	9	권영자, 김영선, 김정숙, 박근혜, 신낙균, 오양순, 이미경, 임진출, 정희경, 주양자, 추미애, 한영애
16	16	22	5	17	강숙자, 김경천, 김방림, 김영선, 김정숙, 김화중, 김희선, 박근혜, 박금자, 손희정, 안상현, 안희옥, 이미경, 이연숙, 임진출, 장영신, 전재희, 조배숙, 최영희, 추미애, 한명숙, 허운나
17	39	43	10	33	강혜숙, 고경화, 김명자, 김선미, 김송자, 김애실, 김영선, 김영숙, 김영주, 김현미, 김희정, 김희선, 나경원, 문 희, 박근혜, 박순자, 박영선, 박찬숙, 서혜석, 손봉숙, 송영선, 신 명, 심상정, 안명옥, 유승희, 윤원호, 이경숙, 이계경, 이미경, 이승희, 이영순, 이은영, 이혜훈, 장복심, 장향숙, 전여옥, 전재희, 조배숙, 진수희, 최순영, 한명숙, 현애자, 홍미영
18	41	47	14	33	강명순, 곽정숙, 김금래, 김상희, 김소남, 김영선, 김옥이, 김유정, 김을동, 김 정, 김진애, 김혜성, 나경원, 박근혜, 박선숙, 박선영, 박순자, 박영선, 박영아, 배은희, 손숙미, 송영선, 신낙균, 양정례, 이두아, 이미경, 이성남, 이애주, 이영애(한), 이영애(자유), 이은재, 이정선, 이정희, 이혜훈, 전여옥, 전재희, 전현희, 전혜숙, 정미경, 정영희, 정옥임, 조배숙, 조윤선, 진수희, 추미애, 최경희, 최영희

19	47	54	22	32	강은희, 권은희(새누리), 권은희(새정치), 김미희, 김상희, 김영주, 김을동, 김재연, 김제남, 김 현, 김현미, 김현숙, 김희정, 나경원, 남인순, 류지영, 문정림, 민병주, 민현주, 박근혜, 박영선, 박윤옥, 박인숙, 박혜자, 배재정, 서영교, 손인춘, 신경림, 신의진, 심상정, 유은혜, 윤금순, 윤명희, 은수미, 유승희, 이미경, 이언주, 이에리사, 이자스민, 인재근, 임수경, 장정은, 장하나, 전순옥, 전정희, 정미경, 정윤숙, 진선미, 추미애, 최민희, 한명숙, 한정애, 현영희, 황인자
20	51	53	28	25	권미혁, 권은희, 김삼화, 김상희, 김수민, 김순례, 김승희, 김영주, 김정재, 김현아, 김현미, 나경원, 남인순, 문미옥, 박경미, 박선숙, 박순자, 박영선, 박인숙, 박주현, 백혜련, 서영교, 손혜원, 송옥주, 송희경, 신보라, 신용현, 심상정, 유승희, 유은혜, 윤종필, 이정미, 이재정, 이언주, 이은재, 이혜훈, 인재근, 임이자, 장정숙, 조배숙, 전현희, 전혜숙, 전희경, 정은혜, 정춘숙, 제윤경, 진선미, 최도자, 추혜선, 최연혜, 추미애, 한정애, 허윤정
21	57	64	32	32	강민정, 강선우, 강은미, 고민정, 권은희, 권인숙, 김미애, 김상희, 김영선, 김영주, 김예지, 김은혜, 김은희, 김정재 김진애, 남인순, 류호정, 문정복, 배현진, 백혜련, 서영교, 서정숙, 송옥주, 신현영, 심상정, 양경숙, 양금희, 양이원영, 양정숙, 양향자, 용혜인, 유정주, 윤미향, 윤주경, 윤희숙, 이소영, 이수진(무), 이수진(더불어시민), 이 영, 이은주, 이인선, 이자스민, 이재정, 인재근, 임오경, 임이자, 장혜영, 전주혜, 전혜숙, 정경희, 정춘숙, 조명희, 조수진, 조은희, 진선미, 최연숙, 최영희, 최혜영, 한무경, 한정애, 허숙정, 허은아, 홍정민, 황보승희

22	60	63	36	27	강경숙, 강선영, 강선우, 강유정, 고민정, 권향엽, 김남희, 김미애, 김민전, 김선민, 김소희, 김예지, 김은혜, 김재원, 김정재, 김 현, 김희정, 나경원, 남인순, 문정복, 박은정, 박정현, 박지혜, 배현진, 백선희, 백승아, 백혜련, 서명옥, 서미화, 서영교, 서지영, 손 솔, 송옥주, 오세희, 용혜인, 이달희, 이소영, 이수진, 이언주, 이인선, 이재정, 이주영, 이주희, 이해민, 임미애, 임오경, 임이자, 전종덕, 전진숙, 전현희, 정춘생, 정혜경, 조배숙, 조은희, 조지연, 진선미, 최민희, 최보윤, 최수진, 추미애, 한정애, 한지아, 황정아

여성의정 인물사 시리즈 ❻
여성정치 대전환의 여정

초판 1쇄 인쇄 2025년 9월 12일
초판 1쇄 발행 2025년 9월 18일

엮은이 한국여성의정
펴낸이 출판사 여성의정
편집위원 이영순, 홍미영, 전순옥, 서혜란, 강정숙
주소 서울시 영등포구 의사당대로1 국회의원회관 942호
전화 02-786-5050 **팩스** 02-784-0717
이메일 kwpn2013@daum.net
홈페이지 https://www.kwpn.co.kr
편집제작 청우
ISBN 979-11-92170-13-8 03300

이 책은 저작권법에 따라 보호받는 저작물이므로 무단 전재와 복제를 금지하며,
이 책 내용의 전부 또는 일부를 이용하려면 반드시 여성의정의 서면 동의를 받아야 합니다.
이 책의 수익금은 여성정치인 지원을 위해 쓰여집니다.

※ 책값은 뒤표지에 있습니다.